中国演讲口才与人际沟通经典教材
中国社会艺术协会口才专业委员会指定教材

学术顾问

著名语言学家、博士生导师、华中师范大学资深教授邢福义先生
著名语言学家、博士生导师、暨南大学詹伯慧教授
著名修辞学家、博士生导师、武汉大学郑远汉教授
著名修辞学家、博士生导师、暨南大学黎运汉教授
著名修辞学家、博士生导师、复旦大学宗廷虎教授
著名语言学家、中国社会科学院资深研究员陈建民教授

教材指导委员会

主任委员
邱新建

副主任委员
李元授　颜永平　孙朝阳　宁爱中　黄春燕

委员
刘　吉　刘德强　蔡朝东　李志勤　武传涛　刘智伟　李　梅
石　鼎　曾桂荣　谈晓明　曹　辉　谭武建　王　军　许振国
易书波　韩娜娜

教材编写委员会

总主编
李元授

执行主编
孙朝阳　李晓玲

副主编
熊福林　孙兆臣

总策划
邓楚杰　巫世峰

特邀专家
李荣建　洪　潮　石　鼎　吴茂华　张　强

编委
易吉林　李玉超　蔡　涨　邱红光　李庭芳　姚俊峰　余　磊
李维亚　徐启明　杨玉娣　吴　秀　吴卓凡　朱淑娟　郭　珊
巫世峰　邓楚杰　孙兆臣　熊福林　李晓玲　孙朝阳　李元授

中国演讲口才与人际沟通经典教材

中国社会艺术协会口才专业委员会指定教材

总主编　李元授

我们的理念是——

口才，天下第一才

会说话，赢天下。

谈判艺术

易吉林　孙　卓　编著

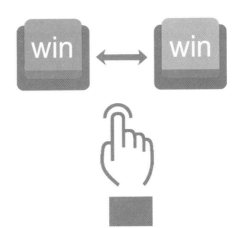

华中科技大学出版社
http://www.hustp.com

中国·武汉

内 容 提 要

本书系"中国演讲口才与人际沟通经典教材"之一。本书为适应新时代中国特色社会主义高质量发展新要求,站在新时代呼唤谈判家的高度,全面而又深刻地阐释了谈判的发展历程、谈判的含义、谈判的原理、谈判者的素质、谈判准备、谈判过程、谈判谋略、谈判语言文化、国际贸易谈判、商务谈判合同等成功谈判的一般规律和艺术,特别是对商务谈判的新规律、新特点进行了创新性探索;同时,对"一带一路"倡议和建设中相关谈判进行了系统梳理和科学提炼,进一步拓展了新时代对外开放的谈判视野。每章之后均列有若干思考与案例分析题(以二维码方式呈现),以突出本书理论与实践相结合的鲜明实用特色。本书可作为高等院校的谈判课程教材、素质教育教材,也是广大经营管理者、谈判工作者、谈判爱好者必读的参考书。

图书在版编目(CIP)数据

谈判艺术/易吉林,孙卓编著. —武汉:华中科技大学出版社,2022.5
ISBN 978-7-5680-8138-2

Ⅰ.①谈… Ⅱ.①易… ②孙… Ⅲ.①谈判学 Ⅳ.①C912.35

中国版本图书馆 CIP 数据核字(2022)第 062141 号

谈判艺术
Tanpan Yishu

易吉林 孙 卓 编著

策划编辑:陈培斌 兰 刚
责任编辑:肖唐华
封面设计:刘 卉
责任监印:周治超

出版发行:华中科技大学出版社(中国·武汉) 电 话:(027)81321913
　　　　　武汉市东湖新技术开发区华工科技园 邮 编:430223
录　　排:华中科技大学惠友文印中心
印　　刷:武汉市籍缘印刷厂
开　　本:787mm×1092mm　1/16
印　　张:16.25　插页:2
字　　数:388 千字
版　　次:2022 年 5 月第 1 版第 1 次印刷
定　　价:48.00 元

本书若有印装质量问题,请向出版社营销中心调换
全国免费服务热线:400-6679-118　竭诚为您服务
版权所有　侵权必究

总 序

中国古代的哲人有言:"一言可以兴邦,一言可以丧邦。""一言之辩,重于九鼎之宝;三寸之舌,强于百万之师。"这里把国之兴亡与舌辩之力量紧密联系起来,借"九鼎之宝""百万之师"的强喻,充分揭示了口才的巨大的社会作用。二战时的美国人将"舌头"、原子弹和金钱称为赖以生存和竞争的三大战略武器;后来又把"舌头"、美元和计算机视为竞争和发展的三大战略武器。"舌头",即口才,独冠于三大战略武器之首,强调了口才的价值非同小可。我们将口才再往前推进一步,展示口才的目的是什么?就是人际沟通。"沟通改变人生,沟通成就事业";"时代呼唤沟通,世界呼唤沟通"。这些论断和理念,让我们每一个当代人都清醒地认识到演讲口才与人际沟通的至关重要性——关系到个人的前途、国家的生存与发展。现在,我们国家已进入新时代,中国已成为世界第二大经济体,今天的中国前所未有地接近世界舞台中心,实现中华民族伟大复兴进入了不可逆转的历史进程,共同构建人类命运共同体需要中国智慧、中国方案与中国贡献,中国在国际舞台上愈来愈具有举足轻重的地位。由此看来,演讲口才与人际沟通的巨大作用更是不言而喻。

有鉴于此,30多年来,武汉大学信息传播与现代交际研究中心组织了数十位专家学者,就口才、演讲、辩论、谈判、交际、沟通、公关、礼仪、策划、营销、广告、文秘等一系列课题展开了科学的研究。在国家教育部主持的"大学生文化素质教育书系"中,李元授教授主编了《现代公共关系艺术》《交际与口才》《交际礼仪学》3部教材;还先后主编出版了"交际学丛书""人际交往精粹丛书""新世纪人才素质训练丛书""创造性人才素质训练教材""综合素质训练系列教程""中国少儿口才艺术精品教材""文化素质教育经典教材""中国演讲口才与人际沟通经典教材"等10余套丛书,共计80余本著作。我们本次推出的"中国演讲口才与人际沟通经典教材"(以下简称经典教材,共计6本,其中4本为第四次修订,2本为新增)就是其中之一。

承蒙几位全国顶尖的本学科大家担任本经典教材的学术顾问。他们是:著名语言学家、博士生导师、华中师范大学资深教授邢福义先生,著名语言学家、博士生导师、暨南大学詹伯慧教授,著名修辞学家、博士生导师、武汉大学郑远汉教授,著名修辞学家、博士生导师、复旦大学宗廷虎教授,著名修辞学家、博士生导师、暨南大学黎运汉教授,著名语言学家、中国社会科学院资深研究员陈建民教授。

诚邀十余位著名的演讲家与演讲理论家担任本经典教材指导委员会的专业指导。

出任本经典教材指导委员会主任委员的是文化和旅游部中国社会艺术协会党组书记、会长邱新建主席;出任教材指导委员会副主任委员的有中国社会艺术协会艺术顾问兼口才专业委员会名誉会长、武汉大学李元授教授,著名的演讲家颜永平、孙朝阳两位专家,中国社会艺术协会副秘书长、北京爱芝音教教学设备有限公司宁爱中总经理和中国管理科学研究院商学院客座教授黄春燕董事长。

出任本经典教材指导委员会委员的有:中国四大演讲家之一的刘吉教授,上海演讲学研究会创会会长、上海市委党校刘德强教授,著名的演讲家蔡朝东先生,云南省演讲学会原会长李志勤教授,山东省演讲学会会长武传涛教授,黑龙江省演讲口才协会刘智伟主席,湖南省演讲与口才学会副会长、湖南响语演讲团李梅团长,中国资深营销培训专家、武汉大好科技有限公司石鼎董事长,著名教育与管理专家、广东省启学教育集团曾桂荣董事长,著名人际沟通专家谈晓明教授,湖北省演讲协会曹辉常务副会长,贵州省演讲研究会谭武建会长,宁夏演讲与口才协会王军会长,辽宁省演讲学会许振国会长,世界500强演讲培训专家易书波老师,还有青年演讲家、山西省演讲学会韩娜娜执行会长。

在本经典教材第四次修订再版之际,我们特别怀念"共和国演讲泰斗"尊敬的李燕杰先生。燕杰先生2017年11月16日仙逝,他生前不仅全力支持广大青少年学习演讲艺术,鼓励青少年积极参加演讲培训、演讲比赛和各种演讲实践活动,而且还热情鼓励推动演讲艺术的理论研究。有一次燕杰先生语重心长地对我说:"现在我国的演讲艺术缺乏科学的专业的理论研究,从事研究的专家太少太少,数得出来的专家就你们几位。你的理论研究成果多多,硕果累累,可喜可贺!希望你能多培养几个接班人;希望你们能进行演讲艺术的应用研究、深度研究和比较研究,让我国的演讲理论研究水平能上一个新的台阶。我寄厚望于你们!"燕杰先生的厚望强烈地激励着我,鞭策着我,让我不敢有丝毫的懈怠。这次推出的第四次修订再版的"中国演讲口才与人际沟通经典教材",可以算作我们向燕杰先生的汇报与怀念。

在编写本经典教材过程中,我们参阅了诸多相关著作、论文,所引材料尽可能注明,其中或许有遗漏。敬请相关作者及时联系我们,以便及时修订,谨向作者表示歉意与谢意!

需要说明的是我们编写出版本经典教材(第四版),出版社不但要求修订文字,还要求与时俱进,要展示与教材内容相关的精彩视频和珍贵照片资料,立体化出书,为广大读者提供丰富的认知世界。这些视频照片资料是本经典教材核心专家以及诸多演讲家、演讲理论家热情提供的,有的是从"今日头条"和微信中下载的,我们尽可能注明出处和作者;如有遗漏,请及时与我们联系,以便下次印刷时更正。对以上所有专家谨致诚挚的谢意与崇高的敬礼!

需要感谢的是广东演讲学会对本经典教材的关心、支持与帮助,不仅及时剪辑制作了李燕杰先生等精彩演讲短视频,还积极宣传推广了本经典教材。广东演讲学会自2011年成立以来,培训事业红红火火,所编写的系列培训教材科学实用,为"党政军企校"提供了社会服务,广受好评,荣获"5A级社会团体"称号,被誉为"中国演讲界一面旗""中国演讲事业的桥头堡",真是可喜可贺!我们谨此致以崇高的敬礼!

最后,我们郑重宣告:中国社会艺术协会口才专业委员会于2021年12月19日,在广州广东演讲学会举行了隆重的成立大会,中国社会艺术协会党组书记、会长邱新建主席出席了大会,并发表了热情洋溢的讲话;协会热烈祝贺口才专业委员会的成立,希望我们牢记习近平总书记的重要指示,"讲好中国故事,传播好中国声音",接过"共和国演讲泰斗"李燕杰先生的演讲旗帜,全国一盘棋、一条心、一股劲,努力开创演讲理论研究、演讲教育培训、演讲服务社会与演讲选手同台比拼的崭新局面!

是为序。

李元授

2022年2月22日修订于武汉大学

目　录

导语　新时代呼唤谈判家 ……………………………………………………………（1）
第一章　谈判：利益契合 ………………………………………………………………（3）
　　第一节　谈判的发展 ………………………………………………………………（3）
　　第二节　谈判的原理 ………………………………………………………………（6）
　　第三节　谈判的特征 ………………………………………………………………（16）
　　第四节　谈判的类型及环节 ………………………………………………………（20）
　　思考与训练 …………………………………………………………………………（30）
第二章　谈判者：德才兼修 ……………………………………………………………（31）
　　第一节　谈判者的素质 ……………………………………………………………（31）
　　第二节　谈判者的心理 ……………………………………………………………（38）
　　第三节　谈判者的思维 ……………………………………………………………（46）
　　思考与训练 …………………………………………………………………………（55）
第三章　谈判准备：未雨绸缪 …………………………………………………………（56）
　　第一节　谈判信息的运用 …………………………………………………………（56）
　　第二节　谈判方案的制定 …………………………………………………………（65）
　　第三节　谈判活动的演练 …………………………………………………………（71）
　　思考与训练 …………………………………………………………………………（76）
第四章　谈判过程：跌宕起伏 …………………………………………………………（77）
　　第一节　开局阶段 …………………………………………………………………（77）
　　第二节　报价阶段 …………………………………………………………………（82）
　　第三节　磋商阶段 …………………………………………………………………（89）
　　第四节　终局阶段 …………………………………………………………………（102）
　　思考与训练 …………………………………………………………………………（107）
第五章　谈判谋略：智胜之道 …………………………………………………………（108）
　　第一节　谈判谋略之道 ……………………………………………………………（108）
　　第二节　谈判策略之术 ……………………………………………………………（111）
　　第三节　应对僵局之法 ……………………………………………………………（125）
　　思考与训练 …………………………………………………………………………（130）
第六章　谈判语言文化：谈圆说通 ……………………………………………………（131）
　　第一节　谈判语言文化概说 ………………………………………………………（131）

第二节　有声语言谈判艺术 ……………………………………………… (138)
　　第三节　无声语言谈判魅力 ……………………………………………… (148)
　　第四节　海外商人谈判文化 ……………………………………………… (155)
　　思考与训练 ………………………………………………………………… (167)

第七章　国际贸易谈判：融入洪流 …………………………………………… (168)
　　第一节　关税与贸易总协定和世界贸易组织 …………………………… (168)
　　第二节　中国复关与入世谈判历程 ……………………………………… (176)
　　第三节　中国入世的意义和贡献 ………………………………………… (180)
　　第四节　国际贸易谈判实践 ……………………………………………… (186)
　　思考与训练 ………………………………………………………………… (195)

第八章　商务谈判合同：定分止争 …………………………………………… (196)
　　第一节　民法典合同编 …………………………………………………… (196)
　　第二节　合同管理 ………………………………………………………… (200)
　　第三节　合同纠纷 ………………………………………………………… (207)
　　思考与训练 ………………………………………………………………… (216)

第九章　"一带一路"谈判：合作共赢 ………………………………………… (217)
　　第一节　"一带一路"谈判的基础 ………………………………………… (217)
　　第二节　政策沟通领域的谈判 …………………………………………… (221)
　　第三节　设施联通领域的谈判 …………………………………………… (225)
　　第四节　资金融通领域的谈判 …………………………………………… (233)
　　第五节　贸易畅通领域的谈判 …………………………………………… (238)
　　第六节　民心相通领域的谈判 …………………………………………… (244)
　　思考与训练 ………………………………………………………………… (248)
　　谈判能力自我测试 ………………………………………………………… (248)

结语　争当新时代谈判家 ……………………………………………………… (249)

参考文献 ………………………………………………………………………… (251)

导语　新时代呼唤谈判家

自从有了人类,就有了人与人之间的交往,就有了人对利益的需求和追逐,就有了人与人之间的利益分歧和冲突。人们为了趋利避害,把潜在的风险、损失和危害降到最小的可控范围之内,把可能的机遇、利益和期望争取到价值最大化,不得不加强彼此的沟通、交流、协商甚至博弈,于是就有了形式上或实质上的谈判。在诱人的利益面前,在没有"一家通吃"的绝对实力下,在文明社会不轻易诉诸武力时,面对利益的分歧和冲突,人们往往会明智地通过谈判来解决问题。在文明社会,人类如此,组织如此,企业如此,国与国之间亦是如此。在现代社会,谈判各方只有相互尊重彼此的合理需求,在博弈中做出适当的妥协和让步,才能够在"切好蛋糕""做大蛋糕"中寻求到相互利益的"契合点""平衡点"和"发展点",做到互利合作、共赢发展,避免"我赢你输"的短视行为和"你我双输"的失败下场。

中国传统文化博大精深,谈判思想源远流长,历史上涌现出无数的谈判大家,推动着社会的进步和文明的发展。新中国的建交史,就是一部捍卫国家主权的谈判斗争史。改革开放以来,中国特色社会主义市场经济制度逐步建立、完善和发展,日益显示出了我国市场经济的巨大能量和活力。随着"对内搞活、对外开放"的逐步深入、加入WTO融入世界经济发展洪流、全面建成小康社会、共建"一带一路"着力构建人类命运共同体,我国综合国力和世界竞争力得到空前提升,已赶上时代发展潮流,并在更广领域、更深层次参与、推动和引领世界经济合作发展。

中国特色社会主义已经进入新时代。经过多年坚持不懈的艰辛努力,当前,中国特色社会主义已经进入了高质量发展的新阶段。《中共中央关于制定国民经济和社会发展第十四个五年规划和二〇三五年远景目标的建议》指出,坚定不移地贯彻创新、协调、绿色、开放、共享的新发展理念,坚持稳中求进工作总基调,以推动高质量发展为主题,以深化供给侧结构性改革为主线,以改革创新为根本动力,以满足人民日益增长的美好生活需要为根本目的,统筹发展和安全,加快建设现代化经济体系,加快构建以国内大循环为主体、国内国际双循环相互促进的新发展格局,推进国家治理体系和治理能力现代化,实现经济行稳致远、社会安定和谐,为全面建设社会主义现代化国家开好局、起好步。

当今世界正经历百年未有之大变局,新一轮科技革命和产业变革深入发展,国际力量对比深刻调整,和平与发展仍然是时代主题,人类命运共同体理念深入人心。尽管世界深受西方强权霸凌主义、保护主义、单边主义干扰和新冠肺炎疫情仍未消除等诸多不利因素的影响,但我国改革开放绝不会停步,反而更加准确地把握时代发展脉搏,坚定不移地推动我国经济社会高质量发展,为推动世界经济社会向前发展贡献中国力量。

2013年3月27日,习近平主席在出席金砖国家领导人第五次会晤发表主旨讲话时指出,"一国的事情由本国人民做主,国际上的事情由各国商量着办。"世界上的问题错综复杂,国际社会应该按照各国共同达成的规则和共识来治理。2013年9月和10月,习近平主席先后提出建设"丝绸之路经济带""21世纪海上丝绸之路"的合作倡议,合称"一带一路"倡议。2017年5月15日,习近平主席在"一带一路"国际合作高峰论坛圆桌峰会上致开幕辞强调,"在'一带一路'建设国际合作框架内,各方秉持共商、共建、共享原则,携手应对世界经济面临的挑战,开创发展新机遇,谋求发展新动力,拓展发展新空间,实现优势互补、互利共赢,不断朝着人类命运共同体方向迈进。这是我国提出这一倡议的初衷,也是希望通过这一倡议实现的最高目标。"截至2021年12月底,中国已同145个国家和32个国际组织签署了200多份合作文件,共建"一带一路"国家已由亚欧延伸至非洲、拉美、南太等区域。

当今,世界多极化、经济全球化、社会信息化、文化多样化深入发展,全球治理体系和国际秩序变革加速推进,疫情防控仍任重道远,传统安全和非传统安全问题复杂交织,世界各国人民的命运从未像今天这样紧密相连。在此全球合作不可逆转的趋势下,国与国之间、组织与组织之间、企业与企业之间、人与人之间,更加注重相互沟通、交流、依存、协调、谈判、博弈、妥协和合作。事实上,世界各地无时无刻不进行着形形色色的大小谈判。

谈判,需要谈判各方具有相应的谈判资本、资源的"硬实力",同样更需要谈判者的素质、能力的"软实力"。因为谈判实践证明,如果谈判者超常发挥"软实力",即使在自己的"硬实力"明显处于下风的情况下,也可以力挽狂澜,轻松赢得谈判的成功,从而赢得更加充分的利益。这种谈判的"软实力",也就是本书所要阐述的谈判艺术。遗憾的是,据统计,世界500强企业的所有计划交易中,只有20%左右达成协议,80%的交易因为相关人员不懂谈判而告失败,由此造成了巨大的机遇丧失、资源浪费和利益流失。世界500强企业中95%以上的高管没有系统地学习过如何谈判,更不用说普通大众了。同时,有数据显示,没有经过系统学习谈判的人谈判成功率大致在20%~30%,谈判专业人士谈判成功率却可达80%以上,这就充分显示了谈判艺术具有巨大的想象空间,学习和提升谈判艺术的至关重要性和现实紧迫性。

为适应新时代中国特色社会主义高质量发展和共建"一带一路"的新需要,让更多的谈判爱好者和需要者熟悉和掌握谈判的基本规律和艺术,迅速成长为新时代各个领域的谈判高手,我们站在新时代呼唤谈判家的高度,在本书中系统而又全面地研究谈判的基本规律和艺术,并附以丰富的案例拓宽视野。希望本书能对广大谈判爱好者和需要者的学习、工作和实践有所启发和帮助。

易吉林　孙卓
2022年2月于江城桂子山

第一章 谈判:利益契合

第一节 谈判的发展

一、谈判的兴起

谈判伴随着人类交往、人类社会、人类文明的产生发展而生而长。自从有了人类交往、人类社会、人类文明,就有了人与人之间的需求依赖、交换渴求、协作意识、利益争斗与妥协、目标追求与达成。

史前文化虽无直接文字史料记载证明谈判的起源,但从文化人类学的研究成果中,却可以找到间接支持的相关证据。例如,多数学者认为,谈判应该起源于部落之间的利益冲突,一旦矛盾不可调和,冲突不可避免,如果战争难见分晓,也许会转换为谈判模式。我国传说中的黄帝蚩尤逐鹿之战后,黄帝打败蚩尤,但两大部落集团尽释前嫌,重又相安相处,甚至解仇结盟,因而各诸侯都愿归顺,一致拥戴黄帝为天子。又如,美国民族学家路易斯·亨利·摩尔根在1877年发表了《古代社会》一书,书中以社会进化论的观点,用大量的事实揭示了原始社会的真实情况和基本特征,特别是第三编关于家庭的论述,显露出古代社会谈判的萌芽和产生。

商周以来的古代中国社会,逐步进入了古代谈判的勃兴时期,具体呈现为由商周时期的急剧发展、秦汉隋唐的缓慢发展到宋元明清时期的顺势求变三个谈判发展阶段。中国古代谈判深受"仁义礼智信"儒家思想浸润,同时伴以中庸天命之道,其谈判谋略又以儒家、兵家、道家、法家、鬼谷子流派见长。例如,儒家鼻祖孔子的"己欲立而立人,己欲达而达人"和其大弟子子贡"博施于民而能济众",包含着"仁"之"和谐"、谈判之"共赢"理念,其价值至今仍不过时,在现代谈判中体现为"以和为贵""和而不同""仇必和解"等哲学思想。又如,兵家鼻祖孙武巨著《孙子兵法》是一部智慧之书,在其中蕴含的众多治兵取胜之"道",其中的"合道""选将""择机""对敌"之策略,不仅适用于古代行兵作战,也适用于当今的企业管理、"商战"和谈判。在古代谈判中,谈判者个人的智慧和能力往往起着重要作用,几乎左右着谈判的发展方向和进程。这一特点,可以从古代诸如子贡、苏秦、张仪、毛遂、晏子、蔺相如、唐雎、范雎、张骞、班超、诸葛亮、李世民、长孙晟、郭子仪、富弼、郑和等谈判大家及其经典谈判案例和成效中得到证明。由于这一历史时期我国长期处于小农经济,商品经济并不发达,商业谈判并不活跃,但社会上、民间生活上还是存在这样那样的谈判现象,而展示这一时期的经典谈判风采主要体现在政治军事和外交上。

进入近代以来,我国饱受西方列强的摧残和凌辱,沦为半殖民地半封建社会。这一时期的谈判主要集中体现在,基于中西实力对比的悬殊,西方列强通过武力威胁,迫使我国被动谈判,尽管我国强力抗争,但还是没有阻挡住西方列强强加给我国的一系列不平等的耻辱条约,近代中国的对外谈判进入了失衡至暗的耻辱抗争和求变阶段。西方列强疯狂掠夺、瓜分在华权益,依靠其政治和军事力量的强势,通过强权谈判、武力谈判、讹诈谈判、分赃谈判、秘密谈判等方式,不择手段,严重侵害我国主权和广泛权益。以郭嵩焘、曾纪泽、施肇基、黄遵宪、顾维钧为代表的杰出外交谈判家,以中华民族坚韧气节,以艰苦、高超的外交谈判和周旋坚决捍卫中华民族利益。

二、谈判的发展

新中国成立以来,我国外交走过了一条极不平凡的道路。外交谈判基于维护联合国宪章原则、和平共处五项原则、国家主权和利益不受侵犯原则、公平互利共谋发展等原则,成为我国谋取"独立自主""和平与发展""民族复兴,人类进步",和平解决国际争端的重要手段。这些都凝结着我们党坚持不懈推动理论创新与实践创新的成果,给我们留下了重要的、具有普遍意义的基本经验。新中国外交谈判,专家学者的一致看法是,可以分为3个阶段。

第一阶段(1949—1978年),是社会主义革命和建设时期,中国外交的主题词是"独立自主"。新中国诞生后废除了西方列强强加给我国的一系列不平等条约,国家外交工作和外交谈判斗争的首要任务是维护国家安全和主权独立,捍卫革命胜利果实。毛泽东主席明确指出,新中国与西方国家建交的首要前提是谈判,谈判的首要目的是确认建交国与台湾断交,承认"一个中国"即中华人民共和国。中国坚决反对帝国主义和霸权主义,积极支持亚非拉人民争取民族解放和国家独立的斗争。1954年日内瓦会议,周恩来总理兼外长舌战群儒,赢得了外交舞台第一流人物的地位。1955年,周恩来不畏艰险出席万隆会议,再次淋漓尽致地发挥了折冲樽俎、协和万邦的外交艺术,数次力挽狂澜,将会议一步一步引向求同存异,获得和平共处精神的胜利。1971年10月25日,中国恢复在联合国的合法席位,这是中国外交谈判的一次重大突破。中美三个联合公报的签署,中美强调一个中国原则,为中美关系的健康发展奠定了政治基础。这一时期,确立了以和平为宗旨、独立自主的外交政策,在风云激荡的国际环境中展示了东方大国的鲜明形象,站稳了脚跟,改善了国际处境。

第二阶段(1978—2012年),是改革开放和社会主义现代化建设时期,中国外交的主题词是"和平与发展"。党中央做出"和平与发展是当今世界两大主题"的根本判断,我国外交工作和外交谈判的目标随之调整为为现代化建设争取较长时间的和平外部环境。在国际上,我们倡导多极化和国际关系民主化,坚持走和平发展道路,奉行合作共赢的开放战略,积极为维护世界和平、促进共同发展做出贡献,我国的国际地位和影响力持续提高。这一时期,围绕香港回归和恢复关税和贸易总协定创始缔约国席位(简称复关)与加入世界贸易组织(简称入世)谈判是我国最重要的外交谈判。1982年9月24日,邓小平同志在北京会见英国"铁娘子"撒切尔夫人时指出,中国将在1997年收回香港主权,将支持香港的繁荣,并希望得到英国政府的合作。但撒切尔夫人对此表示并不完全认同,并提出了替代性建议。邓公果断拒绝了她的建议,再次强调,"主权问题不是一个可以讨论的问题,中国在这个问题上没有回旋的余地"。按照小平同志的指示精神,中英双方就香港回归事宜进行了22轮幕后较量,"一国两制"终于在香港实现。我国政府于1986年7月10日正式申请恢复在关贸总协定的创始缔约国席位,尽管我国为复关表现了十分的诚意,做出了重大让步,但由于以美国为代表的少数缔约国蓄意阻挠,漫天要价,使得持续8年之久的中国复关谈判未能在1994年12月底之前,也就是在世界贸易组织(WTO)成立之前完成。经过中方持续艰苦的谈判斗争,1999年11月,中美双边市场准入谈判终于达成协议。中美握手,中欧谈判经过努力也达成协议,为中国加入WTO赢得了关键一步。2001年12月11日中国入世,促使中国走向世界,全方位与世界经济接轨,在中国经济转型发展、注入世界经济活力、促进全人类文明发展等方面具有不可替代的巨大影响力。这一阶段,经济建设成为全党全国人民工作重心,中国社会主义市场经济体制得到确立和发展,市场经济激发出了巨大市场活力,商务谈判方兴未艾,研究谈判的学者也著书立说,不断丰富谈判的内容、策略、技巧和艺术。

第三阶段(2012年党的十八大召开至今),世界正处于百年未有之大变局,中国特色社会主义进入新时代,中国外交的主题词是"民族复兴,人类进步"。推动构建新型国际关系、推动构建人类命运共同体被确定为新时代中国外交的总目标,习近平外交思想的指导地位正式确立,一条具有鲜明时代特征和中国特色的大国外交之路日益清晰地展现在世人面前。2013年9月和10月,习近平主席先后提出建设"丝绸之路经济带""21世纪海上丝绸之路"的合作倡议,共建"一带一路",旨在借用古代丝绸之路的历史符号,高举和平发展的旗帜,积极发展与沿线国家的经济合作伙伴关系,共同打造政治互信、经济融合、文化包容的利益共同体、命运共同体和责任共同体。经过一系列外交谈判,截至2021年12月底,中国已与145个国家和32个国际组织签署了200多份合作文件,这些合作文件主要包括共建"一带一路"合作备忘录,与一些毗邻国家签署的地区合作、边境合作备忘录、经贸合作中长期发展规划、地区合作规划纲要等,共建"一带一路"国家已由亚欧延伸至非洲、拉美、南太等区域。"一带一路"倡议,既是中国对外开放的总纲领,也理应成为全面深化改革的总钥匙。"一带一路"倡议的实施,必将孕育着无限商机,相信越来越多的政府、企业、组织和个人必将成为合作共赢的谈判主体,国际商务谈判也将拥有更加广阔的天地。

经过70多年的风雨兼程,中国外交工作和外交谈判越来越彰显中国特色和中国风范。从倡导"求同存异"与"和平共处五项原则"到提出"三个世界"理论和"和平与发展"两大时代主题,再到共建"一带一路"、推动构建"人类命运共同体",这些都彰显着中国文化和思想魅力的理念主张,对推动战后国际关系的发展做出重要贡献。

当前,世界百年未有之大变局正在深入展开,面对层出不穷的新问题、新挑战,国际社会对"中国主张""中国智慧"和"中国方案"的期盼进一步上升,中国的国际地位和影响也越来越与其在思想文化层面的贡献紧密关联。21世纪应该是中国在实现伟大民族复兴的砥砺前行中为全球治理和发展做出突出贡献的时代。

第二节　谈判的原理

一、谈判的含义

（一）现实世界是一张巨大的谈判桌

什么是谈判？说起来既简单又复杂。说它简单，是因为它并不陌生，它随时、随地都有可能发生在我们身边；说它复杂，是因为谈判的内容极为广泛，人们很难用一两句话就能准确、充分地表达出来。

谈判涉及的领域很广。谈判不仅包括那些正式场合的国际政治、经济、军事、文化、外交等方面的重大谈判，而是更多地表现为人们日常工作、生活中的各种非正式场合的协商与交涉。正如美国著名的谈判专家荷伯·科恩所说："现实世界是一张巨大的谈判桌，每个人都有可能成为谈判者。"

这里举个"分橙子的故事"。有一个妈妈把一个橙子给了邻居的两个孩子。这两个孩子便讨论如何分这个橙子。两个人吵来吵去，最终达成了一致意见，由一个孩子负责切橙子，而另一个孩子选橙子。结果，这两个孩子按照商定的办法各自取得了一半橙子，高高兴兴地拿回家去了。第一个孩子把半个橙子拿到家，把皮剥掉扔进了垃圾桶，把果肉放到果汁机上榨取果汁喝。另一个孩子回到家把果肉挖掉扔进了垃圾桶，把橙子皮留下来磨碎了，混在面粉里烤蛋糕吃。

从上面故事的情形，我们可以看出，虽然两个孩子各自拿到了看似公平的一半，然而，他们各自得到的东西却未能物尽其用。这说明，他们在事先并未做好沟通，也就是两个孩子并没有申明各自需求所在，导致了双方盲目追求形式上和立场上的公平，结果双方各自的利益并未在商量中达到目标价值最大化。

如果我们试想，两个孩子充分交流各取所需，或许会有多个方案和情况出现。可能的一种情况，就是遵循上述情形，两个孩子想办法将皮和果肉分开，一个拿到所有果肉去喝汁，另一个拿去整个橙子皮去做烤蛋糕。然而，也可能经过沟通后是另外的情况，恰恰有一个孩子既想要橙子皮做蛋糕，又想喝橙子汁。这时，如何能创造价值就非常重要了。假设想要整个橙子的孩子提议可以将其他问题拿出来一块谈。他说："如果把这个橙子全给我，你上次欠我的棒棒糖就不用还了"。其实，他的牙齿被蛀得一塌糊涂，父母上星期就不让他吃糖了。另一个孩子想了一想，很快就答应了。他刚刚从父母那儿要了五块钱，准备买糖还债。这次他可以用这五块钱去买玩具，才不在乎这酸溜溜的橙子汁呢。

两个孩子的谈判思考过程实际上就是不断沟通，创造价值的过程。双方都在寻求对自己最大利益的方案的同时，也能满足对方的最大利益的需要。

谈判的过程实际上也是一样。好的谈判者并不是一味固守立场，追求寸步不让，而是要与对方充分交流，从双方的最大利益出发，创造各种解决方案，用相对较小的让步来换取最大的利益，而对方也是遵循相同的原则来取得交换条件。在满足双方最大利益的基础上，如果还存在达成协议的障碍，那么就不妨站在对方的立场上，替对方着想，努力扫清达成协议的一切障碍。这样，最终的协议是不难达成的。

（二）国外关于谈判含义的代表观点

（1）英国权威的《牛津英语词典》解释，"Negotiation"含有"谈判、商议、商订、磋商"之意，或指"借商议来处理问题"。

（2）法国著名的《现代法语词典》解释，"Negotiation"意为"谈判"，如"使大宗交易得到良好结果的行为"或"政府间的对语"。

（3）法国雷恩商学院教授杨杜泽等人则提出，新型谈判学不同于总想尽一切办法将对方视作对立面并将自己的意志强加到对方身上的传统谈判学，而是一种帮助和促进谈判双方最优化谈判成果的新型谈判思维和谈判策略，可以使互利共赢的可能性最大化。

（4）美国谈判学会会长杰勒德·I. 尼伦伯格认为：谈判的定义最为简单，而涉及的范围却最为广泛。每一个要求满足的欲望，每一个寻求满足的需要，至少都是诱发人们展开谈判的潜因。只要人们为了改变相互关系而交换观点，只要人们为了取得一致而磋商协议，他们就是在进行谈判。

（5）美国著名的交易谈判专家C. 威恩·巴罗和格莱恩·P. 艾森认为：谈判并不是什么新东西，它从古到今一直是人们生活中的一个组成部分。实质上，谈判是一种在双方都致力于说服对方接受其要求时所运用的一种交换意见的技能。其最终目的就是要达成一项对双方都有利的协议。

（6）美国《哈佛谈判学》丛书主编罗杰·费希尔和副主编威廉·尤里认为：谈判是你从别人那里取得你所需要的东西的基本手段，你或许与对方有共同利益，或许遭到对方的反对，谈判是为达成某种协议而进行的交往。

（7）美国学者杰斯沃德·W. 萨拉科斯认为，谈判就是一个沟通和认知的过程，谈判双方希望通过共同行动获取共赢。

（8）美国哈佛公开课研究会提出，谈判是有关方面对有待解决的重大问题进行会谈。换句话说，谈判是统筹运用个人的信息和力量，在所有力量组合成的制衡网络内去影响谈判对手的习惯性行为和反应。

（9）美国谈判专家斯图尔特·戴蒙德认为，谈判是为了实现你的目标，其余一切都必须服从这个目标。不要努力去建立人际关系，不要去管他人的利益、需求、情感或其他任何东西，不要给予或收集信息，除非它们会让你更接近自己的目标。谈判的目的不是为了实现双赢或建立一种人际关系，或达成一致意见，除非它们会让你更接近自己的目标。谈判的要点是争取自己想要的东西。在谈判中，如果人际关系无助于你实现自己的目标，那又何必去建立人际关系呢？如果对方不断损害你的事业，你又何必努力去争取一个双赢的结果呢？

（10）德国国际谈判专家尤塔·波特纳认为，当有着不同利益的双方就达成共识而交流的时候，就可以算得上是一场谈判。一场谈判所必要的条件是：谈判双方相互间有所依赖，谈判双方有利益冲突，谈判双方有相当的话语权，谈判双方都将达成协议视为谈判的目标。

（11）日本王牌商务谈判专家藤井一郎认为，谈判就是具有不同立场、不同利害关系的人通过互相磋商达成协议的过程。

(三)国内关于谈判含义的代表观点

(1)"谈判","谈"是"讲论、彼此对语"之意,"判"意为"评断"。(《辞海》)

(2)谈判是现代国际关系中解决争端时经常使用的方法之一。即在国家间发生争端时,由争端当事国通过相互接触来说明彼此的意图,并在交换意见后谋求双方所争执的问题而达成的协议。(《世界知识辞典》)

(3)谈判是具有利害关系的各方为了满足各自的需要,就所关心的问题进行磋商,就所争执的问题相互协调和让步,努力达成协议的过程和行为。(孙兆臣,易吉林)

(4)谈判是双方或双方以上为了消除分歧、改变关系而交换意见,为了取得一致、谋取共同利益和契合利益而磋商协议的社会交往活动。(李明新)

(5)谈判是指人们为了改变相互关系交换意见,为了取得一致而相互磋商的一种行为。(曹厚昌)

(6)谈判是指有关组织(或个人)对涉及切身权益的分歧和冲突进行反复磋商,寻求解决途径和达成协议的过程。(潘肖钰)

(7)谈判是有关个人或组织为了解决共同关心的问题或为了改善关系而进行的磋商、讨论和协议。(林厚泰、黄建国)

(8)谈判是双方围绕某个问题面对面会谈的一种形式,是人们为了满足某种需要,取得某种一致而进行的磋商。(冯必扬)

(9)谈判是一种双方自愿的活动,任何一方都可以在一定情况下退出或者拒绝协商。谈判存在的前提是,至少有一方想要改变现状并且相信有可能达成这个结果。进行谈判就意味着双方都希望尽快找到解决问题的办法。对时间的把握是谈判中的一个关键部分。一次成功的谈判并不是指无论如何也要谈成或者仅仅是获胜,而是使谈判双方都想得到想要的东西,实现"双赢"。(于反)

(四)综合研究分析得出的谈判含义

以上国内外关于谈判的各种观点,既有共同之处,反映了谈判应有的共同特征;也有差异部分,甚至差异很明显。总体而言,具体到每一种观点,都不同程度地存在表达不完整、不准确、不深刻之处。通过对以上各种观点的分析,我们认为,谈判的含义至少包括以下几个方面的内容。

(1)谈判活动必须在两个或两个以上的参与者之间进行;谈判的各方之间应该利益攸关,具有一定的利害关系;这种利害关系可以是现实的,也可以是潜在的。

(2)谈判是建立在人们需要的基础上的。人们的需要包括建立一定的联系或解决共同关心的问题,处理各方的冲突和纠纷,改善相互关系,还有其他具体需要,促使己方去了解对方情况、试探对方意图、研判对方关切、确定己方目标、开展沟通协商、博弈、妥协,以寻求对方认同、实现己方目标等。

(3)谈判的各方之间存在着某种观点、立场、利益等方面的分歧或冲突,他们试图通过谈判,来缩小或消除分歧,缓和或解决冲突,以最大限度地实现自己的谈判目标。

(4)谈判是利益攸关各方进行沟通、磋商、说服、认同、达成目标的互动行为过程,一般情况下是用实力说话,但恰到好处地运用谈判策略、技巧、方法和艺术,也许会起到意想不到的效果。

（5）谈判不仅仅停留在"切蛋糕"上，而要双方共同努力"做大蛋糕"，分更多的"蛋糕"，以创造和实现目标价值最大化。

综上所述，我们可以归纳出谈判的含义：谈判是指利益攸关各方，为了满足各自的需要，就所关心的问题进行沟通、磋商、博弈、妥协和契合，以期实现各自目标价值最大化的互动合作过程和语言行为艺术。

二、谈判的原理

（一）需要理论

需要，它的本意是指有机体缺乏某种事物时产生的一种主观状态，它是指有机体对客观事物所需的反映。这里所指的需要是客观需要，是不以人的意志为转移的谈判需要。当这种需要产生时，它将以不同的形式促使一方当事人去寻求、了解潜在的合作伙伴，将己方与对方各自带有差异性的需要联系在"共同利益"的纽带上。

美国布兰戴斯大学的亚伯拉罕·H.马斯洛教授从心理学激励理论的视角，在1943年发表的《人类动机的理论》一书中，首次提出了人类需要的五阶模型，即生理、安全、社交、尊重和自我实现五个层次（台阶）的需要，并且认为前四个层次需要通常称为缺失需要或低级需要，而第五层次需要被称为增长需要或高级需要，这五阶需要构成了马斯洛最初的需要理论，并且传播甚广。1954年，马斯洛又在《激励与个性》一书中提出了求知需要和审美需要，晚年他又提出了自我超越需要，最终由最初的五阶需要模型扩大为八阶需要模型，更加细化完善，最终形成八阶马斯洛需要理论。其具体内容如下。

1. 生理需要

生理需要是第一层次的需要，也是人类最基本、最重要的需要。人类要生存，就必须具有生存的条件，如阳光、空气、水分、食品、睡眠、住所等；要维持生理平衡，就必须具备取暖、防寒、避暑等设备。比如，在现实生活中，当一个人很饥饿时，那么他急需寻找或希望他人提供食物充饥。当工人工资微薄不足以支撑其吃饭、住宿等基本生存时，他迫切希望公司老板给他增加工资或改善生活条件。

2. 安全需要

满足安全需要的途径是寻求安全条件，如保护身体免受伤害、防御自然灾害、防止偷盗掠夺、免除恐惧和焦虑、摆脱瘟疫与病痛、摆脱失业威胁，渴求有秩序的环境等。又如，当工人劳动强度过大或时间过长，不足以旺盛的精力确保自身和工作安全时，希望老板给其改善劳动条件、给予更多的休息时间。

3. 社交需要

社交需要又称为归属和爱的需要。这是人们希望与他人建立关系、交流情感、追求爱情、爱护亲情的一种欲望或要求。它包括交往的欲望，如希望得到别人的关心与爱护、帮助与支持、友谊与爱情等；还包括归属的要求，如希望成为某团体中的一员，在该团体中彼此交流情感等。

4. 尊重需要

尊重需要包括自我尊重与受人尊重两个方面，既包括渴望自由与独立、获得知识与能力,从而感到自信与自豪的需要,又包括对名誉、地位的向往和对荣誉、权利的追求。这种需要实际上是多种需要的集中表现。比如,大学生希望通过努力成为医生、教师等,受到社会尊敬;单位公开奖励和表扬优秀员工,以激励更多的人向他们学习等。

5. 求知需要

求知需要是指对知识的渴望,对人和事物的理解,对人和社会、自然的探索,并希望揭示其奥秘的好奇心,预测社会发展的规律和前景等。

6. 审美需要

美能使人心情愉悦、精力充沛、身心健康,追求美是人类行为的普遍现象。不同的人对美的追求与渴望,在形式和程度上表现得不尽相同。

7. 自我实现需要

自我实现的需要是人们希望提升自己的能力或潜能,并使之完善化。这种需要的表现有多种形式,因人而异。如文学家希望能写出好的作品,企业家希望能办好工厂等,概括地说,是想成为一个与自己能力相称的人,希望从事与自己能力相适应的工作,实现自我的价值。只有实现这一需要,人们才会心安理得、安居乐业。

8. 自我超越需要

自我超越需要是指挑战自我、超越个人自我的价值观。每个人都想追求一流的业绩、一流的工作、生活和地位,需要没有最好,只有更好。

马斯洛认为,以上需要是最基本的,与生俱来的,构成不同的等级或水平,并成为激励和指引个体行为的力量。需要层次越低,力量越大,潜力越大。随着需要层次的上升,需要的力量相应减弱。高级需要出现之前,必须先满足低级需要。低级需要直接关系着个体的生存,当这种需要得不到满足时,就会直接危及生命;高级需要不是维持个体生存所绝对必须的,但是满足这种需要可以使人健康、长寿、精力旺盛。高级需要比低级需要复杂,满足高级需要必须具备良好的外部条件:社会条件、经济条件、政治条件等。

马斯洛曾经表明,"在下一个层次(更高层次)需要出现之前,必须百分之百地满足(现有)需要";后来他澄清,"在人的高级需要产生以前,低级需要只要部分地满足就可以了"。例如,为实现理想,有的人不惜牺牲生命,这里就没有考虑生理需要和安全需要了。同时他认为,个体对需要的追求有所不同,有的对自尊的需要超过对社交的需要。

马斯洛需要理论有其积极的影响,他提出了人的需要有一个从低级向高级发展的过程,这在某种程度上是符合人类需要发展的一般规律的。他指出了人在每一个时期,都有一种需要占主导地位,而其他需要处于从属地位。其理论的基础是他的人本主义心理学,其理论的核心是"自我实现",这种理论在西方颇有影响。但必须指出的是,马斯洛需要理论具有明显的社会局限性,它忽视了人的社会属性和社会的复杂性,只是进行了简单的层次划分,其实人的动机、人的需要层次大多有重叠现象,并且不同层次之间的需要标准和程度也是模糊的。

马斯洛需要理论在组织管理和经济运行等领域有着广泛的应用。从企业营销和谈判策略来看,每一个需要层次方面的消费者对产品的要求是不一样的,即不同的产品适合不同的需要层次的人群。例如:生理需要——满足最低需要层次的市场,消费者只要求产品具有一般功能即可;安全需要——满足对"安全"有要求的市场,消费者关注产品对身体的影响；社交(归属和爱的)需要——满足对"交际"有要求的市场，消费者关注产品是否有助提高自己的交际形象；尊重需要——满足对产品有与众不同要求的市场，消费者关注产品的象征意义；自我实现需要——满足对产品有自己判断标准的市场，消费者拥有自己固定的品牌需求层次越高，消费者就越不容易被满足。

人们"为了满足各自的需要"而谈判，这是谈判的出发点和动机。谈判的出发点和动机是多种多样的，可以是经济的、政治的、社会的、文化的，甚至是生理、生活的因素，但是，归根结底，是为了满足谈判者的各种不同需要。谈判的一方如果不存在尚未满足的需要，那么他就不会去与对方谈判。一般而言，在谈判之初，谈判者往往从获得最低层次的需要开始谈起，随着谈判的进行，谈判者必将追逐较高层次的需要，而在基本满足前几个层次需要的基础上，谈判者势必争取最高层次的需要。当然，谈判的一方在争取己方最充分需要时，也必须尊重对方的基本需要，及时排除那些阻碍谈判进展的不利因素。如果只顾争取己方的最大需要，而不尊重对方的基本需要，就会丧失谈判的基础，谈判随时都有可能破裂。

下面举一个满足谈判对方社交需要从而促成合作成功的案例。

迪吧诺公司是纽约有名的面包公司，该公司的面包远近闻名，纽约很多的大酒店和餐饮消费场所都与迪吧诺公司有合作业务，因此，面包销量越来越大。与多数饭店不同的是，迪吧诺公司附近一家大型的饭店却一直没有向他们订购面包，这种局面长达4年。其间，销售经理及公司创始人迪吧诺先生每周都去拜访这家大饭店的经理，参加他们举行的会议，甚至以客人的身份入住该饭店，想方设法同大饭店进行接触，一次又一次地同他们进行推销谈判。但无论采用任何手段，迪吧诺公司的一片苦心就是不能促成双方谈判成功。这种僵持局面令迪吧诺暗自下定决心，不达到目的决不罢休。

从此之后，迪吧诺一改过去的推销策略和谈判技巧，开始对这家饭店的经理所关心和爱好的问题进行调查。通过长时间详尽细致的调查，迪吧诺发现，饭店经理是美国饭店协会的会员，而且由于热衷于协会的事业，还担任会长一职。这一重大发现给了迪吧诺很大帮助，当他再一次去拜会饭店经理时，就以饭店协会为话题，围绕协会的创立和发展以及有关事项和饭店经理交谈起来。果然起到了意想不到的效果，这一话题引起了饭店经理的极大兴趣，他的眼里闪着兴奋的光，和迪吧诺谈起了饭店协会的事情，还口口声声称这个协会如何给他带来无穷的乐趣，而且还邀请迪吧诺参加这个协会。

这一次同饭店经理"谈判"时，迪吧诺丝毫不提关于面包销售方面的事，只是就饭店经理所关心和感兴趣的协会话题，取得了很多一致性的见解和意见。饭店经理甚至表示同迪吧诺有相见恨晚之感。

几天以后，那家饭店的采购部门突然给迪吧诺打去电话，让他立刻把面包的样品以及价格表送到饭店。饭店的采购组负责人在双方的谈判过程中笑着对迪吧诺说："我真猜不出您究竟使用了什么样的绝招，使我们的老板那么赏识你，并且决定与你们公司进行长期的业务合作。"听了对方的话，迪吧诺有些哭笑不得，向他们推销了4年面包，进行了若干次推销谈判，竟连一块面包都没销售出去。

如今是对他关心的事表示关注而已,却发生了180度的转变。若非如此,恐怕到现在还跟在他身后穷追不舍地推销自己的面包呢。

(二)博弈论

博弈论最早由美国经济学家约翰·冯·诺依曼于1937年提出,他与经济学家奥斯卡·摩根斯坦于1944年合著的《博弈论与经济行为》被公认为博弈论诞生的标志。其研究的是决策主体的行为在直接相互作用时,人们如何进行决策以及这种决策如何达到均衡的问题。简单地说,就是决策双方在平等的对局中各自利用对方的策略变换自己的对策达到取胜的目的。博弈论可以分为合作博弈和非合作博弈理论两类,前者主要研究人们达成合作时如何分配合作得到的收益,即收益分配问题,强调团体理性。而后者是研究人们在利益相互影响的局势中,如何选择决策使自己的收益最大,即策略选择问题,强调个体理性。而谈判具有一般博弈论运用领域的共同特征:有参与者、有可供选择的策略集合、在一定规则下参与各方的较量和结果。谈判的过程就是谈判者选择和试用策略的过程,是谈判各方综合因素共同博弈的过程。因此,博弈论在谈判中有着广泛的应用。

假设将谈判中双方获得的总利益分为两部分,即双方各自的基本利益与共同利益。基本利益是谈判双方的底线,是双方必须达成的目标。如果双方基本利益发生冲突,则会增加谈判的难度,甚至谈判破裂。所以维护双方的基本利益是合作博弈必须达到的基本目标,它是影响谈判成败的关键因素。共同利益是双方尽力争取的部分,但并不是必须达成的目标,在换取一些关键利益时可以对共同利益部分做出妥协和让步。

在谈判中,双方合作所带来的利益总量假设为 $A+B_1+B_2+C$,各自的基本利益假设甲方为 A,乙方为 C,只有双方基本利益满足,谈判才能继续,故而 A 和 C 不是双方争夺范围。在合作博弈的情况下,甲乙双方的共同利益为 B_1+B_2,也是双方尽力争取的部分。实际上,谈判一方并不可能将共同利益 B_1+B_2 全部囊括,总要给对方留一些余地,最终各自获得利益分别为 $A+B_1$,$C+B_2$,至于 B_1、B_2 哪个大,则要取决于谈判双方的谈判能力以及对谈判的主导地位等因素。

谈判僵局之所以产生,其原因有很多,如人员素质低下、信息沟通障碍、谈判中形成的一言堂、谈判一方缄口沉默或反应迟钝、偏激的感情色彩、软磨硬抗式的拖延等。而究其本质,就是谈判双方是否存在共同利益。在个体理性前提下,任何一方都希望公共利益分配的结果对自己更有利,因而不会心甘情愿接受平均分配的交易条件,总是试图取得更利于自己的交易条件。如果谈判的一方想独吞 B_1+B_2,对方肯定不愿轻易就犯;更甚者,如果囊括了 B_1+B_2 还嫌不够,侵入对方的基本利益,对方肯定会愤然退出谈判。

合作博弈追求的最高境界是 $A+B_1+X+B_2+C$,这里的 X 即为谈判双方共同努力而创造出的可供双方再分配的新的利益价值,也就是说,在传统的 $A+B_1+B_2+C$ "切蛋糕"利益分配模式基础上,进一步"做大蛋糕",以增大谈判双方利益总量和利益分配的理想方案。

谈判过程是双方利益"冲突"与"合作"的过程,是让步与受益兼而有之的统一。非合作博弈更多体现在双方冲突谈判的过程中,而解决冲突后对共同利益的分配的"合作"谈判,则更多的是合作博弈过程。一场成功的谈判必须满足双方的基本利益,并且在对共同利益的分配上达成一致,让双方都能在谈判中体会到一种获得感和愉悦感。

美国钢铁大王戴尔卡耐基曾经有这样一个谈判。有一段时间,他每个季度都有10天租用纽约一家饭店的舞厅举办系列讲座。后在某个季度开始时,他突然接到这家饭店的一封要求提高租金的信,将租金提高了2倍。当时举办系列讲座的票已经印好了,并且已经都发出去了,卡耐基当然不愿意支付提高的那部分租金。几天后,他去见饭店经理。他说:"收到你的通知,我有些震惊。但是,我一点也不埋怨你们。如果我处在你们的地位,可能也会写一封类似的通知。作为一个饭店经理,你的责任是尽可能地为饭店谋取更多的利益。如果不这样,你就可能被解雇。如果你提高租金,那么让我们拿一张纸写下将给你带来的好处和坏处。"接着,他在纸中间画了一条线,左边写"利",右边写"弊",在"利"的一边写下了"舞厅,供租用"。然后说:"如果舞厅空置,那么可以出租供舞会或会议使用,这是非常有利的,因为这些活动给你带来的利润远比办系列讲座的收入多。如果我在一个季度中连续20个晚上占用你的舞厅,这意味着你失去一些非常有利可图的生意"。

"现在让我们考虑一个'弊'。首先你并不能从我这里获得更多的收入,只会获得的更少,实际上你是在取消这笔收入,因为我付不起你要求的价,所以我只能被迫改在其他地方办讲座。其次,对你来说,还有一弊。这个讲座吸引了很多有知识、有文化的人来你的饭店。这对你来说是个很好的广告,是不是?实际上,你花了5000美元在报上登个广告,也吸引不了比我讲座更多的人来这个饭店。这对于饭店来说是很有价值的。"

卡耐基把两项"弊"写了下来。然后交给经理说:"我希望你能仔细考虑一下,权衡一下利弊,然后告诉我你的决定。"第二天,卡耐基收到一封信,通知他租金只提高原来的1.5倍,而不是2倍。

(三)谈判工资理论

谈判工资理论是2020年公布的经济学名词。这一理论源于20世纪20年代英国经济学家、福利经济学的创始人阿瑟·塞西尔·庇古对劳资双方通过谈判交涉决定工资问题的研究。该理论认为,在现实不完全竞争的劳动力市场中,工资不是由劳动力市场上的供求关系确定的,而是由工会代表劳动者和厂商通过集体协议的方式谈判确定的,工资介于工会拟定工资和厂商拟定工资之间,具体水平则取决于劳资双方讨价还价的谈判力量,某一方谈判力量较大,最后确定的工资水平就接近于其拟定的工资标准。

庇古在其《福利经济学》一书中建立了一种短期工资决定模型,讨论了劳资双方赖以达成的协议工资的上下限。他设想,工会和雇主各持己方所期望的工资上下限来到了谈判桌前。一般而言,由于双方利益的冲突,工会所期望的工资上下限要分别高于雇主所允许的工资上下限,因此,谈判的焦点主要集中于工会的下限和雇主的上限。工会把其下限作为工人所能接受的最低工资,只要雇主能够满足工会的下限,工会就宁愿妥协而不愿承受罢工所带来的痛苦和代价。这就是工会的"坚持点"。雇主也把其上限作为所能支付的最高工资,也就是说雇主宁愿支付其上限标准的工资,而不愿承受罢工或者关门停产带来的损失。这就是雇主的"坚持点"。只要工会的"坚持点"不高于雇主的"坚持点",谈判就存在着实际成交的可能性。这时,无需经过工会罢工,或雇主关门停产,双方便可以达成工资协议。这个协议所确定的工资额,必定处在工会的"坚持点"和雇主的"坚持点"之间。至于是接近工会的"坚持点"还是接近雇主的"坚持点",那就要看谈判双方的相对实力和各自的谈判技巧了。

如果工会的"坚持点"高于雇主的"坚持点",双方就不存在成交的回旋余地,谈判只能破裂,导致工会罢工或者雇主关门停产。在罢工或关门停产期间,劳动者将会由于中断了工资收入,甚至面临丧失劳动岗位的危险,给自己及其家庭带来损失;雇主也将因工厂无法正常运转而失去了利润。这样双方僵持一段时间后,谈判的一方或双方很有可能在某种程度上改变原先的"坚持点":即工会降低自己的"坚持点",或雇主提高自己的"坚持点",或两者兼而有之。于是,工会的"坚持点"又有可能低于雇主的"坚持点"了,工资协议就有可能达成了。在这种情况下,罢工或关门停产期间劳资双方所显示的实力直接决定了各自谈判交涉的能力,成为确定工资高低的主要因素。假如工会成员团结一致,雇主处于被动局面,那么雇主往往被迫提高自己的"坚持点",双方最终达成的工资协议一般会向工会原先的"坚持点"靠拢。相反,假如多数工人主动放弃自己的要求而愿意复工,雇主的态度往往会因此而变得更加强硬,从而使工会不得不降低自己的"坚持点",双方最终达成的工资协议往往会向雇主原先的"坚持点"逼近。假如劳资双方实力相当,双方最终达成的工资往往接近劳资双方各自原先"坚持点"之间的中点。

劳资双方工资"坚持点"的高低除了取决于劳资双方的实力外,还取决于其他诸多因素的作用。例如,经济繁荣时期劳动力供不应求,有利于提高工会的谈判地位和增强交涉能力,有利于提高工会的"坚持点";工会力量的增强也能够有效地提高雇主的"坚持点",因为工会取得胜利的机会增多,雇主预见到罢工的代价增大。反之,经济停滞时期失业日益扩大,有利于改善雇主的谈判地位和增强交涉能力,有利于降低雇主的"坚持点";当然,这时工会的"坚持点"也有可能下降,因为工会赢得罢工胜利的机会少了,工会对罢工预期的代价高了。如果双方都增强了谈判地位和交涉能力,那么,罢工对双方预期的代价都高,而"摊牌"时任何一方都没有获胜的机会,于是雇主的"坚持点"上升,工会的"坚持点"同时下移,直到达成工资协议为止。庇古这一理论揭示了工资谈判乃至一般谈判的实质,包括双方达成协议的可能界限,双方的谈判实力与技巧对谈判结果的影响,谈判桌外一系列社会经济因素对谈判过程的制约等。

(四)公平理论

公平理论是美国心理学家约翰·斯塔希·亚当斯在1965年所著的《社会交换中的不公平》一书中提出来的,也称为社会比较理论,这一理论最初是讨论报酬的公平性对人们工作积极性的影响。该理论认为,第一,正因为人们感到不公平才有了谈判。因此,谈判就是人们为了各自的目的在一起相互协商,取得某种程度的一致或妥协的行动过程。这个协调行为,必须遵循公平的原则,才会更有成效。第二,人们工作的积极性不仅受到绝对报酬的影响,更受其所得到的相对报酬的影响,也就是说,与人们对报酬的分配是否感到公平密切相关。第三,人们总会自觉或不自觉地将自己付出的劳动代价与所得到的报酬同他人进行比较,并对公平与否做出判断。比较的结果将直接影响其工作的积极性。第四,当人们与他人进行比较感到公平时,其心态就容易平衡。即使他人的所得超过了自己的所得,但只要他人的投入相应大,就不会有太大的不满。第五,人们会为公平合理而感到满意,从而积极努力地工作,也会为受到不公平的待遇而影响工作情绪,产生矛盾。

1. 公平理论在谈判中的运用

1)必须找到一个双方都能接受的公平的标准

只有按此标准进行谈判,谈判结果对双方来讲才是可接受的、公平的;人们进行谈判就是要对合理的公平分配的标准达成共识。谈判成功后,人们之所以会对所获得的利益感到公平,关键在于参与分配的双方,事先找到了一个共同认可的利益分配标准。

2) 公平在很大程度上受人们主观感受的影响

公平不是绝对的,是主观心理现象。我们在谈判中不应盲目地追求所谓的绝对公平,而是应该去寻找对双方都有利的感觉上的相对公平。有时谈判一方做出了很小的让步,但却觉得不公平;而有时一方做出了很大的牺牲,仍觉得很公平。这主要是由感觉上的相对公平感所造成的。

3) 从心理方面着手提升谈判对手的公平感

公平是主观的意识,是心理现象。因此谈判应当从心理方面着手,提升谈判对手的公平感,促成合作。比如在谈判过程中,要使用礼貌策略,获得对方的好感等。更重要的是,谈判必须坚持公平原则,双方才有可能达成共识,最终达成谈判结果。

2. 影响公平感的主要因素

1) 个人的主观判断

公平是对自己或他人的投入和报酬的一种主观判断,在一般情况下,人们总是对自己的投入估计过高、报酬估计过低,而对别人的投入估计过低、报酬估计过高。

2) 个人所持的公平标准

个人判别报酬与付出的标准,往往都会偏向于对自己有利。在心理上往往会低估他人的工作成绩,而高估他人的利益。由于感觉上的错误,就会感到不平衡。

3) 绩效的评定方法

不同的评定方法会得到不同的结果。最好是按工作成果的数量和质量,用明确、易于核实的标准来度量,但在实际工作中往往难以做到,有时不得不采取其他标准。

3. 消除不公平感的方式

如何消除不公平感呢?一旦出现了不公平,感觉到不公平的人一般都会设法消除不公平。消除不公平感有以下几种调整方式:

(1) 扩大自己的所得,减少自己的付出;

(2) 改变参照对象,以避开不公平;

(3) 退出比较,以恢复平衡。

下面分析一组满足公平感的分配方案,以一个富人和一个穷人如何公正地分配200美元为例。

方案1:以心理承受的公平为标准,按150∶50的比例分配,富人拿多的一份。因在心理上,50美元对穷人来说是一笔大数目,穷人失去50美元相当于富人失去150美元。例如,社会团体的赈灾救助活动,通常是按捐赠者收入的多少来进行募捐的。

方案2:以实际需要的补偿原则为标准,按50∶150的比例分配,让穷人拿多的一份。这种分配对于双方的实际需要来说是合理的,因为穷人需要的多,即对弱者实行补偿原则。

方案3:以平均分配为标准,即100∶100的比例分配,穷人与富人各得一半。这种分配表面看也很公正,但由于富人的税率比穷人高,富人拿到这100美元后,税后的剩余要比穷人少,所以,有人也指责这种分配不公平。

方案4:以实际所得平等为标准,按142∶58的比率分配,富人在拿到142美元之后需纳税84美元,最后实际所得58美元,与穷人不够纳税的58美元正好相等。

从以上四种分配方法可以看出,根据不同的标准进行分配,会导致不同的分配比例和结果,而且这些结果均被人们认为是相对公平的。显然,公平是有多重标准的。关键在于,参与分配的双方要对公平的标准事先达成共识方可,这样分配的结果才会被认为是公平的。

第三节 谈判的特征

一、谈判的原则

谈判双方在获取各自需要的方面既统一又对立。统一,主要是指谈判的任何一方若想从对方获取利益,就需要准备将自己的部分利益让与对方,也就是说,双方利益的获取是互为前提的。对立,主要是指谈判双方为了争取更多的利益而必须与对方进行讨价还价,这种讨价还价有时是很激烈的,针锋相对的。如何处理好统一和对立的关系呢?一般而言,谈判双方应当遵循以下谈判原则。

(一)平等自愿原则

谈判双方基于满足需求,追求目标价值最大化,都在挖空心思谋划如何获取更多的利益。然而,谈判是双方的谈判,谈判能否进行或者达成,取决于当事人双方的意愿,不能"单相思""一厢情愿",要尊重双方的意愿,谈判是双方的自愿行为。如果一方算计过头,另一方则不一定愿意、屈从,也不可能拱手让出自己的利益。如何使谈判走向成功?就是要在双方自愿的基础之上按照平等的原则进行。这里的平等,是指法律意义上的平等,谈判意愿上的平等,谈判人格的平等,而不一定是谈判成果的均分。以商务谈判为例,虽然各企业从事经济活动的规模、范围及经营方式、经营能力各不相同,但它们都是自主经营、自负盈亏的商品生产者和经营者,在商品交易面前均处于平等地位。进行任何一项交易都应出于双方自愿,是否成交和怎样成交,都要经过双方充分协商。谈判中出现不同意见、不同观点是不可避免的,但只能通过协商加以解决,而决不能采用强硬、胁迫的手段迫使对手就范。有的企业凭借自己某一方面的优越条件,在谈判中以势压人,以强凌弱,把己方意志强加于对方,严重违背了平等原则,这是不足取的。

(二)互利互惠原则

以商务谈判而言,根据马克思主义经济学原理,价值规律是商品生产和商品变换的基本经济规律,商品交换的实质是等量劳动的交换。这种等量劳动的交换首先表现为有偿交换,即在取得对方的商品时要让渡自己的商品,通过交换来取得经济利益。商务谈判作为有偿贸易谈判,应体现价值规律的这一要求。等量劳动交换在商品交易中不仅要求有偿交换,还要求实行等价交换。要根据市场供求状况、竞争状况、双方的经营目的和具体意图等,使谈判双方都能获得利益。实践证明,谈判有一个临界点,即达成协议的最低要求,如保本就是价格条款的临界点。一旦越过这个临界点,谈判就难以进行。参加谈判的每一方都有自己的欲望,希望自己的需求得到最大程度的满足。但是,如果一方持高不下,甚至想把对方置于死地而后快,那么,谈判最终可能是竹篮打水一场空。因此,谈判的一方如果不顾对方的利益,得寸进尺而一味想突破对方的临界点,就很可能导致谈判危机。谈判既要避免出现你赢我输或你输我赢的结局,又要避免你输我输、两败俱伤情况的发生,而应该追求你赢我胜、互惠互利、共同发展的结果。其他领域的谈判也应遵循互利互惠原则。

(三) 诚信合作原则

新时代正在打造"信用中国",人"无信不立",事"无信难成。"谈判双方只有讲究诚信,才能真诚合作,推动谈判向前发展。谈判者要言而有信,秉承合作精神,认真听取彼此诉求,重信践诺,只有这样才能使谈判轻松愉快地进行下去。反之,如果言而无信,"耍单边",过分考虑己方利益,无视对方关切,必将引起对方反感,谈判势必朝着不利的方面恶化。谈判者言而有信并不等于要把一切和盘托出。一个精明的谈判者,他在表达情感时并不完全透露谈判意图。谈判者如果暴露了自己的谈判目标,那么,对方很可能采取相应措施迫使你让步。因此,谈判者既要言而有信,又必须讲分寸,讲原则,该讲的应讲明,该坚持的应坚持,该回避的要回避,该让步的也要适当让步。谈判的结果不仅体现在各自需求满足的程度上,还会表现在谈判双方的人际关系上,表现在促进和加强双方的长期互利合作关系上。

(四) 时效性原则

所谓时效性原则,就是要保证谈判的效率和效益的统一。谈判的效率主要体现在时间上,要在高效率、高节奏中进行,尽量避免搞马拉松式的谈判。这是因为随着科学技术的突飞猛进,商品的有效生命周期越来越短;随着人民生活水平的提高,商品的更新换代越来越快。如果谈判时间过长,就会错失商机。谈判的效益主要是指收益,要知道谈判也是要花费成本的。一般而言,谈判的成本主要包括三项:一是谈判桌上的成本,也就是为达成协议而做出的让步,这是谈判预期收益(也就是通常所说的最佳目标)同谈判实际收益(即协议所确保的利益)之间的差额;二是谈判过程的成本,也就是为谈判活动而耗费的各种资源,如一定的人力、物力、财力和时间等;三是谈判的机会成本,即企业的一部分资源因为投入该项谈判从而失去了其他盈利机会,损失了可望获得的价值。对这三项谈判成本,人们往往比较关注第一项,而忽视另两项特别是第三项。有的谈判者往往无休止地"玩谈判",导致谈判的机会成本增大。所谓谈判的效益就是指谈判实际收益与上述三项成本总和之间的比率。如果所费成本很高而收益甚小,则谈判是不经济的、低效益的;如果所费成本很低而收益甚大,则谈判是经济的、高效益的。成功的商务谈判当然是效率与效益皆高的谈判。

(五) 合法性原则

所谓合法性原则,是指谈判双方在谈判及合同签订的过程中,必须遵守国家法律和政策;国际谈判,还应当遵循国际法则和国际惯例。例如,谈判各方要符合谈判标的的身份、资格或资质,谈判的标的要合法合规,谈判的追求价值、行为规范和成交条件与法律法规、国家利益、公共利益、集体利益和其他方的合法利益不相冲突和抵触等。否则,即使谈判双方达成了协议,也不会受到法律的保护,严重的还要受到责任追究,给自己造成严重的损失和影响。

荷伯·科恩是美国著名的谈判专家。在他的著作《人生与谈判》中,记述了他年轻时初次到日本谈判,因缺乏经验泄露了谈判时限而任人摆布的经过。

上司同意荷伯·科恩的请求,让他独自一人前去日本东京谈判。荷伯·科恩为获得这一难得的机遇兴奋不已。他在回忆这一情景时写道:"我太高兴了,兴奋地对自己说,这可是一次好机会,命运在召唤我了,我要先扫清日本人,然后向别的国家进军。"

荷伯·科恩为此次谈判做了充分的准备工作,而且还随身携带着有关日本人的精神与心理方面的书籍,反复研究,决心要打一场漂亮仗。经过一周时间的准备之后,他踏上了东渡日本的航程。谈判时限是14天。科恩这样写道:"飞机在东京着陆了,我第一次以小跑步走下舷梯。舷梯下有两位日本先生迎接我,向我客气地躬身敬礼,这使我非常高兴。"

两位日本人帮我通过海关,然后陪同我坐上一辆大型豪华卧车,我舒舒服服地倚在锦绒座靠背上,他们笔直地坐在两个折叠椅上。我大大咧咧地对两个日本人说:"你们为什么不跟我坐在一起?后面有的是地方。"

日本人说:"噢,不,不……你是重要人物,显然你需要休息。"

科恩被捧得有点飘飘然,他似乎已经得到了某种满足。

一位日本人用英语向科恩问道:"请问,你懂这儿的语言吗?"

科恩用英语答道:"你是指日语吗?"

"对,就是我们日本人使用的语言。"

科恩说:"噢! 不懂,但是我想学几句,我随身带了一本字典。"

"请你不必担心乘机时间,在你返回的时候,我们可以安排车辆送你到机场。"科恩为日本人对他的热情和关心而感动,于是便从口袋里掏出返程的机票给对方看,目的是使对方知道何时派车送他去机场。

日方得知科恩的谈判期限后,便采取了拖延时间的策略。他们热情周到地安排科恩首先了解日本的文化,享受一流的服务;接着又花费了一周的时间,安排他到处游览,从天皇的宫殿到京都的神社……有点名气的地方无所不至,甚至还特意为他安排了一次坐禅英语课,让他学习日本宗教。

白天把时间安排得满满的,那么,晚上总还是可以坐下来谈谈吧。对此,科恩是这样叙述的,"每天晚上他们让我坐在硬木板铺上面的一个软垫上进晚餐和欣赏文艺节目,一坐就是四个半小时。你能想象在硬木板上蹲这么久是什么滋味吗?每当我要求开始谈判时,他们就说:"有的是时间! 有的是时间!""

直到第12天,谈判才终于开始,但并没有谈多少问题,对方就以安排科恩去玩高尔夫球为由而休会。到了第13天,又如法炮制。谈判刚刚开始,便邀请科恩去参加告别宴会，科恩无奈只好随从。第14天的早晨，对方才摆出真正谈判的架势，但刚刚接触正题，送科恩去机场的轿车就开来了。科恩毫无办法，只好与日方代表一同挤进车子，在去机场的路上继续商谈。科恩来时那种踌躇满志的兴奋已完全被心急如焚所取代。因为如果达不成协议，他将无法向上司交代。迫不得已，科恩只好被对手牵着鼻子走，在汽车到机场时，基本上按对方的谈判文本达成了协议。

二、谈判的特征

谈判是一种复杂的人际交往互动行为，但谈判与任何客观事物一样，是具有其自身规律和特征的。认清谈判的特征，对于把握和掌控谈判是非常有益的。

（一）需求性和供给性的统一

人们为了自己的需要而谈判，表现出一定的需求性，并且需求性越大，谈判的欲望越强烈。根据供需理论和市场规律，有需求客观上需要有供给，如果需求大于供给，则需求方在谈判中往往占有劣势地位，如果需求小于供给，则需求方在谈判中往往占有优势地位。谈判的双方应该各有需求，这种需求的获得往往呈主动状态，而为了获得需求，也不得不配合对方予以供给，这种供给往往呈被动状态。一旦通过谈判双方供需达到可接受平衡点，则谈判目标实现，标志着谈判成功。从这个意义上讲，谈判的过程就是需求性和供给性的统一过程、平衡过程。

（二）分歧性和合作性的统一

在实际的谈判过程中，谈判双方之间在需求或者利益方面往往有一定的分歧和冲突。除非是具有极端不可调和性的，谈判都有回旋余地，也就是说，双方的分歧可以通过相互谅解和合作进行转化。谈判双方寄希望于通过谈判，达成共识，以共同合作的方式，缩小或消除分歧，减缓或化解冲突，从而实现谈判的目标。例如，1972年2月，美国总统尼克松访华，最后发表了具有划时代意义的中美上海联合公报。这个公报既是解决对抗冲突的产物，也是双方合作的结晶。在整个谈判过程中，台湾问题尤为敏感和复杂。为此，双方进行了长时间的争辩和反复磋商，终于达成了双方均可接受的协议。所以，谈判的双方既是分歧方，又是合作方，成功的谈判能够做到分歧性和合作性的统一。

（三）原则性和灵活性的统一

谈判双方是利害攸关方，往往持有不同的立场，各有各的核心利益和谈判底限。核心利益要保住，底限要守住，这就是原则性。每一方对谈判预期的目标价值获得的越大越好，围绕这一主要目标，可以在一些问题上做出灵活的处理。这种灵活的处理，必须以原则性为前提和基础，往往是策略或者是方法上的，主要指回应对方需求，必须是有助于核心利益的达成，目标价值的最大化。但是，如果没有灵活性，谈判往往容易出现僵局，甚至导致谈判破裂，对谁都没有好处。例如，在香港回归问题上，坚持"一国"涉及主权问题，没有谈判的余地，是原则性问题，"两制"主要是考虑当时香港的发展实际需要，在"一国"的前提和基础上可以灵活处理，做出适当安排。

(四) 妥协性和进取性的统一

中国有句古话叫"舍得",只有"舍"才有"得",不"舍"怎么有"得"。如以"切蛋糕"为例,按谈判效果的理想程度可区分为:"少舍而多得""多舍而少得""舍得均半";如以"做大蛋糕"来看,谈判双方都将比"切蛋糕"得到的更多,当然,为"做大蛋糕",也付出的更多。这里的"舍",就是妥协,妥协是为了进取、获得。在谈判陷入僵局的时候,唯有做出妥协和让步,才能进取,才能获得利益、实现目标。注意,妥协是为了进取、获得而做出的,如果没有进取、获得,就不要做出无谓的妥协。

我国 D 外贸公司在与英国 F 客户洽谈出口某商品时,双方对价格、数量、交货、支付方式等条款都已取得了一致意见,但在使用何种货币支付的问题上却存在着严重的分歧。当时国际市场上英镑疲软,大有下跌趋势,我方为规避风险,坚持要求对方以美元支付。但对方为了维护本国货币的信誉和地位,一直坚持以英镑支付,因此谈判出现僵局。为了打破僵局,促使谈判顺利进行,我方提出了以下几个方案,供对方选择:一是同意全部用英镑支付,但考虑到英镑疲软可能因汇率变化给我方造成损失,所以将原议价格提高 5%;二是合同总金额的 50% 用英镑支付,另外的 50% 用美元支付;三是用美元计价,以英镑支付。即合同中的价格计算以美元为准,付款时按当时美元与英镑的汇率,把美元折算成英镑进行支付。经过协商,英商出于对本国货币的特殊感情,最后决定采用我方提出的第三种方案——按美元计价,以英镑支付的方法进行结算。我方为了确保稳妥,又坚持在合同中专门订了一条"外汇保值条款"对此加以明确规定。

第四节 谈判的类型及环节

一、谈判的类型

这里以常见的商务谈判为例进行谈判类型划分。商务活动的特殊性和复杂性导致商务谈判的对象、环境、时间、地点等都具有不确定性和复杂性,所以商务谈判的分类也呈现出多种方式。下面从几个分类角度进行详细介绍。

(一) 按参加谈判的人数划分

1. 个体谈判

在个体谈判中,双方都只有一个人参加,一对一地洽谈。一般来说,承担个体谈判的人员应当是全能型的,必须具备本次谈判所涉及的各个方面的知识和能力。因为他在谈判中难以得到他人的帮助,必须独立应付全局,必须根据自己的经验和知识,对谈判桌上所发生的一切及其真假虚实及时做出分析、判断和决策,所以,承担个体谈判的人员一定要有主见、有决断力、有判断力;相反,性格脆弱、优柔寡断的人是胜任不了个体谈判的。

虽然个体谈判可以全力以赴,也有论题转换灵活性的优点,但一个人知识面再广,经验再丰富,在遇到多学科、宽领域、边缘性、交叉性商务领域时,依然很难胜任。所以一对一谈判应主要针对老客户老产品,有现成的规则和成交条件,具有谈判回旋余地不大、金额较小、简单的交易等特点。

2. 集体谈判

在集体谈判中,双方都有两个或两个以上的人员参加。一般集体商务谈判分为三种类型:小型谈判,一般 4 人以下;中型谈判,一般 4~12 人;大型谈判,一般 12 人以上。一般来说,标的巨大、关系重要且交易复杂的谈判大多采用集体谈判。谈判的人数规模不同,在谈判人员的选择、谈判本身的组织与管理上都有很大的差别。以人员的选择为例,集体谈判所选择的任何一个谈判人员都应是某一方面的专家,如他们可能分别是商务、技术、法律方面的专家,知识互补,相互配合,共同构成一个强有力的谈判班子。谈判班子中的任何人员都必须具备团队精神和配合意识,都要在谈判负责人的统一组织调度下发挥各自专长,群策群力,相互配合,及时补位,发挥出 1+1＞2 的谈判效果。

(二)按参加谈判的利益主体数量划分

1. 双边谈判

所谓双边谈判,是指谈判主体只有当事人彼此两方,而没有第三方作为正式利益主体参加的谈判。这种谈判利益关系比较明确具体,涉及谈判客体也较为简单,因而也比较容易达成一致意见。

2. 多边谈判

参与谈判的代表至少是三方利益代表,即谈判主体涉及三方或以上的谈判,又称多边谈判。多边谈判涉及的范围广,人员复杂,谈判之前的准备工作难度大。在实际谈判中,多边谈判往往演化为就某个问题、意见相互对立的双方。由于参与方多、谈判条件错综复杂,需要顾及的方面也多,因此很难在多方利益关系中加以协调,从而增加了谈判的难度。

(三)按谈判所在的国家划分

1. 国内商务谈判

国内商务谈判是指商务谈判参与方均来自一个国家内部。

2. 国际商务谈判

国际商务谈判是指谈判参与方分属两个及两个以上的国家或地区。

国内谈判与国际谈判的背景存在较大差异。对于国际商务谈判,谈判人员首先必须认真研究对方国家或地区相关的政治、经济、法律、文化、气候、环境等背景。同时也要认真研究对方国家或地区谈判人员的个人阅历、谈判风格等。此外,对谈判人员在外语水平、外贸知识等方面也有相应的要求。

(四)按谈判进行的地点划分

1. 主场谈判

主场谈判是指在自己所在地组织的谈判。主场包括自己所居住的国家、城市或办公所在地。主场具有相对的含义。如果谈判对方是外国人,则在本国谈判即为主场;如果谈判对方是国内其他城市的,则在本城市谈判即为主场;如果谈判对方是同一城市的,则在本单位谈判即为主场。总之,主场谈判是不远离自己熟悉的工作、生活环境,是在自己做主人的情况下组织的商务谈判。主场谈判给主方带来不少便利之处。谈判主方从谈判的时间表的安排、谈判资料的准备、谈判中遇到新问题的请示等方面均比较方便,主场谈判者谈起来也很自如,底气十足。作为东道主,必须懂得礼貌待客,包括邀请、迎送、接待、洽谈、组织等环节。礼貌是主场谈判者手中一张有力的牌,可以换来信赖,往往促使客场谈判者充分考虑主场谈判者的各种要求。主场商务谈判是在己方所在地进行的商务谈判,会给己方带来很多便利和优势,为谈判增加不少筹码。

2. 客场谈判

客场谈判主要是指在谈判对方所在地或所熟悉的地方所组织的谈判。客场谈判对客方来说需要克服一些困难。客场谈判者特别要注意以下事项:一是入境问俗、入国问禁。要了解各地、各国不同的风俗和国情,以免做出伤害对方感情但稍加注意即可防止的事情。二是审时度势、争取主动。在客场谈判中,客居他乡的谈判者,往往受到各种条件的限制,如客居时间、上级授权的权限、可以施展的手段等。客场谈判者在这种处境中,要审时度势、灵活反应、争取主动,包括分析主方市场、主人的地位、心理变化等,有成功希望则争取,无成功希望则速决。对方若有诚意,己方就灵活调整谈判的策略;对方若无诚意,己方则不必随便降低自己的条件。三是如果在海外举行的国际商务谈判,遇到的首先是语言问题。要配备好自己的翻译、代理人,不能随便接受对方推荐的翻译、代理人等,以防机密泄露。

3. 主客场轮流谈判

这是一种谈判地点互易的谈判。谈判可能开始在对方,继续谈判在己方,结束在对方。主客场轮流谈判,说明所要达成的标的是比较复杂的。这类谈判花费的时间往往比较长,因此需要注意以下两个方面的问题:一是确定阶段利益目标,争取不同阶段的最佳谈判效益。主客场轮流谈判说明交易比较复杂,每次换场谈判必定有新的理由和目标。谈判者在利用有利条件或寻找有利条件、创造有利条件时,应围绕实现各个具体阶段利益目标而进行;在让与争、成功与失败中掌握分寸和时机。"阶段利益目标"的谈判意识,是以循序渐进、磋商解决的方式为基础,是以"生意人的钱袋扎得紧"为座右铭。只有这样,才能实现更多的阶段利益目标。二是坚持主谈人的连贯性,换场不换帅。一般而言,在谈判中换人尤其是换主谈人是不利于谈判的,但在实际谈判中这种情况仍时有发生。由于公司的调整、个人的变迁、时间的安排等客观原因,或是出于谈判策略的考虑,如主谈人的上级认为其谈判效果不好,或表现不够出色,为了下阶段的利益目标而易帅。为了避免或减少易帅而带来的负面影响、保持谈判的连贯性,最好是在主客场轮换的谈判中配好主帅和副帅。

4. 中立地谈判

中立地谈判是指谈判在双方所在地以外的其他地点进行,这时,谈判双方没有宾主之分。谈判双方在谈判地点上的优势是均等的,这样做往往是为了给谈判制造一个公平、中立、不受外界干扰的良好环境。

(五)按谈判的性质划分

1. 意向性谈判

意向性谈判是指谈判双方在约定的时间、地点所进行的先期探询性谈判。它主要是就双方谈判标的的有关信息、行情、各自的意愿以及交易的规模、方向、条件等进行粗略的交流与探测,属于预备性的谈判。谈判人数一般不多,双方有时因合作意向趋同也可以拟签意向书,为进一步深入洽商奠定基础。

2. 实质性谈判

一般而言,谈判双方只有反复地进行多次谈判,才能就实质性的问题求同存异。如价格、规格、包装、货运、折扣、付款方式、条件、售后服务、退货条件、增量订购优惠条件、违约惩罚条款等诸多实质问题,谈判者必须按轻重缓急、逐项逐条地反复磋商。每次磋商之前,谈判双方都应按谈判的程序确立主题,列出讨论点,确定谈判方式,规定人选及时间地点。谈判者必须认真、完整地记录每次谈判的内容,必要时还要经双方认同签字,为谈判的最后成交做准备。

3. 关键性谈判

关键性谈判通常是指关系到谈判成败的关键性问题谈判。谈判的问题都是谈判双方矛盾的焦点、突出的难点或棘手的问题。例如,关于双方报价的争执、拒绝、让步、变通、妥协等直接涉及双方利害得失的难题。难题的解决与否,意味着最后谈判的结果如何,要么签约、鼓掌、干杯;要么宣布谈判破裂,双方一无所获而分道扬镳。

(六) 按谈判的方式划分

1. 纵向谈判

纵向谈判是指谈判双方在确定谈判的主要问题后,逐个讨论每一问题和条款,讨论一个问题,解决一个问题,一直到谈判结束。例如,一项产品交易谈判,双方确定出价格、质量、运输、保险、索赔等几项主要内容后,开始就价格进行磋商。如果价格确定不下来,就不谈其他条款。只有价格谈妥之后,才依次讨论其他问题。

这种谈判方式的优点是,每次只谈一个问题,讨论详尽,解决较为彻底。但是这种谈判方式由于议程确定过于死板,不利于双方沟通交流;同时,由于双方无法就若干问题打通讨论,如果双方就所谈问题产生严重分歧,谈判容易造成僵局。

2. 横向谈判

横向谈判是指谈判双方在确定谈判所涉及的主要问题后,开始逐个讨论预先确定的问题。若在某一问题上出现矛盾或分歧时,就把这一问题暂时放在后面,去讨论其他问题,如此周而复始地讨论下去,直到所有问题都谈妥为止。

这种谈判方式的核心就是灵活、变通,只要有利于问题解决,经过双方协商同意,讨论的条款就可以随时调整。也可以把与此有关的问题一起提出来讨论研究,使所谈的问题与问题之间有一个协商让步的余地,有利于问题的顺利解决。但这种谈判方式的不足在于容易使谈判人员纠缠在枝节问题上,而忽略了主要问题。有时双方对所要讨论的主要问题要磋商两遍到三遍。第一遍只是对列出的问题提出大致的意见与要求,互相摸摸底,交换一下初步的看法,直到第二遍、第三遍才逐步确定所要讨论的问题。

(七) 按谈判的态度划分

1. 软式谈判

软式谈判也称让步式谈判。这种谈判把对方视为朋友,强调的不是占上风,而是建立和维持良好的关系。如果当事双方都能够以"关系"为重,以宽容、理解的心态友好协商,那么谈判就会效率高、成本低,相互关系也能得到进一步加强。但是,对某些强硬者一味退让,最终往往只能达成不平等的协议。因此,只有在长期友好关系的互信合作伙伴之间,或是在合作高于局部近期利益的情况下,软式谈判的运用才具有意义。

2. 硬式谈判

硬式谈判也称立场型谈判。这种谈判视对方为劲敌,强调谈判立场的坚定性,强调针锋相对,因此,谈判经常会出现互相指责、互不信任,很容易陷入僵局,无法达成协议。而且,这种谈判即使达成某些妥协,也会由于某方的履约消极,甚至想方设法撕毁协议,从而陷入新一轮的对峙,最后导致相互关系的完全破裂。面对对方玩弄谈判技巧,必须抛弃幻想,及时亮明立场,揭露其阴谋诡计,使其转回到谈判的正式轨道上来。

3. 原则式谈判

原则式谈判,是指以公平的客观标准作为谈判双方解决问题的手段,这种类型的谈判重点强调公正原则和公平价值,其主要特点是人、事分开,重点放在利益而不是立场上,根据谈判的目标价值达成协议。这样既吸取了软式谈判和硬式谈判的优点,又避免了二者存在的不足。

运用原则型谈判的要求是:谈判双方从大局着眼,相互尊重,平等协商;处理问题坚持公正的客观标准,提出相互收益的谈判方案;以诚相待,采取建设性态度,立足于解决问题,求同存异,争取双赢。这种类型的谈判,同现代谈判强调的实现互惠合作的宗旨相符,越来越受到社会的推崇。

(八)按谈判的内容划分

商务谈判的内容非常广泛,下面介绍几种常见的商务谈判。

1. 货物买卖谈判

货物买卖谈判是指以达到商品交易成功为目的的谈判活动。这是交易中最具代表性的谈判,货物买卖谈判的内容十分广泛,这种谈判难度较低,条款比较全面且具体,一般包括标的、质量、价格、日期、验收、装运、责任、支付等条款。

2. 技术贸易谈判

技术贸易,是指技术拥有方把生产所需要的技术和有关权利通过贸易方式提供给技术需求方加以使用。它把技术当作商品一样,按商业交易的条件和方式进行有偿的转让,这是市场经济条件下技术转让的最主要的方式。技术作为特殊的商品进行买卖,有其独有的特点。

(1)技术贸易多数是技术使用权的转让。国际上绝大多数的技术贸易都是同一技术同时供给众多生产企业使用,其实质是技术使用权的转让,而不是技术所有权的转让。技术拥有方并不因为把技术转让给他人而失去所有权,他自己仍可使用或转让给其他企业使用这项技术(技术贸易合同规定不得使用的除外)。

(2)技术贸易是一个双方较长期的密切合作过程。技术转让,是知识和经验的传授,其目的是使技术引进方消化和掌握这项技术并用于生产。因此签订技术贸易合同后,履行合同一般要经过提供技术资料、技术人员培训、现场指导以及进行技术考核、验收,乃至继续提供改进技术等过程,需要技术贸易双方建立较长期的密切合作关系。

(3)技术贸易双方既是合作伙伴,往往又是竞争对手。技术贸易双方往往是同行,技术转让方想通过转让技术获取收益,同时又担心接受方获得技术后,制造同一类产品,成为自己的竞争对手。因此,技术转让方一般不愿把最先进的技术转让出去,或者在转让时可能附加某些不合理的限制性条款,以束缚技术接受方的手脚。

(4) 技术贸易的价格较难确定。技术贸易中技术的价格,不像一般商品的价格那样主要取决于商品的成本,而是取决于接受方使用这项技术后所能获得的经济效益。但接受方所获得的经济效益,在谈判和签订合同时,往往是难于准确预测的,因而确定技术贸易价格显得非常复杂和困难。

3. 工程承包谈判

工程承包,是指一个工程建筑企业(称为承包人),通过通行的投标或接受委托等方式,与兴办一项工程项目的另一个厂商企业或个人(称为发包人或业主)签订合同或协议,以提供技术、劳务、设备、材料等,负责承担合同所规定的工程设计、建造和机械设备安装等任务,并按合同规定的价格和支付条款,向发包人收取费用及应得的利润。工程承包是一种综合性的交易,它涉及劳务、技术、设备、材料、商品以及资金等许多方面,因此,具有以下一些特点。

(1) 交易内容和程序复杂。由于工程承包涉及的面广,程序复杂,从经济、技术和法律等方面的要求来看,都比一般商品贸易和一般经济合作项目的要求高得多。在技术上,往往包括勘探、设计、建筑、施工、设备制造和安装、操作使用、生产等;经济上,它包括商品贸易、资金信贷、技术转让,以及招标与投标、项目管理等;如属于国际工程承包,既要考虑国际惯例,又要熟悉东道国法律、法规、税收等,此外,派出人员还必须了解东道国的风俗习惯,总之要求很高。不具备这几方面的条件,就很难签订一个平等互利并能顺利进行的合同。

(2) 工程营建时间长,金额大,承担的风险也大。一个承包工程项目,尤其是国际承包工程项目,从投标或接受委托到工程完成,一般要经过几年时间,最小的项目金额也有数十万美元,一般是几百万、几千万美元,大项目在 10 亿美元以上。

在国际政治、经济风云多变,某些国家又经常发生政变的情况下,承包人承担的风险很大。此外,通过投标的承包项目,投标人的报价必须是实盘,一经报出,不得撤销;如果撤销,不但投入的费用无法收回,而且投标保证金也将被没收。因此,承包人必须量力而行,认真研究,谨慎行事。

(3) 国际承包工程市场的竞争十分激烈。由于承包工程具有金额大和内容繁多的特点,是一项综合性的输出,许多国家都积极参加这一经济活动,并直接开设或支持本国的工程承包公司开展这方面的业务,采取措施,使本国的承包公司从单纯的劳务输出向承包工程发展,从小型项目向大型项目发展,从劳动密集型项目向技术密集型项目发展。

4. 投资项目谈判

投资项目谈判可以分为创办独资企业谈判和创办合资企业谈判。

(1) 创办独资企业的谈判双方通常是企业与投资所在地的政府部门,因而谈判的内容主要集中在宏观方面,主要内容有投资项目、投资额、当地市场销售比例、税收政策、环境保护、劳动力雇用、利润汇出、投资期限、财务审计等问题。

(2) 创办合资经营企业的谈判主要发生在企业间,因而谈判的内容主要集中在微观方面,主要包括投资总额和各方的投资比例、出资方式、销售市场、组织机构、合营期限、投资缴纳的方式与时限、利润的分配等。

5. 劳务贸易谈判

劳务贸易谈判是劳务买卖双方就劳务提供形式、内容、时间、劳务的价格、计算方法及劳务费的支付方式等有关买卖双方的权利、责任、义务关系所进行的谈判。由于劳务本身不是物质商品,而是通过人的特殊劳动,将某种物质或物体改变其性质或形状,来满足人们一定需要的劳动过程。因此,劳务买卖谈判与一般商品买卖谈判有所不同。

6. 租赁业务谈判

所谓租赁业务,是指出租人(租赁公司)按照契约规定,将他从供货人(厂商)处购置的资本货物,在一定时期内租给承租人(用户)使用,承租人则按规定付给出租人一定的租金。

在租赁期间,出租人对出租的设备拥有所有权;承租人享有使用权和受益权;租赁期满后,租赁设备则退还出租人或按合同规定处理。

租赁业务,从其性质上来讲,是典型的贸易与信贷、投资与筹资、融资与融物相结合的综合性交易,它既有别于传统的商品买卖,又不同于传统的企业筹资与信贷。租赁业务具有鲜明的融资性质,是一种以租物形式达到融资的目的,将贸易与金融结合在一起的信贷方式。租赁业务往往是三边交易,租赁公司介于供货人和用户之间,租赁业务由销售合同和租赁合同共同完成。

7. 损害及违约赔偿谈判

损害及违约赔偿谈判与前几种类型的商务谈判相比是一种较为特殊的谈判。损害是指在商务活动中由于某方当事人的过失给另一方造成的名誉损失、人员伤亡损失和财务损失。违约是指在商务活动中并非不可抗力发生,合同的一方不履行或违反合同的行为。对损害和违约负有责任的一方应向另一方赔偿经济损失。在损害和违约赔偿谈判中,首先要根据事实和合同分清责任的归属,在此基础上,才能根据损害的程度,协商谈判经济赔偿的范围和金额,以及某些善后工作的处理。随着商务活动的发展,损害和违约赔偿谈判会经常发生,因此这方面的谈判应引起充分重视,以维护己方的合法权益。

8. 公开招标、竞争性谈判、竞争性磋商

1)公开招标

公开招标是公开招标、投标两种方式之一,属于无限制性竞争招标,是招标人通过依法指定的媒介发布招标公告的方式邀请所有不特定的潜在投标人参加投标,并按照法律规定程序和招标文件规定的评标标准和方法确定中标人的一种竞争交易方式。

依法必须公开招标项目主要有三类:

(1)国家重点项目和省、自治区、直辖市人民政府确定的地方重点项目(《招标投标法》第十一条);

(2)国有资金占控股或者主导地位的依法必须进行招标的项目(《招标投标法实施条例》第八条);

(3)其他法律法规规定必须进行公开招标的项目。例如,《政府采购法》第二十六条规定,公开招标应作为政府采购的主要采购方式;《土地复垦条例》第二十六条规定,政府投资进行复垦的,有关国土资源主管部门应当依照招标投标法律法规的规定,通过公开招标的方式确定土地复垦项目的施工单位。

依法必须公开招标的项目,因存在需求条件和市场供应的限制而无法实施公开招标,且符合法律规定条件情形的,经招标项目有关监督管理部门审批、核准或认定后,可以采用邀请招标方式。

2）竞争性谈判

竞争性谈判是指采购人或者采购代理机构直接邀请不少于三家供应商就采购事宜进行谈判的方式。

竞争性谈判采购方式的特点：

（1）可以缩短准备期,能使采购项目更快地发挥作用；

（2）减少工作量,省去了大量的投标、开标工作,有利于提高工作效率,减少采购成本；

（3）供求双方能够进行更为灵活的谈判；

（4）有利于对民族工业进行保护；

（5）能够激励供应商自觉将高科技应用到采购产品中,同时又能降低采购风险。

竞争性谈判适用范围：

（1）依法制定的集中采购目录以内,且未达到公开招标数额标准的货物、服务；

（2）依法制定的集中采购目录以外,采购限额标准以上,且未达到公开招标数额标准的货物、服务；

（3）达到公开招标数额标准、经批准采用非公开招标方式的货物、服务；

（4）按照《招标投标法》及其《招标投标法实施条例》必须进行招标的工程建设项目以外的政府采购工程。

竞争性谈判适用条件：

（1）招标后没有供应商投标或者没有合格标的,或者重新招标未能成立的；

（2）技术复杂或者性质特殊,不能确定详细规格或者具体要求的；

（3）非采购人所能预见的原因或者非采购人拖延造成采用招标所需时间不能满足用户紧急需要的；

（4）因艺术品采购、专利、专有技术或者服务的时间、数量事先不能确定等原因不能事先计算出价格总额的。

3）竞争性磋商

竞争性磋商采购方式是指采购人、政府采购代理机构通过组建竞争性磋商小组（以下简称磋商小组）与不少于三家（除规定的特殊情况外）符合条件的供应商就采购货物、工程和服务事宜进行磋商,供应商按照磋商文件的要求提交响应文件和报价,采购人从磋商小组评审后提出的候选供应商名单中确定成交供应商的采购方式。

符合下列情形的项目,可以采用竞争性磋商方式开展采购：

（1）政府购买服务项目；

（2）技术复杂或者性质特殊,不能确定详细规格或者具体要求的；

（3）因艺术品采购、专利、专有技术或者服务的时间、数量事先不能确定等原因不能事先计算出价格总额的；

(4) 市场竞争不充分的科研项目,以及需要扶持的科技成果转化项目;

(5) 按照招标投标法及其实施条例必须进行招标的工程建设项目以外的工程建设项目。

4) 三者的主要差异

(1) 供应商确定方式不同。

公开招标是通过发布公告的形式以邀请不特定的供应商来参与投标;竞争性谈判和竞争性磋商除了发布公告外,还可由采购人、评审专家分别做书面推荐,或者是从省级以上财政部门建立的供应商库中随机抽取。

(2) 文件发放日期不同。

公开招标的要求是自招标文件开始发出之日起至投标人递交投标文件截止之日止,不得少于 20 日;

竞争性谈判的要求是从谈判文件发出之日起至供应商提交首次响应文件截止之日止,不得少于 3 个工作日;

竞争性磋商的要求则是从竞争性磋商文件发出之日起至供应商提交首次响应文件截止之日止,不得少于 10 日。

(3) 澄清修改时限不同。

公开招标如果需要对已经发出的招标文件进行必要的澄清或修改,若所需要澄清或修改的内容可能会影响供应商响应文件编制的,则至少应在投标截止时间 15 日前,以书面形式通知所有获取招标文件的潜在投标人;若不足 15 日,则应当顺延供应商递交投标文件的截止时间。

竞争性谈判的规定是在递交首次响应文件截止之日 3 个工作日前,以书面形式通知所有接收谈判文件的供应商,如果不足 3 个工作日,则应当顺延供应商递交首次响应文件截止之日。

竞争性磋商的规定则是在提交首次响应文件截止之日至少 5 日前,以书面形式通知所有获取磋商文件的供应商,若不足 5 日,则应当顺延供应商递交首次响应文件的截止时间。

5) 评审方法不同

公开招标的主要评审方法为综合评标法以及最低价评标法。

竞争性谈判的评审方法则是谈判小组所有成员集中与单个供应商分别进行谈判,并在规定的时间内进行二轮报价以及最终报价。然后采购人从谈判小组提出的成交候选人中选出最符合采购需求、质量和服务相对等且报价最低的供应商作为成交供应商,并将最终结果告知所有参加谈判的未成交的供应商。

竞争性磋商的评审方法是竞争性磋商小组所有成员集中与单个供应商分别进行磋商,在明确采购需求之后,要求所有参与供应商进行最终报价,最后按照磋商文件规定的各项评审因素进行量化指标评审,得分最高的供应商即为中标候选供应商。

6) 评审侧重点不同

公开招标(一般情况下)和竞争性谈判最主要考虑的是"价格因素"。

竞争性磋商最主要考虑的则是"综合指标"。在磋商中,供应商可以更明确地理解采购需求;在最终报价中,采取的也是综合打分的方式,也是对供应商综合能力的一个判断。

二、谈判的环节

谈判是一个连续不断的过程,每次谈判都要经过评估、计划、关系、协议和维持五个环节。谈判不仅要涉及本次所要解决的问题,而且要使本次交易的成功为下一次交易打好基础。这就是谈判的 APRAM(appraisal,plan,relationship,agreement,maintenance)模式。

（一）评估

面对市场经济的快速发展,经济全球化形势不可逆转,企业之间合作机遇大大增加,同时它们之间的竞争也日益激烈,谈判能否取得成功,已不仅仅取决于谈判桌上的你来我往、唇枪舌剑、超常发挥,更重要的是谈判的各项准备工作是否到位。

实践证明,一场谈判要想取得成功,首先要通过各种方式搜集谈判的信息,做好谈判各项准备工作,对谈判的背景、双方需求、实力,谈判中可能出现的问题、应对之策,以及可能的谈判结果进行研判评估。如果没有进行科学评估,或者草率评估,心中没底,盲目上阵,谈判很难达到预期的目的。

（二）计划

谈判之前,应在科学评估的基础上制订一套完整的谈判计划,必要时还要制定替代应急方案。首先要明确自己的谈判目标是什么,对方的谈判目标是什么,并把双方的目标进行比较,找出双方利益的共同点与不同点。

对于双方利益一致的地方,应该仔细地排列出来,并准备在以后正式谈判中首先提出来,并由双方加以确认。这样能够提高和保持双方对谈判的兴趣和争取成功的信心,同时也为解决利益不一致的地方打下良好的基础。

对于双方利益不一致的地方,要通过发挥双方的思维创造力和开发能力,本着互利互惠的原则,积极寻找使双方都满意的方法来加以解决。

（三）关系

在正式谈判之前,要建立与谈判对方的良好关系。这种关系不是那种一面之交的关系,而应该是一种能使谈判双方在协商过程中都能感受到舒畅、开放、融洽的关系。换句话说,就是要建立一种彼此都希望对方处于良好协商环境中的关系。

如果谈判双方建立了相互信任的关系,在谈判中就会顺利得多,谈判的难度就会降低,而成功的机会就会增加。所以说,谈判双方之间的相互信任是谈判成功的基础。

（四）协议

在谈判双方建立了充分信任的关系之后,即可进入实质性的谈判阶段。在这时,首先应该核实对方的谈判目标。其次,对彼此意见一致的问题加以确认,而对彼此意见不一致的问题,则应通过充分地交换意见,找出一个有利于双方的利益需要、为双方都能接受的方法加以解决。

对谈判者来讲,应该清楚地认识到:达成满意的协议,并不是谈判的最终目标。谈判的终极目标应该是协议的内容能够得到圆满的贯彻执行。这是因为,书面上的协议无论对己方多么有利,如果使对方感到自己在协议中被置于不利的地位,那么他就很少有或者根本没有履行协议条款的欲望。只要对方不遵守协议,那么,协议也就变得一文不值了。己方虽然可以依法向对方提起诉讼,但是通过法律解决可能要花相当长的时间,并且需要投入大量的精力。即使己方最终可以胜诉并得到赔偿,但是同样会付出沉重的代价。

(五)维持

在谈判中,人们最容易犯的错误是,一旦达成了令自己满意的协议,就认为万事大吉了,就会鼓掌欢呼谈判的结束,并认为对方会马上毫不动摇地履行他的义务和责任了。其实,谈判到这时还没有结束。这是因为,履行职责的不是协议书而是人。协议书不管规定得多么严格,它本身并不能保证得到实施。因此,签订协议书是重要的,但维持协议书的履行更重要。

为了促使对方履行协议,必须认真做好两项工作:一是要求对方信守协议,首先自己要信守协议。这一点看起来很自然,但实际上人们常常忽视这一点。人们有时埋怨对方不履行协议,而当己方冷静地仔细分析时,却发现问题出在自己身上,是自己工作的失误造成了协议不能完整地执行。二是对对方遵守协议的行为给予适时的情感反应。现代行为科学的理论告诉我们,当某人努力工作并取得成功的时候,给予适时的鼓励能起到激励对方的作用。当对方努力信守协议时,给予适时的肯定和感谢,其信守协议的做法就会保持下去。当努力维持与对方的关系时,对方就有兴趣与你再次进行合作。当然,情感反应的方法是多样的,如可以通过写信、打电话、发传真等形式来表达,也可以通过亲自拜访表示感谢等。

思考与训练

第一章思考与训练

第二章 谈判者：德才兼修

第一节 谈判者的素质

新时代，谈判的目的是要让谈判桌变得越来越小，大家越坐越近，最终达成共识，满足各自需要，实现各自目标。谈判的成功与否，对于个人、企业和组织的生存与发展都至关重要，正是无数个谈判推动着经济社会向前发展。而具体到谈判中，无论是一场普通的谈判，还是较为复杂的商务谈判，乃至内容和意义更广泛更深远的国际性的谈判，谈判者的素质如何，对于谈判能否顺利启动、正常推进、圆满收官起着推动性作用。那么作为谈判者，到底应该具备怎样的个体素质呢？应该如何修炼呢？

一、谈判者的个体素质

（一）忠于职守

谈判是谈判各方为维护和争取己方利益而进行的一种博弈，谈判者就是各自利益的代表者、维护者和争取者。在我国，谈判者要把国家、组织和谈判人员的个人利益的一致性作为谈判的前提条件。因此，谈判者要在自觉遵守国家法律法规和组织纪律的前提下开展谈判活动，自觉维护国家和组织的利益，在授权范围内创造性地进行谈判。要做到一般情况下不擅自做主，特殊情况下要敢于临机处置，但事后要及时向上级报备说明。

谈判者要有强烈的事业心和责任感，一切为了谈判目标的实现。在谈判过程中，谈判者经常会遇到人情世故，甚至对方还是自己的老朋友，在对方打出感情牌甚至糖衣炮弹时，一定要保持理性，不为感情所迷惑，而是要秉承"亲兄弟明算账""先小人后君子"的理念公事公办、公而无私，自觉维护己方利益、争取更多的合法权益。当然，如果在不违规的情况下，能够利用感情牌为己方争取更多的利益，那肯定是锦上添花的美事。如果对方曾经是自己的竞争对手，也要以组织的利益为重，要有化干戈为玉帛的胸怀和气度。

（二）精于业务

谈判高手一般都具备"T"型知识结构，既有知识结构的广度，又有专业知识的深度，知识的广度和深度为谈判提供了知识储备和智慧源泉。下面以国际货物买卖谈判为例进行说明。

从广度来讲。谈判者不仅要熟悉某种货物在国内外的生产状况和市场供求状况、价格水平及其变化趋势、国内有关法律法规规定、世界贸易组织有关规则和国际惯例、有关地区和民族的风土人情及谈判风格等;还要熟练掌握和运用政治、经济、法律、社会、语言、文化、社会、交际等方面的知识和技能,从而在谈判中驾轻就熟,游刃有余。

从深度来讲。谈判者不仅要熟悉有关货物生产的工艺流程、技术含量、品质性能、用途、特点,还要了解其生产潜力以及市场营销的发展空间,同时能够具备较高的外语水平和谈判能力,不至于在国际谈判中因为语言文化差异而出现偏差,因谈判风格不同而处于被动。

(三)善于研判

首先要对谈判有个清醒的认识。即:为什么要谈判?和谁去谈判?为什么和这方谈判而不和那方谈判?谈什么?双方谈判的基础、实力、条件和目标是什么?包括己方所期望的最高目标和必须坚守的最低目标是什么?

要通过收集、研判利益相关方的情况、信息、动态和优劣势,从而锁定具体的谈判对象。谈判对象的锁定很重要,如果对象选错了,很难谈出理想的效果。

要认真分析研判谈判对手的信息资料,找出谈判双方利益的契合点、对方潜在的需求、可能的开价、满足己方需求的能力和可能达到的交易水平等。

要通过分析研判,根据谈判的特点和需要,初步确定己方谈判的人员和团队,谈判的方式、程序、原则、策略、技巧和具体措施,做到知己知彼,谋划在先,牢牢掌握谈判的主动权。

在谈判桌上,对方的行为可能千变万化、错综复杂、虚实难辨、高深莫测,己方要有敏锐的洞察力和敏捷的应变能力,通过捕捉对方思维过程痕迹,观察对方细微的动作,及时掌握对方的变化,弄清对方的真正意图。要能够随时根据谈判中的情况变化及有关信息,透过复杂多变的现象,抓住问题的本质迅速做出判断,及时调整对策,否则,就很难驾驭谈判,贻误战机,甚至会坐失良机。

下面是一个中方谈判代表没有看穿谈判对方实际用意而失去大量销售市场的案例,从中我们可以感受到谈判的复杂,引以为戒。

比如,我国某丝绸进口公司与日本丝绸商人谈判。休息时,日商凑到中方陪谈人身边递烟搭讪,问道:"今年名贵丝绸比去年好吧?"这位中方陪谈人顺口应了声:"不错"。日商紧问一句:"如果我买两个货柜应该不成问题吧?"陪谈人仍大大咧咧地答道:"没问题。"一支香烟没吸完,日商在中方不知不觉中摸到了商情,笑嘻嘻地走了。谈判时日方主动向中方代表递出了1个名贵丝绸的货柜稳盘,价格比原来方案高3%。中方代表没想到这是个圈套,反而认为日商要抢买,先出高价挤垮其他竞争者,以达到垄断货源的目的,于是满口答应。正当中方为卖得的好价钱而沾沾自喜时,其他日本客户向中方公司反映,有人按低于中国公司的价格在日本市场上抛售中国名贵丝绸。一调查,原来那个日商有意地出价高3%的稳盘,意在稳住中方,让中方给他"打伞乘凉",因为日方给的价高,其他买方就不敢问津。这时,在中国名贵丝绸高牌价下面,日商在国内迅速按原价甩出了大量存货,以微小的代价换来"时间差",先于中方售出了名贵丝绸,而中国公司由于报价过高而失去了大部分市场。

(四)长于沟通

谈判者首先要熟悉谈判的礼仪和常用的规则,无论从人际交往、言谈举止,还是到谈判的安排、接待的规格、时间的商定等方面,均应体现出举止得体、不卑不亢、以礼待人、友好合作的姿态,在阐明立场观点和回应对方诉求时要客观公正、动之以情、晓之以理,用真诚打动对方,为谈判营造一个和谐、自然、信赖、尊重、轻松、愉快的氛围。

谈判贵在"判"的基础上"谈"。在对双方各自需要、谈判实力、市场行情研判的基础上,沟通交流和说服对方成为交易达成的推动力。真正的谈判高手拥有一流的口才,表现出用语准确、专业、富有逻辑推理性和艺术感染力。谈判高手与素不相识的潜在伙伴坐在一起,可以通过恰如其分的表达打破沉默和僵局;情理交融的说理常常会起到力挽狂澜、转危为安的奇效;巧妙的拒绝,就像航船避开暗礁,可以避免出现难堪的窘境;理直气壮的反驳可以由被动转为主动,由劣势转为优势,由下风转为上风。

谈判者要具备善于应变、权宜通达、机动进取的能力。随着双方力量的变化和谈判的进展,谈判中可能会出现比较大的变动。如果谈判人员墨守成规,那么谈判要么陷入僵局,要么谈判破裂。面对对方的牢骚满腹,要学会倾听,并能从中了解到对方的意图,然后有的放矢,避免尴尬,掌控谈判。有时沉默,或以"授权有限,需向上级请示"为由休会也是一种态度和力量。所以,优秀的谈判人员要善于因时、因地、因事,随机应变。

谈判者要有扎实的文字功底,从而胜任对文字部分的理解、修订,会议要点的提炼、归纳,合同的起草、确认等工作。一般来说,谈判中谁起草合作协议,谁就占据了文字表达的优先权,文字表达的奥妙往往会为起草方埋下有利的伏笔,从而主动掌握合作的话语权。

(五)勇于博弈

商场如战场,谈判如博弈。谈判的胜利往往是在鲜花丛中、霓光灯下、功劳簿上,但谈判的过程往往是枯燥的、漫长的、曲折的甚至是反复的。即使快到收官的时候,一不留神,也有可能马失前蹄,前功尽弃。因此,谈判中从接受谈判任务开始,就要做好充分的心理准备,甚至有的谈判将异常艰苦、艰巨,"知其不可为而为之"。这就要求谈判者要有求胜的勇气、必胜的信念、强大的心理、足够的智慧和博弈的技巧。

在谈判桌上,双方的利益是你进我退,一方若有半点委曲求全的意思,对方定会得寸进尺。因此,在谈判中,不管有什么样的困难和压力,都要显示出奋战到底的决心和勇气。一名精明的谈判人员,要善于记忆各种有益的谈判素材、资料、情景以及瞬间的感受与体会;要有丰富的想象和创造能力,预测谈判发展的进程、趋势及意外情况,能够排除各种洽谈障碍,走出谈判困境;要善于思考问题、辨析问题,进而明辨事物的真伪与是非,权衡其中的利弊、得失,做出正确的结论和对策。当谈判顺利时,谈判者要乘势前进,步步为营,扩大战果,一气呵成,千万不要中途停顿。当谈判受挫时,谈判者可以暂时转移话题,等待时机成熟时再绕回到原来的话题上,再三番五次地冲击。谈判双方有时为了争议某一句条文,往往饿着肚子,顾不上吃饭,一直挺到深更半夜。有时因为对方在己方停留时间短促,或己方去对方所在地不能久,谈判日程十分紧凑,双方不得不连续几个晚上加班加点。在谈判"焦灼"的紧要的关头,有的拼的就是谈判者的智慧、策略、意志力和耐力。有时候谈判看似到了"崩盘"的破裂迹象,但只要谈判者拥有坚强的意志力和足够的耐力,再施以诸如"以退为进""激将法""攻心术"等策略,就有可能出现"柳暗花明又一村",锁定谈判的胜局。

（六）诚于践诺

践诺重于承诺。经过艰苦的谈判，谈判各方终于达成共识，最终签署协议，形成一纸承诺，可以说是谈判者共同努力、互谅互让、精诚合作的结果。但要实现各自的谈判需求，获取谈判利益，最主要的是忠实地履行协议。在履行协议过程中，要秉承诚信二字，忠实于协议主旨、内容和条款，诚信地践行协议精神，完全地履行责任和义务，不折不扣地践诺，不能歪曲协议的本意，有选择性地履约。如果在具体事项或细节上有异议或分歧，可本着平等自愿、友好协商的原则形成补充协议，切不可因为协议履行发生意外纠纷，否则就会造成虎头蛇尾、因小失大、得不偿失的严重后果，因为主体协议的达成是付出巨大谈判成本得来的。

（七）勤于修炼

谈判是一个跨界的综合学科和艺术，涉及的知识范围很广。因此，谈判者平时要博览群书，打好知识的底子，每一方面的知识可选择一两本主要参考书用来消化吸收，同时注意浏览网上信息动态。要勤于思考，在学习中、在与谈判高手的交往中，要多看、多听、多记、多想、多感悟、多总结谈判的技巧和奥秘。特别是谈判新手，要努力争取展示自我、在实践中锻炼成长的机会。一般而言，谈判新手是在上司的高度关注下去谈第一笔生意的，并且所谈业务的任务较小。这样，谈判新手既可达到练兵的目的，又不至于造成较大的损失。谈判新手在经受这种锻炼的基础上所担负的任务将越来越重，比如承担交易金额大、谈判目标高、涉及的交易方多且政策性强的谈判等。谈判新手要不怕受挫，不怕失败，要反复实践，在实践中不断提高自己的谈判水平。

美国著名的柯达公司创始人乔治·伊斯曼，成为美国巨富之后，不忘社会公益事业，捐赠巨款在罗彻斯特建造一座音乐堂、一座纪念馆和一座戏院。为承接这批建筑物内的座椅，许多制造商展开了激烈的竞争。

但是，找伊斯曼谈生意的商人无不乘兴而来，败兴而归，毫无所获。

正是在这样的情况下，美国优美座位公司的经理亚当森前来会见伊斯曼，希望能够得到这笔价值9万美元的生意。

伊斯曼的秘书在引见亚当森前，就对亚当森说："我知道您急于想得到这批订货，但我现在可以告诉您，如果您占用了伊斯曼先生5分钟以上的时间，您就完了。他是一个很严厉的大忙人，所以您进去以后要快快地讲。"

亚当森微笑着点头称是。

亚当森被引进伊斯曼的办公室后，看见伊斯曼正埋头于桌上的一堆文件，于是静静地站在那里仔细地打量起这间办公室来。

过了一会儿，伊斯曼抬起头发现亚当森，便问道："先生有何见教？"

秘书把亚当森做了简单的介绍后，便退了出去。这时，亚当森没有谈生意，而是说："伊斯曼先生，在我们等您的时候，我仔细地观察了您的这间办公室。我本人长期从事室内的木工装修，但从来没见过装修得这么精致的办公室。"

伊斯曼回答说："哎呀！您提醒了我差不多忘记了的事情。这间办公室是我亲自设计的，当初刚建好的时候，我喜欢极了。但是后来一忙，一连几个星期都没有机会仔细欣赏一下这个房间。"

亚当森走到墙边,用手在木板上一擦,说:"我想这是英国橡木,是不是?意大利的橡木质地不是这样的。"

"是的",伊斯曼高兴得站起身来回答说:"那是从英国进口的橡木,是我的一位专门研究室内细木的朋友专程去英国为我订的货。"

伊斯曼心情极好,便带着亚当森仔细地参观起办公室来了。

他把办公室内所有的装饰一件件向亚当森做介绍,从木质谈到比例,又从比例扯到颜色,从手艺谈到价格,然后又详细介绍了他设计的经过。

此时,亚当森微笑着聆听,饶有兴致。

亚当森看到伊斯曼谈兴正浓,便好奇地询问起他的经历。伊斯曼便向他讲述了自己苦难的青少年时代的生活,母子俩如何在贫困中挣扎的情景,自己发明柯达相机的经历,以及自己打算为社会所做的巨额的捐赠……

亚当森由衷地赞扬他的美德。

本来秘书警告过亚当森,会谈不要超过5分钟。结果,亚当森和伊斯曼谈了一个小时,又一个小时,一直谈到中午。

最后,伊斯曼对亚当森说:

"上次我在日本买了几把椅子,放在我家的走廊里,由于日晒,都脱了漆。昨天我上街买了油漆,打算由我自己把它们重新刷好。您有兴趣看看我的油漆表演吗?好了,到我家里和我一起吃午饭,再看看我的手艺。"

午饭以后,伊斯曼便动手把椅子一一油漆好,并深感自豪。

直到亚当森告别的时候,两人都未谈及生意。

最后,亚当森不但得到了大批的订单,而且和伊斯曼结下了终生的友谊。

二、谈判者的团队运作

(一)团队构成的原则

一场大型、复杂的谈判就如同一场交响音乐会,不是仅靠一人之力完成的,而是要组成谈判团队,由团队的所有成员精诚团结、密切配合,每个成员在指挥的调度下,各奏不同的乐器,共奏一场优美的交响乐曲。

因此,谈判团队成员之间既要做到知识互补、能力互补、性格互补,又要分工明确,调度有方。作为谈判的主导者,首席谈判官要责任心强,心胸开阔,意志坚定;富有创新能力和组织协调能力及上通下达的信息渠道;知识广博,精通商务及有关业务;经验丰富,有娴熟的策略技能;思维敏捷,善于随机应变;能充分发挥谈判队伍的整体力量,从而实现预期谈判目标。而谈判团队其他人员则要在基本的业务专长基础上,善于从思想上、行动上服从指挥,相互配合,确保内部协调一致。同时,各个成员要分工明确,在谈判中角色定位准确、主次关系分明、抢点发言及时、言行表达专业、相互配合有力,整体效果上乘,避免越位、缺位、错位、冷场、尴尬、僵局。

(二)团队人员的素质

一般来说,谈判小组由核心成员和外围支持构成。不仅要求每个谈判人员要精通自己专业方面的知识,同时对其他领域的知识也要比较熟悉,这样才能彼此密切配合。比如商务人员有必要懂得一些法律、金融方面的知识;法律人员有必要掌握一些技术方面的内容;而技术人员则要了解一些商务和贸易方面的知识等。

1. 首席谈判官

首席谈判官(CNO)的角色对于谈判至关重要,因此,谈判前对其挑选应该非常谨慎。这个人选不应是仓促上阵、临时应付,而应是对公司的经营理念和业务非常熟悉,并且有较高的权威和人际协调能力。著名管理大师彼得·德鲁克曾精辟阐述了21世纪首席执行官(CEO)的职责:"CEO要承担责任,而不是'权力'。你不能用工作所具有的权力来界定工作,而只能用你对这项工作所产生的结果来界定。CEO要对组织的使命和行动以及价值观和结果负责。最重要的就是结果。"而首席谈判官应该成为CEO的左膀右臂,与CEO并肩参与公司经营事务,并就经营和谈判业绩对董事会负责。所以,明智的公司平时都注重培养首席谈判官,给予其成长的平台,如参与制定与执行公司年度经营战略,根据总体经营战略,提炼、执行年度谈判计划及反馈,针对谈判需求搭建团队,并进行培训与指导,推广谈判文化,传播谈判理念,推动谈判型组织建设等。全球领导力大师沃伦·本尼斯说过,谈判不光是个人先天禀赋或后天习得的能力,也是组织的一种系统性能力,深深植根于组织文化之中。换句话说,它必须被看作是一种企业的核心能力。它的内涵丰富,如敞开心扉,坦诚沟通;公平、公正,用数据和事实说话;积极进取,争取利益最大化;敢于竞争,挑战困难。任何一个组织都是一个小型社会,每个人都需要文化这根细线串联起来。

2. 其他核心成员

(1)技术人员。商务谈判需要有熟悉生产技术、产品性能和技术发展动态的技术人员、工程师等参加。在谈判前,专业技术人员要准备好与谈判有关的详细技术资料,掌握相关参数,在谈判中发生与技术问题相关的争议时应立即分析、判定问题所在,及时解答相关难题。

(2)财务人员。财务人员应由熟悉业务的经济师或会计师担任,主要职责是对谈判中的价格核算、支付条件、支付方式、结算货币等与财务相关的问题进行把关。

(3)法律人员。通常由特聘律师、企业法律顾问或熟悉相关法律规定的人员担任。职责是做好合同条款的合法性、完整性、严谨性的审核工作,同时也负责涉及法律方面的谈判。

(4)翻译人员。由熟悉外语和有关知识、善于合作、纪律性强、工作积极的人员担任,主要负责口头与文字翻译工作,以达到沟通双方意图并运用语言策略配合谈判的作用。在涉外商务谈判中翻译人员的水平将直接影响谈判双方的有效沟通和磋商。在此需要强调的一点,即使己方谈判人员十分熟悉对方的语言,翻译人员也有其重要用途。一是给予己方缓冲时间,在高度紧张的谈判中能够利用翻译的时间进行思考和观察;二是在特殊情况下通过翻译避开对方的攻击,如借口翻译不当;三是翻译可以对己方明显的语言失误进行修正。

(5)商务人员。由熟悉交易惯例、价格谈判条件、行情,并且有经验的业务人员或领导担任。

(6)谈判团队领导人。负责整个谈判工作,领导谈判队伍,具有领导权和决策权。有时谈判团队领导人就是首席谈判官。

3. 外围支持力量

除以上核心人员外,还可配备其他一些辅助人员,但人员数量要适当,要与谈判规模、谈判内容相适应,尽量避免不必要的人员设置。

(三)团队的分工合作

团队成员之间的分工合作,具体来说,就是要确定首席谈判官和辅谈人在谈判中的位置、责任以及他们之间的配合关系。所谓首席谈判官,是指在谈判的全过程或某一阶段或针对某个方面的议题,以他为主进行发言,代表己方阐明立场和观点。相应地,这时其他人就处于辅助配合的位置,被称为辅谈人。下面举例说明。

1. 技术条款谈判时的分工

在谈判合同的技术条款时,技术人员应处于主谈人的地位,商务人员和法律人员则处于辅谈人的地位。在谈判中,技术主谈人要对合同技术条款的完整性、准确性负责,不仅要关注有关技术方面的问题,还要放眼谈判的全局,从全局的角度来考虑技术问题,尽可能地为后面的商务条款和法律条款的谈判创造条件。对商务人员和法律人员来讲,他们的主要任务是从商务和法律的角度向技术主谈人提供咨询意见,并适时地回答对方涉及的商务和法律方面的问题,支持技术主谈人的意见和观点。

2. 商务条款谈判时的分工

在谈判合同的商务条款时,商务人员应处于主谈人的地位,技术人员和法律人员则处于辅谈人的地位。在谈判中,有关商务条件的提出或讨价还价应当由商务人员做出,不能多头对外,给对方以可乘之机。当然,商务主谈人离不开技术人员和法律人员的配合和支持。合同的商务条款在许多方面是以技术条款为基础的,或者是与技术条款紧密联系的。因此在谈判时,往往需要技术人员从技术的角度给商务人员以有力的支持。比如,在设备买卖谈判中,商务人员提出了某个报价,这个报价能否站住脚,或提出了某个还价,这个还价是否有道理,都取决于该设备的技术水平。对卖方来讲,如果卖方的技术人员能以充分的论据证明该设备在技术上是先进的、一流的,即使报价比较高,也顺理成章、理所应当,买方也不好随意还价、压价。而对买方来讲,如果买方的技术人员能指出该设备与其他厂商的设备相比,在技术方面存在着哪些不足,就会动摇卖方报价的基础,从而为己方商务人员的还价提供依据。

3. 法律条款谈判时的分工

事实上,合同中的任何一项条款都具有法律意义,只不过在某些条款上涉及的法律问题更多一些、法律的规定性也更强一些而已。在涉及合同中法律性较强的条款时,法律人员显然处于主谈人的地位,技术人员和商务人员则处于辅谈人的地位。不过,由于合同的每一项条款几乎都具有法律上的意义,因此有可能的话,法律人员应参加谈判的全过程。这样,不仅可以为法律条款谈判提供充分的依据,也可以为整个合同的所有条款的合法性和完整性把关。对合同所有条款的合法性和完整性负责是法律谈判人员义不容辞的职责。

总之,主谈人一经确定,那么己方的意见、观点都应由他来表达,避免各说各的,相互

"打横炮",不过,辅谈人的配合也非常重要,绝对不能在谈判时无所作为。主谈人应该得到己方其他辅谈人自始至终的支持。这种支持可以是口头上的附和,如"绝对正确""没错,正是这样"等,也可以是姿态上的赞同,如眼睛看着己方主谈人不住地点头等。辅谈人的这种附和、赞同对主谈人的发言是一种有力的支持,会大大增强主谈人说话的分量和可信的程度。如果在主谈人提出己方的意见和观点时,辅谈人或是眼睛望着天花板,或是将脸扭向一旁,或是私下干自己的事,不仅会影响己方主谈人的自信心,减弱他讲话的力量,而且会给对方造成这样一种印象:这个主谈人的意见并不像其所说的那样重要和坚定,恐怕它在内部还没有取得一致的赞同。

第二节 谈判者的心理

一、谈判者的动机

（一）谈判者的动机

谈判者的动机是指促使谈判人员去满足需要的谈判行为的驱动力。这种驱动力来源于谈判者本身或其所代表的国家、组织内部因缺乏某些需要而产生的对外寻求欲望,以及因外部世界物质环境、社会环境等因素的刺激而产生的某种渴望需要。从宏观上来讲,谈判者的动机主要有以下三类。

1. 为了个人梦想而谈

新时代,人们为了美好生活而努力奋斗。找一份好的工作,创办一家对的公司,谈一个好的项目,买一个心仪的商品,找一个理想的对象,买一套合适的房屋等,都是当代年轻人追求的目标。在哪里实现他们的梦想?在现实社会里。当今社会是市场配置、资源整合、优势互补、机遇共享、高度分工协作、共商共建共享的文明社会。一个人是渺小的,也是伟大的,人们为了个人的梦想而必须在社会上寻求外部资源、信息、技术、商品和机遇,从而实现 1+1>2 的个人生活和事业的跨越式发展。

2. 为了组织发展而谈

一个组织、一个企业在发展中更加需要与外部世界分工合作,共享时代发展机遇。代表组织或企业的谈判者是为组织、企业谋求更多的利益而谈,为获得更为广阔的发展空间而谈。以商务谈判为例,经常为了某个目的而谈,如采购谈判、并购谈判、租赁谈判、工程项目谈判、技术合作谈判、投融资谈判、债务纠纷谈判等。谈判者从寻求长期合作伙伴的角度出发,往往在谈判中会充分挖掘和发现双方互需的资源和优势,在从对方手中争取更多利益的同时也尽量满足对方的需要,实现"你发财,我发展"的双赢目标。事实证明,谈判的一方如果企图"赶尽杀绝",无视对方的需要,是不可能谈判成功的。

3. 为了国家利益而谈

从事国家间谈判的人员是为国家利益而谈,他们所谈判的主题是国家所享有的权利和应承担的义务。在肩负如此重大的使命面前,谈判者要有高涨的爱国热情和高度的政治责任感,既要尊重领导,服从上级要求,又要尊重团队的成员,虚心听取合理化的意见和建议,以求谈判的最佳效果。当谈判取得一定成果时,又必须扩大战果,朝着更高的目标努力奋进。即使遇到重重困难,也要坚定立场,坚守原则,以百折不挠的精神,千方百计地去实现既定的目标。这些承担国家间谈判的人员要对自己的业务精益求精,工作作风上雷厉风行,思想作风上谦虚谨慎,努力为实现国家利益而谈判。人们所熟知的新中国建交谈判、香港回归谈判、复关与入世谈判、"一带一路"倡议的有关谈判等都是为了国家利益而谈。

（二）把握谈判者的动机

谈判者在不同的谈判场次其具体的动机也是不一样的,有的具体到一个数字,有的复杂到一个组合系列,更精准地说,其谈判的最终动机,即"底牌",就是最高秘密,是不容易被对方察觉到的。因此,在谈判中如何窥察和运用谈判对手的动机不是一件容易的事情。

1. 试探对方的谈判动机

有经验的谈判者,在谈判之前就会有目的地试探对方的谈判动机。一般来讲,可以从谈判前的信息搜集、可知的人员组成、过往风格、谈判伊始的言谈举止中窥察到蛛丝马迹,判断出对方对此次谈判是否重视、与我方合作是否急迫、属于哪种谈判的风格。具体到谈判个人,可以运用小策略直接进行试探,如有意"拍马屁"看其是否受用、有意冷落看其是否烦躁等,判断对方是否理智、冷静。有的谈判者非常严肃而内心脆弱;而有的表面嘻哈而内心坚定;有的确实是为组织坚守原则底线,而有的是应付交差而自己捞取资本或个人好处等,不一而足。知己知彼,方能百战不殆。

2. 隐藏己方的谈判动机

相反,己方的谈判动机应该是最高秘密,谈判内部人员该知道的就记在心里,不该知道的"火候"没到就不能知道,有的"底牌"只有决策者知道。只有这样,才能经得住对方的刺探和渗透,才能在谈判中达到出其不意的效果。有时候还可以运用一些小策略,故意迷惑、误导对方。历史上的周瑜打黄盖就是这样的典型例子。

3. 利用对方的谈判动机

谈判高手总是善于将对方的谈判动机作为自己运用策略的依据,如乘虚而入与借力而用。乘虚而入是指利用对方的弱点,争取有利条件。比如,"好出风头者"虚浮,"欲求晋升者"胆小怕事,"谋求私利者"如臭鸡蛋其壳极脆,只要在谈判的适当阶段,以适当的技巧加以利用就会有所收获。当然,乘虚而入的目的是让对方放松警惕,使自己从中得利,而不是削弱自己的谈锋,让对方在轻松的谈判中得利。借力而用是指要善于借助对方的积极面促进谈判进程。比如,谈判对方比较坦诚、主动、客观,希望与己方进行正常、健康的对话,己方就要放弃苛刻的要求,利用对方"企业利益至上"的谈判动机,促使其设法利用政策上的漏洞,为己方争取到更多的实惠。

　　日本松下电器公司创始人松下幸之助先生刚出道时,曾被对方以寒暄的形式探测了自己的底细,因而使自己产品的销售大受损失。

　　当他第一次到东京,找批发商谈判时,刚一见面,批发商就友善地对他寒暄说:"我们第一次打交道吧? 以前我好像没见过你。"批发商想用寒暄托词,来探测对方究竟是生意场上的老手还是新手。松下先生缺乏经验,恭敬地回答:"我是第一次来东京,什么都不懂,请多关照。"正是这番极为平常的寒暄答复却使批发商获得了重要的信息:对方原来只是个新手。批发商问:"你打算以什么价格卖出你的产品?"松下又如实地告知对方:"我的产品每件成本是20元,我准备卖25元。"

批发商了解到松下在东京人地两生、又暴露出急于要为产品打开销路的愿望,因此趁机杀价,"你首次来东京做生意,刚开张应该卖得更便宜些。每件20元,如何?"结果没有经验的松下先生在这次交易中吃了亏。

二、谈判者的态度

谈判者的态度随着谈判的深入推进,往往不是一成不变的。谈判高手往往从细微之处可以洞察到对手的态度、情感、立场的变化,有的变化可以说是稍纵即逝,但可以巧用策略,巧妙利用,随之起舞。

(一) 坦诚以待

如果谈判对方在态度变化中呈现出宽松、大度、融合的态度,且其立场变化从明显对立到一种配合态度,那么,己方的应对策略自然是"随之宽"。当然,"随之宽"不等于被动跟随,而是伴着因势利导的主动跟随。讲因势利导,是指趁其转机,进一步解决相关的问题或不可能得到的条件。如谈判对方在甲问题上转变了立场,或持可商议的态度,那么与甲问题难度相当的乙问题也有可能相机解决。

(二) 严阵以待

当谈判对方的态度变化表面上宽松、随和,而实际提出的条件更加苛刻时,己方相应的对策是"严厉",即在态度上取强硬之势。如果谈判对方讲:"该问题在过去谈判时,贵方已原则上松动了,怎么现在反而更严,这不是退步么!"这表明谈判对方对谈判的"阶段变化"进行清算,对己方所言或前任主谈人所言(在换主谈人的情况下)进行回顾和清理,进而使己方感到心理压力。此时,己方对其态度自然要严阵以待、步步设防。

(三) 守株以待

当谈判阶段发生变化时,对方的态度可能发生变化,尤其是以更换主谈人为阶段变化特征时,更可能遇到对方"藏而不露"的策略。在谈判形势不明朗的情况下,己方自然以"稳健"为宜,即不必表现出明显的宽或紧;即便要表现一下,也应属火力侦察性的动作。例如:"假设该阶段我们双方能就什么达成什么,某问题可能会怎么怎么"或"贵方如果能怎么样,我方就考虑怎么办"。当然,试探犹如虚盘,己方还要有回旋余地。因此,前提条件要假设好:有挑逗性的前提,故意苛刻一点;有引诱性的前提,故意让利一点。前提之后,要有应对条件。假如己方的说法当真被对方接受时,己方的谈判态度就要马上转入认真讨价还价的状态。除了这种方法外,己方还可以"询问或求教式"的谈话进行周旋,以侦察对方的实貌。例如:"请问您对某问题如何看?""贵公司对我公司的某个建议有何反应?""您对双方前一阶段的谈判如何评价?"等,己方可以从对方的回答中了解到对方的心理状况。

我国C公司谈判代表出国洽谈业务。当我方要求与对方谈判时,对方以主谈人工作繁忙为借口采取拖延战术,一拖再拖,等到我方人员回国日期临近时又应用疲劳策略,以车轮大战的方式夜以继日地与我方洽谈。对如此日程安排我方多次提出过反对意见,但对方却一意孤行,对我方的意见置若罔闻。在这种情况下,我方人员表示:"我们本次来访是经双方事先商定的,而就你方目前日程的安排来看似乎是毫无准备,我们不愿意白白地浪费时间,因此,我们决定提前离开。"对方弄不清我方这番话的真实用意,担心我方会与其他卖主签约成交,所以,关键人物立即接踵而至,一再表示歉意并按我方意见修改了议程。

三、谈判者的期望

随着谈判的展开和谈判条件的不断变化,谈判者在谈判的期望上也会相应地发生变化。如何正确把握己方在谈判预期上的变化,科学应对对方出现的预期变化,是一个需要谨慎的挑战问题。

(一)饱而不贪

在谈判的基本目标实现后可以适当地扩大战果,但不要寄希望于非要"吃双份"。许多谈判者经过努力实现了自己的谈判目标,但在尚未成交签约之前,又加大了谈判力度,试图争取更大的战果。从责任心的角度来看,这种精神值得赞赏;但从谈判规律的角度来看,要认真予以分析研判。如果谈判双方势均力敌时,若再任意调高期望值,就有可能使谈判陷于两难境地;如果给对方"加码"的方法不对,还会造成谈判不快。如果对方比自己精明,对方一般也很难让你再进攻;如果对方比自己弱,对方一般权限不会太大,他最多告诉你:"我授权有限,可以向上级汇报,但不敢保证结果。"之后拖而不决,如果引起对方高层的反感,也有可能把之前达成的共识葬送掉。

(二)饥而不急

谈判者在谈判中得到的条件离所追求的要求差距很大时,也不能急躁、急于求成。从实务的角度看,有的谈判者以强硬派出现,对对方施加压力,强压对方做出让步,如果表达不适当,往往会使谈判气氛骤变,把对手压跑或压翻了脸。有的谈判者采用软的手法,即主动做出让步以引起对方共鸣,但如果一不小心操作不当的话,非但没有引起对方的"共鸣",反而吊起了对方的"胃口",导致对方的要价更苛刻,追逼得更凶,弄巧成拙。所以,急于求成往往无济于事,因为谈判该急的是双方,而不应是单方。

(三)荒而不慌

当谈判毫无进展,对方态度强硬到使自己一无所获或所获不足挂齿时,没有经验的谈判者往往会感到不知所措、无从下手。此时,不要慌乱,要冷静思考对策。大凡出现这种局面时,可能有两种情况:一是本身条件即如此,与对方无讨价还价的筹码。此时,要重新审视对方的背景情况,如公司销售习惯、其相关交易品的市场现状、对方的地位等,来重新判断己方是否是无讨价还价的回旋余地。二是如果对方十分老练,他以心理战起步,与你比耐心、比意志,那么谁先顶不住,谁就先让步。这种情况可从交易的必需性、对方的地位、谈判可以利用的时间、对方的平时言谈及态度来判断,也可从己方的谈判态度、期望值和博弈的资本来判断。除了这两种正常情况外,也存在一种非正常情况,即对方根本不指望成交或不想成交,而故意采取这种态度。例如,被邀请来谈判的人知道他不可能得到合同,故意以较高的条件来表达其期望,即便不成也无碍谈判的效果。

（四）予之不松

面对谈判对方由于谈判有所进展而产生更大的欲望，己方以适当的理由、方法和策略坚决遏制对方的进攻，致使对方新的欲望可望而不可及。遏制的基本手法是：让对方讲出理由，并针对这些理由予以反驳。在交手的同时，还要控制出让条件的时机，使对方深刻认识到，得到的每一个成交条件实属不易，"得寸进尺"将难上加难。

（五）紧之有望

在对方久攻不下、感到十分沮丧、准备放弃谈判时，仍让其存有一丝继续谈判的希望。例如，己方在争论之中不讲诸如"这是绝不可能的事"之类的绝对话，但在谈判中可以艺术或委婉地予以表达，例如，"如果换成贵方，你会接受这样的条件吗？""对贵方新的要求，我们需要向上级请示或研究"，或者"你们新的要求确实超出了我方现阶段的承受能力，如果以后有新的合作机会，我们将会认真考虑"等。此外，紧的节奏掌握要适当，即卡紧条件、坚持立场的时机要掌握好；同时让步的时机和幅度也要适当，让步的目的是能鼓舞对方冲向成交。即使放松对方的要求，也要综观对方要价的条件与成交目标的实际情况而定，出手也不能太快太松，同时也要对方做出相应的让步姿态。切不可前紧后松，把前面得之不易的成果"中和"掉。

在美国的一个边远小镇上，由于法官和法律人员有限，因此组成了一个由12位农民组成的陪审团。按照当地的法律规定，只有当这12位陪审团成员都同意时，某项判决才能成立，才具有法律效力。有一次，陪审团在审理一起案件时，其中11位陪审团成员已达成一致看法，认定被告有罪，但另一名认为被告无罪。由于陪审团内意见不一致审判陷入了僵局。其中11位企图说服另一位，但是这位代表是个年纪很大、头脑很顽固的人，就是不肯改变自己的看法。从早上到下午审判不能结束，11位农民有些心神疲倦，但另一位还没有丝毫让步的意思。

就在11位农民一筹莫展时，突然天空布满了阴云，一场大雨即将来临。此时正值秋收过后，各家各户的粮食都晒在场院里。眼看一场大雨即将来临，那么11位代表都在为自家的粮食着急，它们都希望赶快结束这次判决，尽快回去收粮食。于是都对这一位农民说："老兄，你就别再坚持了，眼看就要下雨了，我们的粮食在外面晒着，赶快结束判决回家收粮食吧。"可那位农民丝毫不为之所动，坚持说："不成，我们是陪审团的成员，我们要坚持公正，这是法律赋予我们的责任，岂能轻易做出决定，在我们没有达成一致意见之前，谁也不能擅自做出判决！"这令那几位农民更加着急，哪有心思讨论判决的事情。为了尽快结束这令人难受的讨论，11位农民开始动摇了，开始考虑改变自己的立场。这时一声惊雷震破了11位农民的心，他们再也忍受不住了，纷纷表示愿意改变自己的态度，转而投票赞成那一位农民的意见，宣告被告无罪。

四、谈判者的心理陷阱

下面先看三个因陷入心理陷阱而导致谈判失误的案例。

案例1：IBM没有在微软或其操作系统中争取股权的案例。当IBM生产出第一部个人计算机时，就立即为这个原本高度分割的市场设定了标准。但是，这个新标准的最大受益者是谁呢？不是IBM。微软控制并拥有了该操作标准。IBM愚蠢地犯下一个错误，它没有在微软或其操作系统中争取股权。这个错误带来的损失是天文数字。

案例2：桂格耗巨资收购Snapple后又不得不低价售出这个包袱的案例。桂格（Quaker. Oats）曾耗资17亿美元收购了饮料公司Snapple。当时，分析家说这场交易不划算，出10亿美元都太高，更别说17亿美元了。但桂格的CEO仍然自信地积极促成交易。他说："通过持续渗透、扩大分销和进行国际化扩张，Snapple将有很大的发展潜力。"28个月以后，桂格公司以3亿美元的价格将Snapple卖给了Triac公司。这一次，过于自信带来的损失是14亿美元。

案例3：AT&T收购NCR的案例。为了进军计算机行业，美国电话电报公司（AT&T）斥资74亿美元收购了NCR公司。但这笔交易很快就成为一场灾难，为AT&T带来了不断亏损。然而，AT&T没有迅速切断损失源头，而是继续苦守了5年。当它最终放弃该项投资时，损失已达68亿美元。

成功的谈判是从认知潜在的错误开始的。下面列举谈判者常常误入的十个心理陷阱，让我们探讨防范之策。

（一）过于自信

谈判者往往毫无理由地过于自信。研究表明，谈判者往往过高地估计了自己的才干、知识和技能。公司并购就是一个颇具说服力的证据。每年，醉心于扩张疆域的跨国公司高管们会在并购上花掉3万亿美元。然而，研究不断表明，三分之二的并购都失败了。这些交易不但没能为买家创造财富，反而为他们带来了损失。首要原因就是，过于自信的买家为并购出价过高。

要避免过于自信，可从以下几个方面入手：一是当看好拟成交的前景时，不要自我夸夸其谈，或对可能存在的风险自我辩解、试图掩盖，而是要学会控制自负心理，多往最糟糕的情形想一想，看有没有"对冲"、遏制、避免之策，如无，果断放弃交易，寻找其他替代谈判方案。二是在财务预测中加入一个"过于自信折扣"，在预测交易能给企业带来的长期利润中，要在最乐观情况的基础上减去25%，再在最悲观情况的基础上加上25%，重新审视成交的效益和前景。三是把过去所有交易的详细总结放在你触手可及的地方，不论过去交易的结果是好还是坏，都可以提醒你如何趋利避害。四是征询其他人的意见，请领导专家评论你的谈判意图、策略和拟成交的方案。

（二）厌恶损失

研究表明，如果购买的股票价格迅速上升，人们往往很快将其出手，锁定利润。然后，他们就可以向朋友吹嘘自己的判断力如何准确。然而，如果股票价格大跌，人们则趋向于继续持有股票，等待价格回升。结果，投资者卖出了应该继续持有的股票，而保留了应该出手的股票。心理学家丹尼尔·卡尼曼和阿莫斯·特沃斯基发现，损失给人带来的心理冲击，是同样数额的获利给人带来的心理冲击的2.5倍。因此，人们要学会及时止损而不必苦苦硬撑到底。

要避免厌恶损失陷阱,需要注意以下几点。一是评估你对损失的容忍程度。回顾过去的交易,看看你是倾向于卖出盈利的投资项目还是亏损的。二是忘记过去。不要想着如何令某笔已经很糟糕的买卖咸鱼翻身,你把钱再投入进去只会损失更多。三是在你购买投资产品时,提前决定你会在价格下降到什么程度时将其出手。四是记住这句话:"你要喜欢承受损失,痛恨收获利润。"看似荒谬,它却能提醒你在市场形势恶化时迅速出售表现不良的投资项目。

(三)仓促交易

人们经常因为没有花时间系统地质疑自己的先入之见,或者考虑清楚交易的原因,而身陷糟糕的交易中。心理学家把这种急切的心态称为"确认陷阱"——他们没有去寻找支持自己想法的证据,同时又忽视了那些能证明相反意见的证据。我们知道,得到好的第一印象的机会就一次,这就是"确认陷阱"的结果。人们一旦在脑海中形成某个观点,就很难改变,不管它多么愚蠢。

要避免仓促交易,可采用以下策略。一是做重要决定时,多听听他人的意见。这是避免陷入确认陷阱的最好方法。二是做足功课。调研工作做得越充分,就越可能注意到那些证明相反意见的信息。三是要谦逊。承认自己与其他人一样,都不是完美的,都会犯错误。

(四)锚定效应

当要出售某一财产时,如果一位买家的出价比你心中的估值低得多,你会认为这个出价很可笑。然而,你会将这个出价当成起点,并因此受它的影响而最终降低了期望值。买家给出的初始低价发挥的就是锚点的作用,你会以其为基准来判断整个交易成功与否。锚定效应处处可见。例如,大多数买房子的人,会用他们谈成的价格比标价低多少来判断谈判是否成功。标价在这里就是锚定的参照点。精明的谈判者则会忽略标价,转而委托专业人士进行独立估价,从而计算出房子到底值多少。问题在于,很多当事人会在不知不觉中受到锚定效应的影响。你会为购买订婚戒指花多少钱?很多人会说,"两个月的工资。"这就是戴·比尔斯在其"钻石恒久远,一颗永流传"广告中宣传的锚点。

要避免锚定效应,你可以运用下面的策略:一是多样化锚点,当你用一个事实或数字作为基准的时候,锚定效应的危害最大,因此要尽可能多找几个锚点;二是告诉每个人锚定效应的危害,确保所有和你一起工作的人都明白锚点的破坏作用;三是从不同角度分析每一笔交易,这样能减少锚定效应的影响。

(五)短视

谈判者有时仅仅关注与交易有关的短期性事务,而忽略长期性事务。这就犯了短视的错误。最常见的商业短视,是不能预见竞争对手会如何应对自己的进攻举措。比如,某个商家发起降价活动,却没想到引发了一场价格战,结果让自己措手不及。

要避免短视,可采用下面三个策略:一是检查你在交易中是否存在短视思维。嘴上畅谈未来要怎么怎么样,手头采取的行动却全是围绕短期性的事务而展开,这是常见的错误。二是请专家帮助你考虑备用的长期方案,这种事情光靠一个脑袋是不够的。三是不要让你对短期危机的最初反应扭曲了对事情前景的展望,下意识的反应常导致糟糕的决策。

(六) 数字盲

失败的谈判者往往错误计算了交易失败的可能性。他们会忽略交易中的那些不起眼的数字,而这些数字日积月累却能带来一大笔损失。

要避免数字盲,需要注意以下几点。一是不要被短期的利益冲昏了头脑,真正重要的是长期的获利。把通货膨胀因素考虑进去,它对你的最终获利有重要影响。二是对不起眼的数字尤其小心,特别要注意投资和交易的佣金结构。尽管佣金的数目通常不大,时间一长也会逐渐累积成一个大数目。三是不要寻找不存在的事件模型,很多事件只是偶然现象,而非运气的结果。

(七) 盲目坚持

是否知道何时该退出交易,显示了交易者是聪明还是愚蠢。喜剧演员 W. C. 菲尔兹说得好:"如果开头失利,还需继续努力。如果还不成功,就放弃,没必要在一棵树上吊死。"然而,谈判者往往会忘记菲尔兹的建议,顽固地坚持到底。纵观投资惨败的历史,我们可以发现很多这样的例子。有的投资者会在低价时购进股票,在其股价下跌时仍会加仓,因为那时候购买就更便宜了。越到后来,越不肯放弃,投资的数额也越来越大,最终失控。

要避免盲目坚持,要坚持下面的原则:一是知道何时应该放弃。不理智地扩大投资是盲目坚持的结果。二是留心反面的证据。这一诀窍就在于,在被交易牢牢套住之前,就应当注意那些表明损失在升级的警告信号。三是与价格战保持距离。价格战像其他高风险竞争游戏一样,非常容易升级到无法控制的地步。四是及时承认错误。与错误和引起的巨大灾难相比,承认错误的尴尬算不了什么。

(八) 单赢思维

具有超竞争性格的人经常将谈判当作比赛。他们不能容忍输掉比赛,甚至不能容忍与其他方共享利益。在他们眼里,别人赢就是自己输。单赢思维的谈判者总是把谈判看成切蛋糕式的利益分割。他们相信利益的总额是固定的,因此谈判就变成了一场战争,谁得到最大的那一块谁就赢。因此,就算另一方做出了极大让步,超竞争性格的人也会自动低估这些妥协的价值。因为他们相信,对对方有利就是对自己有害。同时,他们常把谈判简化成一个问题,通常是金钱。结果,潜在的好交易退化成了尖锐的对立。

克服单赢思维,要注意以下几点。一是把问题"多样化"。只关注交易的一个方面,是把具有合作潜力的交易变成尖锐对立的最快途径。二是避免只因为妥协是由对方做出的,就轻视甚至拒绝,这种不理智的反应是再愚蠢不过的了。三是分割利益之前先扩大利益蛋糕。关注如何能够和对方合作以扩大利益蛋糕。四是开始谈判之前,要先商量好交易流程,交易流程与谈判内容一样重要。五是不要让态度损害利益。在对一个问题表态之前,先就谈判双方在其中涉及的利益展开讨论。

(九) 旅鼠心态

旅鼠是愚蠢的动物。在群体迁徙中,当一只受到惊吓的旅鼠跳下悬崖时,其他旅鼠也会盲目地跟着它跳下去。同样地,有的人在交易过程中也很可能为房子、画作和公司开出越来越高的价格,仅仅因为其他人——大多数是他们没见过的陌生人——愿意开出类似的价格。要融入集体或随大流的心态是导致这种行为的强大因素。这种心态在告诉你,别想了,跟着大家做就行了。只有聪明的谈判者才不会上当。

要克服旅鼠心态,需做到以下几点:一是要对任何"热点"都持怀疑态度。热门交易都极有可能迅速变"冷"。二是要有耐心,花点时间为每一笔大交易做功课,抵触迅速达成交易的诱惑。三是关注长期利益。警惕那些基于"早进场,早得利"理念的交易。这种交易的高风险可谓是名声在外。四是成为"逆行者"。赶潮流的人通常要为此付出巨大代价,因此要逆潮流而动,挖掘从长远来看有很大发展潜力而当下还不流行的机会。

(十)赢家诅咒

日本一家公司的主席斋藤了英,在一次国际艺术拍卖会上以近8300万美元的价格拍到了凡·高的名画《加歇医生的画像》。然而,许多专业买家从局外人的角度评论说,斋藤了英出价太高,8300万美元是该油画预期价格的两倍。斋藤了英成了被心理学家称为"赢家诅咒"(winner' curse)的受害者。如果你曾经在竞争谈判过程中逐渐提高出价,直到最后一个竞争对手出局,你很有可能就中过赢家诅咒。当你发现自己为这次所得付出了太高昂的价格时,诅咒便应验了。赢家诅咒带来的损失是巨大的。《商业周刊》分析了1995年至2001年间发生的302个大型兼并案例,发现61%的买家因为出价太高而损害了股东利益。

要避免赢家诅咒,可采取下面四种方法。一是设置并坚守价格上限。二是在出价中加入"安全保证金",你为之付出的价格与所得价值之间的差即为安全保证金的大小。三是当竞争者较多,且价格很不确定时,须额外小心,赢家诅咒往往在这时种下。四是谨防被谈判牢牢套住。及时退出竞争,并向媒体发布退出的原因。

第三节 谈判者的思维

一、思维

(一)思维

所谓思维,就是大脑对客观世界的间接的、概括的反映。思维并不是客观对象直接作用于感觉器官所产生的结果,而是人通过对感性认识材料进行加工后才产生的。众所周知,人们是在实践过程中通过眼、耳、鼻、舌、身等各种感觉器官,来认识客观世界的。这种认识是以感觉、知觉、表象的形式表现出来的,故称为感性认识。这种认识只是反映了客观对象中那些被感觉器官直接把握到的外部对象的东西,还不太深刻。我们认识客观对象,不仅要认识外在的东西,而且要认识内在的东西。为了认识客观对象中内在的、本质的东西,人们就要对感性认识进行加工整理。人们抛开客观现象中那些相互有差别、偶然具有的属性,保留其具有的共同、普遍的属性,用概念、判断、推理表现出来而形成的认识就是思维认识。

思维和客观对象之间没有直接的联系。思维通过建立在感官活动的基础之上的感性认识,才和客观世界发生联系。所以,思维是人对客观世界的间接反映。思维要反映出客观世界中客观对象的普遍性,客观对象的普遍性又必须从个性中概括出来。所以,思维又是人们对客观世界的对象的概括反映。

(二)逻辑

以思维为研究对象的科学,就是逻辑学。在逻辑当中有各种分支,如形式逻辑、辩证逻辑、数理逻辑等。其中辩证逻辑是人们在认识真理的过程中思维运动发展形势及其规律的科学,是逻辑学中占有重要地位的分支学科。"逻辑"一词是由英文 logic 音译过来的,它源于希腊文,原意是指思想、言辞、理性、规律性。在现代汉语中,"逻辑"一词狭义上既指思维的规律,也指研究思维规律的学科即逻辑学;广义上泛指规律,包括思维规律和客观规律。在毛泽东同志的著作中可以看到,诸如斗争、失败、再斗争、再失败、再斗争,直至胜利——这就是人民革命的逻辑,他们也是决不会违背这个逻辑的。这里指的"逻辑",显然是指客观事物发展的规律,即革命事业发展的客观规律。

(三)辩证逻辑

辩证逻辑认为,第一,概念是反映事物的本质和内部联系的思维形式。第二,判断是对客观现象的矛盾本性有所断定的思维形式。普通思维是"是则是""否则否"的静态的断定,辩证思维则是"是中有否""否中有是"的动态断定。这种动态断定的思维有四个对立统一的方面:"同一与差异""肯定与否定""个别与一般""现象与本质"。这四个对立统一的思维判断运用十分广泛。第三,推理是在分析客观事物矛盾运动的基础上,从已有的知识中推出新知识的思维形式。无论是辩证思维还是形式思维,推理都是由已知的判断推出新的判断的思维形式,都是由前提和结论构成的。第四,论证就是根据事物的内部联系,应用辩证的逻辑分析方法,以一些已被证实为真实的判断来证明某个判断的真实性或虚假性的思维过程(或方法),它是综合运用各种思维形式及其规律和逻辑方法的过程,是认识矛盾、解决矛盾的过程。第五,论证要求具有全面性,即论证、论据要全面,论证方式要多种多样,要综合使用归纳、演绎、直接、间接、类比、正反对比、分析与综合、抽象与具体、历史与逻辑统一等逻辑方法,避免出现论据片面和论证方式片面的逻辑错误;要求具有本质性,即不仅看外在联系,而且要去抓内在联系;要求具有具体性,即要以事物的具体情况为依据。第六,辩证逻辑思维的四个环节中,概念是思维的基础细胞和出发点,并在概念的基础上进行判断,在判断的基础上进行推理,再由推理进行论证,推理和论证就是概念、判断的转化形式。

(四)辩证逻辑思维

辩证逻辑思维要求反映现实世界的多样性的统一,即把客观世界的万事万物,既看作是多样性的,又看作是统一的。马克思在分析商品时,为我们做出了典范。商品具有使用价值和价值,有具体劳动和抽象劳动,以及私人劳动和社会劳动的不同方面,是多样性的东西。但是,商品又是统一性的东西,是使用价值与价值的统一,具体劳动与抽象劳动的统一,私人劳动与社会劳动的统一。辩证逻辑思维又是把运动着的包含多样性规定的客观世界,在人的头脑中反映出来的思维。因此,在人类文明的实践中,辩证逻辑思维要求人们客观、全面地看问题,从概念、判断、推理、论证四个环节进行全面、合理的推断。

二、谈判者的思维

谈判者的思维,简称谈判思维,是指谈判者在谈判过程中理性地认识客观事物的行为和过程,是对谈判活动中的谈判标的、谈判环境、谈判对手及其行为间接、概括的反映。一个成功的谈判者必须能够正确认识谈判双方在谈判中所处的地位、相互作用的形式、性质、条件及其发展趋势,并根据这些变化采取相应的策略,这些需要在一个正确的思维模式下进行。谈判实践证明,辩证逻辑思维就是最适合、科学、有效的思维模式。

(一)概念

概念是谈判者对谈判客观对象普遍的、本质的、概括的反映,是谈判思维的第一环节。谈判者首先要熟悉概念,包括概念的内涵和外延,切忌因概念上的差异而带来重大的经济损失。例如,要了解谈判对手,包括他的价值观、文化素质、业务水平、社会地位、民族习惯、政治信仰等,了解得越多越好。又例如,所谈的业务,包括商品的质量、包装、商标、运输、价格、技术要求、售后服务、合同的法律条款、国际贸易惯例、市场供求状况、资金、利润、费用、成本、交货时间、交接方式、付款方式等多方面的因素。最关键的是如何运用概念。通常地说,从谈判的准备阶段开始,就要注意运用商业和法律的概念。特别是在国际贸易中,有不少极其复杂的、通用的概念,也有各国的贸易习惯的概念,如果作为一个谈判者,特别是主谈人,不通晓各种概念或没有辩证思维的概念知识,是无法主谈的。因为抓不住论战的焦点,很容易被对方利用概念来钻空子。只有熟悉和把握好概念,抓住论战分歧的概念去说服对方,并促其接受自己的建议,谈判才能赢得主动。

(二)判断

判断是谈判者对谈判情形做出的一种确定性的识别和认定。准确的判断有助于谈判者运用正确的谈判策略和方法,其重要性不言而喻。从谈判来看,即使是最简单的交易谈判,如到商店里购物,也要货比三家,要问价比价,有时还要讨价还价。在商务谈判中,众所周知,价格是双方极为敏感的问题。人们有两种不同的思维方式:一是"报价是标准的,不能动";二是"没有不可谈判的价格"。这两种思维方式反映了"报价的不变性"与"价格的可谈判性",两者之间存在着对立统一的关系。这就要在谈判中搞清楚是"全部商品品种"的价格不可谈判,还是指"某一个商品品种"的价格不可谈判;是"同一数量"还是"不同数量"不可谈判;是在"同一经济条件或背景"下还是"不同经济条件或背景"下不可谈判;是一个"报价"的全部条件还是"部分条件"不可谈判。因此,用辩证逻辑思维去思考、判断,就会发现问题。在大宗商品交易的谈判中,谈判更是有个过程,会遇到很多问题,有曲折,有风险,即使是最顺利、最理想的谈判,也有一个协商的过程,绝不是一蹴而就,总是有比较,有选择的。

(三)推理

谈判的过程是不断推理的过程,是综合运用类比、归纳、演绎等思维方法去揭示某一论点、论据的实质的过程。例如,我们常常使用的"比价"即属类比推理,但仅有类比推理还不能认识事物的属性,还需要靠原有的知识和一般原理对类比的对象进行分析,这就要靠演绎推理。要从个别认识到一般,还需归纳推理。但无论如何,只有在前提的基础上才能推理出结论。像"甲价比乙价贵,而乙价已有协议,甲价不合理,应予以改善"这个推理,既有前提,又有结论,既有演绎也有归纳,犹如一条链子,一环扣一环。这就是思维的辩证法。推理的精华还在于其客观性、具体性和历史性,它可以有效避免陷入谈判对手用形式逻辑思维推理所设置的圈套中。例如,卖方经常这样推理,"我的人员费用增加了,材料价格上涨了,加工成本也增加了,这次价格就应比过去上涨6%"。这段推理按形式逻辑来判断是合乎情理的,但是用辩证逻辑思维推理的原则去衡量又存在问题。因为从社会范围看可能是事实,而从具体企业来看则不一定。此外,具体性的判断,如该公司产品主要用的材料是否涨价?涨多少?加工成本增加是因工资变化还是因材料价格变化引起的?各影响了多少?加工工艺是否有改进,产品产量又增加了多少?设备的折旧程度如何?等等。这些因素综合平衡的结果是否又使加工成本下降了呢?上涨6%这个结论是否反映了各种因素影响的实际结果呢?是否有主观成分?它与买方利益分歧有多大?等等。最后,看其历史性。这几种因素在过去历年中的变化情况如何呢?有哪些不同的处理方式?未来的变化趋势如何等。通过这种分析推理,可以发现卖方推理的漏洞,并将形式逻辑的"正确性"予以否定,进一步增强成交的信心。

(四)论证

谈判中的论证一般由论题、论据和论证方式三个因素构成。谈判的论题可由谈判双方在谈判前议定。在讨论过程中,对方可以挑选自己论证过程中的某一论据、某一论断为新的议题,自己也可以挑选对方论证中的论断或论据为新的论题。谈判中要以各种论据判断、分析问题,然后经过综合得出解决问题的方式。每位谈判者必须遵循这一程序,掌握自己的论据,否则谈判就会迷失方向,既浪费时间,又容易被对方钻空子。例如,某卖主论证其价格方案合理时提出:你们的政策是引进技术,我们的方案是技术改造,即提供设备制造技术图纸,帮助你们自己制造设备。如果别人卖给你10台设备,每台10万元,再加上服务费10万元,共计110万元。如果我方先帮你们造5台,每台按3万元给你们结算,再卖给你5台,每台按11万元结算,再加上服务费20万元,总共只不过90万元。看起来这一卖方的报价比别人便宜,很有可能引起买方人员的兴趣(因为很有说服力)。如果买方同意,卖方自然不会降价了。然而买方代表如下一席发言便使气氛急转直下:"先生的话有问题。引进技术、对工厂进行技术改造是我国的现行政策,这是对的。但我们讲改造也不等于要自己马上制造每一种设备。在我们的合作方案中,还要看经济效益。自己造的设备是否像你所讲的每台只花3万元?你卖设备的价格怎么比造设备的价格高出许多?此外,贵方既然承认自己的设备与别人一样,为什么单价要比别人贵1万元呢?你报的服务费怎么比别人高出一倍?如果贵方的推理是建立在错误基础上的话,贵方报价不合理的部分应予以改善。"由于买方坚持了论证的全面性原则,也注意了本质性的论证,还运用了证明与反驳的思维以及演绎、归纳、类比等手法,从而取得了论证的成功。

三、谈判者的思维艺术

(一)谈判者常见的思维误区

人的思维经常受到社会的、习惯的、环境的影响,谈判者也不例外。他们在社会生活领域中的很多思维习惯,也会带到谈判活动中来。人们在社会实践中逐步积累自己的人生经验,在遇到新事物时,会根据自己过去的生活经验与获得的知识去假设事物的本原,推断它的发展。但是,由于人们认识、体会、总结事物的环境、角度、时代有所不同,因而得出的结论就不同。这些被当作经验的东西,在特定的条件下,会形成为人们看待事物的观念。这些观念一旦与未来发展的社会环境不合,或落伍,或僵化,就会妨碍人们正确认识事物。

初涉谈判的人员,甚至具有相当谈判阅历的老手,在谈判中,也难免会陷入思维误区。其表现形式主要有以下几种。

1. 非逻辑思维

有的谈判者的思维方式不合乎逻辑,不能准确地反映事物发展的规律性。例如,谈判者在谈判过程中概念不清或概念模糊;判断不准确或判断不全面;推理及论证方式犯有低级(即形式)逻辑错误。由于依靠低级逻辑思维有其固定的、表面的、单纯的认识问题的缺点,谈判者在这种思维方式下对问题的考虑常会出现疏漏。有时候从表面看来合乎逻辑的思维方式,用辩证思维的眼光和辩证(即高级)逻辑的要求来检验,又会发现其内涵之间缺乏必然的、有机的联系。如果谈判环境复杂或对方进行干扰,谈判者有时很难理清、说清自己的思想,从而处于不利的谈判境地。

2. 超现实思维

谈判活动是在特定的社会环境和谈判背景条件下进行的,它必然会受到这些现实因素的制约。谈判者如果不立足于现实,用理想的、希望的、主观的设想来应对现实,就会显得不合时宜,给人们不切实际、浮躁、天真的感觉。超现实思维容易使谈判者出现盲目乐观或极度悲观的不良情绪,从而受到对手的摆布。

3. 习惯性思维

有的谈判者过分依赖于经验,对问题不加区分,不进行具体分析,用过去的、类似的、习惯的、"成功的"办法去看待新事物、处理新问题,而看不到形势或背景变化对事物的影响,顽固地坚持自己的思想或行为,结果往往因"成功的"经验导致失败。

(二)谈判者的思维艺术

谈判者的思维艺术是指谈判者能够根据谈判任务的实际需要,在特定的谈判情形下,创造性地去谋划、运筹、协调、推进谈判的进程,妥善解决谈判中遇到的实际难题,从而实现谈判目标价值最大化的思想"火花"或方式方法、策略技巧。以下所列举的几种思维艺术,可供谈判者借鉴。

1. 多元思维艺术

多元思维艺术是指将事物的各个方面联系起来统筹考虑,借以启发想象力、创造力,开阔思路和视野,从多角度对事物进行扫描,产生新方案的策略技巧。这种科学的思维方法能够防止片面、孤立地思考问题所造成的僵化、闭塞,能够深入事物的本质,用多元分析问题的方法来创新思维。这种思维艺术的特点是:把表面看起来彼此孤立的多个元素统一起来,多元分析,使之迸发出新的思想火花。

多元思维艺术在商务谈判中具体运用时要注意两方面的问题:一是要把与交易内容有关的所有议题联系起来,列入谈判范围,而不是孤立地就某个议题而谈某个议题。例如,在有关设备引进的价格谈判中,就要考虑到设备的先进性、交货时间、技术服务等一系列问题。二是在讨论某个议题时,不要只讨论这一议题所涉及的某几个方面或一两个方面,而是要讨论所有有关的方面。以某货物买卖谈判中的价格谈判为例,在这一谈判中,谈判者不仅要讨论某一单位的货物能卖多少钱,还要考虑计价的货币(因为其中存在汇率的风险)、采取什么样的支付方式、支付时间等。

2. 换位思维艺术

换位思维艺术是指在谈判中善于站在对方的角度来思考问题,设身处地考虑对方的想法和要求,避免单向思维,发现双方共同的利益与需求,这是克服双方矛盾、化解双方分歧、追求谈判双赢的重要法则,是一个优秀的谈判者必须具备的思维方式。

3. 逆向思维艺术

逆向思维艺术是指当人们的思维被难题困扰时,采用一种与众不同的、相反的思考问题的方法。这种思维艺术有时会产生出奇制胜的全新方案。其主要特点是:打破常规,从使人意想不到的、相反的方向打开思考的大门,获取解决难题的全新方案。例如,某大厦的灯光照明及控制系统、防火的报警系统的订货合同中,技术验收(货物质量)只规定了原则而没有具体办法,当某方要求签订合同时,另一方以逆向思维方式讨论:"王先生,贵方在合同中无具体验收方法,将来如何验货呢?按严的方法,您能同意吗?按松的方法,我不同意。您看怎么办呢?"一连串的反问,对其所提方案进行了否定。

逆向思维的另一表现形式是反证,即设定对方的立论成立,倒过去推论其成立的条件及依据。如果这些条件及依据是合乎情理的存在,则立论被肯定。反之,则立论是虚假的、不成立的,从而被否定。反证思维的公式是:立论——推理依存条件——评价依存条件的客观性与虚假性——肯定或否定立论。例如,某项目技术费的讨论,卖方以科研投资报价为基础,按逆向思维设定某科研投资每年为 N,则可推出年营业利润率实为 X,据此推出其营业额应为 Y。而实际上其年营业额仅为 Y 的一半,在这种情况下就需贷款,但账目上卖方并未贷款,这就证明年科研投资额为虚数,其技术费计算基础不实,这时就应调整科研投资报价。

4. 跳跃思维艺术

跳跃思维艺术是指打破事物固有的联系和逻辑,突然跳到看起来好像毫不相关的其他事物和问题上的一种思维方式。跳跃思维在谈判中主要用于两方面:一是当谈判陷于困境时寻求新路径、新方案;二是利用跳跃思维打乱对方的思维节奏,增强己方的主动权。因其跳跃性、意外性和不同性,跳跃思维是创新、创意的重要思维方式。特别是当事物陷于矛盾的混沌中时,如果因袭传统的路径就很难解决问题,此时必须运用跳跃思维来谋求新的途径、新的方法。

5. 超前思维艺术

在谈判中,如果我们能在思维上领先于对方一步,超前考虑某些问题,并能准确地预测到某些问题的发展变化趋势,那么,我们将在谈判过程中占有极大的主动性,并有可能获得巨大的经济利益。比如,在一般人看来太阳黑子活动与世界农产品市场上的交易是两个毫无关系的问题,而一个精明的具有超前思维和多样化思维的农产品交易商则不这样看。在他看来,太阳黑子活动的程度如何,直接影响到地球上的气候,而气候又会影响农产品生产,从而最终会影响到农产品的价格。因此,他会根据对太阳黑子活动的预测分析来调整和决定其在农产品交易中的行动。

6. 形象思维艺术

形象思维艺术主要是指运用具体、生动的方法表达抽象、复杂的事物,使人喜闻乐见,富有感染力和煽动性,或栩栩如生,或妙趣横生,或动之以情,或诱之以利。例如,巧妙地运用一些举例、比喻、类比等具体化、简显化的方法,或者一些文学语言、成语格言、诙谐幽默等生动化、情感化的方法等。"道理使人认同,情感使人行动",运用形象思维,可以使我们的观点更容易被人理解和接受,也能更好地激发人们的情感和行动。

下面举一个谈判案例,欣赏"我"的谈判思维。

我与银行行长谈判

本月1日,一家银行将我楼下4个门市租下作为分行办公地点,要占用我的二楼户外约10平方米的面积做招牌。根据我查阅的相关法律知识,我对二楼户外有绝对的使用权利,所有的法律对我有利。因此,我就开始准备就这家银行有偿使用我二楼户外面积进行谈判,庆幸的是,谈判对方——银行对此毫不知情。

我从12号开始做必要准备,首先要了解对方,经过4天不动声色的资料收集,我得到了以下有效信息:

(1) 银行租期是10年,租金是每个门市15万元/年;

(2) 银行的广告高度是1.8米,LED广告是0.3米,广告位总高度是2.1米,长10米;其中,银行将占用我的位置约高1米,长10米,面积约10平方米;

(3) 该银行招牌都有标准,一般情况下不会缩小尺寸;

(4) 银行开业时间是本月21号,装修时间是20天左右;

(5) 我附近另一家银行占用楼上住户户外同样面积,一次性补偿金是2000元。

我的谈判策略是,利用知道的银行开业时间,我决定给对方留下最少的谈判时间,也就是,等银行开始安装广告时才告知对方,给对方造成压力。

我对谈判的优势评估是:

(1) 银行必须用我的户外面积,是主动购买方,我占主动权;

(2) 银行是有钱客户,购买力可以保证;

(3) 银行开业时间紧,时间上我占优势。

谈判技巧在谈判过程中详细说明。

我给秘书吩咐了一件特别的事,关注我们楼下银行装修工程的进展,每天上班时要特别留意户外招牌安装的时间,一旦发现安装,比如,开始在我的二楼墙上钻孔,就立即阻止,并通知我。

第一步:阻止施工、宣布权利

15号上午,终于开始安装银行灯箱招牌了,接到秘书通知,我立刻到现场表明身份,阻止安装,留下我的联系电话给施工方负责人。下午,银行主任来我公司二楼办公室找我,我将所知道的对我有利的法律条款每一条都背给分行主任听,当时银行主任听傻了眼。我宣布完对户外的使用权限后,没有给银行主任时间,称自己有事要办马上谢客让他离开了。

谈判技巧1:你自己尽量了解对方,但尽量不要给机会让对方了解你,所以我要马上谢客。

第二步:拖延时间

从15日下午到16日两天,我都对员工称出门在外,银行主任找我两次都没有找到。其实这两天我没有什么事,只是躲在家里上网,在散文吧里读诗,看文章呢。

17日上午,通过事先电话预约,银行主任与片区经理终于在我二楼办公室找到我了,与我商量户外招牌的事宜。我耸耸肩,装出很遗憾的表情告诉对方,我要用这块面积为自己的公司做广告,不能让给银行使用。然后就立刻叫秘书送客。

谈判技巧2:给对方找一个潜在的竞争对手,这里说真的,那块面积我一直没有打算做任何用途,相反,我还因为外墙上的灰尘和乱拉的网线发愁。不过,现在,我以自己要使用这个面积,给银行找了一个最有力的"竞争对手"。

17日下午,银行通过我的朋友、领导或打电话或亲自到我办公室说情,请我将那块户外面积让出来,我一直坚持说自己要用。在接见到第五个领导来说情时,无奈地表示可以商量,可以和银行负责人谈一谈,给足领导面子。

第三步:第一次商谈

18日上午,银行派出片区经理和施工方负责人来和我商谈,我漫不经心地接待了一下,并问银行给出什么补偿条件。经理说给2000元,我说条件不够好。经理让我报价,我的报价是2000元一个月,每年24000元,十年共24万元;如果一次性付清,可以考虑20万元。经理吃惊地说这是天文数字,我以教训的口吻说,没想到银行派出一个外行来和我商谈,让经理转告我的意思给银行负责人,请银行另派人来与我商谈,并吩咐秘书送客。经理与施工方负责人只好灰溜溜地走了,我只是坐在椅子上说了声慢走。

谈判技巧3:让对方先报价试探虚实,自己报价要高,谈判双方的身份必须相符。当对方比你职位低时,你可以适当轻视或教训一下对方,让他们更重视你,并且谈判时最好能与有决定权的人谈,这样对自己比较有利。

第四步:第二次商谈

18日下午,银行派出一个副行长与一个总经理来与我商谈。我依然让对方先报价,副行长开始报价5000元,然后说了一大堆难处。我开始做一个听众,听对方说,待对方说完让我报价的时候,我很直爽地将报价降低了一半,12万。副行长直摇头说不行,这时,我从办公桌里拿出了一个自己制作的户外广告面积收费标准,按照我的标准,我的价格相当合理,并将收费标准表格送给副行长,让他带回去向领导汇报,也相当于将副行长当了我的说客,并表示明天上午我也有空,早上8:30可以在办公室等他再来商谈一次。

谈判技巧4:做足准备,给自己的高报价找出充分足够的依据,并根据对方的让步做出相应的让步。

第五步：第三次商谈

19日上午8:30,副行长和总经理准时出现在我的办公室。我拿出一盒云南茶叶,说是要与副行长分享顶级的好茶,我让秘书为我们泡好,几次副行长要开口谈合同的事,我都以先品茶为由拒绝,并大谈茶道。半个小时过后,下面一楼安装负责人打电话问副行长是否可以安广告牌了,我知道银行开始有点火烧眉毛了,但我心谈定,还是老规则,我让对方先报价。副行长报出1万元的价格,并以恳请的语气让我接受,我直接说,条件不够好,并说如果我自己用这副广告位做广告,我的收益比这个高,所以拒绝了。行长再次准备大谈难处时,我的电话响了,其实这是我早先就安排好的让我一个朋友打过来的,我让他在9点多钟打给我。我说有要事要离开,副行长拉住我的手,让我报价,我说这样吧,一次性付10万元,有诚意的话,下午我回来签合同。副行长显然没有权做10万元的主,说要回去向领导汇报,我顺势离开。

下午我的电话响了,是副行长打来的。我说下午我要约见一个重要客户,没有空,明天上午再谈。

谈判技巧5：关键的时候离开,给对方不留谈判的时间,因为作为卖方,谈判时间越长越不利。

第六步：第四次商谈

20日上午8:30,行长本人终于出现,带着昨天的副行长。两人一来,我立刻对行长本人亲自到来表示热情欢迎,说了许多客气的恭维话。虽然行长脸上微笑了,但我知道此刻他的心中如热锅上的蚂蚁,但我心淡定。

老规矩,我让行长先报价,行长说3万元,这是他的最高权限。我说条件不够好,直接拒绝了,行长让我报价,我说这样吧,9万元,然后一直抢着说这是我的最低底限,并开始将所有的理由不停地说出来,态度坚决,眼神坚定,不给行长说话的机会。在我说了半小时后,行长实在受不了,打断我的高谈阔论,说4万元吧,我的回答仍然是条件不够好,不过我让步5千元,说8万5千元,再也不能少了。行长刚要开始谈,我突然捂着肚子说身体感觉有点不适,要上洗手间,我拿着纸,来到洗手间,并关上门,站在里面,等了约20分钟。他们等不及了,副行长也来上洗手间,冲完水后,假装关心地问,李总,好了没有,没事吧？我说还有两分钟就好了,我知道,他们这时已经请示了上级银行领导,有结果了。过了两分钟,我准时出来了,边进办公室边说,昨天酒喝多了,肚子有点不舒服。

谈判技巧6：越到最后,让步要越小,并且如果对方没有权限,就要给对方一点时间请示领导,所以我要上20分钟洗手间。

第七步：僵持不下

我刚坐上椅子,行长说,5万,高了就再也没有办法了,我睁大眼睛表示惊讶,全身再配上夸张的表情,装出完全不可以接受的样子。行长开始大谈难处,谈了一会儿,我的手机响了,当然,也是我安排的一个朋友打来的,以公司总部的名义通知我今天下午去公司总部报到,明天参加企业精英课程培训,为期3天。我将秘书叫进办公室,让她帮我预订今天上午的飞机票,当然,这些也是我预先安排的。然后我就起身要谢客,说因为要参加学习,我要做一些准备和工作的安排,学完后回来再接着谈。行长说再等一下,并请求我的要价再少一点,他的语气显得无可奈何了。我也装出非常为难的样子坐了下来,说让我考虑一下。我这一考虑就是5分钟,我们三人一句话都没有说,办公室出奇地静。

谈判技巧7:越到关键时刻,越是考验耐心的时候,谁的态度坚定谁就是赢家!并且要制造时间理由,催成成交,所以我安排了一次假出差。因为我知道,今天是他们最后安装广告牌的时间。明天他们就要开业了。

第八步:最后让步,态度坚决,成交

终于,我拿出办公桌里的一张纸,用笔写下两个大大的字,8万。然后坚定地说,就这个价,不能再商量了。然后还说,如果不是老领导说情,我根本就不会转让这块户外广告位置,然后就一直盯着行长看,又是沉默,办公室像黑夜一般寂静,副行长额头开始冒汗水了,而行长苍白的脸色显示他已经抵挡不住了。在他低头思考的时候,秘书进来说机票订好了,上午11点半的飞机,要马上出发了。我无奈地说,知道了,然后对行长诚恳地说,要不,你们回去再开会商量一下,还是等我培训回来后再谈吧。随即我就起身,开始整理桌上的文件,装着收拾东西的样子。两分钟后,我说还是回来再谈吧,礼貌地表示要先告辞了,并表示歉意。我刚要走,行长痛苦地站起来,握住我的手,说:"成交"。

谈判技巧8:谈判应该有一个底限,我定的底限是8万元,所以我不会再让一点步,并且让对方知道,如果现在不马上签,就再也没有机会和我谈了。

剩下的事就是由我的秘书与副行长商谈协议的一些细节,打印好协议后,我和行长签完字,握握手,礼送出门。

一块布满蜘蛛网的10平方米的外墙,我以8万元的价格租给了银行。

第二章思考与训练

第三章 谈判准备:未雨绸缪

第一节 谈判信息的运用

现代社会,谈判是建立在海量信息之上的选择、运用和博弈行为。对于谈判者而言,拥有大量与谈判密切相关的重要信息,往往能够把握谈判的"话语权"和主动权,对于赢得谈判意义重大。而在谈判中,特别是谈判准备阶段,如何搜集大量有用的信息?又如何提炼加工出有助于谈判的重要信息?又如何通过分析研判信息制定合理的谈判方案,为赢得谈判服务呢?下面进行详细分析。

一、谈判信息的搜集

(一)谈判环境相关信息

谈判环境因素一般包括以下几个方面。

1. 政治状况方面

政治和经济是紧密相连的,政治对于经济具有很强的制约力。任何一国的政府总是为解决本国特殊环境所遇到的种种问题而制定和推行一系列认为必要的经济政策,并注意以本国的政治哲学作为其衡量经济活动的标准。政治因素对商务谈判活动,特别是涉外商务谈判有着非常重要的影响。当一个国家政局稳定,政策符合本国国情,它的经济就会发展,就会吸引众多的外国投资者前往投资。否则,政局动荡,市场混乱,人心惶惶,就必然产生相反的结果。

2. 法律制度方面

法律制度和政治制度一样,都对商务谈判有着无形的控制力,涉外企业在贸易往来中,不可避免地遇到各种各样的法律问题,只有清楚地了解其法律制度,才能减少商业风险。

3. 宗教信仰方面

当前,无论是科学技术高度发达的美国和西欧各国,还是在富有的阿拉伯产油国,或者在其他贫穷落后的国家,宗教问题无不渗透到社会的各个角落。宗教信仰影响着人们的生活方式、价值观念及消费行为,也影响着人们的商业交往。

4. 商业做法方面

由于各方面的原因,世界各国、各民族都形成了各具特色的商业习惯,作为涉外贸易谈判人员,必须了解和掌握目标市场的商业习俗和做法,才能在业务交往中采取有效的方法,保证业务活动的正常开展。

5. 财政金融状况方面

了解财政金融状况的主要内容,包括:该国的外债情况如何?外债的高低主要影响支付能力,有时甚至会直接影响双方关系;该国的外汇储备情况如何?主要靠哪些产品赚取外汇?国际支付方面信誉如何?该国货币是否可以自由兑换?有何限制?汇率变动的情况及趋势等。

6. 社会习俗方面

社会习俗是指不同国家及地区由于其文化背景、宗教信仰等方面的不同而形成的独特、典型的行为方式及行为标准。它们对谈判都会产生一定的影响。比如,在衣着、称呼、日常行为等方面,什么才是合乎社会规范?是不是只能在工作时间谈业务?饮食等方面有什么特点?送礼的方式及礼物的选择有什么特殊的习俗?等等,这些对商业往来都会产生一定的影响。

7. 基础设施与后勤供应系统方面

主要指该地区的交通运输条件、邮电通信事业的发展状况、保证谈判顺利进行或合作项目落地所需的后勤保障条件等。

8. 气候因素方面

气候因素包括雨季的长短与雨量的多少、气温的高低等,这些因素对人们的消费习惯,对商务谈判都会产生一定的影响。

总之,谈判环境的相关因素很多,特别是国际贸易谈判,必须考虑这些环境综合因素。我国不少企业在涉外贸易中,由于事前没有对国际谈判环境进行认真分析,抱着乐观的态度仓促上阵,吃了不少闷亏,要引以为戒。

例如,1978年11月16日,印度尼西亚政府突然将其货币大幅度贬值,即从1美元兑换415盾贬到1美元兑625盾,这样外国投资者以其当地货币的投资收入兑换成本国货币时就比预期大幅度减少,造成了难以弥补的损失。又如,上海某罐头厂在加拿大投资设厂,投资环境很好,但因该厂生产的产品是回锅肉和干菜烧肉两种罐头,只适合少数华人的口味,不适合当地居民饮食习惯,终因产品大量积压而破产。再如,我国某企业向德国出口一批核桃,谈判中双方商定,交货日期在谈判当年的11月下旬。但由于其他客观原因,我方推迟了交货日期,这批货于次年1月中旬才到达买方所在地,错过了销售的黄金时期(核桃是供应圣诞节的)。结果,核桃大量积压,对方要求我方赔偿包括核桃贮藏费在内的所有损失,其赔偿费远远超过了核桃的成本。如果我方了解到德国人有在圣诞节消费核桃的习俗,就不会盲目地再发货了,这样至少可以挽回一些损失。

值得说明的是,任何谈判活动都是在国家宏观政策的背景下进行的。这就要求谈判人员必须了解与谈判相关的国家有关法律法规、方针政策、措施规定,及其可能调整的动态,以保证交易的内容、方式合法合规,防范交易风险。关于涉外谈判,谈判者还要了解并掌握 WTO 的基本原则及有关规则、国际贸易的有关法规条例、国际惯例等,以利于制定科学的谈判方针、计划,避免谈判中出现不必要的分歧、误解,以确保谈判顺利进行。

但在实际的谈判准备中,由于时间、精力和渠道等因素的制约,我们不可能对影响谈判的大环境信息一一捕捉到位,所以,搜集与我们谈判紧密相关的主要信息显得十分重要。对其他次要信息仅做一般的了解即可,如到用时再临时"补课"。

(二) 己方目标市场相关信息

1. 己方目标市场分布信息

己方目标市场分布信息,主要是指己方产品购销已开辟合作或拟开发特定市场分布情况、地理位置、运输条件、政治经济条件、市场潜力、某一市场与其他市场的经济联系等。在经济全球化的今天,科技发展迅猛,分工越来越细,目标市场不断拓宽,国内产品逐渐国际化,国内市场与国外市场越来越融合,商品交易范围越来越广。在这种形势下,搜集目标市场分布信息非常重要,必须摸清本企业产品可以在什么市场(国内、国际)上销售,确定长期、中期及短期的销售发展计划,为确立谈判目标做准备。

2. 己方目标市场需求信息

重新审视本企业的产品及生产经营状况,对于卖方来讲,要熟悉自己产品的规格、产品性能、主要用途、质量、品种、数量、销售情况,商品的市场竞争力、供应能力及经营手段、经营策略等。对谈判双方来说,要重点调查目标市场对本企业产品(资金或劳务)的需求量、潜在需求量以及本企业产品的目标市场覆盖率、占有率及市场竞争形势对本企业销售量的影响等。

3. 己方产品购销信息

对卖方而言,主要是调查本单位产品以及其他企业同类产品的销售情况。对买方而言,则是调查所购产品的销售情况。产品销售方面的信息主要包括该类产品过去几年的销售量、销售总值及其价格的变动,该类产品的长远发展趋势,消费者对该类产品的需求程度,潜在的消费者,购买该类产品的决定者,季节性因素,消费者对这一企业新老产品的评价及要求等。

下面一则案例充分说明了提前做好谈判双方信息搜集与分析工作的重要性。

> 我国 A 公司计划引进德国 B 公司的光学加工设备。A 公司科技信息部门马上对 B 公司的生产技术和市场行情进行了信息分析。在与 B 公司谈判时,B 公司提出要对 A 公司转让 24 种相关产品技术。由于 A 公司事先就对 B 公司的产品技术进行了研究,认为其中的 13 种产品技术足以构成一条先进完整的生产线,因此信心满满地婉拒了 B 公司提出的 24 种产品技术转让方案,仅以合理的价格从其中选择引进了 13 种产品技术。这样,A 公司既买到了先进的设备又节约了大量的外汇。事后,B 公司的董事长对 A 公司赞叹道:"这次商务谈判,你们不仅节省了不少资金,而且把我们公司的心脏都掏去了。"

(三) 同行竞争者相关信息

生产力水平的不断提高和科学技术在生产中的普遍运用,使社会商品极大丰富,同一商品往往会出现许多替代品(包括相似产品和同种产品)。因此,在商业交往中,经常会出现一个卖主、多家买主和一个买主、多家卖主的情况。这样,对于买卖双方来讲,了解同行竞争相关信息就显得很有必要。竞争者作为谈判双方力量对比中一个重要的"砝码",影响着谈判天平的倾斜。很显然,在一家卖主、两家买主竞相购的情况下,对于卖主来讲无疑是非常有利的,增强了其讨价还价的筹码。

同行竞争相关信息主要包括生产或购进同类产品的竞争者的数量、规模,各主要生产厂家生产该类产品的市场占有率及其变化趋势,各企业商品销售的形式与销售幅度,消费者偏爱的品牌与价格水平及产品性能,各主要竞争对手所提供的售后服务方式,经销该类产品的批发商和零售商的毛利率等情况,当地制造商与中间商的关系和信用状况,各主要竞争对手所使用的广告类型与广告支出额度等。这些信息可以帮助谈判者掌握同类产品竞争者的情况,并寻找对方的弱点,更加准确地预测己方的竞争力,在谈判桌上灵活掌握价格弹性,并击败竞争者。一般来讲,了解竞争者的状况是比较困难的,因为无论是买方还是卖方,都不可能完全了解自己的所有竞争对手及其情况。因此,对于谈判人员来说,最重要的是了解市场上占主导力量的竞争者的历史和动态信息。

美国有位谈判专家想在家中建个游泳池,建筑设计要求非常简单:长30英尺,宽15英尺,有温水过滤设备,并且在当年6月1日前做好。谈判专家对游泳池的造价及建筑质量等方面是个外行,但这难不倒他。在极短的时间内,他不仅使自己从外行变成了内行,而且还找到了质量好价钱便宜的建造者。

这位谈判专家先在报纸上登了个想要建造游泳池的广告,具体写明了建造要求,结果有A、B、C三位承包商来投标,他们都递交了承包的标单,里面有各分项工程所需的器材、费用及工程总费用。谈判专家仔细地看了这三张标单,发现所提供的温水设备、过滤网、抽水设备、设计和付款条件都不一样,总费用也有差距。

接下来的事情是约这三位承包商第二天来他家里商谈,第一位约定早上9点钟,第二位约定9点15分,第三位则约定9点30分。第二天三位承包商如约而来,他们都没有得到主人的马上接见,只得坐在客厅里彼此交谈着等候。

10点钟的时候,主人出来请第一位承包商A先生进书房商谈。A先生一进门就宣称他建造的游泳池一向是最好的,他能满足主人的游泳池的设计标准和建造要求,也顺便告诉主人B先生通常使用陈旧的过滤网,而C先生曾经丢下许多未完成的工程,并且他现在正处于破产的边缘。接着又换了B先生进行商谈,从他那里又了解到其他人所提供的水管都是塑胶管,他所提供的才是真正的铜管。C先生告诉主人的是,其他人所使用的过滤网都是品质低劣的,并且往往不能彻底做完,拿到钱之后就不管了,而他则绝对做到保质保量。

这位谈判专家通过静静地倾听和旁敲侧击地提问,基本上弄清楚了游泳池的建筑设计要求及三位承包商的基本情况,发现C先生的价格最低,而B先生的建筑设计质量最好。最后,他选中了B先生来建造游泳池,而提出只按C先生提供的价格与B先生签约。经过一番讨价还价之后,谈判终于达成了一致。

(四)谈判对方相关信息

英国著名哲学家弗朗西斯·培根指出,"与人谋事,则须知其习性、以引导之;明其目的,以劝诱之;谙其弱点,以成吓之;察其优势,以钳制之。与奸猾之人谋事,惟一刻不忘其所图,方能知其所言,说话宜少,且须出其最不当意之际。于一切艰难的谈判之中,不可有一蹴而就之想,惟徐而图之,以待瓜熟蒂落。"他的精辟见解告诉我们,对于谈判对方,了解得越具体、越深入,估计越准确、越充分,就越有利于掌握谈判的主动权。作为谈判者,以商务谈判为例,必须重点了解谈判对方的以下信息。

1. 合作意愿

对方的合作意愿主要取决于其经营状况的好坏和经营条件的限制,同时也取决于对方对己方的信任程度。它包括对己方的经营、财务状况、付款能力、信誉、谈判能力等多种因素。如果对方的合作意愿强,可以使谈判朝着对己方有利的方向发展,可以加速谈判协议的达成。

2. 供需能力

谈判对方的供需能力,主要是指对方的总购买力或推销能力。一般来说,国内企业的税后利润要按规定进行分成。企业的最大购买能力应是企业发展基金(税后利润分成)和企业流动资金(包括自有资金和信贷资金)之和扣除负债额后的部分。而了解谈判对方的推销能力,主要是调查对方的出售额、销往地区、销售线路、顾客分布,以及营业额中的利润、总利润、产品销售是否受季节影响等。

3. 付款方式和付款条件

了解谈判对方的支付方式,主要从商品的特点、金额大小、对方资信程度、资金周转等方面加以综合考虑。付款条件包括以什么货币为合同货币,分几批付款,付款速度与供方交货义务关系,有无预订金和合同保证金,产品价格是否固定,支付时是否调价,调价的公式如何,等等。这些都必须在谈判前摸清楚。

4. 对方信誉

调查对方信誉,主要是看对方的商品品质、信用和服务,广告宣传、商标及品牌表现如何,所能创造的利润等。

5. 谈判目标

谈判目标是指谈判的方向和谈判所要达到的目的。一般来说,谈判目标可以分为三个层次。第一,目的。它是指在短期内打算取得的成果。第二,目标。它是指下一阶段要达到的目的。例如:"这笔交易,利润要达到15%。"第三,宗旨。它是目的更为扼要的概括。例如:"要保证我公司今年的订货合同完成,或100%地完成商品收购任务。"要了解谈判对方的谈判目标,应主要弄清楚对方商品的价格(含保本价格)、合理需求、交货日期、付款方式、运输、技术要求、担保金、谈判期限等问题。

  我国某公司与美国某公司谈判购买设备时,美方报价218万美元,我方不同意,经过激烈的讨价还价,美方报价降至128万美元,我方仍不同意。美方诈怒,扬言再降10万美元,118万美元如不成交他们就回国。我方谈判代表因为掌握了美方交易的历史情报,所以不为美方的威胁所动,坚持再降。

  第二天,美方果真回国,我方淡然处之。果然,几天后美方代表又回到中国继续谈判。我方代表亮出在国外获取的重要情报——美方在两年前以98万美元的价格将同样设备卖给了匈牙利客商。情报出示后,美方以物价上涨等理由狡辩了一番后,不得不将价格降至100万美元价格成交。

6. 谈判对方个人信息

在收集了上述各方面的信息之后,最后要认真搜集谈判对方的个人信息。如谈判对方组织的人数、个人职务、地位、权威等。要了解谈判对方组织中的决定是怎样做出的,谁具有决定权,资金由何而来,最后的决定怎样做出以及由谁来做出等。要认真了解谈判对方的年龄、经历、性格、兴趣、谈判风格及谈判模式等,特别要弄清楚对方成员中的实力派人物的情况,以便己方选择等职等量的优秀人员运用谈判技巧,促成谈判顺利进行。对于未来的谈判对手,特别是主要谈判代表,应该尽一切可能全面了解其信息资料。

日本首相田中角荣20世纪70年代为恢复中日邦交正常化到达北京,他怀着等待中日最高首脑会谈的紧张心情,在迎宾馆休息。迎宾馆内气温舒适,田中角荣的心情也十分舒畅,与随从的陪同人员谈笑风生。他的秘书早饭茂三仔细看了一下房间的温度计,是"17.8度"。这一田中角荣习惯的"17.8度"使得他心情舒畅,也为谈判的顺利进行创造了条件。"美丽的亚美利加"乐曲、"17.8度"的房间温度,都是人们针对特定的谈判对手田中角荣,为了更好地实现谈判的目标而进行的一致式谈判策略的运用。

搜集信息的方式有多种,如了解谈判对手的信息可以通过各种场合、途径从对方的雇员中收集信息;也可以从对方的伙伴或中介机构获取信息;还可以低调进入对方的朋友圈或社交圈刺探信息;另外也可以从新闻媒体、互联网或文献资料中获取信息,或隐瞒身份直接购买或试探对方的产品信息和销售意向等。

二、谈判信息的运用

(一)谈判信息运用的案例

先看一个精密仪器跨国购销谈判中信息运用的案例。

H国某成套设备生产厂与中国某企业拟签订购销合同,但双方在成套设备的价格条款上还未达成一致,因此双方就此问题专门进行了谈判。谈判一开始,H方代表就将其产品的性能、优势以及目前在国际上的知名度做了一番细致的介绍,同时说明还有许多国家的有关企业欲购买他们的产品。最后,H方代表带着自信的微笑与口气对中方代表人员说:"根据我方产品所具有的以上优势,我们认为一套设备的售价应该在5000美元"。

中方代表听后十分生气,因为据中方人员掌握的有关资料,目前在国际上此种产品的最高售价仅为4000美元。于是,中方代表立刻毫不客气地将其掌握的目前国际上生产这种产品的十几家厂商的生产情况、技术水平及产品售价详细地向H方代表全盘托出。

H方代表十分震惊,因为据他们所掌握的情况,中方是第一次进口这种具有世界一流技术水平的仪器,想必对有关情况还缺乏细致入微的了解,没想到中方人员准备如此充分,H方人员无话可说,立刻降低标准,将价格调低到4000美元。并且坚持说他们的产品完全是世界一流水平,是物有所值。

事实上,中方人员在谈判前就了解到,H国这家厂商目前经营遇到了一定的困难,并陷入一场巨额债务中,回收资金是当务之急,正四处寻找其产品的买主,而目前也只有中国对其发出了购买信号,于是,中方代表从容地回答H方:"我们也绝不怀疑贵方产品的优质性能,只是由于我国政府对本企业的用汇额度有一定的限制,因此,我方只能认可3500美元的价格"。H方代表听后十分不悦,他们说,我方已经说过了我们的产品是物有所值,而且需求者也不仅仅是中方一家企业,如果中方这样没有诚意的话,我们宁可终止谈判。中方代表依然神色从容,"既然如此,我们很遗憾。"中方人员根据已经掌握的关键信息,相信 H 方一定不会真的终止谈判,一定会再来找中方。果然,H 方的忍耐达到了极限,没过多久,他们就主动找到中方,表示价格可以再谈,在新的谈判中,双方又都做了一定的让步,最终以 3750 美元成交。

从上述案例我们可以感受到掌握谈判对手关键信息的极端重要性。那么,在搜集了大量信息资料之后,又该如何进一步梳理,从而归纳出谈判最需要、最关键的信息呢?这里强调的是,谈判是促使对方采取我们所期待行为的过程。要了解对方、说服对方,首先要换位思考,明白对方在关注什么,他最关心的问题是什么。当然,需求分为个人需求和组织需求,有时候,个人需求和组织需求并不是完全一致的。所以,在准备阶段,如果能够明确对方的关注点,那么肯定会事半功倍。

(二)运用"逻辑金字塔"提炼谈判主信息

运用"逻辑金字塔"思维工具,可以帮助我们了解如何筛选海量信息、提炼主信息、发现对方需求关注点,并运用于实战问答,从而赢得谈判。

在"逻辑金字塔"思维工具的基本结构里,包括主信息、关键信息和子信息。首先运用关键逻辑来分析主信息和关键信息,让子逻辑分析关键信息和子信息的逻辑链条;然后,运用自下而上和自上而下两种方法,把一堆散乱的信息分门别类地放进"逻辑金字塔"中,来集成一篇信息资料底稿。

1. 自下而上法

自下而上法又称为归纳法,主要是提炼主题。首先,把搜集到的大量信息分类,形成若干个子信息;然后,把相同的主题放到一起,进行提炼,形成几个关键信息;再依次归类,形成主信息,即主要的主张和观点。自下而上找主题的时候,要多问:So what? 比如,我们在了解了对方公司的产品、市场和发展信息后,会初步提炼出底层逻辑思维。其中,对我们最有帮助的信息,是如何发现对方的需求,于是形成主题。最后,提炼出在实战中如何问问题,如何回答问题,也就是实战的技巧,形成主信息。

2. 自上而下法

这种方法就是先从最顶端的主信息入手,提出一个价值主张,然后,为了证明这个论点,再逐步往下,找论点。在自上而下法中,需要遵循的一个原则是 MECE(不重叠,不遗漏)。自上而下找论证的材料的时候,要多问问:Why so? 就是为什么要这样做,来明确下一层的信息,先给出论点,然后解释一下原因。例如,假如设定主信息为把商品 X 定位为优质品牌,价格设定在高档区,放在知名连锁店销售。那么就要在大量的信息里搜索出几个理由,也就是关键信息:如"优质产品",即因为产品本身处于真空包装状态,因此商品 X 可以定位为优质产品;又如"产品价格",既然是优质品牌,价格变为原来的 1.5 倍,也会有人买;还如"流通渠道",为塑造优质产品,仅限在优质连锁店销售等。

(三)运用 SCQA 模型分析法发现对方需求的关注点

SCQA 模型分析法(Situation, Complication, Question, Answer,即情境、障碍、疑问、答复)。具体步骤如下:第一步,明确对方的具体形象;第二步,Situation,对方处于哪种稳定的情景当中;第三步,Complication,设想破坏对方稳定情景的障碍,如果谈判进展不顺,是什么障碍造成的;第四步,Question,从第二步到第三步,找出对方的关注点,并以提问题的方式,表现出来;第五步,Answer,回答问题。这个答复要针对核心疑问,然后给出能够提高满意度的答案。

例如,我们可以运用 SCQA 来说服公司管理层更新设备。第一步,明确对方具体形象,了解公司管理层精英团队的情况、公司运行和竞争力情况、公司运行和决策机制等。第二步,了解到公司竞争力和业绩下滑严重,主要依靠削减成本来维持竞争力。第三步,公司竞争力下降的重要原因和障碍是,竞争压力增大、设备陈旧、增长空间有限等;第四步,公司最关心的是,如何维持竞争优势?第五步,通过分析,回应最关注的问题,建议并说服公司管理层,采购新设备,虽然有成本,但是新设备效率高,对于竞争力的提升有质的飞跃。

下面看一个 G 先生成功运用 SCQA 找到对方的关注点的案例。

第一步:G 先生负责广告服务的业务,在打 cold call 之前,先了解了潜在客户 A 公司的背景。第二步(S):侧面了解到 A 公司对精准营销模式有一定了解,并且已经利用其他广告公司的 DSP 平台投放广告了。第三步(C):最大的障碍是,如何让 A 公司了解甚至购买 G 先生的广告服务。第四步(Q):分析 A 公司的广告部,摆在眼前最大的问题是,如何让对方认为 G 先生公司的广告服务与同行相比为什么会更好。第五步(A):在对方愿意了解 G 先生公司产品的情况下,提出面谈的请求。假如对方犹豫,那就给出面谈成功的话就提供一个月的免费试用机会。

做好对方需求分析后,G 先生拿起了电话,向对方说明去电的用意之后,对方十分乐意聊关于精准营销的话题,并且吐槽目前使用的 DSP 平台转化率不高。于是 G 先生趁机宣传了一下其公司在精准营销方面与其他平台不同的技术优势、在国外已经取得的成绩,并且列举了已经使用该公司产品的几家大公司。对方被 G 先生说得心动了,但是面谈的事宜他还需要再考虑一下。G 先生立刻抛出近期公司有免费试用的机会,对方就不再犹豫,直接和 G 先生确定了面谈的时间。由于成功确认了对方的需求,之后的面谈也十分顺利。

(四)运用集成信息提问回答

1. 提出问题

提问可以分为基础信息收集型和问题发现型两种。基础信息收集型问题是为了获得数据和事实,而问题发现型问题是为了明确对方的关注点。如何提问绝对是一门很深的学问。不好的问题让人厌烦,如果提到一个让对方兴奋的问题,那么就是双赢。

1) 基础信息收集型提问

对于基础信息收集型问题,需要把握一个度,别让对方厌烦。如果一个基础信息动动手指头就能找到,比如,通过搜索引擎,那么最好自己解决。如果把过多时间用在提基础信息收集型问题,容易浪费对方的时间,引起不快。比如,贵公司主要在哪些领域开展业务?贵公司的营业总额是多少?

2）问题发现型提问

问题发现型问题，是为了发现对方的关注点，找到对方改变现状、进取发展的想法，然后试着提出解决方案。比如：现状的软件存在什么难题？对当前的管理体系满意吗？对公司的高效运营来说，什么是必要的？

这个时候的提问和回答都很重要，一来一回，让双方交换信息，试图找到双方都满意的解决方法。如果只提问这两种问题，那么只能说你刚刚做到及格。要想让对方得到120%的满意，必须让对方产生一些意想不到、物超所值的感觉，就要提高对方的满意度，也就是说，解决一些大问题！

3）详情发现型提问

通过详情发现型提问，可以找到对方尚不明确的需求，找出对方的问题，并提出解决的方法。这样的问题才是大问题。比如，设备老化会对产品的品质造成什么影响？如果对代理商的不满置之不理，会发展成什么样的问题？

2. 回答问题

比较棘手的回答问题，通常可以分为以下三种情况。

1）回答隐晦的提问

这种回答适用于当你还不明白对方的问题或需求是什么的时候。这个时候，可以采取两种方法：一是明确对方的提问，比如可以这样说："也就是说，您想提问的，是××××吗？"二是直接表达自己没有明白，请对方再讲一次问题。这也可以促使对方重新思考，并且提问。

2）回答负面因素的提问

这时的策略是将贬义表达变成中性或褒义表达，首先要判断一下对方提出的负面因素是否真的存在，然后分情况作答。比如，对方问道："销售员为什么士气低迷？"如果对方的质疑不存在，回答是这样的，"首先非常感谢您提出这样的问题，然而根据我们的调查，不存在这样的状况"。如果对方的质疑确实存在，比如，"这个商品为什么存在销售额减少的趋势？"就需要陈述理由，解释一下原因，然后添加说明，策略是阻止质疑氛围继续蔓延。还有，对方的这种提问，一般都会采用含有贬义色彩的词语，那么，在回答问题的时候，一些敏感的词语要巧妙地转换为中性，甚至褒义的词语，以便化解或淡化某些情绪和看法。

3）回答难以回答的提问

回答不了的问题并不是不知道如何回答，而是难以直接回答的问题。这个时候，采取的对策是：消除负面因素，转换提问焦点，然后间接回答。以"为何产品价格比其他公司贵很多？"这个问题为例，如果只是回答表面原因，并没有很好的效果。如果这样做：首先，消除负面因素，"您是想问本公司产品价格吧？"然后，从价格转换到价值上，"这个价格反映了我们产品超高的价值以及可靠性。"也就是说，提问者更加关注的，是高价格的前因后果以及背后所包含的意义。

阿里森是美国的一家电器公司的推销员。一次，阿里森到一家公司去推销电机。这家公司的总工程师一看到他就不客气地说："阿里森，你不是想让我多买你的电机吗？"原来，这家公司认为不久前从阿里森手里购买的电机发热超过了正常指标。阿里森仔细了解了情况后，知道对方的说法是不对的。但他没有跟对方强行争辩,他决定以理服人,让对方自己改变态度。于是,他对这位总工程师说:"好吧,斯宾塞先生,我的意见和你的一样,如果那台电机发热过高,别说再卖,就是已经卖出去的也要退货,怎么样?""好的!"斯宾塞先生做出了肯定的回答。

"当然,电机是会发热的。但是,你当然不希望它的热度超过全国电工协会规定的标准,是吗?"对方又一次做了肯定的回答。

在得到对方的两个肯定回答之后,阿里森开始讨论实质性的问题了。他问斯宾塞:"按标准,电机温度可比室温高72F,是吗?"

"是的,"斯宾塞说,"但是你们的电机却比这个指标高出许多,简直让人无法用手摸。难道这不是事实吗?"

阿里森没有与对方争辩,而是继续问道:"你们车间的温度是多少?"

斯宾塞稍微想了一下,回答说:"大约75F?"阿里森兴奋地拍拍对方的肩膀说:"好极了,车间温度是75F,加上应有的72F,一共是147F。而目前电机的温度只有140F,请问:要是你把手放进140F热的水里,会不会把手烫伤呢?"对方不情愿地点了点头。

阿里森接着说:"那么,你以后就不要用手去摸电机了。放心,那热度完全是正常的。"

最后,阿里森不仅说服了对方,消除了对方的疑虑,而且还做成了一笔生意。

由此可见,一场良好的达到共赢的谈判,一个优秀的谈判选手,他们背后是有一套综合信息搜集分析和运用能力支撑的。比如,在底层思维方面,需要有清晰思考和表达的"金字塔逻辑";在实战开始前,需要有洞察力,能够看出对方的关注点,并且找出问题,给出答案。在实战谈判的过程中,提问和回答的能力,当然也需要不断磨炼。

第二节　谈判方案的制定

谈判方案是指在谈判开始以前,对谈判主题、谈判议题、谈判背景、谈判实力、谈判目标、成交条件、谈判时间、谈判地点、谈判人员、谈判策略、谈判议程、应急预案、保障措施等进行系统研判和预安排。谈判方案是指导谈判者行动的纲领,在整个谈判过程中起着非常重要的指导作用。

从形式上看,谈判方案应该是书面的,文字可长可短,可以是长达几十页的正式文件,也可以是短至一纸的备忘录。但一般来说,一个好的谈判方案应该做到简明、具体和富有弹性,部分敏感内容要严格对外保密。

所谓简明,就是要尽量使谈判者能容易地记住其主要内容与基本原则,在谈判中能随时根据方案要求与对方周旋。谈判的方案越是简单明了,谈判人员照此执行的可能性就越大。但简明不是目的,还须与谈判的具体内容相结合,以谈判的具体内容为基础,否则谈判方案就会显得空洞和含糊。谈判方案同时还必须具有弹性。要考虑到一些意外事件的影响,使谈判者在谈判过程中根据具体情况灵活运用。这种弹性表现在,谈判目标有几个可供选择,或者说有上下左右浮动腾挪的空间;如果谈判情况与预期出入较大,还要授权实施第二套备选方案。

一、谈判方案的要点

由于谈判方案所涉及的诸多要点已在或即将在其他章节做过相关论述，下面仅就制定谈判的主题、议题、时间、地点和目标、交易条件进行阐述。

（一）谈判的主题

谈判的主题，也就是参加谈判的最主要目的，并可具体化为谈判的目标。在谈判实践中，一次谈判主要是为一个主题服务，并以此为中心展开谈判，也可延伸出其他相关议题。因此，在正式的大型谈判之前，要反复思考并明确两个问题：一个是要重点谈什么。谈的主题必须是最急需得到的东西。如果事先没有对这个问题考虑好就进行谈判，那么谈判结束后，最终会发现，谈的东西可能是与己方无关紧要的东西，费神费力却没有解决己方最急需的东西。二是要多问几个"为什么"确定这个主题而不是那个主题，它是你最需要的吗？它能为你带来哪些不可替代的价值？当然，谈判的主题应是己方可以公开的观点，至于原因，只能在谈判团队内部知道，而没有必要给对方公开挑明。

（二）谈判的议题

所谓谈判的议题，就是谈判双方提出和讨论的各种问题。确定谈判议题首先须明确己方要提出哪些问题，要讨论哪些问题。要把所有问题全盘进行比较和分析：哪些问题是主要议题，要列入重点讨论范围；哪些问题是非重点问题；哪些问题可以忽略。这些问题之间是什么关系，在逻辑上有什么联系；还要预测对方会提出什么问题，哪些问题是己方必须认真对待、全力以赴去解决的；哪些问题可以根据情况做出让步；哪些问题可以不予讨论。第二步是根据对己方利益是否有利的标准，将所列出的问题进行分类。第三步是尽可能将对己方有利和危害不大的问题列入谈判的议题，而将对己方不利或危害大的问题排除在谈判的议题之外。

（三）谈判的时间

在谈判中，主题、议题的时间安排顺序和长短是有讲究的。就是尽量将对己方有利、己方想要得到而对方又有可能做出让步的议题排在前面讨论，而将对己方不利，或己方要做出让步的议题放在后面讨论。对前面一种议题安排尽可能多的时间，而对后一种议题则给予较少的时间。这样做实际上是以对方的让步作为谈判继续和己方让步的前提与条件。对方做了让步，己方也可以让步，也可以不让步。总之，一开始就使对方的较弱之处暴露出来，处于受攻击的地位，而己方的薄弱之处则深藏不露。

另外，谈判时间的分配要依谈判双方解决问题的实际需要而进行。假定谈判时间安排了三天，那么第一个半天主要是双方之间彼此交流信息，互相了解，为谈判创造一个良好的心理气氛；另一个半天的时间是讨论一般的、非实质性的枝叶问题，讨论这些问题时应尽量控制其辩论的时间跨度，避免不必要的争议；实质性问题最好放在谈判的第二天，一般占用一天的时间，先在较短时间内统一认识，把双方都认可的问题敲定，再在剩余的时间内谈有分歧的问题；第三天双方签订协议书或合同书。如此安排，才是比较科学，也是能被双方接受的。

(四)谈判的地点

谈判地点的选择对谈判战术的运用起着重要的作用。一般而言,谈判者往往根据自己在谈判中的实力与所处的形势而选择是采用主场谈判、客场谈判,还是采用中立地谈判。当然,不管哪一种地点,对谈判者都有有利有弊之处。如主场谈判具有很多有利之处,舒适的布置和熟悉的环境使自己有一种安全感;己方可以充分利用资料,如果需要深入研究某个问题,可以随时收集查询有关资料;还可以利用种种方便条件对客方施加压力等。但主场谈判也可以给客方寻找借口提供机会,如在谈判进入白热化阶段中,客方为了摆脱没有把握的决策压力,可以借口资料不全扬长而去。远离工作地之不便往往可以成为中止谈判的体面借口。

(五)谈判的目标

在谈判的主题确定后,就要对这一主题具体化,即制定出具体的谈判目标。通常可以把谈判目标分为三到四个层次。如果按三个层次划分,它们是:第一层次是最低目标,又称底限目标。它是谈判必须实现的目标,是谈判的最低要求。若不能实现,则宁愿谈判破裂也没有讨价还价、妥协让步的可能。第二层次是可接受目标,又称现实目标。它是指在谈判中可努力争取或做出让步的范围。如果说第一层次的目标可以用一个点来表示的话,第二层次的目标是一个区间范围,这个层次的目标是要争取实现的。第三层次是最高目标,又称期望目标。它是己方在谈判中所要追求的最高目标,也往往是对方所能忍受的最高限度,它也是一个临界点。如果超过这个目标,往往要冒谈判破裂的风险。因此,谈判人员应充分发挥个人才智,在最低目标和最高目标之间争取尽可能多的利益。假设在公司的某次谈判中以出售价格为谈判目标,则以上三个目标可表述为:一是最高目标是每台设备售价 10000 元;二是最低目标是每台售价 7000 元;三是可以接受并争取的价格在 7000~10000 元之间。如果是四个层次,则在第二、第三层次之间加一个实际需求目标,介于可接受目标和最高目标之间,往往是一个点。以上述销售谈判目标为例,实际需要目标可能是 8000 元,也可以理解为,这个点既能满足销售成本开支,同时又能满足一般水平的利润,达到了实际心理的预期目标,高层对此也应该是比较满意的。

值得注意的是,除主要目标之外,谈判一般还存在着主要目标的细化目标、连带目标和其他议题的目标,这就要考虑谈判各个目标的优先顺序,根据其重要性加以排序,确定是否所有的目标都要达到,哪些目标可以舍弃,哪些目标可以争取达到,而哪些又是万万不能降低要求的。与此同时,还应考虑长期目标和短期目标的问题。

(六)谈判的交易条件

谈判的交易条件主要包括价格水平、支付方式、交货及罚金、保证期的长短等因素。其中价格水平的高低是谈判双方最敏感的一个问题,是双方磋商的焦点,它直接关系到获利的多少或谈判的成败。影响价格的因素有主观与客观之分。主观因素包括营销的策略、谈判的技巧等,可以由谈判方决定或受谈判方影响的因素;客观因素主要有成本因素、需求因素、竞争因素、产品因素和环境因素。

在实际交易中,卖方常常会遇到不利的支付条件,不同的支付方式往往对谈判的预期利润造成较大影响。在货物买卖中,交货期限都是作为根本条款或是重要条款而有明确的规定,一方若未按时交货,要赔偿对方的经济损失。保证期是卖方将货物卖出后的担保期限。担保的范围主要包括货物的品质和适用性等。保证期的长短,往往成为商务谈判双方据理力争的焦点问题之一。卖方一般会尽力缩短保证期,因为保证期越长,卖方承担的风险越大,可能追加的成本也越高;买方总是希望保证期越长越好,因为保证期越长,买方获得的保障程度越高。但是由于保证期的长短事关卖方的信誉及竞争能力,事关交易能否做成和怎样做成的问题,因此卖方在通常情况下是会仔细考虑保证期问题的。

除了价格之外,还要考虑其他相关因素,下面举例进行说明。

某商家欲采购某种商品进行销售,可以做如下考虑:一是价格优先,降低质量以低价进货;二是质量优先,以较高价格购入较高质量商品,期望能以高价销售保证利润;三是将质量与价格相结合加以考虑;四是能否得到免费的广告宣传;五是将价格、质量和免费的广告宣传三个因素结合起来加以考虑。在上述五种可能的目标中,不难看出,价格和质量问题是基本目标,如果只考虑价格而不考虑质量,谈判也不可能取得成果。

在谈判中,必须弄清己方在谈判中的界线。这样就可以知道,谈到什么时候你应终止谈判;什么时候可以说"是",什么时候可以说"不";什么时候态度必须强硬;什么时候可以离开谈判桌结束谈判。

二、谈判方案的制定

谈判方案的制定根据具体的谈判需要而定,一般是在谈判双方认可的谈判议程基础上,谈判的一方为了实现己方的谈判目标,而制订的内部计划,在某些细节方面具有严格的保密性。其中,谈判的目标、策略和应急预案是高度保密的,一旦事先泄露,谈判就难以取得预期效果。谈判的方案要具体化,但也要根据谈判形势应急处置。谈判人员的分工协作也要处于协同作战状态,如谈判的顺序,何时提出问题,提什么问题,向何人提出这些问题,由谁提出问题,谁来补充,何时打岔,谁来打岔,在什么时候要求暂停讨论等。

下面以我方(劳方)制定的"某国际会计公司劳资谈判"为例,以期从中得到启发。

(一)谈判背景

某公司惯例是每年六月提出当年年薪的考核加薪方案,而今年提出的新方案是使广大在中国大陆工作的员工(以下简称"我方")极为不满。员工们普遍认为平均薪金10%～20%的上调幅度过小,初级员工薪金上调的幅度更是低于平均水平,与同行业具有相同竞争水平公司的员工薪金上调30%甚至更高相比,员工们感到极其失落。同时,相当一部分高级员工认为原有的薪金考核方案也存在巨大的漏洞,人为因素过重,使得优秀的高级员工很难获得高收入。基于以上种种原因,我方北京办事处自六月底开始了以高级员工为首的怠工行动,据不完全统计,直接出面的员工已有200人之多,而且波及范围迅速扩大,以至于蔓延到其他城市。在7月1日,北京上百名员工与中国区合伙人进行了对话,但没有形成结果。7月8日,资方(又称"对方")再次错过了劳方提出的给予答复的时限。鉴于劳方的不断施压,为防止事态扩大,资方决定进行此次谈判,并将于第二天给出答复。

(二)谈判主题

我方对六月提出当年的考核加薪方案不满意,此次谈判的目的是,关于薪酬增长的幅度、加班费用的支付方式、假期安排等涉及员工的核心利益进行谈判,以有效保障和维护我方合法权益,妥善处理六月的突发性、群体性劳资纠纷。

(三)双方利益及优势分析

1. 我方利益

要求调整薪酬增长的幅度,改变加班费用的支付方式及计算方法,合理规划假期的安排。

2. 对方利益

维持公司现状,降低薪酬增长幅度,处理带头怠工员工。

3. 对方优势

公司优秀的人才较多,且储备人才充足;公司发展前景较好,应聘人员比较优秀;谈判人员6人,比我方人数占优,分工明确。

4. 对方劣势

谈判人员实战以及实践能力较差;成员较多,小组内部不易协调;缺乏资深员工;薪酬待遇相关内容与有关规定背道而驰。

5. 我方优势

谈判人员工作能力较高,且适应能力较强;学历较高,团队组建较好;资深员工代表,具有权威性。

6. 我方劣势

谈判的实战能力上有一定的缺陷;本公司的实力很强,而且人才较多;谈判人员较少,个别人员需要掌握更全面的谈判内容。

(四)我方谈判目标

1. 最高目标

薪酬增长幅度由规定的每年10%~20%,上调到35%;按照劳动部门有关规定,结合公司实际,加班费用在原基础上进行增加调整15%;完善员工休假制度,明确休假方案,提供不少于国家规定的假期,不得随意侵占员工假期;公开薪金考核方案;不处理带头怠工员工。

这里面,薪酬增长问题是首要考虑的核心问题,加班费用问题是次要问题,休假问题是第三层问题,公开薪金考核方案问题是可有可无问题,处理员工问题和隐含的避免再怠工问题是争取谈判筹码、讨价还价问题。明确了问题的主次,谈判才不容易被"带偏"。

2. 实际需求目标

薪酬增长幅度由规定的每年10%~20%,上调到30%;按照劳动部门有关规定,结合公司实际,加班费用在原基础上进行增加调整10%;按照劳动部门有关规定,完善员工休假制度,明确休假方案,提供合理假期,不得随意侵占员工假期;公开薪金考核方案;给予带头怠工员工轻处理,给予降薪处罚。

3. 可接受目标

薪酬增长幅度由规定的每年10%~20%,上调到28%;按照劳动部门有关规定,结合公司实际,加班费用在原基础上进行增加调整8%;完善员工休假制度,明确休假方案,提供合理假期,不得随意侵占员工假期;公开薪金考核方案;给予带头怠工员工重处理,给予降职处罚。

4. 最低目标

薪酬增长幅度由规定的每年10%~20%,上调到25%;按照劳动部门有关规定,结合公司实际,加班费用在原基础上进行增加调整5%;完善员工休假制度,明确休假方案,提供合理假期;辞退带头怠工员工。

(五)谈判程序及具体策略

1. 开局

(1)我方先到场,让对方感觉到一定的重视和尊重。

(2)我方主持会议,先说明此次会议的目的和相关情况。

(3)对方领导到达会议现场。

(4)对方谈判负责人先介绍领导,我方主持人再介绍我方代表,进行开场。

(5)温馨和谐+互换意见。

努力营造轻松、缓慢、持久的谈判气氛,采用可协商式的开局策略,使用礼节性语言,选择中性话题,本着尊重对方的态度,可以聊天的方式先开始,嘘寒问暖。这样可为即将开始的谈判奠定良好的基础,传达友好合作的信息,减少对方的防范情绪,以利于协调双方的思想和行动。比如说:你们来得真准时啊,昨晚休息的可好?北京这个城市给你们的印象如何?等等,这种话题来开场,缓解压抑的工作氛围。对于员工薪酬,一般是先提出留有较大余地的价格,然后根据情况,通过给予各种条件,如薪酬、员工处理态度等逐步软化和接近对方的立场和条件,最终达成协议。

2. 报价阶段

报价最高目标(同上,略)。

3. 中期阶段

方案一

面对对方施压,我方积极稳健谈判,在薪酬增长问题上,既不坚持强硬态度明确拒绝让步,也不可以让步太快、太大。

方案二

面对对方施压,我方暂时搁置薪酬增长问题,先谈其他诉求,迂回谈判,从而争取谈判的话语权。

策略一:层层推进+把握让步+突击优势+深化情感。

层层推进:有技巧的提出我方预期利益,再议其他内容,步步为营的争取利益。

把握让步原则:明确我方核心利益所在,实行以退为进的策略,退一步(如在增长35%的基础上自降3%以示诚意)进两步(争取其他诉求的话语权),充分利用手中筹码,适当时,可以勉强同意处理相关带头人员。

突击优势:以法律和国家有关规定作支撑,以法服人,强调谈判代表在我方诉求方面的话语权和主导权,增加对方的信任感和踏实感。

深化情感:员工只有生活好,才能工作更好。

策略二:打破僵局的策略——采取横向式谈判打破僵局。

当薪酬谈判在对方没有做出太多妥协陷入僵局时,我方要以前期同行薪酬的情况和做出的贡献再次唤起对方的同理心,同时考虑到对方对带头怠工的员工很有意见,采取横向式谈判方法来进行突破,进行新的焦点转移谈判,主动提出对带头怠工员工予以适当处理,以让对方感到满意,再回过头来重新讨论薪酬增长幅度的问题。这样,阻力就会小一些,商量的余地也就更大一些,从而缩小分歧,使谈判出现新的转机。

4. 最后谈判阶段

方案一

采取折中进退策略,缩小双方目标的差距,比较公平地让双方承担应尽的义务和应享有的权利。

方案二

不断调整已经做好的决定,巩固已获得的利益,争取进一步的利益,同时明确,在最高目标的前提下,我方每做出任何一个让步,特别是外加的条件,都需要对方做出相应的让步。谈判形成最终结果时,双方要共同确认会议记录和合同文本,并及时履行签字甚至盖章手续。

方案三(应急方案)

(1) 当对方就某一议题僵持不下时,我方优先采取"计划"让步,并就让步程度,阐释自己的观点,以换取对方的肯定与同意。

(2) 当对方拒不让步时,我方采取不同意处理带头怠工员工的方案,就薪酬问题诉之于法律,并提请劳动仲裁。

经过双方攻防进退和互谅互让,最后的谈判结果是:薪酬增长幅度由规定的每年10%~20%,上调到30%;按照劳动部门有关规定,结合公司实际,加班费用在原基础上进行增加调整10%;完善员工休假制度,明确休假方案,提供合理假期;鉴于我方在核心诉求有望的前提下主动承认错误,公司对带头怠工员工进行批评教育,以观后效,免于处理,下不为例。谈判最终取得了成功。

第三节 谈判活动的演练

谈判的演练,又称模拟谈判,也是正式谈判前的彩排,它是在谈判方案制定之后,根据谈判方案这一指导性文本,从己方人员中选出某些人扮演谈判对方的角色,提出各种假设和臆测,从对方的谈判立场、观点、诉求、风格等方面出发,和己方主谈人员进行谈判的想象练习和"实战"表演。从时间上说,如果这项谈判对企业很重要,谈判人员面对的又是一些新的问题,以前从未接触过对方谈判人员的风格特点,并且时间又允许,那么,谈判演练的内容应尽量全面一些。相反,谈判演练的内容也可少一些。谈判的演练,既可以使己方主谈人获得实际性经验,提高实践能力和应变能力,又是事先控制过程,有助于检查、修改和完善谈判方案,从而使谈判方案更具有针对性、实战性。谈判活动的"实战"演练,要把握好以下几个环节。

一、谈判演练的准备

(一)谈判演练的场所

要在谈判双方友好协商下选择合适的谈判地点。如果我方身为东道主、进行主场谈判时,我方应积极主动地做好谈判场所的设计和布置工作,以尽地主之责。

1. 谈判室的安排

谈判一般要安排2~3个房间,在集体谈判时更是如此。其中一间作为主要谈判室,另一间是秘密会谈室,有可能的话再配上一个休息室。

主谈室应当舒适、光线充足,并安装电子屏幕或黑板之类的视觉中心。主谈室一般不要有录音设备,除非双方都同意才能配备。经验证明,人们对录音设备往往存有戒心,难以畅所欲言。主谈室内的桌子一般是长方形的,也可以是圆形或椭圆形的。

密谈室是一个双方都可以使用的单独房间,它既可供某一方谈判小组内部协商之用,也可供双方进行私下讨论之用。密谈室要靠近主谈室,室内配黑板、笔、笔记本、桌子和比较舒适的椅子。

休息室应该布置得轻松、舒适,便于双方放松一下紧张的神经,缓和彼此之间的对立气氛。

2. 座次的摆放

座次摆放是很有讲究的。不同的座次安排对谈判的气氛,对谈判各方在谈判过程中的内部交流与控制都有影响。从总体上讲,排列正式谈判的座次,可分为两种基本情况。

1) 双边谈判

双边谈判,特别是非常正式的谈判,指的是由两个方面的人士所举行的谈判。在一般性的谈判中,双边谈判最为多见。双边谈判的座次排列,主要有两种形式可供酌情选择。

横桌式座次排列,是指谈判桌在谈判室内横放,客方人员面门而坐,主方人员背门而坐。除双方主谈者居中就座外,各方的其他人士则应依其具体身份的高低,各自先右后左、自高而低地分别在己方一侧就座。双方主谈者的右侧之位,在国内谈判中可坐副手,而在涉外谈判中一般由译员就座。

竖桌式座次排列,是指谈判桌在谈判室内竖放。具体排位时以进门时的方向为准,右侧由客方人士就座,左侧则由主方人士就座。在其他方面,则与横桌式排座相仿。

2) 多边谈判

多边谈判,是指由三方或三方以上人士所举行的谈判。多边谈判的座次排列,主要也可分为两种形式。

自由式座次排列,即各方人士在谈判时自由就座。尽管如此,但要尽量避免各方人员坐得太混乱隔离,因为同一方人员遇到问题无法顺畅沟通交流,谈判效果无法得到有效保证。

主席式座次排列,是指在谈判室内面向正门设置一个主席之位,由各方代表发言时使用。其他各方人士,则一律背对正门、面对主席之位分别就座。各方代表发言后,亦须下台就座。

最常见的座位安排方法是,谈判双方各居谈判桌的一边。这种各居一边的排位方法有利有弊,好处是:同位接近可以产生心理上的安全感和实力感,便于交流信息,增强凝聚力;不足的是:它人为地造成了双方的冲突和对立感,是造成谈判紧张气氛的重要因素。若是没有条桌,也可用圆桌或方桌,主客面门而坐,主人背门而坐,其他人员依次按规则坐定。总之,无论是谈判室的选择或是座次的安排,都应服务于谈判的总目标,并且根据双方之间的关系、己方谈判人员的素质和能力等情况而定。

(二)谈判演练的人员

1. 选择己方人员扮演对方

如果时间允许,可以将自己的谈判人员分成两组,一组作为己方的谈判代表,一组作为对方的谈判代表;也可以从企业内部的有关部门抽出一些职员,组成另一谈判小组。但是,无论用哪种办法,两个小组都应不断地互换角色。这是正规的模拟谈判,此方式可以全面检查谈判计划,并使谈判人员对每个环节和问题都有一个事先的了解。即使时间、人员、精力不允许安排一次较正式的谈判演练,至少让己方的一位代表扮演谈判对方,以便检查谈判方案的漏洞和问题。

2. 最好物色谈判对手的同行扮演对方

前一种方式虽然让己方人员换位思考扮演对方,能够拓宽视野,丰富思维,但是毕竟谈判双方的角色是对立的,思维转换不一定能到位,并且对对方的业务情况、思维方式、销售手段、市场行情不一定很了解。如果能够物色谈判对方的同行扮演对方,就可以在较大程度上弥补这些不足,谈判演练就更加逼真,对完善谈判方案大有裨益。这种方式适用于较为大型、复杂、专业且谈判双方期望值差距较大的谈判。一般的谈判如果采用这种方式,肯定会增加成本,降低谈判收益的性价比。

二、谈判演练的假设

拟定假设是指根据某些既定的事实或常识,将某些事物承认为事实,不管这些事物现在(及将来)是否发生,但仍视其为事实进行推理。要使谈判演练做到真正有效,还有赖于拟定正确的假设条件。依照假设的内容,可以把假设条件分为三类,即对外界客观存在的事物的假设、对谈判对手的假设和对己方的假设。

在谈判中,常常由于双方误解事实真相而浪费大量的时间,也许曲解事实的原因就在于一方或双方假设的错误。因此,谈判者必须牢记,自己所做的假设只是一种推测,如果把假设奉为必然去谈判,将是非常危险的。例如,当我们假设只要出钱就可买到东西时,如果对方无货或者对方展出的是样品,或者对方产品质量、规格不对路,那么以上假设就不正确。因此拟定假设的关键在于提高假设的精确度,使之准确地接近事实,所依据的事实越多,假设的精确度就越高,下面举例说明。

某公司收益已连续三年愈来愈低(事实 A),这三年内该公司始终维持着原有的管理体制(事实 B),同时,该公司一直没有开发新产品,没有开拓新市场(事实 C)。立足这三个事实,我们可假设如下:

(1)假如事实 B 和事实 C 不变,该公司明年的收益仍可能降低。

(2)为扭转这种局面,该公司可能迫切需要技术人才、资金及开发新产品的新技术,需要转产或开拓新市场。

(3) 如果己方正和这个公司进行上述方面的谈判,己方提高要价,采取强硬立场,可能会取得成功。

拟定假设的基石是假设,这种假设不一定靠得住。例如上述例子,这家经营不善的公司可能明年收益会继续降低,立足这个假设还可以继续拟定下列假设:

(1) 明年经营恶化,可能付不清债务。

(2) 因为付不清债务,可能不会履行契约。

(3) 企业可能会破产,使债权人蒙受重大损失。

最后的结论是,根据上述假设,己方不能和这家公司做交易,应取消谈判。显然该结论有失偏颇。

为此,在拟定假设条件时要注意:

(1) 让具有丰富谈判经验的人做假设,这些人身经百战,提出假设的可靠度高。

(2) 必须按照正确的逻辑思维进行推理,遵守思维的一般规律。

(3) 必须以事实为基准,所拟定的事实越多、越全面,假设的准确度就越高。

(4) 要正确区分事实与经验、事实与主观臆断,只有事实才是靠得住的。

三、谈判演练的案例

根据既定的谈判方案,经过分组,明确各方谈判成员,着手进行相关准备,包括对己方谈判标的、目标、策略、成交条件的分析,以及对对方状况和谈判背景等方面的分析;草拟合同书;准备辅助材料或资料,如可将谈判现场所需的材料制作成电子演示稿(可以是PPT,也可以是电子杂志或PDF)。

下面是谈判演练的剧本(90分钟以内)。

(一) 开局阶段(20分钟)

1. 主方、客方入场,并依次进行本次谈判的人员介绍(共2分钟)

2. 主方、客方对各自公司、产品、技术等进行介绍(共18分钟)

值得注意的是,在开局阶段20分钟内,双方应完成以下方面的阐述和策略:

(1) 入场、落座、寒暄都要符合谈判礼节;

(2) 有策略地向对方介绍己方的谈判条件;

(3) 试探对方的谈判条件和目标;

(4) 对谈判内容进行初步交锋;

(5) 不要轻易暴露己方底线,但也不能隐瞒过多信息而延缓谈判进程;

(6) 在开局结束的时候最好能够获得对方的关键性信息;

(7) 可以先声夺人,但不能以势压人或者一边倒;

(8) 适当运用谈判前期的策略和技巧。

(二) 中期阶段(20分钟)

基本了解对方信息后,对对方报价条件进行认真研究。

(1) 深入讨论,寻找对方不足,无中生有亦可,自己也要有应付此类纠缠的心理准备;

(2) 讨价还价；

(3) 寻找共同点，找出分歧所在；

(4) 争取本方利益最大化；

(5) 出现分歧时要及时转移话题，不可在知识性问题上展开拉锯式的纠结和追问；

(6) 注意礼仪，应当以成交为目标。

(三) 休局阶段（中场暂歇商讨，15分钟）

若开局40分钟内提前达成共识，可以提前进入休局暂歇阶段。40分钟内谈不拢的满20分钟也要强制休局。休局期间，谈判小组成员应单独商量对策，不要在休局之前答应对方任何条件，避免因为冲动引起的被动。

(1) 双方退场，到幕后与公司决策负责人商量；

(2) 整理信息，重新审视对方底限和己方底限，如有必要可以修改己方的终极目标；

(3) 分析讨价还价的空间和策略。

(四) 深入谈判阶段（20分钟）

回到谈判桌，注意礼节，合作愉快或分手快乐都可以。做谈判最后交锋，争取利益最大化，同时在底限之内尽力成交，并着眼于长期利益。

(1) 运用有效策略对谈判的关键分歧问题再进行深入谈判；

(2) 寻找对方的不合理方面以及可要求对方让步的地方进行谈判；

(3) 围绕解决谈判议题中的主要问题，双方尽可能各退一步，就主要方面达成共识，具体细节也可另行研究；

(4) 若能成交，则双方就成交事宜进行确认，修改合同草案，并最终确定正式合同文本；

(5) 若不能成交，则着眼于保持良好的长期关系（反思谈判失败的原因，如果是谈判能力问题，则在真正的谈判前要么换思路要么换人；如果是己方定位的谈判目标太高，则决定是否有必要在真正的谈判中予以调整）。

(五) 谈判总结阶段（10分钟）

(1) 先买方后卖方，作总结发言；

(2) 向观众宣布成交事项（或双方未能成交）或签署合同；

(3) 展示己方为最终成交所付出的努力与争取；

(4) 针对谈判事项，分析双方的分歧和各自优势；

(5) 对谈判的形势发展进行分析和总结；

(6) 同谈判对方握手（或发表声明表示遗憾）。

(六) 签字仪式（5分钟）

签字仪式，通常是指订立合同、协议的各方在合同、协议正式签署时所正式举行的仪式。举行签字仪式，不仅是对谈判成果的一种公开化、固定化，而且也是有关各方对自己履行合同、协议所做出的一种正式承诺。

1. 位次排列

从礼仪上来讲,举行签字仪式时,在力所能及的条件下,一定要郑重其事,认认真真。其中最为引人注目者,当属举行签字仪式时座次的排列方式问题。举行签字仪式时,座次排列的具体方式有并列式、相对式、主席式三种基本形式,视具体情况而定。

2. 基本程序

1) 宣布开始

此时,有关各方人员应先后步入签字厅,在各自既定的位置上正式就位。

2) 签署文件

通常的做法,是首先签署应由己方所保存的文本,然后再签署应由对方所保存的文本。依照礼仪规范,每一位签字人在己方所保留的文本上签字时,应当名列首位。因此,每一位签字人均须首先签署将由己方所保存的文本,然后再交由对方签字人签署。此种做法,通常称为"轮换制"。它的含义是:在文本签名的具体排列顺序上,应轮流使有关各方均有机会居于首位一次,以示各方完全平等。

3. 交换文本

各方签字人此时应热烈握手,互致祝贺,并互换文本,向对方致谢!

四、谈判演练的总结

谈判演练的目的在于总结经验,发现问题,提出对策。所以谈判演练的总结是必不可少的。可以通过谈判演练和既定方案的对照检查既定方案出现的漏洞、缺陷及其原因,并对其评估、调整、补充、校正,以完善谈判方案。

谈判演练的总结应包括以下内容:对方的观点、风格、精神;对方的反对意见及解决办法;己方的有利条件及运用情况;己方的不足及改进措施;谈判所需信息资料是否完善;双方各自的妥协条件及可共同接受的条件;应急预案或替代方案是否到位;谈判破裂与否的界限等。

可见,谈判总结涉及各方面的内容,只有通过总结,才能积累经验,吸取教训,完善谈判的准备工作。

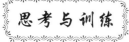

第三章思考与训练

第四章 谈判过程:跌宕起伏

谈判经过认真准备,便进入了过程阶段。无论谈判简单明了还是错综复杂,一般都要经历开局、报价、磋商、综局四个阶段。谈判者只有熟悉和运用谈判每个阶段的内容、特点、要求和策略,才有可能达到理想的谈判目标。

第一节 开局阶段

一、营造谈判气氛

谈判的开局气氛,对整个谈判过程的走向都产生相当重要的影响和制约作用。事实上,每一次谈判都有其独特的气氛,有的谈判气氛是积极的、友好的;有的是冷淡的、对立的;有的是松弛的、缓慢的、旷日持久的;也有的是平静的、严肃的、拘谨的。而不同的谈判气氛,影响着谈判人员的心理、情绪和感觉,在不知不觉中把谈判朝着不同的方向推动。实践证明,谈判一开始,建立一种合作的、诚挚的、轻松的、认真的和解决问题的气氛,对谈判可以起到十分积极和有利的作用;而冷淡的、对立的、紧张的气氛只会把谈判推向更为严峻的境地。当双方走到一起准备谈判时,谈判的气氛便已开始形成,甚至整个谈判的进展及双方的策略都不可避免地受到气氛的影响。可以说,有一方如果控制了谈判开局气氛,那么,在某种程度上就等于控制了谈判对手。

根据谈判气氛的不同,商务谈判的开局可分为高调开局、低调开局和自然开局。

(一) 高调开局

这里说的高调,是指营造一种热烈气氛的开局方式,适用于有过良好业务合作的谈判双方。谈判双方开局时的语言应是热情洋溢的;内容上可以畅叙双方的友好合作关系,也可以适当地称赞对方企业的发展和进步;姿态上应比较自由、放松而亲切。在这种热烈的气氛下,谈判双方的情绪都会被调动,相应的谈判态度也就更积极主动。所以,让双方的心情感到愉悦,就成为整个谈判因素的很重要的一环。而且在高调气氛中,谈判对手往往只注意到他自己的有利方面,而且对谈判前景的看法也倾向于乐观,因此,高调气氛可以促进协议的达成。

例如,中国一家生产企业准备从日本引进一条生产线,于是与日本一家公司进行了接触。双方分别派出了一个谈判小组就此问题进行谈判。谈判那天,当双方谈判代表刚刚就座,中方的首席代表(副总经理)就站了起来,他对大家说:"在谈判开始之前,我有一个好消息要与大家分享。我的太太在昨天夜里为我生了一个大胖儿子!"此话一出,中方职员纷纷站起来向他道贺。日方代表于是也纷纷站起来向他道贺。整个谈判会场的气氛顿时高涨起来，谈判进行得非常顺利。中方企业以合理的价格顺利地引进了一条生产线。

这位副总经理为什么要提自己太太生孩子的事呢？原来，这位副总经理在与日本企业的以往接触中发现，日本人很愿意板起面孔谈判，造成一种冰冷的谈判气氛，给对方造成心理压力，从而控制整个谈判，趁机抬高价码或提高条件。于是，他便想出了用自己的喜事来打破日本人的冰冷面孔，营造一种有利于己方的高调气氛。

又如，东南亚某个国家的华人企业想要为日本一著名电子公司在当地做代理商，双方几次磋商均未达成协议。在最后的一次谈判中，华人企业的谈判代表发现日方代表喝茶及取放茶杯的姿势十分特别，于是他说："从××君（日方的谈判代表）喝茶的姿势来看，您十分精通茶道，能否为我们介绍一下？"这句话正好点中了日方代表的兴趣所在，于是他滔滔不绝地讲述起来。结果，后面的谈判进行得异常顺利，那个华人企业终于拿到了他所希望的地区代理权。

（二）低调开局

这里的低调，是指谈判气氛十分严肃、低落，谈判的一方情绪消极、态度冷淡，不愉快的感觉构成谈判情势的主导因素。这种方式多用于谈判双方从未有过业务往来，或谈判实力明显弱于对方的情况，在语言上应表现得礼貌、友好，但又不失身份；内容上以可能引起对方共鸣的轻松的话题为主，也可以就个人在企业的任职时间、负责范围、专业经历进行一般性的询问和交谈；在姿态上应是不卑不亢，沉稳中不失热情，自信但不骄傲示人，力争营造一个友好、真诚的气氛，以淡化和消除双方的陌生感，为后面实质性的谈判奠定基础。己方有讨价还价的砝码，但是并不占有绝对优势，合同中某些条款并未达到己方的要求，如果己方施加压力，对方会在某些问题上做出让步。低调气氛会给谈判双方都造成较大的心理压力，在这种情况下，哪一方心理承受力弱，哪一方往往会妥协让步。因此，在营造低调气氛时，己方一定要做好充分的心理准备并要有较强的心理承受力。

例如，中国某公司到美国采购一套大型设备。中方谈判小组人员因交通堵塞耽误了时间，当他们赶到谈判会场时，比预定时间晚了近半个小时。美方代表对此大为不满，花了很长时间来指责中方代表的这一错误，中方代表感到很难为情，频频向美方代表道歉。谈判开始以后，美方代表似乎还对中方代表的错误耿耿于怀，一时间弄得中方代表手足无措，无心与美方讨价还价。等到合同签订以后，中方代表才发现自己吃了一个大亏。

（三）自然开局

自然开局是用得最多的一种开局方式。它是指谈判双方情绪平稳，谈判气氛既不热烈，也不消沉。自然气氛无须刻意地去营造，许多谈判都是在这种气氛中开始的。这种谈判开局气氛便于向对方进行摸底，因为，谈判双方在自然气氛中传达的信息往往要比在高调气氛和低调气氛中传送的信息要准确、真实。当谈判一方对谈判对方的情况了解甚少，对方的谈判态度不甚明朗时，谋求在平缓的气氛中开始对话是比较有利的。这种方式适用于业务关系一般或谈判实力相当的情况。

营造自然气氛要做到以下几点：注意自己的行为、礼仪；要多听，多记，不要与谈判对方就某一问题过早发生争议；要多准备几个问题，同时注意询问方式要自然，否则询问就变成了审问；对对方的提问，能做正面回答的一定要正面回答，不能回答的要采用恰当方式进行回避。

谈判气氛并非是一成不变的。在谈判中,谈判人员可以根据需要来营造适于自己的谈判气氛。但是,谈判气氛的形成并非完全是人为因素的结果,客观条件也会对谈判气氛有重要的影响,如节假日、天气情况、突发事件等。因此,在营造谈判气氛时,一定要注意外界客观因素的影响。

二、初步交换意见

在营造谈判气氛之后,开局正式陈述之前,谈判双方一般要初步交换意见,就谈判的人员、议程、概念性目标等方面进行沟通和再确认。

(一)人员

人员是指每个谈判团队成员的情况,包括姓名、职务以及谈判中的角色、地位与作用。谈判双方在人员组成的职位、人数方面应基本上对等,除非远道而来的客商比主人少一些,或大公司所派谈判代表的职位比小公司出席谈判的人员职位低一些。相互介绍时一般应先介绍职位高、技术权威、年龄长的人员,并在同等条件下注意女士优先原则。

(二)议程

议程包括需要讨论的主题、议题,谈判有关环节及进度安排,以及双方必须遵守的规则。议程一般是事前沟通好的,这里主要是再确认、再提醒,有时候也可视情况做出临时调整。

(三)原则性目标

在谈判开局之前,谈判双方应首先明确并努力达成谈判的原则性目标。这里的原则性目标不是谈判双方最终达成的具体目标,否则,不用谈判就达成了目标,这种情况很不现实。这里所说的原则性目标是一个大致性、方向性的目标,是指谈判的主要标的及其他标的以什么样的水平、条件、合作方式、价格区间可以谈判,甚至可以交易,也就是说,要保证这个原则性目标是谈判双方都感兴趣的,确保谈判的可谈性。如果谈判双方对原则性目标都有较大的分歧,那么就应该在正式谈判之前就这个问题进行磋商,否则正式谈判就无法正式进行。这也是控制开局阶段的基本策略,适用于各种谈判。

即使谈判双方对原则性目标没有异议,但是在开局阶段,也会有谈判者"跑调""走样"或"剑走偏锋"。例如,谈判双方刚刚进入洽谈室,对方就以极大的热情喋喋不休地谈论某一具体问题。在这种情况下,要么让对方谈下去,要么执意打断对方,都无关紧要,重要的是双方必须在谈判的目标上有比较一致的共识,才能进行双方的进一步的磋商。例如,对方一开始就讲:"我们很关心销售问题,现在我们想……""好,我们也很关心这个问题,不过咱们最好还是按照会议的议程一步步来谈如何?这样谈起来可能效率会更高。"当然,对方有时候出于不同目的,在谈判一开始就唱反调,那么可以毫不犹豫地打断他的话:"请原谅,我耽误几分钟,我们是否可以按议程开始商谈?我想这次会谈的目标是事先达成共识的,您说对吧?"

但是,随着开局会谈的逐步展开,双方的策略和意图也就渐露端倪,双方对彼此的基本情况会有进一步的了解。这样,谈判双方应及时调整对策或具体目标。如果对方在确定洽谈目标和议程等小问题上都不肯合作的话,那么说明他在很大程度上对谈判没有诚意或妄自尊大。对此,谈判的一方要对症下药,使对手走上谈判的轨道。

三、谈判开场陈述

(一) 开场陈述的内容

开场陈述,是指谈判双方在初步交换意见的基础上,就当次谈判的内容发表立场和观点,并就一些分歧发表建设性意见。如果是大型的谈判,可将初步交换意见和开场陈述一并纳入预备会议之中,因为这两项内容具有沟通性质但非实质谈判内容,但可以为正式谈判奠定良好基础。

开场陈述的内容主要包括谈判双方在开局阶段理应表明的观点、立场、计划和建议。具体主要包括以下几点。

1. 己方的立场

己方的立场即己方希望通过谈判应取得的利益,其中哪些又是至关重要的;己方可以采取何种方式为双方共同获得利益做出贡献;今后双方合作中可能会出现的成效或障碍;己方希望当次谈判应遵循的方针等。

2. 己方对问题的理解

己方认为当次会谈应涉及的主要问题,以及对这些问题的看法或建议等。

3. 对对方各项建议的反应

如果对方开始陈述或者对方对己方的陈述提出了某些建议,那么己方就必须对其建议或陈述做出应有的反应。

总之,在开场陈述中,必须把己方所持有的对当次谈判所涉及的内容、观点、立场和建议向对方做一个基本的陈述。因此,谈判者所采用的陈述方法往往应是横向铺开而不是纵向深入地就某个问题深谈下去。

(二) 开场陈述的原则

在开场陈述中要给对方充分搞清己方意图的机会,然后听取对方的全面陈述并搞清对方的意图。为此,在陈述中可遵循以下几条原则。

(1) 开场的陈述要双方分别进行,并且在此阶段各方只阐述自己的立场、观点,而不必阐述双方的共同利益。

(2) 双方的注意力应放在自己的利益上,不要试图猜测对方的立场。

(3) 开场陈述是原则性的而不是具体的。一般来说,开始阶段的谈判任务是向着横向而不是纵向发展,也就是说,只洽谈当次谈判中的原则性问题和陈述己方的基本立场、观点和建议,而不是就某一个具体问题做深入谈判。

(4) 开场陈述应简明扼要,通俗易懂。这样既可避免对方误会,又可使双方有机会立即交谈下去,还可避免被冗长烦琐的发言搅昏头脑而影响谈判气氛。

(5) 对方陈述时不要插言,待其陈述完毕后,再进行提问,只有全面了解对方的意图后,才陈述己方的建议和立场。

(三) 开场陈述的方法

开场陈述的方法,是指在陈述中应根据不同的情况灵活机动地采取相应的措施,主要包括以下措施。

1. 若开场陈述是由对方提出一份书面方案时

（1）己方就需对每个问题都要认真查问，并引导对方尽量详细地说明方案中的内容及其细节，切忌不懂装懂地含糊过去。

（2）务必要把问题的每个要点搞清楚，即使需要再三询问也在所不惜，切忌过早地表示同意或反对对方的陈述。

（3）注意倾听，牢记对方陈述的要点。在对方陈述时不要构思己方的对策，也不要打断对方的话题，应创造条件使对方尽可能详尽地将其所有的立场、观点和想法毫无保留地陈述出来。

（4）在听清和了解对方意图后，要及时明确地表示己方的看法，并找出彼此之间需求的差距。这里要注意的是，己方的开场陈述是独立进行的，不要受对方书面方案或口头陈述所影响。

（5）要以谦虚诚恳的态度说话，切忌使用傲慢、无理及挑战性的语气说话；要坚持有理、有利、有节的原则，使开始阶段的谈判能在良好的气氛中进行。

（6）若遇到对方有某些概念性错误或故意制造一些不良气氛时，应委婉地加以指出，并说明这样做对双方均无益，切忌不闻不问过于迁就或激烈指责。同时当对方被己方说服之后，要注意顾全对方的面子。

（7）要有全局观念、不要固执于一点，整个谈判是一盘棋，要灵活运用"弃车保帅"的策略，以求全盘的优胜。

2. 若开场陈述是由己方提出一份书面方案时

（1）书面方案以己方在开始阶段必须陈述的内容为限，切忌毫无保留地暴露己方所有的立场、观点和意向。

（2）在回答对方的提问前，尽量利用反问的方式，引导对方对己方所提出的反问发表意见，并且愈多愈好，然后综合对方的看法去回答对方的提问。

（3）在回答对方的提问时，首先应该弄清对方提问的目的，然后根据己方的策略慎重回答。回答问题时应明白：在商谈中有些问题是不必要回答，有些问题只回答一半就已足够，在没有弄清对方的提问题之前，针对问题的实质做正面回答，往往是愚蠢的回答。

3. 若双方均未提出书面方案，仅采取口头陈述时

（1）在陈述时，明确和牢记本阶段陈述的目的、任务和内容，按先确定的陈述方法和策略，使本阶段的陈述一直围绕着本阶段中心任务和问题进行，切忌顾此失彼，弃重就轻。

（2）尽量引导对方发表意见，并给予足够的时间让对方陈述其观点、立场，在弄清对方意图的基础上，有的放矢地发表己方的陈述。

（3）掌握好本阶段的进度，要使谈判内容横向铺开，而不是纠缠某一个具体问题作纵向深入地洽谈。

总之，在开局阶段，双方都不希望一下子把话说死，也不愿意做出任何单方面的让步或妥协。特别是谈判一开始，双方对权力、地位、等级等问题特别敏感，对发言的次序、发言时间的长短、是否尊重对方的意见等都十分重视，并以此作为检验对方是否有合作诚意的标准。所以，谈判人员在开场陈述时尽量表现出豁达大度，在发言时间上双方要做到均等，切忌出现一言堂的局面；态度要坦诚，主动就某些容易达成协议的问题提出建议，创造"一致感"；尽量满足对方的某些合理要求，避免正面冲突；发言要简单明了，倾听发言要聚精会神，切忌夸夸其谈，占用过多时间；口气要轻松愉快，幽默风趣。

双方分别陈述后，需要做出一种能把双方引向寻求共同利益的陈述，提出各种设想和解决问题的方案，搭起一座通向最终成交道路的桥梁。这时，双方需要判断哪些设想、方案更具有现实性和可行性，共同努力使成交的前景明朗化。

第二节　报价阶段

在经历了谈判双方最初的接触、摸底，并对所了解和掌握的信息进行相应的处理之后，商务谈判往往由横向铺开转向纵向深入，即从广泛性洽谈转向对一个个议题的磋商。在每一个议题的磋商之初，往往由一方当事人报价，另一方当事人讨价，这种报价和讨价的过程就是报价阶段。不过这里所指的"价"是就广义而言，并非单指价格，而是指包括价格在内的诸如交货条件、支付手段、违约金或押金、品质与检验、运输与保险、索赔与诉讼等一系列内容。

故此，所谓报价与讨价，简言之就是双方当事人所报出的交易条件。在本阶段中，对报价者来说，他需要考虑的问题主要是如何确定和提出第一次报价，即开盘价；而对于讨价者来说，他需要考虑的问题则是如何确定第一次讨价，以及如何向对方提出还盘价。当然，谈判双方在一起进行合作，并不是为了把不可能的事情变成可能，而是为了把可能的事情确定下来。因此，一个谈判者应当尽量准确地判断出对方所能接受的条件范围，谈判者报出的价格和其他各项条件，一般都不应超出对方所能接受的极限。

在谈判过程中，报价、讨价、还价、磋商有时相当激烈，要经历多轮的实力较量、角色转换，甚至是僵局破裂、谈判中止等。在实际谈判中，谈判的任何一方都可以视情况先报价，另一方跟进讨价。为了便于对谈判过程的理解和谈判参与各方角色的把握，在本章中设定谈判为双方谈判，由卖方（供应商）首先报价，由买方（采购商）进行讨价，再依次按卖方还价，买方再次讨价进行。

一、报价的原则

（一）第一次报价即最大期望值

对于卖方来说，第一次报价，即开盘价，必须是"最高"价，即最大期望值报价；与此相反，对于买方来说，第一次讨价，即开盘价，必须是"最低"价，即最大期望值报价，这是报价、讨价的首要原则。只要卖方能够找到充分的理由加以辩护，则报出的价格应尽量提高；相反，买方讨价则尽量降低。换言之，第一次报价（或第一次讨价），应该无限接近（但不到达）卖方（或买方）难以找到理由予以辩护的地步。

首先，卖方的开盘价为买方的要价定了一个最高限度，最终的成交价格一般会低于此开盘价；买方的开盘价为卖方定了一个最低价，最终双方的成交价格一般高于此开盘价。除非行情突变，一方的行情突然看涨或急跌。

其次，卖方的开盘价会影响买方对卖方提供商品或劳务的印象和评价。从人们的观念上来看,"一分价钱一分货"是大多数人信奉的观点。卖方开价高,买方往往会认为商品质量好,服务水平高;卖方开价低,买方往往会认为商品质量一般(或有瑕疵、样式过时等),服务水平低。

再次,卖方开盘价高,可以为以后磋商留下充分回旋余地,使卖方在谈判中更富有弹性,以便于掌握成交时机。

最后,卖方开盘价对最终成交价具有实质性影响。开盘价高,最终成交价的水平一般就较高;相反,卖方开盘价低,最终成交价的水平就较低。

(二)第一次报价必须合情合理

卖方开盘价要报得高一些,但绝不是指漫天要价、毫无道理、毫无控制,恰恰相反,高的同时必须合乎情理,必须能够讲得通才成。如果报价过高,又讲不出道理,买方必然认为缺少谈判的诚意,或者被逼无奈而中止谈判;或者以其人之道还治其人之身,相对也来个"漫天要价";或一一提出质疑而又无法解释,其结果只好是被迫无条件让步。因此,卖方开盘价过高或买方讨价过低都不利于谈判。同时,报价留出的虚头主要目的是为以后谈判留出余地,虚头留出多少,要视具体情况而定,如竞争对手的多少、货源情况、对手要货的用途、关系的远近等。

(三)第一次报价必须果断、明确、完整

卖方第一次报价时,态度要坚决、果断,毫无保留、毫不犹豫,这样做能够给买方留下卖方是认真而诚实的好印象。要记住,任何欲言又止、吞吞吐吐的行为,必然会导致买方的不良感受,甚至会产生不信任感。卖方开盘价要明确、清晰和完整,以便买方能够准确了解卖方的期望。要讲清楚开盘报价的内容,通常包括价格、交货条件、支付手段、质量标准和其他等一系列内容。除此之外,不要对所报价格做过多的解释、说明和辩解,因为,买方不管卖方报价的水分多少都会提出质疑。如果在买方还没有提出问题之前,卖方便加以主动说明,会提醒买方意识到卖方最关心的问题,而这种问题有可能是买方尚未考虑过的问题。因此,有时过多的说明和解释,会使买方从中找到破绽或突破口,向卖方猛烈反击。

卖方第一次报价在遵循上述原则的同时,还必须考虑当时的谈判环境和与对方的关系状况。如果买方为了自己的利益而向卖方施加压力,则卖方就必须以高价向买方施加压力,以保护卖方的利益;如果双方关系比较友好,特别是有过较长的合作关系,那么报价就应当稳妥一些,出价过高会有损于双方的关系;如果卖方有很多竞争对手,那就必须把要价压低到至少能受到邀请而继续谈判的程度,否则会淘汰出局,失去谈判的机会。

英国前首相撒切尔夫人由于她的强硬工作作风,索有"铁娘子"之称。在欧洲经济共同体(EEC)削减预算的谈判中,撒切尔夫人提出一项协议草案。她的理由是,英国对 EEC 负担的费用太多了,由于征收预算款额方法中的偏差,尽管英国投入了大笔资金,但并没获得应享有的各项利益。为此,她强烈地坚持自己的主张,并要求将英国负担的费用每年减少 10 亿英镑。当撒切尔夫人的议案提出后,与会各国首脑脸上的微笑立即消失了,他们答应只能削减 2.5 亿英镑,认为这已经是极限了,并且他们深信,只要将撒切尔夫人提出的要求削减 3 亿英镑,就可以顺利达成协议。然而,撒切尔夫人坚持自己的主张,结果是双方差距太大,出现僵局。而这个结果,撒切尔夫人早在去柏林开会之前就已预料到了。她提出了一个非常高的要求,并坚持这一要求。她有她自己的规则,而且迫使EEC也按她的规则办事。首先,她从逻辑上提出了要求削减款额的理由,把要求削减的这10亿英镑称为是"英国的钱",她一直这么说,使EEC各国的首脑们非常愤怒,就这样,谈判没能继续下去,双方脱离了接触。在EEC之后的争论中,特别是在意见相持不下时,英法德等国互相使用了威胁手段。撒切尔夫人的做法是,请求英国众议院依照她所提出的方案通过执行,并暗示各国在削减预算谈判中英国没有退让的余地。在"拉锯"式威胁施压后,首先突破的是德国,他们提出削减3.5亿英镑的让步,但被英国拒绝了;后来讨论做出削减8亿英镑的让步,但只限1年,也被英国拒绝了。撒切尔夫人强调的是每年都应减少。后来,法国、德国即将举行总统大选,考虑到其国内政治问题还需要英国支持合作,遂撤回了他们削减8亿英镑只限1年的建议。撒切尔夫人以最高报价和强硬、威胁的谈判手法,赢得了每年均削减8亿英镑预算的胜利。

二、报价的顺序

卖方提出报价的最佳时机,一般是买方询问价格时,因为这说明买方已对商品产生了购买欲望,此时卖方报价往往水到渠成,比较自然。

(一)先后报价的利与弊

报价的先后在一定条件下会对谈判结果产生重大的影响,谈判者应对此高度重视。一般而言,先报价要比后报价更具影响力,这是因为先报价有利于己方提出自己的期望价位,有利于遏制对方的进攻欲望,有利于控制谈判的价格水平,使己方抢先占有谈判的主动权。但是,先报价也有两个缺陷:一是在己方报完价之后,对方可能临时调整其报价水平。由于对对方交易条件的起点有了了解,就可以修改原先准备好的报价,获得本来得不到的好处。例如,当卖方报出商品的价格为10000元的价位时,买方的报价(还价)可能由原来准备好的"9000元"临时改为"8000元"。这就要求先报价的一方一定要心中有数,知己知彼,报出对己方最有利的价位。二是在报完价之后,对方并不还价,而是不断地挑剔你的报价并逼你一步一步地降价,但却不泄露他们会出多高的价。遇到这种情况时,应坚持让对方提出报价,而不应该在不了解对方的立场之前盲目降价。

后报价的利弊似乎正好和先报价相反。其有利之处在于,对方在明处,自己在暗处,可以根据对方的报价及时地调整自己的策略,以争取最大的利益。举例说明如下。

一软件公司技术人员张工获得了一项发明专利权。一天,公司总裁王总表示公司愿意购买他的发明专利,并问张工希望得到多少钱。张工对自己的发明到底有多大的价值心里没底,有200万元他就心满意足了。但聪明的张工不愿先开价,他巧妙地回答:"我的发明对于公司有怎样的价值,我想你是清楚的,请你先说一说吧!"这样无形中,把球踢给了对方,让李总先报价。

李总果然先报价了:"300万元,怎么样?"高工内心笑了……但说到,"我的朋友圈里有个朋友得知我发明的专利后,说他们公司愿以高价购买,好像不低于

500万元,不过我还没想好。"经过一番装模作样地讨价还价,最后以400万元"勉强"成交。

可见,张工就是靠了这位总裁的先报价,及时修改了自己的报价,才得到了他意想不到的收获。然而,后报价的弊病也很明显,即被对方占据了主动,而且往往在对方划定的框框内谈判。

(二) 先后报价的策略

从以上的分析中,先报价与后报价的利弊互见。在实际谈判过程中谁先报价有个策略问题,以下策略可供参考。

(1) 在冲突程度较高的谈判场合中,"先下手为强"的观念比较适用,先报价比后报价较为有利。但在较为合作的谈判场合中,先报价或后报价并没有实质性的差别,因为谈判的各方均致力于追求足以使彼此都感到满意的解决方案。

(2) 根据商业习惯,货物买卖谈判多半由卖方先报价,买方讨价。例如,商场的所有商品都是明码标价,也就是说商场首先报价。如果商品本身质量过硬、非常时兴走俏的话,往往不会因为价格高低而直接影响顾客的最终购买。在促销时,销售员可以向顾客解释商品的品质、时兴走俏的情况以及价格定位的原因,让客户感觉确实是一分钱一分货,物超所值。同时言明"平价销售,还价免言",希望对方谅解,免去没有诚意的顾客的口舌之战,起到先发制人的效果,这样反而能吊起顾客购买的欲望。但对于质量一般又即将过时的商品,销售员往往表明这种报价根本不赚钱,只是回笼资金的需要,购买这种商品很实惠。

(3) 如果己方是谈判的发起方,或者说己方的谈判实力、谈判经验强于对方,在谈判中处于相对有利的地位,那么己方先报价是有利的,尤其是在对方对该交易行情熟悉的情况下,先报价更有利。如果己方实力较弱,特别是缺乏谈判经验时,应让对方先报价,因为这样做可以通过对方的报价而观察对方,同时也可以拓宽自己的思路和视野,然后,再确定己方应做怎样的报价,以静制动,后发制人。

三、报价的方式

(一) 低价报价方式

所谓低价报价方式,就是在面临众多的同行竞争对手,采取的一种以较低的报价方式来吸引广大顾客的"眼球"。当这些顾客已决定排除与其他商家合作而专注于与低价报价者洽谈时,逐渐会发现,这个低价仅仅能满足商品的主要功能或基本需求,如报的低价只能买辆入门级的裸车,而要配套同品牌的配件或升级为豪华版整车时,其价格会不断地升高,甚至远远高出同行业竞争者的价格。当顾客反应过来,发现已在和低价报价者进入了谈判实质阶段,如果这时候再撤出谈判,转向其他客商时,已费时费力,"面子"上也过意不去,只好无奈成交。这种报价策略是先吸引形成广大客户市场,再就实质内容逐步推进,等到顾客发现"玄机"和顾及"面子"时,谈判已进入尾声。这种低价报价方式在日本最为时兴,通常被称为日本式报价。

在谈判中,避免陷入低价报价方式圈套的最好做法是,首先把所有客商的报价单一一仔细比较,看看同一商品的主体功能质量、配套功能、升级换代成本、售后服务、商品报价及付款方式等内容,根据自己所要购买的商品定位,选出最合适的商家,而不要被商家最初的报价所套牢。

(二)高价报价方式

高价报价方式,其一般做法是,首先给商品报出高价,强调商品的质量和定价的合理性,适应高端客户的品质需求,再在与客户的谈判中,根据客户的诚意和谈判双方的实力对比,采取一定的优惠措施或便利条件,逐渐软化和接近对方的立场和条件,从而达到成交的目的。这种报价方法适应了人们喜欢降价、打折、得实惠的心理,也能稳住相当一部分客户,往往会有一个不错的结果。这种高价报价方式以西欧厂商最为典型,通常被称为西欧式报价。

(三)加法报价方式

所谓加法报价方式,就是报价时并不将自己的要求一下报出,而是分成几次提出,以免一锅端出吓倒对方,导致谈判破裂。由于总的要求是被分解成若干个小要求逐个提出的,容易为对方所接受。举例说明如下。

我国A汽车制造厂为引进比较先进的某种汽车生产线,曾经与M国N汽车公司进行谈判。汽车生产线中,最大的也是最重要的项目,是发动机生产线。谈判中,N公司表现出对中国人民的友好和对中国汽车工业腾飞的大力支持,以相当优惠的价格,把汽车发动机生产线的成套技术和设备转让给中方。

中方谈判代表认为,在前面友好合作的基础上,接下来的谈判一定非常友好而顺利,没料到下面的谈判却十分艰巨,对方对接下来的任何一个小项目,都是狮子大开口,报价都非常之高。结果,合起来整条汽车生产线的价格变得非常之贵,原来所说的汽车发动机生产线的优惠条件荡然无存。回过头来,中方代表才发现,N公司所玩弄的是"加法报价"的把戏,中方不得不中止了余下所有项目的谈判,以免财产遭受巨大的损失。

M国N公司毫不在乎中方代表中止谈判的行为,他们胸有成竹地等待,等待中方代表再回头找他们。因为,已在建设的发动机制造厂对中方来说,是一块食之无味、弃之可惜的"鸡肋",将来成批的发动机制造出来,没有与之相配的其他部件,怎么能装配成汽车?再说,这种发动机不要说在其他汽车上,就是在同一品牌的其他型号上也派不上用场。所以,M国N公司在等待中方主动回头找他们,那时他们还可以再抬高价格,迫使中方接受他们开出的类似天文数字的价格。

中方代表在一段时间内,也确实是走投无路。此事被欧洲C国的D汽车公司知道了,这家汽车制造公司已经和中方有过友好合作的项目。D公司邀请中方代表前往该公司参观。到了C国D公司下属的汽车制造厂,中方代表非常惊讶地发现,D公司技术人员已经成功地把N公司的汽车发动机装在了D公司的A牌汽车车身里了。中方在与D公司的谈判中,D公司谈判代表表示,愿意提供除了发动机以外的E牌型号汽车的所有配件的制造技术和成套设备,表示愿意在保证他们的利益的基础上,以比较优惠的价格与中方成交。中方谈判代表经过精心的计算,认为 D 公司的报价比较客观,对中方相当有利,如果再加上 N 公司提供的优惠的发动机生产线,一条合成的汽车生产线反而比整条引进节省了大量的外汇,于是欣然拍板,握手成交。

M 国的 N 公司做梦也没想到,C 国的 D 公司从中插了手,搅了他们的美梦,使他们"赔了夫人又折兵"。

(四) 除法报价方式

所谓除法报价方式,与加法报价方式不同的是报价时先一下子报出自己的总要求,然后再根据某种参数(例如时间、用途等)将价格分解,使买主觉得价格并不贵,可以接受。例如,某保险公司的煤气保险广告说,一年 36 元,一天 1 角钱,天天保太平。又如:某减肥药品一盒 285 元,很多人会嫌其售价太高,这时,我们可以跟其细算一下,一盒三十粒,可服三十天,平均每天只需花 9.50 元;和同类产品平均每天要十几元相比,还是划算。这样,通过除法报价方式,使买主在心理上感到便宜,从而下决心购买。

(五) 优势报价方式

与客户的价格之争,其实是一种说服的艺术。卖方在游说的过程中,必须把握一点,那就是必须王婆卖瓜自卖自夸,突出产品以及与产品销售相关的所有优势,让客户由衷地产生一种仅此一家、别无分店、花这种钱更值得的感觉,否则,结果将是说而不服。

(1) 突出产品本身的优势。比如说,产品有一流的加工制造工艺水平,质量有保障;有确切的疗效,使用少量即可收到良好的效果;有独特的卖点,市场空白面大,同类产品少,竞争力强;有适宜的零售价格,消费者很容易或很乐意接受产品,虽然薄利但可以多销等。

(2) 突出得力的后续支持。主要表现为产品的相关广告宣传攻势强,从中央到地方的各大媒体均有所覆盖;促销政策到位,礼品配送及时;分销政策健全,能有效地控制分销市场,做到不乱区域,不乱价格等。

(3) 突出周全的配套服务项目。比如建立了免费咨询服务、送货上门、安装调试、终身保修等一套比较完善的售后服务机制。

(六) "零头"报价方式

商家在报价时,多报一些几百几十几元几角几分的价格,尽量少报几百几十这样的价格,一来价格越具体,越容易让顾客相信定价的精确性;二来可以在讨价还价的过程中,将零头作为讨还的筹码,让利给对方。除此之外,让顾客先行报出可以承受的进货价,也不失为一个好的探价报价方法。比如,你上街买套西服,商场售价显示 3000 元,实际上你能接受的价格低于这个,且认为这件衣服不值这么多,那你讨价多少合适? 其实你心里也没底,但肯定会在这个价格基础上往下砍价。如果售价 2989 块比售价 3000 块要好,数字越是整数越让人想砍价,这是一种心理暗示。以那套西服为例,不同售价在买家心里的作用和想法是不一样。

(1) 售价 3000 元:认为不值这个钱,只是虚高,可以狠狠地砍。

(2) 售价 2989 元:跟 3000 元没什么区别。

(3) 售价2857元:不是3000元的级别了,是在2800多元的价位。

(4) 售价2782元:困惑了,该砍多少? 应该货真价实了。

这些是在长期的买卖砍价中积累的,实际上市面上的很多价格都是虚高的,看你会不会、敢不敢砍价。

(七) 灵活报价方式

对于市场没有权威定价的商品,在销售时可以因人因时因地灵活报价,以期达到销售商品价值最大化的目的。

(1) 因人报价。对一些漫无目的不知价格行情的客户,可报出高价,留出一定的砍价空间;对不知具体某一品种的价格情况,但知该行业销售各环节定价规律的客户,应适度报价,高低适度在情在理;而对那些知道具体价格并能从其他渠道能购到同一品种的客户,则应在不亏本的前提下,尽量放低价格,留住客户。总之,针对不同类型的客户,报不同的价格。如果涉及招标、议标的项目,价格绝对是一个敏感的话题,更是一个秘密,在报价时一定要找准关键人,逢一般人且说三分话,遇业务一把手才可全抛一片心,向做不了主的人报价,只能是徒劳无益,甚至使结果适得其反。

(2) 因时报价。向处于不同时间的客户,报不同价格。在销售旺季和新产品推出时报高价,在销售淡季和商品即将退市时报低价。客户正忙得不可开交时,我们可以报一模糊价格,让他对该品种有大概的价格印象,详细情况可另行约定时间商议。客户有明确的购买意向时,我们应抓住时机报出具体的价格,让其对产品价格有一较为具体的了解。在同行业务人员较多,竞争激烈时,不宜报价。此时报价,客户繁忙记不住,却让留心的竞争对手掌握了我们的价格,成为其攻击我们的一个突破口。

(3) 因地报价。报价是一种比较严肃的事情,要在恰当的地点报价。应优先选择在办公场所等比较正规的场所进行报价,否则会给客户一种随随便便、草草了事的感觉。再则,在办公场所以外的地方谈报价等工作上的事情,容易引起客户反感。

(八) 稳妥报价方式

一般地,顾客问价主要源于两个目的:第一,是真心想买,询价以得到一个还价的价格基数;第二,可买可不买,借询问之机以了解有关该品种的价格行情,也就是探虚实。此外,还有一种情况,有一些老客户为了拒绝或终止继续合作,也会以讨价还价为借口,讨还出一个卖家根本无法承受的价格。针对这些情况,我们应该采取以下报价策略。

(1) 掌握报价"火候"。首先根据顾客诉求,分析研判,了解顾客诉求的真正目的,然后再决定己方此时此刻该不该对他报价,报什么?

(2) "探底"后再报价。对于一些曾经采购过此类商品的顾客,卖方最好先做一些试探摸底工作,弄明白买方以前进货的渠道、价格情况及其能够接受什么样的供货价位,然后再报出既有讨还的余地、又对客户有一定的吸引力的价格。

(3) 善于"找台阶"下。即使非常清楚自己现在所执行的供货价格确实要高出其他供应商的供货价格,也不能立即向顾客答应降价供货,这时可以自己以不知详情为借口,对其承诺等向公司或相关领导请示后再予以答复。如果立即降价供货,会让顾客产生一种被欺骗的感觉:你明明可以以更低价格销售,给我们供货时却偏偏如此高价。如此一来,会影响到前期货款的结算和后期的进一步合作。

总之,面对客户的一再讨价,我们可以在不亏老本、不失市场、不丢客户这一原则下灵活掌握,只要不让客户讨还出一个"放血价""跳楼价",害得自己大甩卖就行了。另外,还要说明一点:经过一番激烈讨还,价格一旦敲定,必须马上签订协议将其套牢,不给对方一丝的反悔和变卦的机会。

第三节 磋商阶段

磋商是指谈判双方在原先报价的基础上进行讨价还价的行为过程。磋商阶段,又称为讨价还价阶段,是谈判的核心环节,是谈判双方展示实力、谋略、技巧和收获的关键阶段,也是最紧张最艰苦的阶段。磋商的过程及其结果将直接关系谈判双方所获利益的大小,决定双方各自需要的满足程度。一般而言,当谈判一方报价之后,另一方不会无条件地接受对方的报价,谈判便自然而然地进入讨价还价的过程中。在讨价还价的过程中,谈判双方均从各自利益出发,对一系列问题进行磋商,通过磋商、讨价、还价、消除分歧、缩小差距、做出妥协和让步,从而推动谈判向成功的方向发展。本节重点就讨价、还价、讨价还价三个方面进行论述。

一、讨价

讨价是指谈判中的卖方首先报价之后,买方认为离自己的期望目标太远,而要求卖方改善报价的行为。讨价可以分为试探底价、总体讨价、具体讨价、评议压价,分别用于不同的时机与条件。试探底价是运用不同策略看穿卖方的报价,从而为买方的讨价做准备;总体讨价即从总体价格和内容的各方面要求重新报价;具体讨价则就分项价格和具体的报价内容要求重新报价。评议压价是指买方讨价时要有充足的理由,要对卖方的报价进行评议,指出其报价的不合理性,要求其改善价格。

(一)试探底价

如果卖方的报价距离买方的期望差距太大,或者买方对所购买的商品价格心中没底,讨价时就不要急于出价,因为即使出价,也没有任何依据,有可能上当吃亏。这时候买方首先要做的是运用策略去试探卖方的底价,为接下来的讨价做准备。以采购讨价为例,在卖方报价后,买方可采用以下策略进行价格探底。

1. 假设试探

买方可以假设自己运输、提供原料、现金付款,估计需要多少钱,这样就能推算出卖方的价格底限。

2. 低姿态试探

买方处在企业起步的困难阶段,希望卖方给予支持,等到买方壮大以后再回馈卖方。如果是很有潜力的客户,卖方肯定不想失去这个客户,往往给出较低的价格。

3. 委托别人试探

买方不直接去谈判,而是委托的工厂或者本工厂其他部门的人去谈,把卖方的价格降下来。当买方真正去谈判时,是在之前的基础上谈,至少不会高于之前的试探价格。这样,能够极大地压缩价格空间,并逐步接近卖方的价格底限。

4. 以次转好试探

买方以采购次品的方式试探卖方供应的价格,从而推估正品的价格。

5. 规模购买试探

买方假装大批量购买商品,刺探出卖方 A 类客户的优惠价格,这个价格就接近了卖方的底限。

6. 让步试探

谈判就是双方相互妥协,谈判的艺术也叫作妥协的艺术。双方一步步地做出让步,逐渐接近对方的价格底限。

7. 合买试探

为取得更低的价格,买方承诺卖方为其介绍更多的客户。这个方法极具诱惑力,往往能够得到很好的价格。

8. 威胁试探

买方用别的企业的价格"威胁"卖方,使卖方产生危机感,这样可能把价格降下来。

9. 最后价试探

买方提出最后的价格,如果卖方不同意,也不再让步,这就是最后价试探。如果卖方急于做成这笔生意,往往会接受买方最后的价格。

(二) 总体讨价

在试探底价之后,买方就要针对卖方的第一次报价进行讨价。买方在面对较为复杂的交易或整套的组合商品时,第一次讨价应从宏观的角度或整体的情况去评议,指出卖方报价的严重不合理性,要求其加大改善重新报价的力度,这时,原则上可以不给出明确的讨价水平。如果卖方非要买方给出一个明确的讨价,那么买方砍价一定要狠,因为买方要给出的讨价水平就是买方的最期望价格水平,这一点毋庸置疑。如果砍价不狠,一是体现不出买方的博弈意志,二是说明买方有可能被卖方报价的假象所迷惑。这时候,正面交锋的序幕才刚刚拉开。买方对卖方的报价提出意见后可以说:"贵方已听到了我方的意见,你若不能从总体上重新报出具有成交诚意的价格,我们的交易是很难达成的";"我方的意见已说到此,请贵方慎重考虑我们的意见,待贵方做出了有诚意的报价后再谈吧"。这两种说法均是总体讨价的方式,至于用哪种方式合适,要视卖方的态度而定,视报价的虚实而定,但目的只有一个,就是能促使卖方做出新的改善性报价。

(三) 具体讨价

具体讨价,常常用于卖方已针对买方第一次讨价的要求,对总体价格进行了明显的改善,并做出了比较合理的第二次总体上的报价,并且卖方的报价价格水分不多,已不再适用于总体讨价时,或针对交易内容单一的报价时,买方不再纠结于总体报价,而将价格的评议或砍价注意力集中在具体的商品或零部件、配套技术、配套服务上。这时的评议或砍价更具有针对性、具体性。在做法上买方可将具体的讨价内容分成几块,如技术费、设备件、技术服务、培训、支付条件等;也可以按各项内容的水分大小归类,水分大的放一类、中等的放一类、水分小的放一类。分块、分类的目的是要体现具体性,即具体问题具体分析。

只有分成块、类之后才好予以不同程度、不同理由的讨价。一般而言,具体讨价首先从水分最大的那一块讨价,然后再从水分中等的那块讨价,最后从水分较小的那块讨价。

(四)讨价次数

讨价次数是一个客观数,又是一个心理数。客观数,主要是指通过多少次讨价才能接近买方期待的价格水平。若卖方改善的步伐很主动,一次就接近了买方的期待程度,那么讨价的次数即为一次;若两次达到了买方的期待,讨价即为两次;三次达到了买方的期待水平,则讨价为三次。这是以客观效果来判定讨价次数。在实务中,卖方谈判高手大多不可能这么痛快地肯定买方的评价,而是永远持"保留"态度对待买方的期待和讨价。这样又产生了心理次数的问题。常人说事不过三,这其实是个心理数。一次,当然可以;两次,理解(可以忍受);三次,就可能反感(对抗)了。所以,在心理因素上,买方可以顺利地进行二次讨价,第三次讨价就要视情况而定了。

(五)评议压价

由于买方讨价不限于一次,那么就存在对同一讨价目标的多次讨价之间的衔接问题。这个问题可以直接表现为:讨价—改善后的新报价—再讨价……从卖方一次改善价格后到买方新的讨价之间存在着一个环节,这个环节就是"新的评议"。这时评议起两个作用:转题或深入讨价。当卖方较诚恳,价格改善明显靠近买方的评价水平时,买方可用"带保留的肯定",将讨价转向新的块(类)。例如,"贵方新的价格的确考虑了我方的意见,但仍然存在一定的差距,希望贵方进一步考虑。为了抓紧时间促进谈判,我们可以继续往下谈,等贵方对这一块有新的建议时,我们再返回来谈"。这时,卖方也有可能对你的新评价反击一下:"若我们的价格仍未达到贵方要求,那么能否将贵方的具体价格要求告诉我方?"深入讨价的评议既要与讨价前的评议有内在的联系,又应具有讨价开始后的新内容。例如,买方说:"我方已清楚地指出了贵方的问题,贵方新的价格并没有完全反映我方的意见。"这是以前面的评议为依据来衡量,对新报价做了否定。有的议价带有一定的威胁和压力,如"贵方今天的新报价令人失望,仅对提出的问题做了微小的调整,如果不充足地考虑我方的意见,很难使我方有交易成功的信心"。一般在这种新评价之后,要冷落卖方一阵子,不要主动安排时间谈判,或等待卖方再报价。卖方如果不做一个弥补性的动作,买方就不要轻易进入新的谈判。

二、还价

还价,即卖方报价后买方进行讨价,然后卖方回应买方的讨价而做出的新的报价,这个新的报价意味着卖方已经做出了让步,并期望买方以此价格成交。还价不是一种简单的压价、降价行为,它必须建立在对买方讨价的具体行为和真实意图上,对买方充分解释说服的基础上,对买卖双方所处的背景、形势、实力和需求的认知上,对买卖双方可能成交价格区间的判断上。在此基础上,确定还价策略、还价方式、还价起点和还价次数,使还价富有成效,从而促进交易的成功。

(一)还价策略

1. 重点强调商品的优势特点

当顾客认为卖方提出的价格太高,往往都会讨价还价,这其实是很正常的事情。那么面对这种情况时,卖方更应该让顾客认识到他花这么多钱是有道理的。销售员要重点强调商品的效用、功能、质量以及能带给买方的好处,特别是其他厂家同行商品不具备的优点,一定要重点突出,让顾客意识到"只此一家,别无分店"的感觉。

卖方制造这种感觉有四个步骤:一是要重点突出自身商品的优势,如商品的独特卖点、质量、售后有保证,如果能再讲些有说服力的案例就更好了;二是突出自身商品得到了哪些支持,如商品的广告宣传力度大,覆盖面广,而且得到了当地政府的支持,最重要的就是分销政策健全,真正做到区域、价格不乱;三是突出商品周全的配套服务,如免费上门服务、免费送货、免费咨询服务等;四是要找出买方所能接受的价格以及商品款式,这是非常关键的。

2. 运用反问的方式化解顾客的顾虑

为什么顾客会讨价还价?一方面是人爱占便宜的天性,一方面是顾客觉得商品不值那么多钱。有的时候如果卖方摸不准顾客讨价的原因,那么可以使用反问的方式进行推销。例如,顾客问"这台电视机为何要 3000 元呢?"销售员回答:"那您觉得该要多少钱呢?"这样的反问方式有两个好处:一是委婉地拒绝顾客的意见;二能探寻到顾客反对价格的真正原因。有的时候销售员与顾客无法在价格上取得一致时,可以用一句话摆脱困境,可以这么说:"您要我说什么才好呢?"

3. 正确辨别顾客故意提出的"假价格"

对于顾客提出的价格销售员应该有辨别的能力,一定不能被顾客所"欺骗",这种现象在销售工作中经常会遇到。当销售员跟顾客讨论价格的时候,顾客总是会说:"王总家的同类商品价格 100 元,质量跟你们差不多,但价格比你便宜多了"。对于这种情况,销售员应该做到心里有数,而不是顾客说多少就是多少。

4. 价格上绝不轻易松口

为什么那些有经验的销售员在价格方面不会直接将价放到底呢?最主要的原因就是给自己留后路,而且一味地降价也会让顾客失去兴趣。虽然降价能吸引顾客的目光,但是如果一退再退,会让顾客觉得价格存在很大的问题,可能会加快顾客的离开。那么应该怎么做呢?在洽谈开始之前,就向顾客挑明,已经是定死的价格无法下调,希望能够得到顾客的理解。

5. 设法摸清顾客的底价

要想摸清顾客的心里底价,就需要对顾客进行试探。如何做才能摸清顾客的底限呢?一是用编造店长意见的方法提高底价,当顾客想要一个 10 元的节能灯,而销售员的要价是 20 元,销售员可以跟顾客这么说:"如果我想办法让店长给你降到 15 元,您愿意接受吗?"如果顾客觉得 15 元可以,就直接卖给他。二是向顾客提供质量较差的商品,来判断顾客的质量标准。可以给顾客说:"您只需支付 10 元,就可以买到瓦数小一点的节能灯"。三是向顾客推荐质量更好的产品,来确定顾客想要给出的最高价格是多少;可以跟顾客说:"这边还有一款又亮又节能而且对眼睛更好的产品,仅仅需要 30 元"。如果顾客对此感兴趣,就证明顾客还是愿意花更多的钱买一个更好的。

6. 运用价格分解将报价化整为零

这种方法在推销中效果非常好。当顾客购买大件商品时,往往嫌价格太高了,对于这种顾客,销售员千万不能说采用分期付款,或者说价钱好商量之类的话,因为这会承认卖方所推销的商品确实很贵。如果采用价格分解的方式会让顾客觉得其实没有那么贵。

7. 将顾客的关注点转移到商品的品质上来

当顾客进行讨价还价之前,如果卖方能够重点强调商品能给顾客带来哪些好处,以及商品的实用性,就可以让顾客认为商品价值确实高。例如,顾客说:"能不能再便宜点了?"销售员说:"已经是最低价了。"这种说话方式也是销售员最常用的,但是效果不好。但如果销售员这么说,"您喜欢这款产品吗?"这就把顾客的思想从价格上转移到产品的质量上来,而如果觉得产品确实不错,心里就会认为多花点钱也很值,多次经过引导和转移,顾客也就不会在价格上过多追究了。

8. 面对不同的顾客灵活运用不同的营销策略

有这样一类顾客,刚问了商品价格,还没有说是不是喜爱这一件衣服裤子,也没试衣服,就立即砍价,价格砍完后,还没来得及与销售员讨价还价,就掉头走人了。销售员碰到这类状况肯定很无奈,但又不忍心"跑单"。就趁顾客要走没走的时候说一句,"你如果喜欢的话可以试一下衣服再说呀"。如果对方压价太狠,就可以说,"这件衣服今年很时兴,很多人都很喜欢"。"如果你多买几件,我们可以考虑多优惠一些"。如果顾客对同类商品的行情比较了解,其压价还算合理,销售员就要慎重考虑了。假如商品的价格确实高得离谱,销售员最好的办法是"请示老板争取成交",来个台阶式还价。假如商品的价格无愧于其品质,销售员就要及时将其优点、特点图文并茂地讲清楚,并且言明价格不好降,让顾客明白一分钱一分货的大道理,除非是到最终交易环节了。如果遇到新品推出,面对顾客的压价,要耐心地给顾客讲解新商品不同于其他商品的新的特点和亮点,让顾客了解,新商品的附加值远远超出商品的价格。

9. 每一次降价争取带来销售量的增长

卖方每一次迫不得已地还价降价,要严格掌握好分寸。降价可以,但最少要确保顾客真的产生了兴趣,而且有可能起到"降价多销"的效果,而不是降完价格顾客就没了下文,过几天顾客又过来砍价了。这就是顾客在不了解商品情况时要求降价,卖方坚决不能同意的原因。

10. 最后出价法

向顾客说明这已经是最低价了,就算无法达成交易,"生意不成情谊在",说不定下次还有交易的机会。

(二)还价方式

一般来说,卖方还价方式应与买方讨价及其出价的方式保持一致,以便于谈判双方评价各自的条件、判断交易的形势。所以,还价方式不一定求新,但还价的方向要认真考虑。尤其是在具体讨价对具体还价的方式中,选择还价的块(类)以及还价的次序对还价效果影响很大。实践证明,卖方一般不要从总体的角度还价,不要一次性全面还价,而是从差距小的部分、金额小的部分还价,这样的还价容易为双方所接受,可以鼓舞双方谈判的斗志,有更多的成功希望。但有时根据谈判内容和策略的需要,还价方式不一定与讨价方式与新报价方式一致,目的是更好地实现目标价值最大化,或给予对方一时难以判断交易收益的突袭效果。

（三）还价起点

卖方还价可以分多次进行,但第一次还价对于卖方来说非常重要,它涉及卖方对待买方讨价的基本态度、诚意和最初标准,也是探测还价人对讨价最初反映的试金石。一般来说,卖方确定还价起点,要根据交易物的客观价格、交易双方的价格差距以及还价的策略来进行。首先,交易物的客观价格受生产(或经营)成本影响。其次,应适当考虑卖方的利润,否则卖方则不可能接受讨价。明确买方讨价与卖方商品成本价的差距,可以使卖方确立还价的次数、策略,进而倒算出第一次还价的数字。在正常情况下,买卖双方价格差距较大,若幅度一定,则买方讨价次数就会增多,而要减少讨价次数,并且其价格处于成交预算价以内,卖方就要增大还价幅度。还价的幅度和起点要依据卖方可承受能力确定还价的具体数额,不可凭主观想象或某个因素来进行。

（四）还价次数

价格谈判中,讨价还价不可能无休止地进行,在讨价还价的对阵中,一是要在双方能够容忍的范围内,尽可能地减少还价幅度;二是在时间和难度的权衡中,选择对己方有利的因素,发挥优势,确定还价的次数;三是利用还价次数和充分的理由制造合理的"还价台阶",适时调整还价幅度,步步为营;四是不到谈判最后结束时,还价都必须留有余地,保留进一步还价的权利。

卖方还价应有张有弛,切不可无的放矢,狂轰滥炸。在首轮讨价还价后,二次还价应更加慎重,必须建立在买方对卖方首次还价做出明确改善报价之后,才能确保首次还价的目的能够实现,二次还价也可能有新的收获。还价者可在"艰难时期"过后,以"最终价"压向对方,逼近对手的成交价。

三、磋商

磋商是指谈判双方在第一次报价之后仍未成交、需要继续讨价还价以期达成交易的行为过程。磋商是谈判的核心环节,是谈判双方展示实力、谋略、技巧和收获的关键阶段,也是最紧张最艰苦的阶段。磋商的过程及其结果将直接关系谈判双方所获利益的大小,决定着双方各自需要的满足程度。当然,在卖方第一次报价后,买方进行第一次还价,如果卖方接受买方的第一次还价,交易即可宣告成功;如果卖方断然不接受买方的讨价,而买方又不接受妥协,谈判意味着实质性破裂。一般来说,谈判不可能那么快结束。从谈判实践上看,当谈判一方报价之后,另一方一般不会无条件地接受对方的报价,尤其在现代社会,对于比较大型、复杂的交易,或不易估值的新产品、新技术、知识产权等,或对交易标的认知程度不同,或谈判双方期望值差距较大的谈判,仅靠一轮的报价讨价很难达成交易,于是谈判便进入了激烈交锋的以"拉锯式"讨价还价的磋商阶段。

在谈判磋商的过程中,谈判双方均从各自利益出发,对一系列问题进行一轮又一轮的讨价还价,进一步消除分歧、缩小差距、做出妥协和让步,从而推动谈判向成功的方向发展。

（一）磋商的规律

1. 注意讨价还价的逻辑关系

磋商是面对面的论战,要求谈判者除了好嗓音和丰富的表情外,还要注意表达思想的逻辑性,即讲话层次与达理。所谓"层次",即讲话的推进次序和深度,也就是说,无论磋商什么议题,都要注意从哪儿入手,有几个层次的深度,每个深度从哪几个方面论述。要做到纵论有纵论的次序,横观有横观的次序,以次序导引深度和广度,每层次又按次序予以论述。所谓"达理",是指层次分明的论述,能够准确地讲出维护己方立场的道理,并且这些道理至少在表面上能使对方理解。

例如,价格评议的表达,纵看可以从比价、成本、回收率(资金)来论述价格的高低。但是先谈比价、成本,还是先谈回收率?这三个议题都是有关价格的问题,但从逻辑次和谈判的次序上看,应先从比价开始,然后再分析成本,因为市场上的可比价、对方曾使用价或己方同类产品价等容易为谈判者所认可,且较容易直观地说明价格的高低。而比价中也应讲究次序,是先谈己方产品价格还是先谈别人的同类产品价格,一般应将己方同类产品价格放在以后面讲。同样的道理,成本与回收率的论述也有其内在的次序。

2. 注意交易价格的客观事实

价格解释与评议是说理比较集中的阶段。能否表现客观实际的情况,是判定说理是否有力的关键。无论是人为的,还是事实上存在的理由,均应汇集成一种客观事实的印象。讲"人为的"客观事实,是指通过人为的加工,如某个价格条件实际上没有这么多花费,但可以人为地设定各种费用使条件价码加高。在说服对手的过程中,有理由可说总比无理由可说更有说服力。讨价、还价是量的要求集中阶段。讨价、还价具体地讲是:出个什么价?这既反映了主观要求,又反映了此举的客观程度如何。在量的方面,即价格的要求上,不能完全客观地考虑对方的实际要求,因为这种好心是以金钱作为代价的;但又要至少兼顾自己的量与对方的量,要体现"量的兼顾客观性"。比如,买方想要价50万元,可卖方想出价80万元,而该交易物本身应值60万元。那么,提出60万元的要求应该说具有客观性,因为它既反映了自己要求的条件,也兼顾了客观实际的成本量。如果要求50万元,就没有兼顾客观性,也不可能成交。鉴于商务谈判中作价因素本身就有软条件(政策、心理、关系等),又有硬条件(造价、成本、税收、汇率等),所谓量的客观性就是把软、硬条件综合起来考虑。

3. 谈判双方的博弈能力取决了天平向谁倾斜

博弈性包括两个方面:争取利益与说服对手。争取利益就是积极争取每一个铜板或每一个条件,使价格对己方最为有利,合同法律、商务条件对自己有安全感。在物质因素、合同文字和整体交易条件上,全面争取有利条件。说服对手是进取的手段。大凡具有进取性的谈判人员,都具有"强词夺理"的能力,即有词(有理)会充分运用,没词(无理)会巧借理由或制造理由。例如,使用"高压"手段本是要挟手法,但有的谈判者可以制造各种"合乎情理"的借口来表达:"我这个条件今天晚上8点前有效,若贵方同意则签约;若不同意,谈判到此结束","我知道贵方也尽了力了,我也不想为难您,这些条件可能超过了您的权限……"

4. 谈判双方在利益期待上要保持适度的节制性

人的欲望是无穷的,对于利益的追求也是无止境的。但是谈判本身就是一项合作共赢的事业,任何一方想独吞合作的成果是不现实的。因此,谈判的任何一方都要做出妥协的思想准备。有"舍"才有"得",己方要有勇气舍去对方想要得到的东西,才会得到对方忍痛割爱补偿己方想要得到的东西。严于律己,即要约束个性。进入谈判角色,喜怒哀乐是谈判进展的需要而不是个人喜好。例如,有的谈判人员过于注重自己的感觉,并以此来指导磋商,无论对方怎么解释他也不想听或不完全听,只顾个人意愿去评论,这是不可取的。所以在谈判中,谈判的双方都要保持克制,在尊重对方的同时赢得交易的成功。

(二) 磋商的方式

磋商的方式与前面讨价及新报价方式相同,既可总体进入讨价还价阶段,也可以具体地进入讨价还价的阶段。无论是总体还是具体,讨价还价时,一定是双方分别做出多次让步之后。这个特点决定了讨价还价是以成交可能为中心双方探索各自最大的利益点。谈判具有紧凑性与自由性的特点。如,讨价还价时可能面对面地谈,当场互相拍板;也可能由中间人说服双方互相缩短差距,直到达成协议。不论哪种情况,谈判可能连续工作几个小时,也可能十来个小时,谈判紧张而又紧凑。又如,在宴会上,双方对最终差距予以磋商,宴会结束时谈判也结束了;谈判双方或在电话中互相交换各自领导的意见,以及"个人的"意见来讨价还价以定交易;若双方在谈判桌上谈崩了,一方要回国,另一方在机场送别时可以告诉对方再让的条件和希望考虑的因素,希望以后双方在电传中确认;也可在游览参观中,探讨僵局的出路,使讨价还价的条件予以缓解。

(三) 磋商的技巧

1. 要综合平衡

综合平衡就是要把技术、商务等方面的条件全部罗列成清单,说明哪些有分歧,分歧有多大,已达成了哪些一致点,进行"唱价",并在讨价还价时,将所有这些条件作为进退的交换筹码来运用。例如,如果商品的技术参数达不到市场水平,买方有可能不要该商品,也可能要压价。又如,支付条件,买方若要求渐次付款,卖方就可以要求提价以弥补贷款利息损失。

2. 要牢记目标

谈判者应在脑中牢记对方以什么价可以成交,也就是不用纸笔、不用计算器就能记住对方价差在什么位置。如总价,卖方每降一个数,离买方的成交价还有多远。自己出价后,离对方成交价有多远。谈判追求的目标要记住,且能随时推定。这样反应就很迅速,可使讨价还价的气氛更加激烈、自信、真实,也可以少让对方窥测己方的虚实。

3. 要沉着冷静

有经验的采购员,不论遇到多好的商品和价格,都不会显露自己内心的想法。因为他们有一个法则:在谈判中的每一分钟,都不要让供应商看穿自己的底牌,也不要流露出与供应商合作的兴趣,多听少说,然后对症下药,这样才能给供应商以无形的压力,最终获得比较有利的交易条件。

4. 要争取最好

不要误认为50:50是最好的双赢模式,以为双方利益均沾,和气一团,这是非常严重的错误想法。每个供货商的报价水分是不一样的,也不是每一个采购商都能看透的;相反,每一个采购商的可接受水平也不是供应商都能看透的。所以,什么是合理的成交区间价?哪一点是最合理的契合点?都是理论上的,实际上还要看双方的博弈情况。这就是有经验的采购商总是想方设法为自己的公司争取最好的交易条件,在此前提下,再让对方也得到一点好处,能对他们的公司交代就行了。所以,站在采购商谈判的立场上,如果能得到 60∶40、70∶30、80∶20、90∶10 的结果有何不可呢? 这也可能只是采购商单方认为的,可能采购商认为的 70∶30 才是供应商认为的 50∶50 呢!

5. 要谨慎收官

最后阶段的讨价还价一般余地较小。在讨价、还价分阶段进行时,双方已做了较大幅度的价格调整。那时出手的数或百分率都较大(或累计起来较大),到了最后阶段妥协数字要慢要小,慎之又慎,一不小心就会引起对手的欲望反弹,弄巧成拙。

下面举例进行说明。甲方欲购买乙方一套设备,且该设备是目前市场上较为先进的,假定甲方的预算支出为 10 万元,乙方对甲方的预算不知晓。当乙方报价 16 万元时,如果甲方第一次出价是 6 万元,第二次出价为 9 万元,那么乙方则很可能估计甲方的预算肯定超过 10 万元。为什么? 因为从 6 万元开始出价,第二步就上涨到 9 万元,攀升的幅度很大,到了第三步、第四步……则肯定超出 10 万元了。因此,当甲方第三次出价,表示最后价为 10 万元时,乙方难以置信这就是甲方的预算开支。那么,甲方怎么能让乙方相信他的最高预算为 10 万元呢?

假如甲方先出 5 万元,乙方拒绝;甲方再出 6 万元,然后加到 7 万元,过一会儿再上升到 7.5 万元,又过一会儿再上涨到 8 万元;最后,在乙方的讨价中,甲方又不情愿地上涨到 9.1 万元、9.2 万元、9.45 万元、9.5 万元,甚至 9.6 万元。这样就很容易使乙方相信甲方只有 10 万元的预算支出了。因为甲方不断把增额降低,不像一些"冒失人"那样慷慨大方,虽然甲方向上蠕动的出价方式只是一场竞争的游戏,但是它是符合辩证思维方式的。

(四)磋商的例析

为了便于了解谈判全过程的闭环流程和每个磋商环节的谈判技巧,让我们先看一则家具用品购销的谈判案例(已在对话中标注谈判常用术语)。

顾客:(询价)您好! 这套家居用品多少钱?

销售员:(开价)这套家居用品总价 46000 元。包括真皮沙发 24000 元,餐桌 12000 元,茶几 3000 元,茶具 1000 元,配套 6 把椅子 2000 元,餐具 1000 元,窗帘 3000 元。原价!

顾客:(再询价)现价多少呢?

销售员:(报价)因为现在是年底我们为了冲业绩所以打九折! 您来得正是时候,我们平时都是九五折。

顾客:(笼统讨价)太贵了,能不能便宜点?

销售员:(模糊还价、让价)我给您的已经是很实惠的价格了,昨天一个楼盘样板房的设计师来定了 3 套我们才给了八五折,看您的要求又很高,选的这套家居在我们这里配制是很高档的。人家都说,家里装修再省也不能省客厅、餐厅呀,一是使用率高,二是家里的门面,肯定要买好一点的,对不对? 是吧!

顾客:(笼统再讨价)你也别说那些了,你就说还能不能便宜?

销售员:(求证)您今天能确定买吗?

顾客:(模糊出价)如果价格合适我就定了。

销售员:(交易条件)要货急不急呢?如果不急的话我可以想想办法。如果要货急的话肯定优惠不了多少,因为我们必须为您调货!

顾客:(促价)不急,半个月要货,没问题吧,你说最低打几折吧!

销售员:(反询价)半个月肯定没问题。这样您说一个实在价,如果相差不远,我帮您向老板申请。如果相差太远我就没有办法了。

顾客:(再促价)又不是我在卖东西,怎么要我出价呢?你说多少钱能卖?

销售员:(授权有限、议价)是,您说的对!应该我出价,但我说九折您又说高了,如果我说八八折,您又说没有诚意!我和您一样,购物总希望花最实惠的钱买最好的商品!其实很多商品的价格不是最重要的,关键看喜不喜欢它,您说是不是?我们是打工的,最后的决定权在老板。您就说一个折扣,行的话我帮您申请一下。

顾客:(出价)七折!

销售员:(议价、找台阶让价)这个价格我可是从没有卖过,前天我同事卖了一张八二折都被老板批了一顿!

顾客:(实质性出价、还价)关键是我们家装修房子预算紧张,你这里的沙发和餐桌价格很贵,你看能不能请示一下,把茶几、茶具作为免费赠送,其他的就按你说的八二折来处理如何?

销售员:(持价)这肯定不行,我们从来没有这样免费赠送过4000元。

顾客:(议价)建议你最好向老板请示一下,到年底了早一点把家居卖出去,既能冲业绩也能回笼资金,说不定明年家居的新款又出来了,你这家居也不一定卖得快呀!你说是吧?

销售员:(促价)看您心意很诚,我就硬着头皮试一下吧。万一老板答应我就帮您开单,如果老板说不行您就再考虑考虑!

顾客:(模糊性确价、实质性提价)你问问试试吧?

销售员:(确价式请示)不是试,如果您能定我就问,不然又挨骂了!我们打工的找份工作可不容易!

顾客:(提价性确价)价格没问题我就定了!

销售员打电话:(促价)喂!张总您好!我是小刘,对,不好意思又打扰您了!是这样的,这里有个顾客看中了原价46000元的1套家居……对!嗯,等一下……(放下电话不挂电话,问顾客,我们老板说,东西不能免费送,总体上打八折,够意思了吧?你今天能不能定下来)

顾客:(虚张声势)不行那就算了!我再转转,说不定有更合适的!

销售员:(最后让步)别急呀!刚才老板说没赚什么钱,还说了我一通。我再给老板最后请示一下,如果不行就算了。

顾客:(待价)好吧,我再等5分钟。不行的话我就到其他地方看看。

销售员3分钟打完电话:(反确认、交易条件)老板问您今天能不能定下来?年后一个月内到货行不行?

顾客:(定价)能定!就按你说的时间到货没问题。

销售员打电话:(定价)他说没问题,他定金都拿出来了!对,好的!您在工厂吧,要传过去签字是吧。(挂掉电话马上签单)边开单便问顾客是交现金还是刷卡!同时告诉顾客真的好运气:"老板现在在工厂和那边谈一个项目,刚刚交易签字,心情不错,所以刚才很爽快就答应了。其实您这一笔交易我们连本都保不住,就是快过年了收回本钱图个吉利"。

　　顾客:(成交)谢谢!要相信薄利多销,好人有好报。新年愉快!

这个案例是一个典型而又常见的货物购销谈判案例。从这个案例中我们可以看出一些谈判技巧,得到不少谈判启示。

1. 遵循闭环磋商理论

谈判的过程应该是一个闭环磋商的过程,有其规律可循,遵循闭环磋商理论,但也充满了不确定性,因为每一次谈判的过程也不尽相同。以货物买卖谈判为例,甲为买方,乙为卖方,其理想的谈判闭环流程大致是:甲询价—乙报价—甲讨价—乙还价—甲持价—乙让价—双方议价比价、讨价还价—(甲让价、乙持价)—甲促价—乙最后让价—双方定价,交易成功或双方持价、谈判破裂。这里,每一个环节都可以有议价的成分在里面。当然,有的谈判双方一拍即合,一谈即成,少去了许多谈判环节;而有的谈判旷日持久,进行了无数次的反复较量和曲折,也没有幸免谈判破裂的命运。尽管如此,闭环磋商理论对于我们学习研究谈判的过程具有积极意义,因为这个理论拥有丰富的内涵,每一个环节基本上都囊括了谈判的实战策略与技巧,需要我们不断地去丰富完善这个理论。

2. 遵循稳健磋商策略

这个案例可圈可点。第一,销售员因为授权有限,往往采取稳健的让价模式。报价即最高价,然后把让价的节奏控制得比较稳,一步步地降,一次降五个点以内。到顾客真的有诚意买了,再运用恰当的理由和策略应对。第二,顾客非常沉稳,"不见兔子不撒鹰",不到"火候"不出价,一出价就是最低价。第三,谈判双方必须有预期成交价。也就是每谈一次价格,都必须有一个认为可以成交的目标价。实际上在这个案例里,谁对成交价都估不透。第四,每次降价要有一个充分的理由。如果销售员一听到顾客的压价就随便地降价,会导致顾客认为报价水分太多,所以会拼了命地降价!哪怕你的价格降到极限了,顾客还不罢休,最后只能看着顾客很不高兴地离开了!第五,由于双方的成交差距比较大,顾客采用了总体砍价+局部赠送出其不意的超级压价谈判策略,并熟练运用谈判心理学换位思考,从对方的心理和利益出发,以恰如其分的理由成功说服了对方,最后以不到七五折促成了交易的完成,表现得尤为老练高超。

3. 运用多元磋商技巧

这个案例给予了我们诸多启示。第一,销售员在不明顾客七折底牌的情况下,让价节奏有一点快,幅度有一点大,如果再收紧一些,也许顾客会报出八折的低价。第二,销售员报价即使有20％左右的"虚头"也要珍惜降价的频度,不要为了业绩太过心急,因为顾客并没有急着离开,说明自己跟顾客还有一定的解释商品品质和"拉锯"的余地。一分价钱一分货谁都明白。第三,给顾客一个良好的服务基础,其实很多时候顾客买的不是商品是服务,服务到位了,让顾客有种"上帝感"就好谈了!第四,如果顾客强烈要求降价,即使销售员可以马上做主,知道这个价格可以卖,也不要马上就答应顾客,不要让对方觉得产品分明不值那么多钱,说降价就降下来的感觉。第五,实在不行就做出一点让步,告诉顾客和上级主管部门商量一下,最后做出一点让步,并且言语上一定要好听点,让对方相信,这个价格别的顾客肯定给不了的,还是希望对方以后多多关照!第六,一定要挺直腰杆。碰到一再还价的顾客,就是考验耐力和智慧的时候了,要学会周旋,同时还要自信:因为己方的产品好,才是这个价,买不起,请走人!否则,如果有了这个开头的话,日后就会很难维持高价。所以,己方需要再坚持一下,不要先做妥协的一方。

四、让步

谈判报价之后,就是一轮或多轮的讨价还价,议价和让价贯穿其中。讨价还价的实质就是互为攻防,为了消除双方价格差距,达到成交价格契合点,客观上要求谈判双方都要做出让步。因此,让步决定着交易的成败。让步的方式有很多,但如何让步?模式、技巧也很多。假设让步的总量不变,但何时让步,每一次让步多大,对谈判的影响和效果是不一样的。如果第一次让步出错,就会步步错,以至于最后让步对谈判结果也没有多大意义。下面选择8种让步操作方式进行分析。

以卖方为例,推销产品的第一次报价即最大期望值是300元,最低可接受水平,也就是底价是200元,低于200元他就不卖这个产品,他有100元的还价区间。假设买方的最大承受限度是200元,在买方的讨价还价下,卖方需要先后进行四次让步,并且让步的总金额为100元。你认为,买卖双方能不能成交呢?理论上是应该成交,因为买卖双方有交易契合点200元。但是,我们认为,不一定能成交。成交与否取决于卖方100元的四次让步采取哪种模式。下面我们先看8种让步的操作模式(让步单位为元)。

第一种让步模式:0—0—0—100

第二种让步模式:25—25—25—25

第三种让步模式:10—20—30—40

第四种让步模式:40—30—20—10

第五种让步模式:45—35—15—5

第六种让步模式:99—0—0—1

第七种让步模式:90—10——1—+1

第八种让步模式:100—0—0—0

我们来分析这8种让价操作方式的利弊及对谈判的影响。

(一) 最后让步赌注式(0—0—0—100)

这种让步的特点是谈判的前三次丝毫不让步,给人一种没有讨价还价余地的感觉,到了最后一次,一步到位让出全部利益,以促成交易。这种让步策略只要买方比较软弱,有可能得到很大利益,但更大的可能是激发买方继续进攻,或怀疑产品的质量和对方的诚意,从而导致谈判破裂。这种让步由于要冒很大的谈判破裂风险,使用的场合比较少而特殊,应该慎用。有时见于强势一方运用。

(二) 等额让步冒险式(25—25—25—25)

这种让步的特点是看似定额减少,态度谨慎、稳健,但它的守势不行,往往会刺激买方要求卖方继续让步的欲望,难以软着陆。而一旦停止让步,就很难说服买方,从而很可能导致谈判的中止或破裂。没有谈判经验的人员有时采用这种极不明智的方式,内行人决不会采用这种让步方法。

（三）递增让步灾难式(10—20—30—40)

这种让步比第二种更糟糕,其特点是每次让步都比以前的幅度来得大,这会使买方坚信,只要他坚持下去,卖方总会做出越来越大的让步。这无疑诱发了买方的幻想,给卖方带来灾难性的后果。一般只用于陷入僵局或危难性的谈判。

（四）递减让步稳健式(40—30—20—10)

这种让步与第三种有本质区别,高明之处:这是一种从大到小,渐次下降的让步策略。这种让步的特点是比较自然、坦率、符合规律,容易让人接受;让步幅度的逐次减小,防止对方进攻,效果较好,是谈判最普遍采用的策略。适用谈判提议方采用。

（五）诚意让步收官式(45—35—15—5)

这种让步的特点是先做一次很大的让步,从而向买方表示一种强烈的妥协姿态,表明卖方的成交欲望。然而,让步幅度的急剧减小,也清楚地告诉买方,卖方已经尽了最大的努力,要做进一步的让步根本不可能了。这种让步往往是在谈判实力较弱的场合中经常使用。

（六）盲目让步幻想式(99—0—0—1)

这种让步的特点是具有急于求成的心态,一开始让出绝大部分利益,表现己方的诚意,给人憨厚老实之感,造成成功率很高的气势。但买方不可能轻易罢手言和的。后来让步的幅度又剧减,表示出强烈的拒绝态度,让买方认为让步已经到位,最后再让出微小利,让对方有满足感。这种方式常见于卖方谈判处于劣势,但又急于求成,但这种忽冷忽热让步使买方很难适应,不知卖方葫芦里卖的是什么药,容易给买方造成诚心不足的印象。所以这是外行人使用的方法,内行人只有在非常极端的情况下,偶尔一用。

（七）反常让步刁难式(90—10——1—+1)

在第三步设一个加价,这当然会遭到对方的坚决反对,于是第四步去掉加价,实际上还是100。这种让步法不登大雅之堂,在大多数正规庄重的谈判场合,不采用这种让步法,因为给人一种反常的刁难欺诈之感,有失身份和体面。但有时也可阻止对方的无礼纠缠和进攻,收到反常的奇效。

例如,美国商人比尔去郊外小镇旅游,在街上一家皮件商店的橱窗里,看到了一只皮箱和自己家里的一模一样,忍不住停下来看。皮箱店的老板正在门口拉生意,看见比尔,马上上前推销,好话说尽,比尔就是不买。因为比尔为了看看店主到底有些什么推销的手段,所以站着没走。店主看比尔不动心,把价格一再下降,从50美元、48美元、46美元、……、42美元、41美元,可是比尔还是不买他的皮箱,而老板又不想再跌价了,在报出了"41美元"以后,突然改变下降的趋势,报出了一个上升的价格"42美元"来。当感到奇怪的比尔揪住"41美元"不放时,老板顺水推舟地以41美元的价格把皮箱卖给了比尔。

（八）开局全让愚蠢式(100—0—0—0)

这种让步策略的特点:诚恳、务实、以诚制胜。但一开始就把己方所能做的让步和盘托出，会断送己方讨价还价的所有资本，下面的谈判因为没有退让的余地，只好完全拒绝做任何进一步的退让。适用谈判中处于劣势的一方采用。这种让步是愚蠢地放下了己方的谈判武器，所以，不可能给己方带来任何利益，而且反而因为太愚蠢而让对方看不起。一般不宜采用。

由此可见，最后让步最适用、最容易被人接受的是第4种递减让步稳健式和第5种诚意让步收官式两种。慎用型的是第1种、第6种和第7种，因为这三种运用需要有较高的艺术技巧和冒险精神，不然很可能会惨遭失败。忌用型的是第2种、第3种和第8种，因为这三种模式是外行人经常容易犯的错误，一般来说，在谈判中不能采用。

第四节 终局阶段

经过一番艰苦的讨价还价，该谈的问题都已经谈过，双方在不同程度上都取得了进展，但仍有一些影响成交的障碍。虽然交易已经渐趋明朗，谈判接近尾声，但在谈判的最后阶段，如果放松警惕，急于求成，也有可能前功尽弃，功亏一篑。

一、最后让步

实践证明，谈判即将结束，谈判者也不一定非要做最后让步不可。但如果谈判双方成交的意图非常明显，同时又存在不大的"障碍"，而对方基于"面子"或成就感的需要，最后要求己方让步的心情非常迫切，在对己方谈判目标造成影响不大的前提下，最后适当让步也是可以考虑的。最后让步既要保持己方坚定的信誉，又要表示出愿意"迎合"对方，以取得对方的好感和长期合作的回报。在谈判的终局阶段，最后让步的原则、时机、方式、幅度和策略至关重要。

（一）最后让步的原则

1. 尽量不做单方面让步

谈判中首先做出让步的一方，必然会期待对方也做出相应的让步，作为对己方让步的补偿。这就要求谈判者不仅要在维护己方根本利益的同时，适当照顾对方的利益，而且要求谈判者思路开阔、头脑灵活、反应敏捷。比如，销售员并不直接给予让步，而是指出他愿意这样做，但要以对方的让步作为交换。或者销售员在做出愿意最后让步时，可示意对方这是他个人的意思，这个让步很可能被扣奖金。所以，销售员同时要求对方也要做出相应的让步，以便可以向公司有个交代。

2. 坚决不做无意义让步

如果经过讨价还价，谈判双方离成交契合点只有一步之遥，只要在己方可接受范围内，可以与对方同时让步。但如果对方所持立场仍高出己方可接受范围不少，这时己方让价已没有意义。

（二）最后让步的时机

如果让步时间过早，对方会误认为这是"顺带"的小让步，这将使对方得寸进尺。如果让步时间太晚（除非让步的价值很大），对谈判的推动影响太大。为了选择好让步的时间，建议最后的让步应分成两部分。主要让步应在最后期限之前,即在给对方有刚好足够的时间回顾和考虑的时刻做出;次要让步,如果它是非常必要的,那应成为最后的"甜头",安排在最后时刻做出。做出最后让步的方式也应注意强调这种让步的终局性。谈判者必须在这一点上把信息传递得非常准确。

（三）最后让步的幅度

最后让步幅度的大小与最后让步的时机和方式同样重要。最后让步幅度,要视接受这一让步的人在对方组织中的级别而定。对某些组织来说,最后谈判通常是由对方的重量级人物出面,而不是一般的谈判人员。最后让步幅度可以大到刚好满足对方地位和尊严的需要但又不过大。如果让步幅度过大,会使对方领导指责他的一般谈判人员没有把工作做好,并坚持要求他们继续进行谈判。

二、谈判结束

（一）暗示谈判结束

判断谈判是否进入结束阶段主要依赖以下三个标准:交易标准,交易所涉及的所有条件的总和是否已达到预想结果;时间标准,是否在所需时间、所限时间以及竞争时间范畴之内;策略标准,谈判中"生死性"的策略是否被应用且达到基本效果。根据谈判经验,谈判出现以下几种情形,就暗示着谈判即将结束。

(1) 谈判双方经过充分讨论,已就合作意向达成了共识,双方的分歧已得到妥善解决。

(2) 谈判的一方已明确或暗示接受对方改善后的重新报价,并不再表达过多的言语和行为。

(3) 谈判一方在阐明自己的立场时,完全是一种最后的决定的语调,坐直身体,双臂交叉,文件放在一起,两眼盯着对方,不卑不亢,没有任何紧张的表示。

(4) 谈判者用最少的言辞阐明自己的立场,比如:"好,这就是我最后的主张,现在就看你的了。"

(5) 谈判者回答对方的任何问题尽可能简单,常常只回答一个"是"或"否",使用短语,很少谈论据,表明确实没有折中的余地。

(6) 谈判一方一再向对方强调,现在结束是对他最有利的结果,并告诉他一些理由。

(7) 谈判双方经过充分讨论,经请示高层,分歧依然无法达成共识,并不再言语。

(8) 经过"马拉松"式的谈判仍无结果时,一方没有任何借口决意要离开。

发出这些信号,目的在于推动对方脱离勉勉强强或惰性十足的状态,设法使对方行动起来,从而达成一个承诺或尽快得出一个结果。这时应注意的是,发出成交信号要恰如其分,如果过分地使用高压政策,有的谈判手就有可能退出;如果过分地表示希望成交的热情,对方就可能会继续向你进攻。

（二）谈判结束策略

1. 比较结束策略

这种策略分为两种,分别是有利的比较结束法和不利的比较结束法。有利的比较结法的典型语言是:我发现隔壁的老王在你这里购买了3套产品,我也买3套吧。不利的比较结束法往往是:我发现隔壁的老李在对面商场买的产品很不错,我也到那去看看再说吧。

2. 优待结束策略

这种方法是指通过提出优惠条件来促使成交结束,包括两种:让利促使对方签约和试用促使对方签约。

(1) 让利促使对方签约,是指当对方对大部分交易条件不很满意,而价格又居高的情况下,卖方可通过提供一些优惠条件来使对方满意从而促成成交。这些优惠条件包括采用回扣、减价以及售后服务等。

(2) 试用促使对方签约,是指谈判者提供一些样品或免费提供廉价样品给对方使用,以此表明诚意,促成成交。而且把产品留给对方试用充分表明了卖方对自己产品的自信,这样可以增加对方的信任感,从而达成协议。

3. 利益结束策略

(1) 突出利益损失,促使对方成交。这种方法主要是打消对方的迟疑,时刻给对方灌输一种紧迫感,如果不尽早做出决定,日后再决定购买,将会损失这一时期的收益,或被别的买家抢先购买,损失将不可估量。

(2) 强调产品的好处,促使对方做出决定。该方法主要在于反复强调,可能在谈判的过程中对方没有全部注意到产品的优点,此时可将产品的优点全部写在一个醒目的位置,并且反复强调。要知道任何形式的强调都有着强烈的启发作用。到了最后阶段,如果对方提出新的要求,业务谈判可能会进入反复的状态,因为这些要点可能引起对方新的思考,因而推迟决定。

(3) 满足对方的特殊要求,促使对方成交。有时对方可能会提出一些特殊要求,如果满足这些要求收益大于成本,那么尽可能地满足对方的特殊要求会促使成交。

4. 趁热打铁结束策略

如果能在第一次达到谈判高潮时达成协议是最理想不过的,这样双方都可节省很多时间成本。实际上第一次谈判高潮时双方做出决定的可能性最大,而双方洽谈的要点也最清楚。

5. 推延决定结束策略

当对方始终推迟无法做出决定时,确定对方无法给出答复的原因,如果是确实存在原因,比如说必须要跟公司负责人讨论和分析某些事项,此时就应建议对方推迟做出决定,而不是极力催促或向对方施加压力。但应保证对方的研究与思考与己方有关,在对方没有做出决定之前要与其保持联系。

(三) 谈判总结

谈判双方经过激烈的讨价还价和最后的让步,终于到了要出结果的时候了。当然最理想的结果是达成交易,但中止谈判、终止谈判、谈判破裂也是谈判的常态。

无论是哪种结果,基于谈判的礼仪,一般都要进行小结,有的隆重一些,有的简单一些,甚至就是几句话而已。其主要内容如下。

(1) 如果交易达成,特别是重大交易达成,首先系统回顾谈判所达成的共识,然后表达交易的达成对谈判各方的意义,紧接着就谈判合同的起草、审核和签署达成一致意见,最后感谢谈判对方的合作诚意和所做的努力。

（2）如果谈判双方因为某种原因未能达成全部或部分成交协议,而由双方约定或单方面要求暂时终结谈判的,视为中止谈判。中止谈判如果是发生在整个谈判进入最后阶段,在解决最后分歧时发生中止,就是终局性中止,并且作为一种谈判结束的方式被采用,也成为终止谈判。中止谈判分为有约期中止谈判和无约期中止谈判,有约期中止谈判是因为某种原因在本轮谈判中不能解决,而约定条件成熟时继续谈判,谈判双方具有明确的合作成交意向,具有积极的意义。而无约期中止谈判,就意味着再继续谈判也难以达成交易,又称为谈判破裂。对于有约期中止谈判,也要谈谈双方达成的共识;对本轮谈判无法达成的部分交易条件,希望双方积极创造条件,早日会谈,争取合作成功。对于无约期中止谈判,对于分歧问题,谈判双方只能表示遗憾,"生意不成朋友在",希望以后有机会合作。

三、谈判结果

（一）谈判成交

谈判成交是指谈判各方在谈判过程中经过磋商取得一致意见,签订合同,从而终止谈判的结局。这是谈判各方协商一致努力争取的结果,因为,谈判成交与谈判各方的相互让步是分不开的。谈判成交,就是谈判的成功,因为谈判的各方都是胜利者。

谈判成交必然表现为:谈判的各方就谈判的有关事项达成协议或形成合同,且这种协议或合同一般来说应是书面的。因此,在谈判成交中,最重要的工作就是为协议或合同的签订把好关。下面重点谈谈签订合同的问题。

合同本身是谈判各方就谈判内容表达一致的文件,是对谈判各方相互权利与义务关系的一种确定。合同一旦生效,对谈判的各方便产生了约束力。但是,合同本身还不能充分保证谈判者获得实际利益,它必须要求谈判各方对合同诚实履行。

如果一旦发生对合同的规定不履行或不完全履行时,新的纠纷就会随之产生,有时可能导致诉争。诉争一经产生,就存在一个法院管辖问题。各地的司法实践或多或少地存在着一定程度的地方保护主义,纠纷当事人都想选择就近、对己有利的法院诉讼,并且他们在合同中约定最多的是依合同的签订地为确定诉讼的依据。那么什么是合同的签订地呢？根据一般常识认为:合同的签订地,就是合同文本的成立地,也即谈判各方对合同文本一致认可的地点。但是在司法实践中,往往将其解释为合同文本的最后盖章地。所以,许多合同为了避免将来因签订地不明带来麻烦,而在文本内容中事先注明签订地。如果在己方处谈判签约,一定要坚持在合同中注明;如果在对方处谈判签约的,对方没有坚持要求在合同上注明,则最好带回本地盖章,再邮寄回来,并保留凭证。这样将来一旦发生诉讼,己方就可就近诉讼了。当然,合同签订最重要的还是信守履约,避免诉讼。

（二）谈判中止

造成谈判中止的原因很多,有的是由于谈判各方面的利益冲突暂时未找到解决的方案;有的是客观条件不具备;有的是基于谈判谋略上的考虑等。根据造成谈判中止原因的性质,谈判中止可分为客观性谈判中止与主观性谈判中止两种。

客观性谈判中止是指谈判各方在谈判过程中,由于有阻碍谈判成功的客观原因,影响谈判不能达成协议而暂时终止的谈判。客观性谈判中止一旦出现，谈判者就应找准原因，采取相应的处理办法，除了确属客观条件制约、暂时无法恢复的谈判外，谈判者应该主动、积极地寻找时机，重新谈判。

主观性谈判中止是指谈判各方在谈判中，由于意见分歧而暂时中断谈判，以求达到重新谈判，获得利益之目的。如果谈判出现了中止，应正确分析原因，根据己方的需要，采取对等反制、对症下药、找台阶下等策略，争取重新谈判。

（三）谈判破裂

谈判破裂是指双方经过最后的努力仍然不能达成共识和签订协议，交易不成，或友好而别，或喷然而去，从而结束谈判。从某种意义上讲，谈判的破裂数比成交数更大，尤其是市场上同类商品丰富或同类用户踊跃时，谈判更是艰难，且成功率会比破裂率低得多。

1. 友好破裂

它是指双方在互谅之中结束了不成交的谈判，也就是谈判者通常所讲的"买卖不成仁义在"。如双方的谈判时间不短，甚至有一方本来就是为了将对手当"秤"去比第三者的，双方所表现的结束方式都很理智。一方可能说："很抱歉，虽然我方经过许多努力，我也认为贵方也经过了努力，但是双方仍然存在很大的差距。看来，这笔交易很难成功。假若贵方有了新的条件，我们可以再谈。实在有困难的话，我们也愿意在别的方面争取合作。贵方在谈判中给我留下了深刻的印象，贵方表现的谈判能力及信誉都令我钦佩，我也十分愿意与贵方再度合作"。为促进双方的交易进行新的谈判，话讲得比较友好，有分寸。另一方也可能说："其实，我从一开始就意识到贵方可能不买我方的产品，但我本人对我公司的产品有信心，所以我尽了最大努力进行谈判。虽然我没能与贵方达成协议，然而我学到许多有益的东西，对我们今后的工作会有帮助。我希望贵方若再有需要时请别忘了我。"这种豁达的、留有余地的态度会给"破裂"带来不少积极的弥补。

当然，谈判实践中也并不等于"友好破裂"中就没有批评。如有的谈判者也会说："贵公司自以为地位优越而坚持一种僵硬的立场，其结果是封了自己的市场。世界这么大，不会没有办法解决我方的需要。当然，贵方的产品是可以信赖的，等贵方的态度与立场从政策上予以改变时，我们还是乐意继续谈判。"这里包含了批评，但实事求是，又充满了友好合作的态度。总之，友好破裂的基础是相互理解、尊重、客观，留有余地。

2. 对立破裂

对立破裂是指双方或单方在对立的情绪中以不冷静的情绪来结束未达成任何协议的谈判。与友好破裂相反，谈判者未注意考虑交易的本质条件的差距，而是侧重考虑对方的态度和做法，所以表现出的情绪与词语均较激动。或许出现这种情况的动因是多方面的，如真正不满、假装愤怒以压制对手、根本不把对手放在眼里等。但不论何种原因，造成对立破裂总不是好事，不仅这次没有谈成，也没有下次合作的机会，说不定在生意场上又多了一个"仇家"，百害而无一利。聪明的谈判者，无论陈述还是回答，都要有礼、有理、有节，摆事实讲道理，做到以理服人，以情感人，以礼待人，体现出谈判者良好的素质和风度。

思考与训练

第四章思考与训练

第五章 谈判谋略：智胜之道

第一节 谈判谋略之道

一、谈判谋略的意义

中华传统文化博大精深，蕴含着丰富的谈判思想和谋略之道。谈判谋略是指实现谈判目标的各种谋划和策略，它融汇多种学科的知识和技能，是谈判的智胜之道。从战略谋划上讲，可以从宏观纵览谈判的背景、各方的需求和实力，制定指导整个谈判活动的方式方法，朝着谈判的目标奋进；从战术策略上讲，可以根据谈判的每一个环节、每一个问题，对症下药，精准施策，推动谈判朝着既定的目标迈进。在我国古代风起云涌的谈判智慧中，谈判谋略的意义集中体现在以下几个方面。

（一）造势

造势是运用传播工具制造有利于己方的谈判形势和气氛，为取得谈判主动权做无形的舆论准备以及有形的物质、人员方面的准备。造势的谋略特征是调动一切可以调动的力量为己方服务，有放大实力之功能。正如孙子所言："故善战者，求之于势，不责于人，故能择人而任势。任势者，其战人也，如转木石。木石之性，安则静，危则动，方则止，圆则行。故善战人之势，如转圆石于千仞之山者，势也。"优秀的谈判者能够求之于势或巧造于势，从而提高其战斗力和竞争力。

（二）治气

士气是战斗力、竞争力的重要组成部分。治气，就是要运用谋略瓦解对手的士气，并激励己方内部的士气。《孙子兵法》中说："三军可夺气，将军可夺心。是故朝气锐，昼气惰，暮气归。故善用兵者，避其锐气，击其惰归，此治气者也。"谈判者运用谋略破坏对手的自信心，使其怀疑自己的能力和计划，进而使对方谈判组的士气下降；同时，谈判者亦要注意设谋防止对方对己方的心理瓦解。在有些谈判活动中，必须采用团结合作的方式才能达到目的，此时治气的谋略是消除双方不融洽的因素，加强交流，创造良好的谈判气氛。

（三）治心

治心的谋略核心是谈判者应用谈判心理战突破对方的心理防线，使对手对己方的方案、观点认同、内化，直至接受。在谈判中，对方一般存在着逻辑防线、情感防线、伦理防线等，谈判者应以深刻的洞察力发现对方的谈判需要和动机，认清其情绪变化的社会背景及利益关系,把握其心态,调控其需求,使其心理活动与己方发生相容和共鸣。

(四) 治力

谈判是双方或多方谈判实力的较量。治力,就是设法增强己方的谈判实力,而削弱对手的谈判实力。要做到治力,必须要充分了解对方的实力及影响其实力的主要因素,避实击虚,以己方的长处迎对对方的短处。

(五) 治变

谈判是一个动态的过程,原定的谈判计划和方案应根据谈判桌上的变化及时调整。《孙子兵法》中说:"兵无常势,水无常形;能因敌变化而取胜者,谓之神。"治变谋略要求谈判者具有灵活的战术意识和良好的谋略心理,因地制宜。

下面举一个大将狄青造"天意"的例子。

有一次,大将狄青征讨侬智高,军队刚出发就遇到许多困难,军队颇多怨言。为统一全军将士的意志,狄青取出100个铜钱,拿着与神誓约:"此行若能大获全胜,那么,我投这些钱,一定面都朝上。"左右随从劝阻道:"要是不能全部朝上,恐怕容易动摇军心,还是不投的好。"狄青意志坚决,不听劝告。众将士全神贯注地观看,只见狄青蹑脚注目,将手一挥,一下将钱投出,100个铜钱全部面朝上落在地上,众人立刻欢呼起来,声震山林旷野。狄青也十分欢喜,回顾左右的人,命取100个钉子,立刻将钱钉住,又扣上青纱笼。狄青亲手加封说:"等我军胜利回师,在此拜谢神灵,届时再取走钱。"

后来,狄青果然大获全胜。凯旋班师时,路经此地,履行诺言,拔钉取钱。此时,大家才发现,100个铜钱都是两面钱,正反面一模一样。

二、谈判策略的生成

在现代社会,我们要认真汲取中国传统文化中的谈判精髓,同时也要与时俱进,运用现代辩证逻辑思维制定、完善、运用谈判的战略战术。在具体的实践中,我们要在广泛搜集信息、有效整理提炼、科学研判分析的基础之上,对谈判的大势、具体的情势、每一个环节、每一个因素、每一个问题,都要注意分析,坚持问题导向,反复比较分析和推演,生成精准对策,并以之指导己方组织进攻、防守、成交或撤退。恰当地运用谈判策略是谈判成功的重要前提。

谈判策略是指谈判人员为取得预期的谈判目标而采取的措施和手段的总和。它对谈判成败有直接影响,关系到双方当事人的利益。谈判策略是在谈判中扬长避短和争取主动的有力手段。由于谈判双方都渴望通过谈判实现自己的既定目标,这就需要认真分析和研究谈判双方各自所具有的优势和弱点,即对比双方的谈判"筹码"。在掌握双方的基本情况之后,若要最大限度地发挥自身优势,争取最佳结局,就要靠机动灵活地运用谈判策略。否则,就很难达到这一目的。谈判策略又是谈判者维护自身利益的有效工具。谈判双方关系的特征是,虽非敌对,但也存在着明显的利害冲突。因此,谈判双方都面临如何维护自身利益的问题,恰当地运用谈判策略则能够解决这一问题,有利于谈判者掌控谈判过程的各个阶段,从而最终赢得谈判。

（一）谈判策略的生成过程

谈判策略的生成，首先要透过现象看本质，找出谈判问题的症结所在。谈判者的诉求，对方可能的要价，双方可能的分歧、契合点，双方谈判实力的对比，为实现谈判目标双方可能做出的妥协等，皆为现象。通过对现象分析，找出双方分歧的主要矛盾和矛盾的主要方面，把握住问题的本质。只有这样，谈判才有目的性，才不会走弯路。然后锁定谈判目标，对可能影响目标实现的各种因素进行再细化分析，深入研判，深度分析，找出解决问题的策略和方法。在此基础上，对草拟的谈判策略进行再分析，增强谈判策略及其组合的针对性、实用性和层次性，并重点考虑策略组合的谋划联动和具体策略的实施细节，具体到人、事、时间、空间上，最终生成正式的谈判策略方案。

（二）谈判策略生成的影响因素

在具体的谈判策略生成中，要充分考虑"人""势"和"利"的因素。

1."人"的因素

"人"的因素主要考虑谈判对手地位、经验、态度、爱好、性格等因素。如对方主谈人是高层主管还是一般员工，是谈判高手还是谈判新手，有决策权力还是无决策权力；对于前者，选用策略要多变，一招不行，再来一招，动作迅速，使对方防不胜防。对于后者，从谋略运用节奏上不一定太快和太复杂。如果太快了或太复杂化了，对方反应跟不上，领悟不了，倒不如简单些，施用一计一招，使对方觉得己方诚恳。也要根据谈判对象的态度有的放矢。如，有的人态度友好，参加谈判抱以成功之希望，力图做出成绩，从而追求晋升；而有的人态度冷淡，热情不高或对谈判成败看得较淡。对前者，既可以以柔对柔，又可以以刚对柔；对后者，既可以以柔克刚，又可以辅之以必要的以刚制刚。因此，谈判者应把握分寸与火候，并注意引导对方。还有的谈判对手性格外向，急躁直率，有的对手性格内向，温和婉转，选用策略时，也要注意区别对待。

2."势"的因素

"势"的因素，一般地讲，当己方处于较强的谈判地位，并涉及一些重大原则问题时，常常采用强硬的对抗性谋略，即坚持己方原先的立场，毫不妥协，迫使对方让步。相反，若是己方有求于人，又要与对方建立或保持长期、友好的关系，则宜采用柔软的身段、友好的态度，心平气和地倾听对方意见，耐心地与之交换意见，循循善诱，充分说理，逐渐消除分歧，力求达成交易。

在不同的谈判阶段也应采用不同的策略。例如，一项购销谈判大体可分为四个阶段，按一般的规律，每个阶段都有一种主要的谈判策略与之相应。在谈判开局阶段，采用的策略主要是增进双方的了解与信任，营造友好合作的气氛。在报价阶段，面对谈判双方的价格差距和问题争议，应多用一些对抗性策略，不要很快做出让步。在磋商阶段，常以刚柔相济的合作策略为主。所谓合作策略，即在原则问题上不动摇，在次要问题上表现灵活。既有对峙，又有让步，软硬兼施，在不影响己方根本利益与目标的基础上与对方消除分歧。在终局阶段。双方在多数问题上已取得一致，对于剩下那些分歧较大的问题，无论是原则性的还是枝节性的，都需要双方共同做出让步，折中调和，达成协议。否则，谈判就会前功尽弃。

3. "利"的因素

"利"的因素主要是处理好经济利益与合作关系。在现代谈判中，人们往往面对现实谈判利益和长远合作关系的取舍和平衡。谈判不同的侧重点也往往决定着谈判策略的选择。如果谈判者对现实谈判利益和长远合作关系都很在乎，比如，与重要的战略合作商谈判，通常采用"双赢"策略，通过智慧化解谈判危机，同时寻找最好的方法同时去满足双方的需要，解决好谈判双方权利、责任和义务的分配问题。如果谈判者更在乎长远合作关系，不太在乎现实谈判利益，通常采用"让步"策略，放弃部分现实利益为代价而谋取长远合作关系。如果谈判者对现实谈判利益与长远合作关系都不在乎，通常采用"回避"策略，即避开对方的"要价"，甚至不进行谈判的方式予以处置。如果谈判者只关注现实谈判利益，不在乎长远合作关系，通常采用"竞争"策略，即在谈判中面对潜在对手，通过运用竞争机制或破坏竞争机制的方式达成一切为了"赢"的结果。谈判者如果对现实谈判利益和长远合作关系都在乎一些，通常采用"妥协"策略，即相互妥协，相互合作，在共同让步、各取所需中达成合作。

值得说明的是，谈判策略一旦生成，虽然可以灵活运用，但最好不要做较大的改变，除非重构谈判架构，否则就会影响到预先设计的合作方案，包括妥协范围、成交点、谈判交易条件等一系列组合要素。

▶ 第二节 谈判策略之术 ◀

美国人杰勒德·I.尼尔伦伯格认为："成功的谈判者，必须把剑术大师的机警、速度与艺术家的敏感能力融汇于一体。他必须像一个剑术大师一样，以锐利的目光，机警地注视谈判桌那一边的对手，随时准备抓住对方防线中的每一个微小的进攻机会。同时，他又必须是一个细腻敏感的艺术大师，善于体会辨察对方情绪或动机上的最细微的色彩变化。他必须能抓住灵感产生的一刹那，从色彩缤纷的调色板上选出最合适的颜色，画出构图与色调完美和谐的佳作。谈判场上的成功，不仅是来自充分的训练，而且更关键的是来自敏感和良机。"杰勒德的论述告诉我们，谈判的谋略不仅在于谈判之前的研判和谈判谋划，还在于谈判本身就是一门艺术，要求谈判者精于谈判之道，多谋善断，反应灵活，把握火候，对症下药，伺机而动，巧妙地运用谈判策略和技巧，恰到好处地破解难题，从而成功达成协议。

面对风云变幻的谈判形势，谈判者一定要把握好谈判桌上的攻防策略战术、招数和套路，见人下菜、见招拆招。常见的谈判策略主要有以下几种。

一、攻心为上

这是一种从心理上、情感上软化、瓦解对方，逐步缩小差距、从而消除分歧、达成协议的策略。其主要手法有以下几种。

（一）令君满意

这是一种以情感人、以理服人，使对方在得到充分尊重、精神上得到满足，从而促成交易的策略。要求对待对方礼貌、温馨，关注对方提出的各种问题，并尽力给予解答。哪怕对方重复提问,己方也应耐心重复同样的解释,并尽力做到令人信服。同时,还要接待周到,使对方有被尊重的感觉。必要时可请高层领导出面会商,联络双方的友谊,分析对方做成该笔买卖的意义,使其充分感到亲善、信任和温暖、互惠,以达到"润滑""催化"的目的,而不宜流露出过于急着做成交易的情绪。

(二)任你选择

它是一种让对方在己方提出的多种解决问题的方案中任意挑选的主动做法。如某厂家主动提出几种技术方案或服务方案乃至价格条件让对方挑选。使用这种策略时,应注意把握时机,必须在谈判僵持到双方感到疲倦或在相当的时间之后,或在最后成交谈判前提出,效果才会最佳。此外,无论有几种方案,每一种方案的实际分量都应相当,即便有差距也主要体现在"物与钱"或"简与繁"上,主要针对有的厂商宁愿要钱,而有的则偏爱物,有的不要"小钱"要"便当",而有的不怕麻烦却图省钱。运用多元选择,有助于破解僵局,早日结束谈判。

(三)首脑会晤

它是一种在谈判主场之外,双方采取小圈子会谈以解决棘手问题的做法。通常由双方主谈人加一名助手或翻译进行的小范围会谈。这种策略有其较强的心理效果,突出了问题的敏感性和保密性,增加了主谈人的责任感,寄大会谈判的希望于关键人物及谈判方式上。这种会谈随时可以进行,如全体会议之前,双方高层先见面。商务谈判中也常常如此。会谈之中,也可暂时休会,举行高层会晤。这种会谈讲话更自由,气氛更轻松,便于双方灵活交换条件,尤其是不成熟的、尚处探索中的条件。大会之后碰头也可以,如,家宴也是首脑会晤的形式之一。许多重大的决策,往往不在全体谈判会议上形成,而是在这种高层会晤的谈判中形成,大会只是公布这种决策或协议的场所而已。

(四)鸿门设宴

兵家的"鸿门设宴"为大家所熟知。这里的鸿门设宴意指通过宴会来缓解谈判的气氛,消除谈判双方心理上的戒备或缓解对立情绪,从而促进谈判的进程。如某公司领导宴请客户买方,在宴会上该公司领导乘机向买方提出转让专利的事情,买方鉴于"宴会的气氛太好了",便简单询价、适当做出让步,顺利成交,卖方的"鸿门宴"奏效了。

(五)攻其要害

直击要害的关键在于利益得失,谈判者只有抓住对方的利益所在,使其认识到有遭受损失的可能,才能迫使其改变主张。例如,美国某航空公司要在某地建立一座巨大的航空站,要求当地一家电力公司按优惠价供电。这家电力公司认为对方有求于己,己方占有主动地位,故意推说公共服务委员会不批准,不与对方合作。在这种情况下,航空公司主动中止谈判,扬言自己建厂发电比依靠电力公司供电更合算。电力公司得知这一消息后,担心失去赚钱的机会,立刻改变了态度,还托公共服务委员会前去说情,表示愿意以优惠的价格给航空公司供电。在这笔大宗交易中,处于不利地位的航空公司巧于打草惊蛇,形成对对手的精神压力,迫使对手退出主动地位,不费一枪一弹,得到了很大利益。

二、欲擒故纵

谈判中的欲擒故纵是充分利用信息流传的情况,制造一些看似符合逻辑的假象,迷惑对手,使其接受己方的条件。具体策略有以下几种。

(一) 兵不厌诈

谈判是在寻求一个对双方都有利的结果,但是由于种种原因,这个"利"往往不是均衡的。任何一宗买卖只能公平地去做,但其结果对于双方来说是不可能绝对均衡的。在这里,只要不强迫,双方自愿就某个条件达成协议,就是公平。平等是意识上的概念,不是物质上的实际。你让了A,我让了B,而A和B不一定相等,但是周瑜打黄盖,一个愿打,一个愿挨,只要双方愿意交换,就是公平。兵不厌诈的方法一般有:改变谈判日程,调整谈判人员,让翻译故意透些信息,让对方知道有第三者插足,有意把文件夹中某个资料亮一下,说是竞争对手的建议等,迫使对方重新考虑自己的态度。

(二) 先纵后擒

先纵后擒是指无论从哪个角度讲都必须做成某笔交易,但在谈判中却要表现得并不在乎谈判成败的策略。谈判者在谈判中往往表现出半热半冷、不紧不慢的态度;在日程安排上,显得从容、随和、谦让对方,然后相机利用于己有利的条件;在对方情绪激动、态度强硬时,让其表演,采取"不怕后果"的轻蔑态度,不慌不忙,让其摸不着头脑,制造心理优势。该策略的基点是要"擒",因此"纵"时也并非消极的纵,而是积极的纵。通过积极的"纵",激起对方成交的欲望,从而降低其谈判的价码。

怎么做才算积极的"纵"呢?首要的是每一次"纵"都要给对方留下一个"机会"印象。如改变与卖方原定的日程时说,"因有别的重要会见",在神秘中,给卖方留下一个"延后的机会",待卖方等到这个机会时,会增加一种珍惜感。其次,注意言谈,不要羞辱对方,避免从情感上伤害对方,造成矛盾焦点转移,即本来讨论贸易或技术条件的,一下子转到对人的态度友好、公司关系、两国政府的友好合作政策等上面,使"纵"失控。再者,"纵"时手中应有条件,可以吸引对方回来,不能使自己所处的地位失去优势。否则,一"纵"即逝,就无力拉回对方了。

三、灵活机动

高明的谈判者在谈判时往往准备多套方案,当第一谈判方案受阻时,即可采用第二方案,这种战术称为灵活机动战术。这种战术避免了"在一棵树上吊死"的危险,容易创造更多的成功机会,确保谈判目标在预定期限内更加顺利地实现。

(一) 货比三家

货比三家是商业上的千古信条,也是每个买卖人都必须掌握的最有效的策略。谈判中的货比三家指的是在谈判某笔交易时,同时与几个供应商或采购商进行谈判的做法。常言道:"不怕不识货,就怕货比货。"具体来讲,该做法就是把同类产品的卖方或所需此类产品的买方邀请来,同时谈判,进行对比,择优签约。例如,某项目,两个卖方谈判的态度不同,买方A与态度积极的卖方B草签了合同。在正式签合同之前,不积极者卖方C就会热起来了,找到买主 A 的上级诚恳要求再谈。买方 A 以已"草签合同",应遵守贸易道德为由婉言拒绝 C。但买主 A 终因迫于上级的要求,以无"正式合同"为由请 B 重谈。为了处理好各个方面的关系,争取谈判的主动,买方 A 同时请来卖方 B 和 C 在两个房间分别谈。买方 A 仅在几个小时内就确定了最终的成交者。通过这一轮谈判,买方 A 获得了比原来更优惠的条件。

货比三家要运用好,必须注意以下几点:一是选的对象要势均力敌,这样比起来才有劲;二是比的内容要科学、可信,这样才能比出高低;三是时间的安排要合理、有序,独立交流的时机要恰到好处,以防彼此"撞车"而引起不快;四是对参加竞争的各家,原则上应一视同仁,但谈判者心目中一定要有重点突破口,保证成交有安全区。

(二) 演双簧

双簧是我国曲艺的一种,它是一人在前面做动作,另一人在其背后说或唱,两人配合默契,观众看来,好像是一个人在表演。谈判中的双簧戏,是将谈判班子中的成员,有意识地分成前台、后台,或叫一线、二线,使前台人员在决定问题和与对手交锋时有回旋余地,并能伺机出动后台(二线)人员以求获利的做法。例如,某科技项目洽谈中,组长坐在旁边听,当对手驳倒了己方主谈人的观点、自鸣得意时,组长出面,以更有力的论证回击对方,使谈判气氛对己方有利,迫使对方改变所持的立场。

使用该策略时应注意,挑选好组长与主谈人。组长应与上级有密切的联系,从而有足够的决定权,反应起来快。主谈人应博学多才,善于社交,讲求效率。当选定二人时,无论在台前,还是在台后,应步调一致,互相支持,互相巩固谈判地位,严禁互不尊重,互相拆台,否则"双簧戏"是演不成功的。

(三) 黑白脸

黑白脸是一种软硬兼施的策略。在谈判中硬与软的结合实际上就是谈判者利益目的的坚定性和灵活性的结合。一个谈判组里往往有两种人:一种是猛冲直打的"硬人物";一种是比较温和、善于收场的"软人物"。二者一个唱黑脸,一个唱白脸,一硬一软,互相配合。这种软硬配合的方式主要有主次配合、商技配合等。

主次配合,是由己方的领导、组长、年长者等充当"软者",先由次要的谈判人员以强硬立场维护己方的条件,再由主谈人出面调解。例如,某项目的支付条件的谈判,买方主谈人让其助手先与卖方交锋,出的支付条件很严,在双方舌战多时后,买方主谈人才开口说话,以比较"体谅的"态度看问题,从"中间人的角度"建议"他们二者"都做必要的让步,并提出了自己的方案,声明"若就此方案达不成协议,你们可以继续谈判"。卖方正在苦恼之时,买方有此"松动的"态度,自是欣喜,仅做小的修改即达成协议,而买方所得的条件亦比预定的方案要好。

在商技配合中,技术人员着重强调技术原因,坚持一些苛刻的条件不放,在与对方争论得难分难解之际,再由商务人员出面调和。

软硬兼施要取得预期的效果,一定要密切配合,假戏真做。扮黑脸的人态度要强硬,寸步不让,又要言之有理,硬中有礼,强中有情,不给人以蛮横的印象。扮白脸者应为主谈人或负责人,要善于把握火候,审时度势,及时出场,让黑脸好下台,及时逼对方就范。若是一个人同时扮演黑白脸时,要机动灵活。如发动强攻时,声色俱厉的时间不宜过长,同时,说出的硬话要给自己留有余地,否则会把自己框住了。

(四)化整为零

将整体不能谈妥的条件,分成几块,各个实现的做法,称为化整为零策略。例如,空调机生产厂家报价一生产线为 300 万美元,与买方久谈不下。而买方将其技术分成单项工艺论水平给价,将其设备逐项去找设备制造厂询价,结果设备费仅价值 150 万美元。该厂家对买方化整为零的做法惊讶不已,不得不做出巨大让步,结果买方以不超过 200 万美元的条件成交。

使用该策略时应注意:若技术含量高的项目化整为零时,应以技术保证为前提,否则钱可能赚了,但没得到技术,或者搞技术拼盘,将来还有可能赔大钱。

四、针锋相对

针锋相对是以绝不退让的强硬立场迫使对方让步的谈判策略。强硬的谈判者一般表现为:开始就要价很高或出价很低,并坚持其立场;退步很小,且随着谈判的进行,越来越小;谈判中的你一言,我一语,针尖对麦芒,你强我更强,不怕形成僵局。其具体做法有以下几种。

(一)据理力争

常言道:有理走遍天下,无理寸步难行。商务谈判的过程,就是据理力争的过程。在 20 世纪 30 年代的中国香港,有一家华人开办的茂隆皮箱行,由于货真价实,生意兴隆,因而引起英国商人威尔斯的嫉妒。一次威尔斯蓄意敲诈,向茂隆皮箱行订购皮箱 3000 只,价值港币 20 万元,合同写明一个月取货。当经理冯灿如期交货时,威尔斯却说合同上写的是皮箱,而冯灿做的皮箱中使用了木料,就不能算皮箱,因此向法院提出诉讼,要求赔偿损失。开庭时,港英法院偏袒威尔斯,企图判冯灿诈骗罪,冯灿便委托华人律师罗文锦出庭辩护。在法庭上,威尔斯信口雌黄,气焰嚣张,似乎稳操胜券。这时,罗律师站起来,从口袋里取出一块金表,高声问道:"法官先生,请问这是什么表?"法官回答:"这是英国伦敦出口的金表,可是这与本案有什么关系呢?"罗律师说:"有关系。这是金表,无人怀疑。但是请问这块金表除表壳镀金以外,内部机件全是金制的吗?"旁听者叫道:"当然不是。"罗律师接着说:"那么,人们为什么又叫它金表呢?由此可见,茂隆行的皮箱案,不过是原告无理取闹,存心敲诈而已。"法官在众目睽睽之下,理屈词穷,只得判威尔斯诬告罪,罚款 5000 港元结案。在这里,罗文锦以金表与皮箱的类比推理,成功地驳斥了英商的论证方式,最终获得胜诉。

(二)最大预算

这是指谈判的一方对某方案感兴趣,因此方案已超出了己方的最大授权或最高预算,而要求对方对此方案再做修改的做法。如卖方将某项目报价从 10 万元降到 8 万元,买方说:"你的方案不错,但我只有 6.5 万元的预算。"又如卖方说道:"我理解你的 6.5 万元的最大预算,但我无权力做出这么大的让步,即使请示老板,也最多再优惠 5000 元,否则我也爱莫能助了。"这种最大预算策略的运用,一个讲买方的资金预算,一个讲卖方的降价预算,目的是来限制对手的要求,但还应注意留有变通的余地,否则难以挽救危局。

(三) 最后通牒

在谈判陷入僵持阶段时,某一方往往宣布某个新条件或某个期限作为对谈判中合同成败的最后决定条件,逼对方作出最终答复的做法,称之为最后通牒。我们知道,谈判的目的是满足自己某种需要,确切地说是通过出让自己一部分利益的方式而争取自己的另一部分利益。然而,人的犹豫产生于对未来的希望和对现实的不肯舍弃的矛盾之中,对利益的无限追求是人的本性。在谈判中,人总是想象将来可能会给自己带来更大的利益,而不肯做最后选择。最后通牒就是打破对方对未来的奢望,以求击败犹豫中的对方,迫使对方表示行就行,不行就算了。例如,"我已无别的选择,等到明天中午,如果贵方接受我方建议,我则留下签合同。否则,我要乘下午两点的飞机回国"。同时,还可以用行动来配合,如收拾行装,同旅馆结账,预订车船票,购买土特产等,均有最后通牒的味道。

最后通牒在一定的条件下能击破对方不切实际的奢望,提高谈判效率。但是最后通牒也把发出通牒者逼到了"不成功,便成仁"的境地,因而要慎用。一般来说,当出现以下几种情况时,可采用该策略:当己方不想和对方继续交易时;当己方已将价格降到无法再降的时候;当己方确信对方无法负担失去这项交易的损失时;由于对该对方的降价,己方可能不得不对所有顾客降低价格;当己方确信对方没有诚意时。而当面对对方发出最后通牒时,己方可采取以下手段对付之:不予理睬,或者假装没有听懂,继续阐述自己的观点;做退出谈判的样子,以探明对方的真假;可以后发制人,出些难题,转移对方的注意力;要求对方给予充足的时间,以便全面细致地思考一下。

五、激将点兵

(一) 激将法

谈判的一方以过激的话语故意刺激对方的主谈人或其重要助手,使其感到如果再继续坚持自己的观点和立场,则会直接损害其自身形象与尊严,从而动摇或改变其所持的态度的做法,称为激将法。其具体做法可分为直接刺激对方主谈人和间接刺激对方主谈人(即通过刺激其主要助手去影响主谈人)。谈判的一方可以以能力大小、权力高低、信誉好坏等作为武器去刺激对方。例如,卖方说:"买方谁是主谈人?我要求能决定问题的人与我谈判。"此话由于贬低了对方主谈人的权力,因而会激起对方(尤其是年轻、资历浅的业务员)使用"决定权力"。又如,在某个项目的谈判中,卖方主谈人不吃激将法这一套,买方反过来对卖方聘用的律师讲:"你是律师,知道买卖应公道。公道的价格不怕讲。贵方主谈人不告诉我方关于技术费的计算依据,我怎么能接受呢?"该律师无话好讲,反过来劝卖方予以配合,买方的目的达到了。激将法运用较普遍,且花样很多,不过使用时应注意:激将是用话语,不是态度。用的话要切合对方特点,切合所追求的目标,但态度要"和气""友善。"谈判者如果用恶狠狠的态度对待对方,不但不能达到激将的目的,只会激怒对方,于事无补。

(二) 宠将法

宠将法是指谈判者以切合或不切合实际的言语颂扬对方,给对方以友善的好感,从而使其放松思想戒备,软化其谈判立场,使自己的目标得以实现的做法。具体做法如下。

1. 给对方主谈人戴"高帽子"

如对方是老年人,则抓住对方年老的特征,可用德高望重、老当益壮、久经沙场、经验丰富等语言;如是年轻人,则可用年轻有为、反应灵敏、精明强干、前途无量等语言。这些话中或许有切题之处,但讲这些话的人应明白其目的是拉拢对方,减缓对方进攻的势头。

2. 组织个别活动

如单独会见主谈人,邀对方主谈人赴家宴,谈家常,谈个人爱好,把严肃的谈判气氛变得"生活化",使讨价还价的气氛更缓和些;"宴请"对方主谈人去品尝名菜佳肴,体现"好客或义气",在"干杯"中塑造"知己",为谈判制造轻松的气氛。

(三)感将法

谈判的一方以温和、礼貌的语言,以勤勉、守信的行动使对方感到实在不好意思坚持原方案,而主动修改方案的做法,称为感将法。如有的商人,以"无知"作为自己的形象,竭力向对手"学习";只要对方说了一些事,回答了自己的问题,就表示感谢,甚至照办;态度谦恭,尽力回答对方问题,让对方感到自己"实在";准备资料很努力,有的当场写,说好什么时候、以什么方式交,一定如期做到。当在对方印象中树立"实"和"诚"时,谈判条件自然会容易多了。例如,日本某公司为了争做某项目,不惜派了近百人次到买方现场搞技术交流,提供多个方案的大量资料,使买方感到"诚"。又如有的商人将自己的现报价与其已签合同都给买方看,使买方感到"实在"。感将法的目的是感化对方,并有力抵制对方讨价还价的攻势。

(四)告将法

谈判的一方在对方主谈人的上司面前说对方的坏话,以达到施加压力、动摇对方主谈人意志,或引起对方上级的不满,乃至撤换主谈人的目的,这种做法称为告将法。具体做法是:通过宴请或单独拜会对方上司,借机回顾谈判,分析症结,并对主谈人的态度予以抨击。例如,某国使馆商务参赞会见对方主谈人的上司时说,"贵方主谈人太死板,态度过于强硬,尽职得过头了",要求其上司予以干预。使用告将法,要注意"状"要告得准确,告的是事实。此外,告将时,非不得已,不应提换将的要求。因为这样做一则可能伤害对方,二则对方的上司不一定会答应你,你也有可能失面子,再往下谈时就更难了。

六、坑道攻城

坑道攻城是攻坚战的一种手段。谈判中的"坑道攻城",实际上是一种外围战术,它包括两层含义:其一,是为了保证全局的谈判效果,谈判者针对影响双方谈判决心的因素予以清除,对谈判的真实形势予以澄清,扫荡谈判主题的外围障碍;其二,是通过对名人、助手、个人经历等外在因素的宣扬和利用,达到促成交易的目的。其具体策略有以下几种。

(一)打虚头

打虚头是指在开始谈判价格(尤其是还价)之前,投石问路,分析报价的虚头,并以此展开价格的格斗,力求扫清谈判中的障碍,把虚头、水分降到最低点再还价的做法。该策略包含两方面的意义:作为买方要挑虚头,降虚点;作为卖方要"设陷阱,埋地雷"。

在我国招商引资的早期,一些外商利用我方有些业务人员对国际市场行情了解甚少、无法评估投资财产和求快心切的弱点,大量虚报有形资产价值;有的外商仅通过卖设备即能捞回本钱从而赚钱。如某合资服装有限公司,外方以100台制造毛绒的二手设备作价60万美元出资,致使中方受到巨大损失。因为该设备后经该地商检局鉴定,价值仅为30万美元。又如某外商独资企业,外方以报价60万美元的设备作抵押,从银行贷到120万美元,然后携款弃厂回国。后经审定,其设备实际上只值25万美元。这些纯粹是利用设"虚点"而行诈骗。对此,谈判者一定要提高警惕,认真把关,避免造成不必要的损失。

(二) 反间计

谈判中的反间计,是巧妙地挑拨多个卖方或多个买方之间或买卖各方的主谈人与其上级、同事之间不和,以伺机实现自己谈判目标的做法。

例如,我国某进口公司在与国外某公司的谈判中,外方律师十分刁钻,给中方制造了不少麻烦。为了压住该律师的"火力",中方在会议上郑重指出:"律师先生,你受聘的目的是要帮助你的雇主把买卖做成,而现在你竟强调并不公正的条件,逼迫我方对你的雇主产生不满的情绪,你这么做的结果是使你的东家失去了交易机会"。外方老板看到其律师很窘,就出面说:"某先生,你不要挑拨离间。"中方答道:"我是当着您的面说的,是公开发表意见。"这一击很有效果,外方律师在以后的会谈中与中方的配合就好多了,也能听得进中方的意见了。

(三) 缓兵计

为了争取时间去完成另一个谈判目标,谈判的一方既不给对方说"行",也不说"不行",使之处于进退维谷、等待状态的做法称为缓兵计。该项策略用一个形象的比喻来概括,就好似一组体操比赛的慢镜头,谁的动作优美、准确,评判员通过屏幕看得一清二楚,并据此投票选举,排出一、二、三名。谈判中也是通过缓兵而做抉择并拍板定案的。该策略的具体做法有:请对方"等待回答"。

例如,在货比三家的谈判中,既要保持竞争的局面,又要各竞争者都围绕你转。如何留住他们,缓兵计必不可少。又如,卖方恐其买方打退堂鼓,提出中止谈判,从而失去自己取得成功的机会,于是常常这样讲:"我需等待上级的指示,请稍候。"

不过缓兵不是拖延。前者是主动的进攻,后者是消极的等待。因为这一战场的缓兵,是为了另一战场的加速。拖延多在同一战场上不积极进取,在拖延中看局势发展,以求与己有利的条件,所以,使用缓兵计是有答复期的要求,即时间限制。

(四) 中间周旋

当谈判各方陷入紧张的矛盾漩涡中不能自拔时,从外界寻求一种具有影响的力量进行调解,例如,两方主谈人之外的第三者均可称之为中间人,说服各方接受某个新方案。这种做法,称作中间周旋。

例如,在某技术转让项目的谈判中,某公司卖方主谈人采取强硬态度,玩边缘政策,夹包甩袖而去,使谈判中断。该公司所在国驻买方所在国使馆商务参赞出面拜会买方主谈人的上级,使谈判得以恢复,这里外交官便成了中间周旋人。

中间周旋形式多样,谈判者要依双方面临问题的性质而选择中间人。当谈判者采用该策略时,务必要充分占有材料,态度友好,耐心说理,不随便让步,但要在决战性的周旋中把握好成交的机会,大步行进,一气呵成。

七、以逸待劳

(一)疲劳懈怠

这是一种马拉松式的疲劳战术,对付傲气凌人、好为人师、自命不凡等类型的谈判者最为适用。这种战术的目的在于通过许多回合的拉锯战,使对方疲劳生厌,以此逐渐磨去他的锐气,同时使己方的谈判地位从不利和被动的局面中扭转过来,等到对手精疲力竭、头昏脑涨之际再反守为攻,以柔克刚;或对某个争论点,安排人轮流辩论,给会谈一种紧张感,以达到使对方精神疲倦之效。

A公司与B公司进行一次较大规模的贸易谈判,由于B公司有求于A公司,谈判一开始,B公司代表就滔滔不绝地讲个没完。而A公司代表却一言不发,只是挥笔疾书,把对方的发言全部记录下来,然后提议休会。第一轮谈判结束。一个月以后,A公司又派了另外一个部门的几个人来到B公司,进行第二轮谈判。这批新到的A公司谈判人员,仿佛根本不知道以前讨论了什么,谈判只好从头开始。B公司代表照样是滔滔不绝,侃侃而谈。A公司代表仍一言不发,记下大量笔记又走了。以后,A公司第三批、第四批、第五批代表都如法炮制,在谈判桌上除了记述大量的笔记外,没有阐述任何实质性意见。两年过去了,A公司对贸易谈判毫无反应,把B公司弄得丈二和尚摸不着头脑,只能抱怨A公司没有诚意。正当B公司感到绝望时,A公司的决策代表团突然来到,一反常态,要求B公司尽快表态,拍板成交,弄得B公司措手不及,十分被动,最终没有达到理想的谈判效果。

(二)软磨硬泡

消磨时间是以时间当论战的做法,即在相当的时间里坚持同一观点和立场,等待对方的改变。这种策略主要是以"软"来磨"硬",谈判的一方可以反复说理,态度和气,死缠硬磨,或者不讲话,表示无奈,在无能为力、无可奈何的表情中等待着谈判时间在钟表的滴答声中流逝,到了下班的时间即准时散会。这一招,对于在异国谈判的业务人员有很大的压力。在这一招中应避免闲扯,或随便开不切题的玩笑来消磨时间。因为软磨硬泡战术是策略,不是无目的的行为,不是放任状态,而是受控状态。只有注意这些问题,效果才会更佳,谈判才能继续进行。

(三)挡箭牌术

挡箭牌术是谈判人站在自己的立场上寻找各种借口、遁词以掩饰真相、拖延时间,以达到对方屈服、最终成交的做法。如谈判的一方隐蔽自己手中的权力,推出一个"假设的决策人",以避免正面或即刻回答对方的问题。如"你的问题我很理解,但需要向价格部门的先生汇报";"我本人无权回答贵方提出的问题,需向上司请示后才能答复";"我的谈判任务完成了,从现在起贵方提出的所有建议本人均乐于忠实转达,贵方若嫌麻烦,也可直接找我方有关领导",等等。这些言词虽然说法程度不同,但均是挡箭牌策略的具体运用,目的是向对手要价,并减少自己让步的幅度和次数,进而让对方无奈成交。

八、决胜战术

谈判到了最后关头,谈判双方就不能再拖延了。从双方的情绪、上级的要求、同事们的看法、交易本身的意义、双方已达到的条件等方面来看,均使谈判要进行最后的交锋,以决定谈判成交与否的做法,称为决胜战术。值得说明的是,谈判原则上无胜负之分,只有合同签约成败之说。双方在某个局部的谈判中可能有胜与负,双方主谈人的行为和言论有时会给第三者以谁强谁弱之感,但就谈判结果而言,是双方接受的协议,双方都是赢家。因为双方都赢得了成交的机会,对各自的企业发展有所作为。

决胜战术主要有以下几种。

(一)抹润滑油

为了解决双方最后的分歧,做一些对己方全局利益影响不大,但对对方来讲仍不失为有利条件的让步的做法,称为"抹润滑油"。例如,在国际货物贸易谈判中,有的合同谈判到了最后,在货物差价方面,对方怎么也不让步,己方便可以考虑将 FOB.价改为 C&F 价或 CIF 价;还可考虑用免费培训,或免费提供食宿、交通,或加大预订金、提前付款时间等作为赢得成交的让步条件。抹润滑油的意义显而易见。因此,谈判者在一开始就要珍惜这些条件,不要轻而易举地做出类似的让步。同时,这些条件在谈判之初应力求严格,在"决胜"时才有"润滑"的价值,不至于伤了自己的筋骨。

(二)折中调和

谈判双方共同向对方靠拢来解决谈判的最后差距的做法叫折中调和法。折中有一次折中、二次折中和多次折中的做法。例如,买卖双方的价格条件仅差 200 元,结束时各让 100 元,这叫一次折中。又如,买卖双方最后差距 100 元,虽买方提出折中各担 50 元,但卖方不同意,要求在买方同意的 50 元和其坚持的 100 元之间再对折,即 75 元,他才接受。当然,买方还可再对折,以卖方同意的 75 元与他同意的 50 元之间做最后对折,来解决分歧。

运用这种策略时应注意:(1)时间。在谈判接近尾声时,己方不率先提出折中,以保持再折中的机会。(2)不搞绝对折中。如果条件基本上达到了成交要求,可以折中;如差得很远,即使谈判到了尾声,也不能同意折中。若对方坚持,那就打出附加条件,绝不搞表面的折中。(3)搞折中时,己方应留有余力,即手中还有牌。这种策略的运用必须在己方有利可图的前提下进行。

(三)三明治

以几种不同水平的条件一齐打出,让对方好坏都得接受的做法称之为"三明治"。人们也常把这种"三明治"的做法称作"一揽子交易"。从做法上讲,本质是一样的,味道不同的东西混在一起,好坏搭配;从规模上讲,涉及的买卖大小则有不同;规模小,以"三明治"命名更形象;规模大,以"一揽子"称呼更贴切。例如,卖方卖技术要带散件,买方买散件要求带技术,称之为技贸结合。买方还价时,将三个不同的东西:设备、备件、材料各分成 A、B、C 三类价,各抽某种产品的 A 类价,某种产品的 B 类价,另一种则为 C 类价。高低相间,让卖方一起考虑。这些做法均是"三明治"策略。它对于突破僵局、推动谈判最终成交具有较大的影响力。

（四）谈判升格

谈判升格是指当双方主谈人之间的分歧无法得到解决时,请双方高层领导出面干预,以定乾坤的做法,使用这种策略多在谈判最后阶段。这时,谈判主持人变了,高层领导以裁决分歧的身份出现,并且直接介入实质性问题的讨论。例如,卖方眼看谈不下去了,谈判即将破裂。这时,卖方请其上司出面拜会买方高层领导,争取补救的机会。或者反过来,买方眼看卖方不想谈了,请其上层领导出面会见卖方高层领导,以挽回局面,达到了谈判的预期效果。

可见,谈判升格不管是在早期还是在晚期,必须是在绝处,在需要拍板的时候,在"讨论并决定实质条件"的时候使用。所以领导出场时,要慎于言辞,不到"升格"时候,不必涉及问题太深,但可泛泛地、原则性地发表意见。最后"升格"前应有"激战",即要准备条件。谈得很轻松,可不必"升格"。只有打得难解难分时,"升格"才有可能取得最佳的效果。

除了以上常见的谈判策略外,还有其他一些谈判策略。如原则式策略,又称为事实谈判策略、价值谈判策略、哈佛谈判策略,即坚持客观公正、公平的原则,确定双方都能接受的客观标准,且具有可操作性。又如投石问路策略,也称为提问、问题、试探策略,即每一个问题同时都要包括引诱成分和试探成分;每一问题都要使对方感到无所适从,感到心烦,又不能无理拒绝或简单应对。再如声东击西策略,也称为转移视线策略,即把次要的问题描述成非常重要的问题,等待时机提出重要目标让对方答应,特点是灵活多变。

下面一则案例可以让我们体会到精彩纷呈的谈判策略。

一位采购高手的49式谈判连环计

（一）提出异议

11月11日上午9:30,华美连锁超市采购经理李军发了一份传真（第1计:以书面的形式发送对价格异议的通知,更具信服力。口头异议没有这种震慑力）,这是给苏瑞公司的销售经理王杰的,传真如下。

To 苏瑞公司:

对于贵司6日发来的2009年度A系列洗发水12元的报价,我们感到很意外（第2计:永远不接受对方的第一次报价,要对对方的报价表示意外）,该价格比我们能接受的成本要高出20%（第3计:提出的价格异议数据要看似很准确）！

经过我们调研部8人小组4天时间对10家同类品牌、5家超市的调查,这样的价格不仅使我们没有任何操作空间,并且,即使我司按成本价销售,该产品在同类产品中也没有任何优势（第4计:说服的依据要以数字说话,这样更有说服力）！更何谈让我司协助贵司抢夺绿洁公司的市场份额（第5计:抓住对方对市场份额的期望,让对方权衡利弊）。

为更好地帮助贵司推广此产品,实现我们共同的目标（第6计:异议归异议,这样的做法依然是为了双方更好地合作）,我们只能接受9.96元（第7计:提出更低的报价,并且精确到小数点后两位数,使对方觉得这是精心核算过的）的采购单价。

如果接受此报价,可请贵司代表王杰经理明日上午10:10到我司(第8计:让对方进入自己的主场势力范围,保持主场心理优势;用精确的时间表示自己的严谨)签署合作协议(第9计:用合作从战略上引诱对方),否则我们只能表示遗憾(第10计:最后通牒是一种非常有压力的方式,但如果一旦达不到就会失效)。

商祺!

华美连锁超市

同日9:35,王杰接到李军电话。确认王杰收到传真后,李军开口就抱怨:王经理,你们公司害死我了,你们报的什么价格,让我在老总面前丢尽了脸(第11计:抱怨,表示委屈,并让对方觉得自己的报价确实有问题),同等产品人家三彩公司才报价9块8(第12计:用对手信息佐证,不管这个信息是否准确,都会使对方产生顾虑)。说句心里话,我是看在咱俩多年交情的份上,不然这次合作肯定就此而止(第13计:给对方以心理拉拢和安慰,打一巴掌,揉一揉)。你看着办吧!

没等王杰回应,李军就挂了电话(第14计:表示出自己的生气,让对方处于紧张中)。

9:45,王杰进入总经理办公室,1小时后才出来。其间透过玻璃门,有人看见王杰一度和总经理争执。最后总经理给王杰丢了一句话,明天无论如何必须签下这笔单子,这对公司很重要(第15计:最聪明的谈判方式之一就是让对方也为自己争取,成为自己谈判的帮手)。

(二)用对手施压

挂断电话后,李军分别给苏瑞公司的两个死对头绿洁和三彩公司的销售经理周明、郑斌打了电话,约请周明12日9:30过来叙叙旧,顺便把绿洁公司的要求己方填写的销售经理评议表给他;约请一直想和公司合作的三彩公司郑斌10:30带五套新产品样品过来(第16计:工欲善其事,必先利其器,做足准备工作;而且约谈双方的时间很讲究,一个在王杰之前,一个在之后)。

11月12日上午9:40,王杰提前半小时来到华美9楼洽谈室。却发现李军正和绿洁的周明在3号洽谈室言谈甚欢。前台把王杰领到1号洽谈室,泡了一杯茶。王杰发现李军和周明好像在就几张纸热烈地谈论什么。这是华美超市最大的合作伙伴,自己的公司在华美的地位一直超越不了绿洁。

王杰试图听一听,但是隔了一间洽谈室,什么都听不见。王杰很紧张。觉得周明来者不善(第17计:利用自己的主要合作伙伴,让对方明白,把握不好,自己的市场地位有可能会受到威胁)。

11月12日上午9:55,王杰等得很焦急,按照以前,李军都会提前接待自己(第18计:打破常规,让对方揣摩)。

11月12日上午10:00,王杰发现,李军在纸上签了自己的名字,然后李军和周明双方都露出满意的笑容,然后握手庆贺。之后,李军把周明一直送到电梯口,李军看样子还要把周明送到楼下,最后周明推辞了(第19计:营造双方达成协议,合作顺利的印象)。

(三)知己知彼,步步紧逼

10:05,李军来到1号洽谈室,然后让前台又给王杰加满了水(第20计:先示以关怀)。王杰想打听李军和周明签的是不是明年合作的合同。李军答非所问,说王经理你什么时候能像周明那样让我满意?害得我被老板骂。李军看着很生气,没有一点刚才对周明的态度。王杰不好意思地挠了挠头(第21计:继续强化,让对方觉得亏欠自己的)。不一会儿,双方言归正传。王杰把新的报价表递给了李军。李军态度缓和了一些,但没有看报价表,说:王经理你这不是害我第二次被骂的炸弹吧(第22计:提前表示担忧,让对方记住报价高的影响)。

当看到报价表上10.7元的报价时,心里很开心,这个报价接近了公司要求的10.5元的报价。但李军未露声色(第23计:任何时候,都要保持冷静,哪怕这个价格令自己十分满意),说:王经理,你这价格我没有脸面给老板汇报(第24计:断然拒绝,表示意外,依然让对方觉得自己这次出价还是高出对方预期)。你把你们成本分解表给我看看,要么是你们价格虚高,要么成本没控制好。

王杰把成本分解表递给了李军,李军仔细地看着分解表(第25计:让对方对成本进行分解,在分解成本中自然会露出马脚)。室内顿时非常安静,除了洽谈室外的人来人往声,王杰只听到钟表的嘀嘀嗒嗒声(第26计:认真研读,一方面表示自己的仔细和重视,另一方面让对方有压力)。

大约两分钟后,李军说:王经理,据我了解,你们公司今年年底将上两条新的生产线,再加上目前经济危机,你们主要的原材料成本至少下降了20%(第27计:信息,谈判中永远要掌握足够的信息,让对方无法反驳),你这分解表上的原材料价格和去年的一样啊?你这报价还是有很大水分(第28计:对对方提供的成本数字永远保持异议,不管对方如何拍胸脯保证)!

王杰没想到自己这一点疏忽被李军看出来了。公司的采购成本确实下降了22%,没想到李军这家伙也知道了。

王杰说:兄弟,你看多少钱能做,你说。

李军语气坚定说:9块9毛6(第29计:当对方留有余地的时候,自己要更加坚决)。

昨天在总经理办公室,王杰获得的最低授权价是10.6元,因为公司太想拿下这个客户了,拿下这个客户意味着2009年的销售有了一定保障。一番寻思后,王杰决定再让0.1元。

李军说,9块9毛6这是最高价,如果给这个价我可以答应你明年增长15%。你知道,现在经济危机的情况下,这个增量可相当于平时行情增长30%(第30计:通过比较,来凸显增量的可观)。这个是你在其他家根本不可能获得的增量,我知道你在紫金超市的量今年和去年基本持平啊(第31计:通过摸清对方在其他超市的信息,来凸显自己公司的地位)。

这是王杰在之前一直争取的确保增量,华美的品牌和实力摆在那里,如果做到这一点确实可以填补目前公司在其他几家超市销量下滑缺口。王杰心喜,但装作很为难地咬咬牙说,那你确保这一点,我再让1毛钱,10.5元!

虽然已经实现了公司的目标价格,但李军听了,哈哈大笑:王经理,我们不是在买卖青菜。我还要告诉你一点,如果A系列产品定不下来,你们即将新开发B系列的产品我们就别谈了,你知道,我们公司看重的不是你的A系列(第32计:贬低对方的产品,打击对方的士气),而是B系列(第33计:声东击西,必要的时候通过给对方一个预期,来完成此次谈判)。

10:30,三彩公司的郑斌带着五件样品准时出现在9楼前台。前台把郑斌领到3号洽谈室,并来到1号洽谈室通报了李军。

李军说:王经理,我不瞒你,你们不做,有人做,你看三彩公司的都找上门来了(第34计:利用对方竞争对手来持续保持压力)。以你老兄在公司的地位和影响,我不相信你定不下这个价格(第35计:适当运用激将法)。我先失陪一下,过去打个招呼(第36计:谈判中适时把握中途离开时机,温和地离开谈判桌是有力的谈判技巧,可以给对方回旋、请示的余地)。

10:32,王杰透过洽谈室的玻璃,看到李军在3号洽谈室饶有兴趣地看着郑斌的样品。两人也是言谈甚欢。王杰还看到,那些样品好像就是自己A系列的竞争产品。王杰拿起电话,给总经理打了过去(第37计:掌握时间,营造氛围和压力点让对方先着急)。李军透过余光,看到了这一幕很欣喜。

(四)讨价还价

王杰这个电话打了近10分钟。李军没有急着过来打断。看到王杰挂了电话,李军才让郑斌稍等,过来1号洽谈室。

李军进门就说:王经理,不瞒你说,三彩公司的产品和你们差不多,今天他就是为明年合作来的。我们这是开门做生意,如果我们无法达成一致,公司只能另选他人。到时候我也无能为力,别说我不帮你啊(第38计:谈判中,拥有更多选择的一方更有力量)。

王杰说:兄弟别忙,我刚才请示了总经理,如果你们明年可以确保增量18%,我们可以折中,以10.25的单价供货。

这个价格超出李军的预料,已经低于公司下达的指标。

李军继续不露声色,说:价格必须按我之前提的定,那样我可以和公司汇报确保明年18%的增量,不过必须在原定的促销政策基础上增加5万元促销费(第39计:当谈判的重要条件基本达成一致时,要额外索取回报),而且我必须向老板汇报后才能决定(第40计:谈判中,永远给自己设置一个老板,哪怕自己可以决定,这个老板并不存在,也要给自己留有余地)。

这个公司并没有要求,只是李军临时增加的砝码。公司规定每家促销费用的支持,王杰可以根据实际情况调整,所以这一点王杰没有表示为难。

王杰说:10.25单价,确保18%增量,原有政策基础上增加5万元促销费用,但必须确保不与三彩公司合作。

李军明确,9.96元单价不可更改,原有政策基础上增加5万元促销费用,这样可以确保18%增量。一旦双方签订协议,公司不会和三彩公司合作(第41

计：合同谈判快进尾声时，通过重复来确认双方谈判的结果和还有争议的地方）。

双方还有争议，李军决定缓一下，告诉王杰，我们总监很赏识你，正好今天在，咱们过去聊聊。于是把王杰带到总监办公室。总监说，小王啊，坐坐坐！今年我们两家合作得很愉快，你和李军的搭档功不可没。回去告诉你们赵总，明年我们还会鼎力支持！

总监留王杰中午一起吃饭，王杰执意不打扰，说李军还有客人在等着，要回去。王杰是想回去抓紧汇报啊。李军也没有强留（第42计：运用白脸黑脸策略，使对方不至于太有挫折感）。

12:00，王杰向总经理汇报情况。半小时后，王杰走出总经理办公室，一脸轻松。并给李军打了个电话确认单价10.15。但李军依然没有答应（第43计：永远不接收这种价格。坚持，坚持，在坚持！谈判就要寸步不让，不管对方多么步步退让，不达目标誓不罢休），还是坚持9.96元单价。

（五）先斩后奏

11月13日上午10:30，王杰收到一封快递，是李军寄过来的（第44计：一旦确认合同可以确定，就要快刀斩乱麻，不要让对方反悔），里面是一式两份的合同，单价一栏赫然是9.96元，确保增量变成18.5%（第45计：先斩后奏有时候是一种有效的方式，通过造成既成事实让对方觉得没有改变的余地；并且一般情况下，对方不会在细枝末节上纠缠；此外给对方一点惊喜，会使自己的目标更容易达到），并且已经签了字盖了章（第46计：不管如何，一定要自己起草合同，不要轻易把起草合同的权力交给对方）。

上午11:00，王杰硬着头皮，拿着合同审批表走进总经理办公室。总经理看了合同后，犹豫了一下，摇了摇头，最终还是在审批表上签下了自己的名字。毕竟18.5%的增量是大大超出了自己的预计，也是针对明年的第一笔大单，王杰这小子干得还是不错的（第47计：给对方自己可以给予的，并且可以确保对方在上司面前体现业绩的东西，这样才能获得自己想要的）。

王杰拿着审批表走出了办公室，长长地舒了一口气，毕竟明年的业绩有保障了（第48计：谈判中，要给予对方觉得有成就感的条件，这个条件是对方在乎的，但对自己不是最主要的，并且可以确保的）。

11月14日上午10:30，李军收到一份快递，是王杰寄过来的，里面就是自己邮寄过去的合同，在乙方一栏也已经签了字盖了章。李军开心地笑了一下。

11月14日11:00，王杰接到李军的电话，李军说：王经理，你是我接触的最出色的销售经理，恭喜你明年业绩再争第一（第49计：谈判结束，不管如何，一定要记得首先真诚地祝贺对方，强调对方看重的东西，让对方觉得是自己获得了胜利，而不是让对方睡一觉，忽然感觉自己被对方忽悠了）！

第三节　应对僵局之法

谈判在进入实际的磋商阶段之后，谈判各方有时由于某种原因而相持不下，从而陷于进退两难的境地。例如,有的谈判者顽固地坚持己方立场,不愿意、不善于缩小差距,消除分歧;有的沉默寡言或长篇大论,引起对方的反感和难堪;有的对对方的意见重视不够或置之不理;有的试图通过非正当手段误导对方做出错误判断;有的因情势变化不愿兑现承诺等。我们把这种谈判搁浅的情况称为谈判僵局。

谈判之所以陷入僵局,一般不是因为谈判各方之间存在不可解决的矛盾,而往往是因各方基于感情、立场、原则、能力等方面的主观因素所致。僵局一旦出现,必将挫伤谈判人员的积极性,影响谈判效率和合作协议的达成。因此,在双方都有诚意的谈判中,应尽力避免僵局的出现。要想突破僵局,不仅要分析其主要原因,还要特别搞清楚分歧的具体原因,然后进一步评估目前谈判所面临的形势,反思己方可能出现的不当之处,并认真分析对方为何在某些问题上不愿让步等。

一、防范僵局的方法

(一) 间接处理的方法

间接处理的方法是指谈判人员借助有关事实和理由委婉地否定对方意见的一种处理方法。它一般包括以下四种具体的间接处理方法。

1. 先肯定,后否定

在回答对方提出的意见时,先对意见或其中一部分略加承认,然后引入有关信息和理由给予否定。例如,需方说,"我们不需要送货,只要价格优惠!"供方根据分析,这种意见源于需方对利率的追求。对于这种意见供方不要直接给予答复,而应这样说:"你的意见有一定道理,但你是否算过这样一笔账,价格的优惠总额与送货的好处相比,还是送货对你更为有利?"供方先承认需方的意见,然后进行核算和比较,最后间接否定需方的反对意见。

2. 先利用,后转化

先利用,后转化,是指谈判一方直接或间接利用对方的意见说服对方。例如,购买商说:"你们厂方的广告费用、包装费用开支太多了,如你们能削减一些,给我们公司多一点利润,我们公司可成为你最忠实的推销伙伴。"供货商可以这样说:"你可知道,该商品之所以畅销,正是我们的广告起了作用,它让我们的商品家喻户晓,使广大消费者认知这种商品的用途、别致的包装,对这种商品青睐之至,对你们来说销售不成问题。"

3. 先提问,后否定

这种方法是谈判者不直接回答问题,而是提出问题,使对方来回答己方提出的反对意见,从而达到否定原来意见的目的。例如,某运输公司(承运方)为了得到一家建筑公司(托运方)的订单,派一名业务员前去洽谈。托运方在考虑是否签订订单时说:"我们不需要你们公司笨重的大型卡车,X 运输公司的中小型卡车适合我们的需要。"在这种情况下,承运方业务员要达成交易,可以对对方提出问题,在对方的回答中发现其观点的问题,凸显自己方案的优势,认为大型卡车对自己更为有利,从而达到交易的目的。这种方法的优点是可以避免与对方发生争执,是一种比较好的方法。但需要指出的是,在使用时,运用方首先必须了解对方提出反对意见的真正原因和生产经营情况,然后层层深入地进行提问,才能取得预期的效果。

4. 先重复,后削弱

这种方法是谈判人员先用比较婉转的语气,把对方的反对意见复述一遍,再回答。复述的原意不能变,文字或顺序可颠倒。例如,谈判一方说:"你厂的 XX 商品又涨价了,太不合理了!"回答方不妨这样说:"是的,我们了解你的心情,价格同去年相比,确实高了一些,你不希望涨价……"对方说:"那是当然的了。"这时洽谈的气氛就会得到缓冲,显得比较温和了,这实际上意味着削弱了反对意见。

上述方法对防范潜在僵局是行之有效的,但是由于它们本身各有各的局限性,所以在使用时要权衡利弊,尤其要注意研究分析对方的心理活动和接受能力,切忌不分对象、场合、时间而千篇一律地使用。

(二)直接处理的方法

直接处理的方法是直接答复对方反对意见的一种处理方法。它包括例证法、说服法、合并法、反问法等。

1. 例证法

这种方法是谈判人员通过大量引用事实和数据、资料、文件,使对方改变初衷或削弱对方反对意见。在我国,各级职能部门公布的数据、发布的资料、颁布的文件在人们的心目中往往有一定权威性,谈判者面对潜在的僵局,不妨以此作为反驳对方的依据。

2. 说服法

所谓说服,就是运用具有充分理由的语言使对方口服心服。在谈判中,要使说服工作有效,除了提供令人无可辩驳的证据外,还必须符合对方的需要和欲望。这是因为虽然一方提出的证据的确有力,而且对方也能理解,可如果这一证据导致对方受损,对方仍不会轻易被说服。这就要求谈判的一方必须进入对方的世界中去,即站在对方的立场上或背景下进行推理,从而达到说服对方的目的。

3. 合并法

这种方法是谈判人员将对方提出的各种反对意见概括为一种,或者把几条反对意见放在同一时刻进行讨论,可以起到削弱反对意见的效果。例如,对方提出以下反对意见:"你提供的产品质、价不相称;你的产品不会受消费者欢迎;对于这种产品应提供更多的服务……"对此,你不妨把这些反对意见概括为对产品质量的意见,进而以产品质量问题为主加以说明和解释。

4. 反问法

这种方法是谈判人员利用消费者的反对意见来反问对方的一种方法。有时谈判者会碰到一些理不清头绪的问题。为了在较短的时间内探明真相,可采取直接反问的方法。例如,需方说:"这种商品很好,但是我并不想买。"供方一时不知道对方提出这一意见的原因是什么,只有用反问法来问:"既然这种商品很好,你为何不想买下呢?"这样有利于找出需方反对意见的根源,然后再进行说服工作。

(三)最佳时机处理方法

谈判的实践告诉我们:对同一种反对意见,在不同时间进行处理所起的效果是不一样的。下面介绍几种处理方法。

1. 先发制人

在谈判中,如果事前预测到对方会提出某种反对意见时,最好抢在对方前面把问题提出来,运用己方的观点来引导对方重新认识这个问题。例如,某国防工厂迁建需用含铬污水处理设备,而国内生产这种设备的厂家较多,如何选择举棋不定。一位环保设备厂负责人闻讯赶来,开门见山地向该厂主管领导说:"听说贵厂要迁往省城,这是一件值得庆贺的喜事。你们这样一个大型企业主要靠自筹资金迁厂,说明贵厂军、民用品生产搞得好,经济效益显著,令人羡慕。贵厂搬迁时一定需要许多高质量的设备,尤其是环保设备。我厂现生产一种新型的一次性含铬污水处理机,操作方便,质量可靠,处理效果好,废渣可回收利用,可防止二次污染,已有不少用户使用我们的产品。如果贵厂需要,欢迎到我厂及用户实地调研,我们将热情接待并提供一切方便。"这个搬迁厂有关人员听了这位环保设备厂负责人的介绍后,对一次性含铬污水处理设备产生了兴趣,主管技术负责人亲临生产厂及用户进行了实地调研,感到该产品性能、质量的确令人满意,于是下决心购买了这个环保设备厂生产的一次性含铬污水处理机。

2. 及时回答

从市场心理学角度分析,谈判双方都希望自己的意见得到对方的尊重和重视,并对所提出的意见给予满意的答复。若得不到及时处理,就会影响成交。从这个意义上讲,在对方提出反对意见之后,只要意见正确就应当及时答复。因为答复及时,可以使谈判有更多的时间来解决某些实质性问题;答复得当,可以为谈判人员争取主动。

3. 推延答复

在谈判中有时会遇到比较棘手的问题,处理这些问题往往需要时间,不宜及时回答。以下情况,一般应推延答复。一是如果己方不能马上给对方一个比较满意的答复,应先放置一边。二是反驳对方的反对意见缺乏足够的例证时,应暂搁下。三是立即回答会使己方陷入矛盾之中,最好不要马上回答。四是对方的反对意见随着谈判的深入而逐渐减少或削弱时,己方可以不立即回答。五是对方提出的反对意见离题甚远,己方可以不迅速回答。六是对于谈判者由于心情不佳而提出的一些借口或反对意见,最好不予理睬。

二、化解僵局的方法

(一)绕过谈判僵局的方法

1. 弥合分歧法

所谓弥合分歧法,是指撇开双方争执不下的问题,去谈容易达成一致意见的问题。在谈这类问题时要尽量使对方觉得满意,努力创造一种合作的谈判气氛,最后再谈争执的问题,事情可能就好商量一些。

2. 回顾成果法

当谈判双方就某一问题发生冲突时,谈判双方都应冷静下来,回想以往的合作历史,多强调双方之间的共同点,以削弱双方的对立情绪,化干戈为玉帛。

3. 回避低潮法

当谈判双方筋疲力尽,某一问题的谈判毫无进展时,可建议暂时休会以养精蓄锐。

（二）化解谈判僵局的方法

1. 换位思考

当僵局出现时,首先应审视己方所提的条件是否合理,是否有利于双方合作关系的长期发展,然后再从对方的角度审视其条件是否合理。实践表明,如果善于用对方思考问题的方式进行分析,会获得更多突破僵局的思路。站在对方的角度思考问题,可以在谈判中以通情达理的口吻表达己方的观点,另一方面也可以从对方的角度提出解决僵局的方案,这样容易被对方所接受,使谈判顺利进行下去。

2. 客观对待

在谈判陷入僵局时,人们会不自觉地脱离客观现实,盲目坚持自己的主观立场。因此,为有效克服困难,打破僵局,首先要从客观的角度来关注利益。在某些谈判中,尽管双方在主要方面有共同利益,但在一些具体问题上一定存在利益冲突,通常都不肯轻易让步,由此引发的矛盾激化到一定程度时便形成了僵局。此时,应建立一项客观的、让双方都认为是公平的标准,既不损害任何一方利益,又易于实行的办事原则、程序,这样才能使谈判回到原始的出发点,突破谈判的僵局。

3. 替代方案

在谈判过程中,往往存在多种可以满足双方利益的方案,而谈判者经常简单地采用某一方案,而当这种方案不能为双方同时接受时,僵局就会形成。事实上,谈判双方存在分歧是非常正常的。这时,谁能创造性地提出可供选择的方案,谁就能掌握谈判中的主动。当然,这种替代方案一定既能有效地维护自身的利益,又能兼顾对方的利益要求。

4. 休会策略

休会策略是谈判人员为控制、调节谈判进程,缓和谈判气氛,打破谈判僵局而经常采用的一种基本策略。谈判出现僵局,双方情绪都比较激动、紧张,会谈一时也难以继续进行,这时提出休会是一个较好的缓和办法。己方可征得对方同意,宣布休会。双方可借休会时冷静下来,仔细考虑己方的处境和对方的情势,思考争议的问题,也可以召集各自谈判小组成员,集思广益,商量具体的解决办法。

5. 改变环境

正规的谈判场所,容易给人们带来一种严肃的气氛。尤其是在谈判双方话不投机时,更容易使人产生一种压抑的、沉闷的感觉。遇到这种情形,作为东道主,可以首先提出把争议的问题放一放,组织双方人员举办一些松弛的活动,如游览观光、看电影、娱乐等。在游乐的过程中,双方可以不拘形式地对某些僵持的问题继续交换意见,寓严肃的讨论和谈判于轻松活泼的气氛之中。作为谈判的另一方可邀请对方到自己家乡去游玩,以达到更换谈判地点、改善谈判环境的目的。

6. 更换人员

在现代生活中,人们更加重视自己的面子与尊严。所以有的谈判一旦出现僵持,谈判双方都不肯先做出让步,而及时更换谈判人员,不失为一个既顾及了体面又缓和了气氛的让步技巧。需要指出的是,更换谈判人员必须要在迫不得已的条件下使用,并使对方高层明白其中的目的。

7. 有效让步

根据谈判经验,遇到僵局时最好的办法是耐心地等待对方主动提出让步。如果双方都不主动提出让步,可以用一种保全面子的方式向对方示意;若还不行又不愿放弃,那只好由自己先提出明智的让步——往往是以小换大的让步。当然,这种让步是要在双方都有让步空间的前提下进行的。

8. 调解和仲裁

当谈判出现严重对峙、其他方法均无法奏效时,可运用调解和仲裁。调解和仲裁都是借助于第三者的介入来解决僵局问题的手段。但是它们又是两个不同的概念。一般来说,两者的主要区别在于,调解的方案可以不被双方所接受,而仲裁则可强制谈判双方接受仲裁结果并予以实施。换句话说,仲裁的结果具有法律效力,而调解的结果则没有。

思考与训练

第五章思考与训练

第六章　谈判语言文化：谈圆说通

第一节　谈判语言文化概说

一、谈判语言的原则

谈判语言与一般的语言在表达上有着明显的区别，有其内在的要求和应遵循的原则。谈判是双方意见、观点的交流，谈判者既要清晰明了地表达自己的观点，又要认真倾听对方的观点，然后找出突破口，说服对方，协调双方的目标，争取双方达成一致意见。正如美国企业管理学家哈里·西蒙所说："每一位成功的人士都是一位出色的语言表达者。"因此，要想掌握好谈判语言，必须要深刻了解、运用谈判语言的基本原则。

（一）目标性原则

谈判是围绕实现己方需求目标而展开的。目标是谈判的灵魂，整个谈判体系、谈判过程都是服从于谈判目标的各种元素（包括人）的集合。谈判的直接目标一般有两种：一是成交；二是比较选择，若条件相宜，可顺其自然地转化为第一种目标。在谈判的进程中，有时因准备不足，或双方利益差距太大，或双方心理差距偏远而导致谈判气氛不佳或恶化，往往会产生暂停谈判、中断谈判、以后再谈甚至终止谈判等结果。上述第二种目标在条件实在不适宜时，也会转化为以终止为目标的谈判。对于以成交为目标的谈判，因其涉及诸多利益的平衡、妥协，所以极富于策略性；但又因双方期待最终的合作，所以应注意维持良好的谈判氛围。此种谈判，应以使用礼节性语言、交际性语言、专业交易性语言、商业法律用语为主，但可穿插文学性语言、幽默语言，也可适当运用劝诱性语言。一般而论，切忌使用军事用语和威胁性语言。对于以比较选择为目标的谈判，一般应先摸底，不暴露己方目标，若条件相宜，可发展为成交谈判；若不相宜，则可终止谈判。若想暂停或终止谈判，最好使用外交语言，辅之以商业法律语言和礼节交际性语言，以便更好地体现己方的实力、风度和"买卖不成仁义在"的愿望，只有这样，才有今后合作、成交的可能。

（二）客观性原则

客观性是指表达思想、传递信息时，必须以客观事实为依据，并且运用恰当的语言艺术为对方提供令其信服的证据。这是一条最根本的原则，是其他一切原则的基础。离开了客观性，就是无源之水、无本之木，无论一个人有多高的语言艺术，他所讲的也只能是美丽的谎言；离开了客观性，谈判也就不可能真正交易成功。

例如,在某科技园区引进企业谈判时,科技园区不可避免地要对园区的情况进行介绍,这时园区一方的语言表达要具有客观性,对自己园区的规划、引进政策等进行客观介绍。为了使对方信服,必要时还要请对方现场考察。相反,如果采取"涂脂抹粉"蒙混过关的做法,即使这次谈判过得了关,达成了所谓共识,但因偏离了客观事实,也就无法取得客商的真正信赖,为以后的扯皮埋下了祸根。作为入园企业,也要实事求是地说明自身项目的发展定位和发展需求,以便于园区评估和支持。

(三) 逻辑性原则

谈判语言的逻辑性是指谈判者的语言要符合思维的规律,表达概念要明确,判断要准确,推理要严密,要充分体现其客观性、具体性和历史性,论证要有说服力。谈判者在谈判前搜集的大量资料,经过分析整理后,还要通过符合逻辑规律的语言表达出来,才能被谈判对手所认识和理解。在谈判过程中,无论是叙述问题,撰写备忘录,还是提出各种意见、设想和要求,都要注意语言的逻辑性。这是紧紧抓住对方,进而说服对方的基本前提。

提出问题、回答问题或者试图说服对方时,也要注意语言的逻辑性。提问要察言观色,把握时机,紧密结合谈判的进程并注意问题的衔接;回答问题要切题、准确,一般不要答非所问;试图说服对方时,要使语言充满强烈的感染力和强大的逻辑力量,真正打动对方,使对方心悦诚服。

(四) 准确性原则

需求和利益是谈判的动力,谈判双方通过谈判说服对方理解、接受己方的观点,最终使双方在需求和利益方面得到协调和适应。所以这是关系到个人和组织利益的重要活动,语言表述上的准确性就显得至关重要了。谈判双方必须准确地把己方的立场、观点、要求传达给对方,帮助对方了解自己的态度。如果谈判者传递的信息不准确,那么对方就不可能正确理解你的态度,势必影响谈判双方的沟通和交流,使谈判偏离正确的方向,谈判者的需求因此而无法得到满足。如果谈判者向对方传递了错误的信息,而对方又因错就错地达成协议,这样就会使双方损失巨大的利益。

有时候在谈判时,谈判者经常会出于表达策略上的需要,故意运用一种模糊语言,但要注意,使用模糊语言也要体现语言准确的指向性。换句话说,使用模糊语言正是为了更准确地传递复杂信息,表达错综复杂的思想。模糊语言规定了一定的理解范围,如果抛开了准确性原则,超出了理解范围,模糊语言就真地变成糊涂语言了。

(五) 针对性原则

谈判无时不有、无处不在,但谈判的对象和熟悉程度各有不同。要想取得谈判的成功,谈判者就必须遵循针对性原则,在语言表达上因人而异,根据情势变化有的放矢。例如,谈判对象由于性别、年龄、文化程度、职业、性格、兴趣等的不同,接受语言的能力和习惯、使用的谈话方式也完全不同。语言工作者发现男性运用语言理性成分较多,喜欢理性思辨的表达方式,而女性则偏重情感的抒发,使用情感性号召效果明显;性格直爽的人说话喜欢直截了当,对他们旁敲侧击很难发生效用,而性格内向又比较敏感的人,谈话时喜欢琢磨弦外之音,甚至无中生有地品出一些话里没有的意思来。除此之外,谈判双方还有老幼尊卑、亲疏远近、上下左右等各种关系的差异等,如果在谈判中无视这种差异存在,想怎么说就怎么说,势必难以取得良好的效果,进而影响谈判的顺利进行。

根据谈判双方的熟悉程度不同,语言表达的方式也略有区别。如果双方经常接触并已成功地进行过多次交易,双方已经比较了解、熟悉,在谈判中就会少一些戒备、对抗心理,此种情况下,除使用一些必要的礼节性交际语言之外,应以使用专业性交易语言、商业法律语言为主,同时配之以一定的幽默诙谐性语言以使双方关系更加融洽、自然。而对于初次接触或很少接触,或虽进行过谈判但未获成功的双方来讲,则应以礼节性交际语言、外交语言贯穿始终,以缩短双方的心理、利益距离,提高双方的谈判兴趣与热情;以专业性交易语言、商业法律语言阐明双方的权利、义务,从而建立信赖感,提高信任度;用留有余地的弹性语言来维持和进一步地发展双方关系,促使其由不熟悉转变为熟悉并进而向友好过渡。

（六）适应性原则

谈判者说话还要适应特定的语言环境。所谓语言环境主要是语言活动赖以进行的时间、场合、地点等因素,也包括说话时的前言后语。要根据不同的时间、场合、地点等随时调整语言的表达策略,采用与环境最为契合的表达方式。比如,这里的时间包括两重含义:一是指谈判进程中的不同阶段;二是指时机。在谈判的不同阶段,虽可根据不同的话题灵活地运用适宜的语言,但仍存在一定的用语原则。一般而论,在谈判的准备阶段,应以运用专业性交易语言、商业法律语言、外交语言、礼节性交际语言为主。在谈判的开局阶段,应主要运用礼节性交际语言、外交语言、文学语言、幽默诙谐性语言,这些较富于感情色彩的语言能够沟通双方的情感及心理,为谈判创造良好的氛围。在谈判进入实质性阶段之后,应以专业性交易语言、商业法律语言为主,配合一些情感色彩较重的语言,或相机使用威胁、劝诱性语言,以促成谈判。在谈判的结束阶段,若结局圆满,可多用文学语言、幽默诙谐语言等,以示庆贺,并辅之以商业法律用语,以促使对方维护、执行条约。若结局未达到预定目标或谈判中断、破裂,可多使用外交语言、礼节性交际语言,以示礼仪与诚意,为未来的可能谈判创造条件。谈判语言的应用还要讲究时机。在谈判中遇到出乎己方意料或一下子没有把握从而难以直接、具体、明确地做出决定与回答的情况时,应使用留有余地的弹性语言;当双方在某一问题上争执激烈,有形成僵局甚至导致谈判破裂的可能时,不妨运用幽默语言、文学语言、交际语言来缓解气氛,提供回旋余地;当涉及规定双方权利、责任、义务、关系等实质性问题时,则应运用专业交易语言、商业法律语言加以明确、规范和界定。

（七）灵活性原则

谈判至少有两个人或两方来共同参加,而不是一个人或一方。谈判过程中谈判双方你问我答,你一言我一语,口耳相传,当面沟通,根本没有从容酝酿、仔细斟酌语言的时间。而且谈判进程常常是风云变幻、变化无常的。尽管谈判双方在事先都尽最大努力进行了充分的准备,制定了一整套对策,但是,因为谈判对方说的话谁也不能事先知道,任何一方都不可能事先设计好谈话中的每一句话,所以必须懂得临场发挥、随机应变。

谈判者要密切注意信息的输出和反馈情况,在自己说完话以后,认真考察对方的反应。除了要仔细倾听对方的话,从话里分析、反馈情况,还要察言观色,从对方的眼神、姿态、动作、表情来揣测对方对自己的话的感受,考察对方是否对正在进行的话题感兴趣,是否正确理解了得到的信息,是否能够接受自己的说法。然后,根据考察的结果,谈判者要及时、灵活地对自己的语言进行调整,转移或继续话题,重新设定说话内容、说话方式,甚至终止谈判,以保证语言更好地为实现谈判目的服务。如果谈判中发生了意料之外的变化,切不可拘泥于既定的对策,应以不变应万变。不妨从实际出发,在谈判目的的规定性许可的范围内有所变通,以适应对方的反应。如果不能及时地以变应变,必将在谈判中陷入被动挨打的局面。

(八)策略性原则

成功的谈判都是谈判双方出色地运用语言策略与艺术的结果。在谈判实践中,有时会出现下列情况:既需要主动与对方交谈,又不能显示迫不及待;既必须吐露真情,又不好意思直说;既想拒绝对方的要求,又不想恶语伤人;既不能说谎欺骗,又不便横冲直撞……因此,在双方洽谈过程中,为了随机应变,妥善地处理特殊情况,还需要掌握谈判语言的表达策略。往往同样一个要表述的问题或一段话,如果恰当地运用语言策略与艺术,就能够起到截然不同的效果。这种情况下,常见的谈判语言策略与艺术有以下几种。

1. 委婉含蓄表达

例如,李代桃僵。周恩来总理面对外国记者提出的问题:"请问,中国人民银行有多少资金?"周总理回答说:"中国人民银行发行的人民币面额为 10 元、5 元、2 元、1 元、5 角、2 角、1 角、5 分、2 分、1 分共 10 种,合计为 18 元 8 角 8 分。中国人民银行有全国人民作后盾,信用卓著,实力雄厚,在国际上享有盛誉"。这充分体现了周恩来总理答记者问的含蓄幽默,起到了意想不到的轰动效果。又如,围魏救赵。在一次商务活动中,甲方问道:"我想知道贵方对这个问题能采取的措施是什么?"乙方回答:"请阁下放心,我们是会妥善解决这个问题的。而我们倒真有点担心,如果贵方的经营状况恶化下去,你们是否仍有履行承诺的能力?"乙方提出的问题形成了对甲方的攻势,使其陷入困境,乙方就无须再对原来的问题做出回答。再如,诱导否定。甲方在与乙方谈判时说:"现在很多新的政策即将出台,所以还是等一等再说吧"。乙方说:"你是否知道银行又要降息?降息的情况如何?"甲方说:"我不知道降息的比例,但知道降息的大致时间,但我不知道这是不是保密的?"乙方急忙说:"不是保密的"。甲方说:"不是保密的吗?那你说是什么时间呢?"乙方无言以对。

2. 转移话题

例如,答非所问法。王某因工作时间打麻将受到批评并扣发工资奖金,下班时他与赵某同行,便对赵说:"打一会儿麻将有什么了不起,凭什么扣我的奖金?"赵说:"今天的电影不错,我们去看电影吧!"赵某采用了答非所问的方法回避了不便于回答的问题。又如,节外生枝法。某电影院的服务员怀疑一位青年没买票,说:"同志,请把票拿出来。"青年人因被怀疑而表示不满,一边拿票,一边吵闹,训斥服务员。服务员赔礼道歉也无济于事,于是严肃地说:"政府有明文规定,公共场所不得大声喧哗,您违反了规定,请跟我出来一下。"话题一转,青年便软了下来,乖乖地坐下了。再如,打断引开法。张总是某大型商务谈判的负责人,因患血癌住院,张的助手闯进病房冒失地问:"张总,听说您这病是……"张总为了稳定谈判人员的情绪,急忙打断,说:"小毛病,不要紧。谈判进展如何?"张总巧妙地引开了助手的话题。

3. 正话反说

如，反语。谈判的一方对对方斤斤计较的态度忍无可忍，便说道："您对事业高度负责的态度真令我佩服，也值得我学习。"意思也就是说，如果我也像你这样斤斤计较，谈判肯定会不欢而散。又如，反问，包括肯定型反问、拒绝型反问、否定型反问、讽刺型反问、回击型反问、探测型反问、悬念型反问等。张三问李四："老五最近生意好吗？"李四说："他出事了你不知道？"张三忙问："出了什么事？"李四通过反问，激发了张三的好奇心，对此事产生了兴趣。

4. 诙谐幽默

运用诙谐幽默的语言有助于创造和谐的谈判气氛；可以更加艺术地传递感情，暗示意图，加深对方对你的印象；可以有效地避免尴尬、缓和气氛；可以使批评变得更加委婉友善；能够增加谈判的力量、避开对方的锋芒；能为谈判者树立良好的形象等。比如，有个批发商征求他的零售商的意见，问道："我的商品如何？"对方答道："感觉像口香糖，可以嚼，就是吞不下。"零售商用幽默的语言对商品进行委婉的批评，这比直接指出来要艺术得多。

谈判实践证明，谈判者只有深刻了解并运用谈判语言的基本原则，才能够提升谈判语言表达能力与艺术性，在谈判中谈圆说通，促进谈判目标的实现。

二、涉外谈判的文化差异

新时代，随着中国对外开放的持续推进，国内外交流、谈判、合作呈现出前所未有的深层次、宽领域、高频度特征，人与人之间打破国界密切互动，共同推进世界经济社会向前发展，构建人类命运共同体大势不可逆转。然而，"在家千日好，出门处处难"。由于跨文化谈判中存在着诸如各国发展历史、各地风俗习惯、谈判游戏规则等因素的差异，客观上存在着跨文化的交流障碍，如果处理不当，轻则造成交流误会、尴尬，重则造成关系紧张、谈判破裂、损失惨重，甚至影响大国形象和国际关系。因此，认知和克服跨文化谈判中的交流障碍显得十分重要。常见的造成跨文化谈判中的交流障碍主要有以下几种原因。

（一）假定一致性偏差

在跨文化交流和谈判中，人们经常犯的一个错误就是不注意假定一致性所出现的偏差，也就是在与其他文化背景的人交流时，习惯性地以本地的传统文化、风俗习惯、思维模式和行为规范来对待他人，从而造成互动行为不"兼容"。比如，在宴请一位来自美国的客商时，己方某公司老总考虑到天气比较冷，点了一个狗肉火锅，认为我们喜欢吃的美国人也肯定爱吃，没想到美国客商大吃一惊，认为不可理喻。这是因为狗这种动物在美国人的眼里是宠物，是朋友，甚至可以被视作家庭成员，美国人是不吃狗肉的。狗在美国人心中的地位很高，他们讲幸运儿就是 lucky dog，说"人人都有得意的时候"就是英语习语"Every dog has his day"。再比如，在迎接一位来自印度的女士时，如果你按照中国人初次见面的礼仪伸出手来要与之握手，也同样犯了这种错误。这是因为印度女性的身体绝对不允许外人触碰，恰当的方式是行合十礼。

（二）谈判态度的差异

在跨文化谈判的交流中，己方虽然抱着真诚合作的态度与海外商人打交道，但有时会发现,对方并不像我们想象中的那样态度和善、真诚。造成态度差异的原因是多方面的,有的还是由来已久、根深蒂固的,归纳起来,主要有以下几个方面。

1. 种族或民族中心主义

种族或民族中心主义是指用自己文化的标准来负面地评判其他文化的方方面面。换言之,具有种族或民族中心主义态度的人认为自己所在的文化是世界上最优秀的文化;自己所在的种族或民族是世界上最优秀的种族或民族;自己文化的思维及行为方式是最为正确或恰当的方式;自己的文化应成为其他文化的行为典范等。在现代社会,种族或民族中心主义者已没有太多的市场,在"台面"上也不得不有所收敛,但在思想根源上尚难以绝迹,有时候还会死灰复燃,借着所谓"普世价值"的"文明外衣",对其他文化、种族、民族、文明采取俯视、鄙视的态度,甚至指手画脚,吹毛求疵,故意制造文化隔阂、种族歧视、民族对立和文明冲突。

2. 文化思维定式

人们经常以文化思维定式来思考问题、看待他人。如东北人爱喝酒,湖南人爱吃辣椒,成都人悠闲自得等,但具体到某个人,也不能一概而论。同样,在与海外商人打交道时,有时候对某一国人民或某一个种族、民族、公司、团体的共性过于高度概括,而忽视了与我们具体交往的人的个性和特质。我们经常说中国人勤劳,英国人绅士,法国人浪漫,德国人严谨,美国人直率,俄罗斯人勇敢,日本人精明,犹太人聪明等诸如此类的话都是文化思维定式,但并非人人如此,甚至有以偏概全之嫌。因此,如果跨文化谈判者带着先入之见与他人交流,很可能因思维定式进入误区,在谈判中造成困惑和损失。

3. 偏见

偏见指对某一特定群体、种族、宗教等无理性的不喜欢、怀疑或憎恨。它所涉及的是对另外一个群体的人们的不公平,带有偏见的或不容忍的态度。偏见在日常生活中随处可见。比如有些城里人瞧不起乡下人;有些南方人看不惯北方人;有些男人轻视女人等都是偏见。在跨文化谈判中,对另一方持有偏见的一方往往会显露出傲慢、不可一世的神情,从而引起对方的反感,最终以不欢而散收场。

(三)语言交流风格的差异

世界上不同文化的成员有着迥异的语言交流风格。概括地说,大体有以下几种:直接和间接交流风格;自我夸耀和自我谦逊交流风格;详尽的、确切的和简洁的交流风格;强调个人的和强调语境的交流风格;以及工具型和情感型的交流风格等。

1. 直接和间接交流风格

所谓直接交流风格是指交流者用语言信息清晰地表露自己的意愿,不遮遮掩掩;而间接交流风格则体现为交流者的语言信息总是委婉表达或刻意掩盖自己的真实意图。两者的差异主要体现为语言信息的简明程度上。中国人是间接交流风格的高手,而美国人则热衷于直来直往的直接交流风格。以求人帮忙为例,美国人直接会说 Can you do me a favor? 而中国人则往往要先做一些小的铺垫,如问对方最近忙不忙,家里人怎么样等诸如此类的情感铺垫,然后再慢慢地委婉地接近主题。由此而产生的跨文化交流障碍体现为美国人往往认为中国人不够真诚、坦率,而中国人则认为美国人过于直接、不够礼貌。

2. 自我夸耀型和自我谦逊型交流风格

自我夸耀型交流风格的持有者,以美国人为代表,语言中往往充溢着对自己能力的高度自信和对自己所取得成就的无比自豪。而这正是以中国人为代表的自我谦逊型交流风格的持有者所嗤之以鼻的。自我谦逊型交流风格讲究的是为人谦恭,不出风头。所谓"出头的椽子先烂""枪打出头鸟"等正是这种交流风格持有者的为人信条。在国际体育赛事中往往出现这样的场景。比赛之前,各国的运动员接受媒体采访,西方运动员往往是信心满满,豪言壮语:"I believe I'm the best.""I'm sure I can win the championship."而中国的运动员则经常说些给自己留有足够余地的诸如"我会尽我最大努力取得最好的成绩"之类的谦虚之言。这两种不同表达风格的人相遇,势必出现误解。后者认为前者说话不靠谱,前者则认为后者不能正视自己的价值。究其根由,美国是一个竞争高度激烈的国度,竞争是美国人的核心价值观之一。美国人从小就学会与他人竞争,人人都要学会推销自己,否则就不会引起别人的注意。因此,中国"酒香不怕巷子深"的低调谦虚的理念无法在美国社会拥有市场。

3. 详尽的、确切的和简洁的交流风格

世界上的不同文化群体在说话的容量上存在差异,由此产生详尽的、确切的和简洁的交流风格。详尽的交流风格,以阿拉伯人为代表,喜欢在与人交谈时使用华丽的、极富渲染的辞藻。明喻、暗喻以及大量的形容词的使用在阿拉伯人的日常交谈中司空见惯,有时难免有添枝加叶,夸大其词之嫌。而美国人则属于确切的交流风格,这与美国人的"just the facts"思维方式吻合。传统的中国人是简洁的交流风格,"沉默是金""祸从口出"等鼓励人少说为上的表述正是提炼于这种交流风格。传统的中国文化对那些能说善讲的人往往持消极态度。"油嘴滑舌""口蜜腹剑""阿谀奉承"等诸如此类的表述体现出人们对能言善讲者的厌恶之情。

4. 强调个人的和强调语境的交流风格

英语中表示你的第二人称代词只有一个,You。因此无论对方是谁,总统、同事还是流浪汉,都只用 You 来称呼。这体现了英语国家人们的一种交际风格:强调个人的交流风格。他们不以人称代词的使用来区分对方的身份地位和职位。汉语则不同,根据对方身份地位的不同,我们可以用"你"或"您"加以区分。这体现出强调语境的交流风格。在这种交流风格中,除了人称代词随对方的身份地位和职位改变外,其他词的使用也可以做选择。"让小王说两句""请李总作指示"。参与同一会议的两个人,由于职位的不同,会议主持人在让他们分别发言时做出了如上用词的选择。

5. 工具型的和情感型的交流风格

所谓工具型的交流风格是指交流者把交流作为一种工具来使用,用以实现自己的既定目标。一旦目标实现,交流则相应终止。而情感型的交流风格则体现为交流者在交流的过程中谋求发展并保持彼此的某种社会关系,交流过程本身的意义可以大于交流目标。"买卖不成仁义在",正是这种交流风格的写照。可见,中国人属于情感性的交流风格。而美国人则为前者。

(四)非有声语言交流上的差异

除了有声语言,无声语言、类语言和环境语言的差异,有时也很微妙,更难以觉察,且

往往被人们忽视。以颜色为例,不同的文化对同一种颜色所赋予的相关联意义可谓千差万别。红色是中国人所喜爱的颜色,有"中国红"之称。这是因为在传统的中国文化中,红色象征着吉祥,好运和繁荣。日子要过得红红火火,买卖开张要开门红,年终要发红利、红包……传统的中式婚礼上红色是主打色。而这样一种颜色在其他文化却有着截然不同的文化内涵。在韩国,红色是坏运气的颜色;在日本,请人参加葬礼的请柬为红色;在加纳,红色使人感到悲伤;在泰国,红色象征着勇气,等等。

由于非有声语言表达而引发的文化误读的例子可谓不胜枚举,轻则造成彼此误解,使交际不欢而散,重则蒙受巨额经济损失,个别情况下还会引发国与国之间的矛盾和冲突。冷战期间的1959年,苏联领导人赫鲁晓夫历史性地访问美国。走出专机机舱时,赫鲁晓夫面对着欢迎他的美国官员和媒体,将双手紧握举过肩部。此举在美国国内掀起了轩然大波。因为在美国,拳击比赛中的获胜一方会用这种方式表示自己击败了对手。因此美国人把赫鲁晓夫的这一动作理解为其向美国人宣称苏联打败了美国。殊不知,在苏联,双手紧握举过肩膀代表着两人联手,是友谊的象征。

(五)文化模式上的差异

文化模式主要涉及信仰、价值体系、规范和社会习惯行为。不同文化在这些方面往往存在不可逾越的鸿沟。以价值体系为例,在一种文化中被接受的做法到了另外一种文化可能会被视为离经叛道。如海外少部分地区对同性恋予以了法理认同,而绝大部分地区对此予以谴责,并习惯性地称之为"同性恋患者",等等。

在跨文化谈判的交流中,要想绕开跨文化差异是不可能的,要做的是如何克服现实中存在的种种交流障碍。第一,跨文化谈判者首先要对跨文化交流的差异和障碍具有敏感性,在正式交流之前一定要做足功课,多渠道了解对方的文化习俗和特点。第二,树立正确的待人理念,无论什么民族、种族、文化背景者,一律平等视人。第三,对待对方的文化予以宽容、尊重,善于换位思考,根据对方的文化习惯,在谈判中采取灵活的应对之策。第四,重视对对方谈判人员、谈判目的、谈判实力、谈判目标、交易条件和谈判策略的内在把握,在跨文化谈判中克服交流障碍,赢得谈判先机,达成谈判交易。

第二节 有声语言谈判艺术

有声语言,又称为自然语音,是指能发出声音的口头语言,它以口头表达和即时倾听为沟通方式,一般分为会话和独白两种。它是人类社会最早形成的自然语言,是最常用的、最基本的信息传递媒介。在谈判中运用的有声语言境界要高于日常的一般应用语言,常见的就有与谈判相关的专业语言、法律语言、外交语言、文学语言、军事语言、交际语言等。在谈判中,谈判者要善于根据谈判内容和情势需要,灵活地运用这些语言,简明、连贯、得体地表达思想和观点,多一些尊重、赞美对方之声,少一些蔑视、指责的人为沟通障碍,运用有声语言艺术恰当地表达问题,顺畅地沟通,从而引起对方的共鸣,促进谈判成功。

一、倾听的艺术

倾听是必须具备的谈判技巧,是谈判的基础,通常被称为谈判的第一要素。俗话说得好,"上帝给人类两只耳朵一只嘴巴,是让我们少说多听!"在谈判过程中,越认真倾听对方说话,越容易赢得对方好感,因为用"心"倾听,说明对对方尊重,对对方的表达感兴趣,在无形中拉近了彼此接受的心理距离。也因为有效的倾听,才能从听清内容到注意要点、再从理解含义最后达到倾听的最高层次掌握精髓。所以,只有有效的倾听,才能完整、正确、及时地理解对方讲话的主要内容和真正意图,才能找出对方的弱点和漏洞,从而占据谈判的主动。

(一)影响倾听的因素

既然倾听如此重要,那么,大家都希望成为一个优秀的倾听者。可是在日常谈判中,类似"你听我说"这样的潜意识依然存在。现实是,每一个人或多或少都存在倾听障碍。影响倾听的因素主要有自身因素和谈判环境因素。

1. 倾听者的因素

1)注意力不集中

谈判是一桩劳神费力的活动。在谈判过程中,人的大脑处于紧张思维状态,很容易出现只考虑己方的问题而不知对方说些什么的现象。如果谈判日程安排得过于紧张,而谈判人员又没有得到很好的休息,有时,在对方开始讲话时还能听一听,但过了一会儿,注意力就转移到己方头脑中的问题上来了;有时倾听者把注意力放在分析、研究对方某一讲话内容以及己方的对策上;特别是在谈判的中后期,因连日征战,精力消耗很大,容易产生精力不集中而少听或漏听的现象。这是一种称之为"注意"的心理现象,其选择性导致的倾听指向不集中。

2)思维不兼容

有时谈判双方属于两种不同思维类型的人。例如,一方的思维属收敛性的人,另一方的思维属于发散性的人,前者思维速度较慢,后者思维速度较快,那么让思维速度较慢的收敛性思维的人去听思维速度较快的发散性思维的另一方的发言时,就会产生思路跟不上对方或因思路不同而产生少听、漏听的现象。

3)专业不过关

谈判总是就某个内容而言的,往往涉及大量的专业知识。谈判者如果对专业知识懂得太少,在谈判中一旦涉及这方面的问题就难以理解。涉外谈判与国内谈判相比较还有一个语言问题。我国企业在涉外谈判中大多数配备一个专门的翻译,有些翻译人员是从外语学院毕业而直接从事翻译工作的,由于对专业知识了解不够,在翻译时往往把握不准,只能译个大概,特别是对某种精微细小的环节容易一带而过,而这些细节又恰恰是理解对方讲话内容、把握对方立场和观点的关键。反之,专业技术人员的英语表达能力往往欠佳,很难把自己和对方的意思完全表达到位。既有较高外语水平又有较丰富的专业知识及工作经验的谈判者是最理想的谈判者,但目前国内比较缺乏。

4)态度不端正

有的人过于自负,之所以不想、不会倾听,是因为他们认为已掌握了对方的信息和底牌,对方不一定能说出有价值的信息;还有的急功近利,总想听对方的赞美之声,一听到对方的挑剔之声,就忐忑不安,心神不宁,有逃避现实的潜在心理;还有的表现欲很强,总想主导谈判,不愿意多听别人的陈述,对对方的需求缺乏应有的耐心。这种不尊重对方的态度往往会导致沟通交流的中断。

2. 谈判环境的因素

有人做实验证明,如果一个人同时听两个信息,他也只能复述一个,而放弃另一个。正如荀子在《劝学篇》里所说的:"耳不能两听而聪。"谈判环境因素是影响谈判者正常沟通和有效倾听的重要因素之一。谈判的环境是安静的还是嘈杂的、会谈的场所是封闭的还是开放的、谈判现场设施齐全还是缺少、谈判人数是否对等、谈判氛围是严肃的还是舒适的、谈判关系是友好的还是对立的、谈判者的发言和问答是有序的还是无序的等诸多因素,都有可能对有效倾听造成影响。

(二) 有效的倾听

倾听就是倾听者把感观、感情和智力的输入综合起来,探寻对方讲话内容所包含的含义和理解的过程,也就是说,倾听时不仅要用耳听,而且要用眼、脑、心听。倾听是一门艺术,可从以下几个方面努力,做到有效的倾听。

1. 培养乐于倾听的习惯

谈判是双方语言互动的过程,精明的谈判者乐于让对方陈述,从而了解对方的需求、偏好和弱点,找出对己方有用的信息,思索回应对方的策略,而不是一味地展示己方的语言"天才"和语言控场能力。即使己方讲话,也可以创造给对方说话的机会,比如,在己方陈述后,可以通过"您的意思呢?"或"我很想听听您的意见"等方式为己方创造倾听的机会。作为一个倾听者,不管是在什么情况下,如果自己不明白对方说出的话是什么意思,就应该在对方表达到一定节点时发问或暗示,确保自己能够听懂对方表达的意思。但是要注意,要尊重对方的表达权利,最好不要抢话。抢话不同于问话。问话是由于某个信息或意思未能记住而要求对方给予解释或重复,问话是必要的。而抢话则急于纠正别人说话的错误,或用己方的观点来取代别人的观点,这是一种不尊重人的行为。抢话往往会打乱别人的思路,也耽误自己倾听,阻塞双方的思想或感情的渠道,不利于创造良好的谈判气氛。如果己方不同意对方的观点,等对方说完以后,再阐述己方的观点也不迟。

2. 提高善于倾听的能力

首先要自我反思自己有哪些影响倾听的坏习惯,并予以坚决克服。例如,自己是否对别人的话匆忙做出判断?是否常常打断别人的话?是否经常制造交流的障碍?在一定意义上可以说,分析自己倾听的习惯是正确运用倾听的技巧的前提。然后,运用自己倾听自己讲话的办法来有意识地了解自己。一个不了解自己的人,是很难真正地了解别人的。倾听自己对别人讲些什么,是改变和改善自己倾听习惯与态度的好办法。

3. 心神入定地倾听

谈判者要面向说话者,与他保持最适宜的距离认真倾听。要记住,说话者都愿意与认真倾听、举止活泼的人交往,而不愿意与"木头人"交往。这就是要求谈判者在别人发言时要心神入定、精力集中,即使自己已熟知的话题,也不可充耳不闻。精力集中地听,是有效倾听最重要的问题。心理学家统计证明,一般人说话的速度为每分钟200字,而听的速度是每分钟300~500字。有时,对方的话还没有说完,倾听者就已经明白对方的意思了。这样一来,倾听者很容易利用听的空隙想其他的事,也许恰在这时,对方提出要倾听者回答问题,给倾听者来一个措手不及。因此,倾听者要把注意力集中在对方所说的话上,要努力理解对方言语的含义和情感的表达。

4. 有鉴别地倾听

有鉴别地倾听必须建立在专心倾听的基础上。因为不用心听,也就无法鉴别对方传来的信息,哪些是真的,哪些是假的,哪些有用,哪些无用。通常来说,人们说话总是边想边说,来不及整理,不能突出重点,而倾听者则可以像"过筛子"一样去粗取精,去伪存真,抓住重点。

5. 有情感地倾听

当对方讲话时,倾听者一定要发自内心的积极输入和恰当地反馈和互动。如,用眼睛正视对方面部,坐在对方的旁边,随着对方的动作和表情做出相呼应的动作或表情,以示鼓励;及时地表达己方倾诉的真实感受,表明对对方观点的理解和赞赏,做出倾听回应和归纳总结;适时地提出问题,表明己方在认真地考虑对方的问题,并想方设法地去解决对方的问题。

谈判高手有时会进入到对方的角色当中,从对方的观点和立场上去倾听、感受、体会,对谈话表现出兴趣,以获得对方的认同。这样对方会因己方如此专心地倾听而愿意更多、更广、更深刻地表达自己的观点。

(三)考温倾听法

在谈判中,通过倾听来获取信息是一种行之有效的方法。倾听,既要听到对手讲出来的话,也要听出话中蕴含的信息,甚至还要听出对手没有讲出来的信息。

美国谈判界有一位号称"最佳谈判手"的考温,他非常重视倾听的技巧,并从他丰富的谈判实践中,总结出倾听是谈判中获取信息的重要手段的结论。由他总结并经后人丰富的倾听的方法可分为以下三种。

1. 迎合式

所谓迎合式,就是对对方的话采取迎合态度,适时地对对方的话表示理解,可以点点头或者简短地插话。这样容易消除对方的对抗心理,而对方一旦放松警惕,就会滔滔不绝地将他的意见和想法和盘托出。当然,己方对对方的话表示理解并不意味着赞成。当对方明白这一点时,已经后悔莫及了。

2. 引诱式

所谓引诱式,就是在倾听的过程中,适时地提出一些恰当的问题,诱使对方说出他的全部想法。对付一个不太老练的谈判对手,这种方法常常有效。对方可能会在不知不觉中说出许多他原来不想说的话。当然,等对方突然之间明白过来时,后悔也晚了。

3. 劝导式

所谓劝导式,就是当对方说话偏离了谈判的主题,己方应当用恰当的语言,在不知不觉之中转移话题,把对方的话题拉回到主题上来。使用劝导式要做到转移话题自然、婉转,否则容易引起对方的反感,得不偿失。

二、陈述的艺术

陈述就是叙述自己的观点或问题的过程。谈判的各个阶段都离不开陈述。陈述的技巧涉及三个部分:入题、阐述和结束。

(一)入题的艺术

1. 气氛渲染式

气氛渲染式是通过一些与主题关系不大的中性的话题入题,但是为了使陈述能顺利进行下去,应尽量选些积极的、令人愉快的话题来谈。一般来说,热情寒暄式常用的话题有:有关气候和季节的话题;有关热门话题;有关新闻和文娱的消息;有关个人爱好、兴趣方面的话题;有关衣食住行的话题;双方如果是老相识,可谈谈合作的历史;有关旅途经历;有关健康、家庭状况的话题;介绍己方的谈判人员(经历、成就等);寒暄而谦虚地介绍自己等。以上话题由于容易被人接受,有助于消除双方的戒备心理,创造一种宽松的气氛。在用语上多使用一些赞誉、鼓励、欣赏、关心、寒暄和谦虚等方面的词语。

2. 开门见山式

以直奔主题式入题,就是直接谈与陈述的正题有关的内容,这些内容是组成陈述正题的一部分,如围绕正题介绍己方的有关情况。介绍有关情况时,可先一般,后具体,即先泛泛地从面上谈起,逐渐进入重点问题;亦可先具体,后一般,即先谈细节,再定协议原则等。

(二)阐述的艺术

1. 开场阐述

以己方开场阐述为例,主要有以下要点。

(1)开宗明义,明确本次会谈所要解决的主题,统一双方的认识。

(2)表明己方通过洽谈应当得到的利益,尤其是对己方至关重要的利益。

(3)表明己方的基本立场。可以回顾双方以前合作的成果,也可以展望或预测今后双方合作中可能出现的机遇或障碍;还可以表示己方可采取何种方式为双方共同获得利益做出贡献等。

(4)开场阐述应是原则性的,而不是具体的,应尽可能简明扼要。

(5)开场阐述的目的是让对方明白己方的意图,以创造和谐的洽谈气氛。

如果是对方先开场阐述,己方应该认真耐心地倾听对方的开场阐述,归纳对方开场阐述的内容,思考和理解对方阐述的关键问题。如果对方开场阐述的内容与己方意见差距较大,不要打断对方的阐述,更不要立即与对方争执,而应当先让对方说完,认同对方之后再巧妙地转移话题,从侧面进行反驳。

2. 真诚沟通

以诚相待是获得对方同情和信赖的好方法,因为人们往往对坦率诚恳的人有好感。在谈判中要以诚相待,阐述意见要客观,说话态度要诚实,对待对方讲诚信。当然,以诚相待是有限度的,并不是将商业秘密和己方的想法和盘托出,而是以既赢得对方信赖又不使己方陷入被动、丧失利益为尺度的。

3. 让对方先谈

在谈判中,当己方对市场态势和产品定价的新情况不很了解,或者尚未确定购买何种产品,或者无权直接决定购买与否的时候,己方一定要坚持让对方首先说明可提供何种产品,产品的性能如何,产品的价格如何等,然后,再审慎地表达意见。有时即使己方对市场态势和产品定价比较了解,心中有明确的购买意图,而且能够直接决定购买与否,也不妨先让对方阐述利益要求、报价和介绍产品,然后,再在此基础上提出自己的要求,往往常能收到奇效。

4. 紧扣主题阐述

任何谈判的双方,都是怀着一定的目的,肩负着一定的使命来到谈判桌前的。这便决定了每次谈判必有一个或多个主题。由于时间有限,谈判双方在谈判中都要紧紧围绕主题进行阐述,与谈判主题无关的意见不要发表,以免使对方产生反感,给谈判带来障碍。

5. 正确使用语言

（1）准确易懂。在谈判过程中,使用的语言要规范、通俗,能使对方很容易听明白。有时如确需使用某些专业术语,则应以简明易懂的习惯用语加以解释。一切语言均要以达到双方沟通,保证洽谈顺利进行为前提。

（2）简明扼要。由于人的记忆能力有限,在短时间内只能记住有限的、具有特色的内容,所以,谈判者在谈判中一定要简明扼要地阐述自己的观点。这样,才能在洽谈中收到事半功倍的效果。

（3）富有弹性。谈判过程中所使用的语言,应当丰富、灵活、富有弹性。对于不同的谈判对手,应当使用不同的语言。如果对方谈吐优雅,很有修养,己方语言也应十分讲究,做到出语不凡；如果对方语言朴实无华,那么己方用语也不必过多修饰；如果对方语言爽快、直露,那么己方也不要迂回曲折,语言晦涩。总之,要根据对方的学识、气质、性格、修养和语言特点,及时调整己方的洽谈用语。这是迅速缩短谈判双方距离、实现平等交流的有效方法。

6. 巧妙摆脱困境

当谈判出现危机、无法达成协议时,为了摆脱困境,给自己解围,并使谈判继续进行下去,可使用下列解围用语："真遗憾,只差一步就成功了！""就快要达到目标了,真可惜！""这样做,肯定对双方都不利！""再这样拖延下去,只怕成交的可能性很小啦。""既然事已至此,懊恼也没有用,还是让我们再做一次努力吧！""我相信,无论如何,双方都不希望前功尽弃！"使用这种解围用语,有时确能产生较好的效果。只要双方都有谈判诚意,对方可能会欣然接受你的意见,为谈判的成功而共同努力。

（三）结束的艺术

结束语在陈述中起着压轴的作用,在谈判中占据特殊地位。出色的结束语既可以让对方深思,又可引导对方陈述问题的态度与方向。如果己方所述问题较复杂,或陈述方式跳跃性较强,则结束时还应加以归纳、提炼。

一般说来,结束语宜采用切题、稳健、中肯并富有启发式的语言,做到有肯定有否定,并留有回旋余地,尽量避免下绝对性的结论,更不能以否定性的语言结束谈判。如果以否定性的话语结束会谈,必将会给对方造成一种不愉快的感受,并对下一轮谈判带来不利影响,甚至危及上一轮谈判中已谈妥的问题或达成的协议。

所以,在谈判结束时,最好能给予谈判对手以正面的评价,对对方给予的合作表示感谢,并以稳健中肯的语气把谈过的议题予以归纳,把谈判的结果予以概括,为今后的合作谈判奠定基础。

三、提问的艺术

爱因斯坦曾经说过:"提出一个问题比解决一个问题更重要!"提问是指在谈判过程中,谈判者为刺激、引导信息交流,通过语言表达,要求对方给予相应信息的过程。提问是一个神奇的工具。在谈判中,通过提问,可以帮助谈判者获得自己需要知道的信息,获得需要了解的资料;可以摸清对方的真实意图、掌握对方心理变化;可以引起对方的注意、引导对方的思路;可以传达己方的意见、观点;也可以达到影响,甚至控制谈判进行方向的目的。

(一)提问的方式

1. 限定式提问

限定式提问又称封闭式提问,是指在一定范围内引出肯定或否定答复的提问。例如,"你是否认为售后服务没有改进的可能?"这种提问,答复者一般不需要太多的思考过程和时间即能给予答复,并可使提问者获得特定的信息。当然,这种提问有时会产生一定的压力。

2. 非限定式提问

非限定式提问又称开放式提问,是指在广泛的领域内引出广泛答复的提问。这类提问通常无法以"是"或"否"等简单字句答复。例如,"请问您对我公司的印象如何?""您对当前市场销售状况有什么看法?"由于非限定式提问不限定答复的范围,所以答复者可以畅所欲言,提问者也可以得到广泛的信息。

3. 试探式提问

试探式提问又称探索式提问,是指在没有摸清对方虚实的情况下,采用试探的语气或方法,在适宜的场所或时机向对方提问。这种提问,既可避免被对方拒绝而出现难堪局面,又可以自然地探出对方虚实,达到提问的目的。例如,谈判一方想把自己的产品推销出去,但他并不知道对方是否会接受,又不好直接问对方要不要,于是便试探地问:"这种产品的功能还不错吧?您能评价一下吗?"如果对方满意,他定会接受;如果对方不满意,他的拒绝也不会使己方难堪。

4. 确认式提问

确认式提问又称证实式提问,是指针对对方的答复重新措辞,使对方证实补充原先答复的一种提问。例如,"您刚才说对目前这宗生意可以进行取舍,这是不是说您拥有全权与我进行谈判?"确认式提问不仅能确保谈判双方在同一语言层面上的沟通,而且可以从对方那里得到进一步澄清和确认。

5. 借助式提问

借助式提问,是指借助权威人士的观点、意见来影响谈判对手的一种提问。例如,"我们的产品已经通过了美国哈佛大学凯特等几位教授的共同鉴定,达到国际先进水平,属国际首创。现在,是否可以让我们来谈谈产品的价格?"采用这种方式提问时应注意,所借助的人或单位应是对方所了解的、能对对方产生积极影响的;如果对方不了解借助人,或对他有看法,效果可能会适得其反。

6. 引导式提问

引导式提问,是指具有强烈的暗示性、引导性的提问。例如,"经销这种商品,我方利润很少,如果不给百分之三的折扣,我方是很难成交的。""谈到现在,我看给我方的折扣可以定为百分之四,你一定会同意的,是吗?"这类提问几乎使对方毫无选择的余地。

7. 商议式提问

商议式提问,是指为使对方同意自己的观点,采用商量的口吻向对方发出的提问。例如,"你看给我方折扣定为百分之四是否妥当?"这种提问,语气平和,对方容易接受。而且,即使对方没有接受你的条件,谈判的气氛仍能保持融洽,双方仍有继续合作的可能。

8. 选择式提问

选择式提问又称胁迫选择式提问,是让对方在自己划定的范围内进行选择,常带有强迫性,在使用时措辞要委婉、语调要得体,以免给人留下强横的不良印象。例如,"给您发平邮还是快递?"

(二) 提问的方法

1. 出其不意

事先做好准备,最好准备一些对方不能迅速想出适当答案的问题,以便收到出其不意的效果。有时可以先提些看上去很一般、较容易回答,而实质上与后面比较重要的某个问题相关的问题,等对方思想比较松懈时突然转向某一个重要问题,使对方措手不及。

2. 先听后问

在对方发言时,不要中止倾听对方的谈话而急于提出问题,可先把问题记下来,等待合适的时机再提出来。有时急于提问题,反而暴露了自己的意图,对方可以马上调整其后面的讲话内容,从而使己方本来可能得到的信息因此而丧失。

3. 适当试探

在适当的时候,将一个已经发生并且己方也知道答案的问题提出来,验证一下对方的诚实与处理事物的态度。同时这也给对方一个暗示,即己方对整个交易的行情是理解的,对有关对方的信息掌握也是很充分的。

4. 沉默以待

提出问题后闭口不言,等待对方回答。这样,双方处于沉默之中,会给对方施加一种无形的压力。己方不再言语,对方就必须以回答来打破沉默,或者说打破沉默的责任将由对方负担了。

5. 刨根问底

假如对方的答案不够完整,甚至回避不答,己方要有耐心和毅力去继续追问对方,因为回答己方的问题是对方的义务和责任。

6. 转移话题

当对方对己方所提的问题不感兴趣,或是态度谨慎不愿展开回答时,可以换一个角度和问题,来激发对方回答问题的兴趣。

(三) 提问的要诀

提问的要诀如表 6-1 所示。

表 6-1 提问要诀

项目	要求
明确内容	强调针对性,事先准备问题,触及到交易的关键环节
预设结果	预先设定答案,认真倾听对方回答,随时参照对比,动态评估可信度
提问角度	预先准备好一些对方意想不到的问题,会收到出其不意的效果
提问空间	评估对方让步,考虑双方的退路,注意时机和火候的把握
提问态度	谦虚、诚恳的态度,杜绝居高临下,也不要接二连三地搞"轰炸"
提问节奏	提出问题后,应专心致志地等待对方的回答
提问禁忌	不要带有敌意、威胁,不要涉及个人隐私,不要故意显示聪明才干、优越条件,不要随便指责对方、特别是指责对方诚意
提问语速	不宜太快也不宜太慢,适应对手,适宜谈判氛围
提问时机	随时留心谈判对手的心境,在适当的时候提出相应的问题
因型提问	坦率耿直型　提问要简洁
	挑剔抬杠型　提问要周密
	内向羞涩型　提问要含蓄
	外向急躁型　提问要直接
	沉稳严肃型　提问要认真
	活泼大方型　提问可诙谐

四、答复的艺术

答复问题,实质上也是陈述,因而,陈述的艺术对于回答问题通常也是适用的。但是,答复问题并非孤立的陈述,而是和提问相联系、受提问所制约的陈述,这就决定了答复问题应当有其独特的技巧和艺术。面对对方的提问,谈判者秉承自身素质和能力,充分发挥对信息源的掌握,有利、有据、有选择、有节奏、针对性地回答问题,以达到满足双方需求,说服对方达成交易。下面列举一些常见的答复问题的艺术方法。

（一）对症下药

有时提问者有意含糊其词,使所提的问题模棱两可,希望答复者在答复中出现漏洞,以便有机可乘从中获取非分之利。答复者在遇到这种情况时,一定要先进行认真分析,探明对方真实心理,然后针对对方的心理作答,切不可自作聪明,按己方的心理假设答复。例如,对方在谈判时要求己方谈谈价格问题,己方首先应当弄清对方要了解价格的哪一方面的问题,然后再酌情答复。如果己方探明对方提这个问题是因为己方所报价格太高,那么,己方可依据对方的这一真实心理,回答价格为什么并不算高。但是,如果己方在未摸清对方真实心理的情况下,就想当然地介绍价格的计算,成本的高低,就有可能落入对方的陷阱,给对方压低价格提供了依据。

（二）点到为止

答复者经常将对方提出的问题缩小范围,或者不作深层次的答复,以达到某种特殊的效果。例如,对方询问己方产品质量如何,己方不必详细介绍产品所有的质量指标,只需回答其中的某几个指标,从而形成质量很好的印象即可。

(三) 避实就虚

谈判中有时会遇到一些很难答复或不便确切答复的问题,可以采取含糊其词、模棱两可的方法作答,也可利用反问转移重点。这样,既避开了提问者的锋芒,又给自己留下了一定的余地,实为一箭双雕之举。模糊语言的表达形式,一种是用于改变相关范围或减少真实程度,如基本上、几乎等;另一种用于说话者主观判断或根据部分客观事实间接判断,如也许、恐怕、可能、我猜想、据我了解等。回答问题要给自己留有一定的余地,不要过早地暴露己方的实力。通常可用先说明一件类似的情况,再拉回正题,或者利用反问转移重点。例如,"是的,我猜想你会这样问,我可以给你满意的答复。不过,在我回答之前,请先允许我提一个问题。"若是对方还不满意,己方可以这样回答:"也许,你的想法很对,不过,你的理由是什么?""那么,你希望我怎么解释呢?"

(四) 淡化兴致

提问者如果发现了答复者的漏洞,往往会刨根问底地追问下去。所以,答复问题时要特别注意不让对方抓住某一点继续发问。假如在答复问题时确实出现了漏洞,也要设法淡化对方追问的兴致,可用这样的答复堵住对方:"这个问题容易解决,但现在还不是时候。""现在讨论这个问题为时还早。""这是一个暂时无法回答的问题。"

(五) 思而后答

一般情况下,谈判者对问题答复得好坏与思考的时间成正比。正因为如此,有些提问者不断地追问,迫使对方在对问题没有进行充分思考的情况下仓促作答。在这种情况下,作为答复者一定要保持清醒的头脑,沉着稳健,谨慎从事,不慕所谓"对答如流"的虚荣,也不必顾忌谈判对方的追问,而是转告对方你必须进行认真思考,因而需要充分的时间。

(六) 笑而不答

谈判者有回答问题的义务,但并不等于谈判者必须回答对方所提的每一个问题,特别是对某些不值得回答的问题,可以委婉地加以拒绝。例如,在谈判中,对方可能会提一些与谈判主题无关或关系不大的问题。回答这种问题不仅是浪费时间,而且会扰乱你的思路,甚至有时对方有意提一些容易激怒你的问题,其用意在于使你失去自制力。答复这种问题只会损害自己,因此可以一笑了之。

(七) 借故拖延

在谈判中,当对方提出问题而己方尚未思考出满意答案时,面对对方追问,己方也可以用资料不全或需要请示等借口来拖延答复。例如,可以这样回答:"对您所提的问题,我没有第一手资料来作答复,我想您是希望我为您作详尽圆满的答复的,但这需要时间,您说对吗?"不过,拖延答复并不是拒绝答复,因此,谈判者要进一步思考如何来回答问题。

(八) 将错就错

当对方对己方的答复作了错误的理解,而这种理解又有利于己方时,这时己方不必去更正,而应将错就错,因势利导。例如,当买方询问某种商品的供应条件时,卖方答复买方可以享受优惠价格。而买方把卖方的答复理解为,如果买方想享受优惠价格就必须成批购买。而实际上卖方只是希望买方多购买一些,并非"成批购买"是买方享受优惠价格的先决条件。如果买方作了这样的理解后,仍表示出购买的意向,卖方当然不必再把自己的原意解释一番。

(九) 答非所问

在谈判的前期准备阶段应该考虑对方可能会提出什么样的问题,哪些是正常提问哪些是试探提问。当对方提出希望己方明确答复而己方却不愿意回答的问题时,可以通过答非所问来巧妙地转移话题。

(十) 委婉回答

有些话语(无疑、绝对、肯定、必然等绝对性词语)会让对方觉得难以接受,不如把言语中的"棱角"磨去,改用我认为、也许、我觉得等,让对方更容易从情感上愉快地接受。若要拒绝别人也少用"不、不行"等直接否定,可找一些托词,如"我要跟领导请示一下"等。

(十一) 说服回答

说服是一种设法改变对方初衷,并且心甘情愿地接受己方要求的答复和陈述艺术,谈判高手的答复和陈述都蕴含着诸多的说服成分,无形中推动谈判的进程。谈判犹如两军对阵,当己方试图说服对方之际,也同样处于被说服的地位。己方的说服将随时遭到各种有形与无形的抗拒,除非能有效地瓦解这种抗拒力,否则,不但不能说服对方,反而有可能被对方所说服。说服是一种非常重要而又极其难以掌握的技巧,说服的技巧往往是多种方法、多种策略、多种技巧的综合应用。例如,在潜移默化中说服对方,在尊重对方需要中说服对方,在营造相互信赖中说服对方,在权衡利弊得失中说服对方,在简化办事流程中说服对方,在先易后难、先好后坏中说服对方等。谈判者要根据谈判情势需要,在答复中增添说服的力量和艺术,催化对方达成交易。

第三节 无声语言谈判魅力

美国人类学家爱德华·霍尔指出:"无声语言所显示的意义要比有声语言多得多而且深刻得多。"美国跨文化交际研究专家拉里·萨摩瓦尔在对非语言交际在交际活动中的比重做了进一步的研究,认为:在面对面的交际中,通过语言传达的信息仅占38%,而非语言行为主要是身势语所传达的信息高达62%。交流信息的全部表达=7%书面语言+38%声音语言+55%非声音语言。也就是说,在人际交往与谈判过程中的信息沟通就只有7%是由书面语言进行的,而把其他部分称作非文字语言交流,即我们经常说的有声语言和无声语言。

无声语言是指在信息交流过程中运用书面语言、有声语言以外的,但可以表达信息的一种补充、替代语言的方式。无声语言通常由人体语、类语言、物体语、环境语组成。其中,人体语主要是指人的基本姿态、基本礼节动作以及人体各部分动作所提供的沟通信息;类语言主要是指沉默、话语转换等各类非语言声音信息;物体语主要是指人的皮肤修饰、身体气味的掩饰、衣着和化妆、个人用品所提供的沟通信息;环境语主要是指空间信息、时间信息、建筑设计与室内装饰、声音、灯光、颜色、标识等。

无声语言在谈判中起着重要的作用。它可以丰富有声语言所表达的内容,起到辅助表达、增强力量、加重语气的作用,如,倾听者慢慢握紧了拳头,表示已下定决心。它可以代替谈判语言所表达的意图或情绪,特别是不便用语言表达时,能达到良好的替代效果,如,当听到对方某一建议时竖起大拇指,意味着赞美。它可以起到强烈的暗示作用,如,当销售方长篇大论地发表意见时,旁边的同事扯一扯他的衣袖或看看时钟,说明希望谈话者要有时间观念,讲话要有节制。无声语言在传递信息时还能给人自然、真切的感觉,所以,在谈判中被谈判者广泛运用。

一、人体语的魅力

(一) 首语

首语是通过谈判者头部活动传播的信息。在谈判中,经常使用的是点头语和摇头语,它们(一般情况下)分别传递着正、负方向的信息。点头一般表示"是""肯定"之义。如,谈判者在欣喜、赞同、有兴趣时,常常做点头的动作。而摇头一般表示"否定"之义。但由于文化和环境的不同,所表达的意思在不同国家也会有相当大的差异。例如,在表示肯定时,叙利亚人是头先向前倒然后弹回;巴基斯坦人是将头向后一扬,然后再靠近左肩;斯里兰卡人是将下巴低垂,随之将它朝下往左移动,等等。表示否定时,保加利亚和印度的某些地区是先将头往后倒然后向前弹回;土耳其和阿拉伯人一般将头抬起。

(二) 眼神语

眼神一向被认为是人类最明确的情感表现和交际信号,在面部表情中占据主导地位。"一身精神,具乎两目"。眼睛具有反映深层心理的特殊功能。据专家们研究,眼神实际上是指瞳孔的变化行为。瞳孔是受中枢神经控制的,它如实地显示着大脑正在进行的一切活动。瞳孔放大,传达正面信息(如爱、喜欢、兴奋、愉快);瞳孔缩小,则传达负面信息(如消沉、戒备、厌烦、愤怒)。人的喜怒哀乐、爱憎好恶等思想情绪的存在和变化,都能从眼睛这个神秘的器官中显示出来(描述眼神含义的成语很多,如,暗送秋波、含情脉脉、怒目圆睁、炯炯有神、半信半疑、顾盼生姿等)。因此,眼神与谈话之间有一种同步效应,它忠实地显示着说话的真正含义。

与人交谈,要敢于和善于同别人进行目光接触,这既是一种礼貌,又能帮助维持一种联系,使谈话在频频的目光交接中持续不断,更重要的是眼睛能帮你说话。在谈判中所要求的眼神要注意"目中有人"。在日常工作和交往中,我们和别人交流的时候,要养成注视对方的习惯。现在有的服务部门在接待客户的时候,说得很有礼貌,但从头到尾都不看客户一眼,客户是不高兴的。有的人不懂得眼神交流的价值,总习惯低着头看地板或盯着对方的脚,或"四顾左右而言他",这是很不利于交谈和发挥口才的。要知道,人们常常更相信眼睛。谈话中不愿进行目光接触者,往往让人觉得在企图掩饰什么或心中隐藏着什么事;眼神闪烁不定则显得精神上不稳定或性格上不诚实;如果几乎不看对方,那是怯懦和缺乏自信心的表现。这些都会妨碍交谈。

谈判者使用的眼神主要由视线接触的长度(包括闭眼和眨眼的时间与方式)、视线接触的向度和瞳孔的变化表现出来。视线接触的长度是指谈判者谈判时目光接触的时间。一般说来,与对方交谈,目光接触对方脸部的时间应占全部谈话时间的 30%～60%。在谈判中,几乎不看对方或回避对方视线,是不愿被对方看到自己的心理活动;眼睛闪烁不定则反映出谈判者情绪上的不稳定或性格上的不诚实;在 1 秒钟内连续眨几次眼睛,是对问题感兴趣或思维活跃或心理胆怯的表现。但谈判中,切忌直视、长时间的凝视或长时间的连续眨眼,以免引起对方反感。

视线接触的向度是指谈判者在交往时目光接触的方向。这可分为三种类型:第一,视线向下型,一般表示宽容、理解的含义;第二,视线向上型,一般表示尊敬、期待的含义;第三,保持平视型,一般表示平等的含义。瞳孔的变化是指谈判者瞳孔的放大或缩小,它属于微身体动作。一般地说,瞳孔的放大传递出正面信息,缩小则传达出负面信息。瞳孔的变化是谈判者无法用意念来控制的,在喜爱、兴奋时,瞳孔就会放大;当戒备或不满时,瞳孔就会缩小。此外,扫视常用来表示好奇的态度,侧视尤其是斜视常表示轻蔑的态度。在谈判中过多地使用扫视,会让对方觉得你心不在焉,对讨论的问题不感兴趣;过多地使用侧视则会给对方造成敌意。若长时间闭眼,则会给对方以孤傲自居之感。如果闭眼的同时,还伴有双臂交叉、仰头等动作,就会给对方以故意拉长脸、目中无人的感觉。如果眉开眼笑,常表示欢乐;双眉紧锁,常表示忧愁;横眉立目,常表示愤怒;瞠目结舌,常表示惊恐等。

(三) 微笑语

微笑语是指谈判者不出声的笑传递出的信息,它被称作无声的"交际世界语"。在谈判中,微笑可以在心理上给人带来稳定感、优势感;可以深化感情、融洽气氛。它是以柔克刚的妙招;巧妙回绝的借口。因此,谈判者要注意正确使用和辨别微笑,充分发挥它的传播媒介作用。

除了表达微笑,作为人体重要器官的嘴不仅是说话的工具,也是摄取食物和呼吸的器官之一。它的吃、咬、吮等多功能决定了它的丰富表现力,不同的嘴形往往反映出人们的不同心理状态。如紧紧地抿住嘴,往往表示意志坚决;撅起嘴是不满意和准备攻击对方的表示;遭到失败时,咬嘴唇是一种自我惩罚的动作,有时也可解释为自我解嘲或心情内疚;注意倾听对方谈话时,嘴角会稍稍向后拉或向上拉;不满意和固执时往往嘴角向下,等等。

(四) 手势语

人的手比较灵活,开合自如,是表达或传递信息、欲望最有力的方式之一。谈判者可通过手与手的接触或手的动作读解出对方的心理活动或心理状态,也可以把自己的意图传达给对方。这种通过手及手指活动所传递的信息被称作手势语。手势是谈判中辅助语言的手段,它能使语言表达更贴切、更恰当。它能加强谈判者的语气,也能使对方的精神振奋起来。更值得注意的是,手势能反映谈判者的情绪。

握手可以说是商务谈判中比较常见的一种手势语。它首先表示问候与礼节的意义。除此以外,还能给谈判主体带来许多意外信息:握手时对方手掌出汗,表示他处于兴奋或不稳定的心理状态;握手时对方用力过大,表示此人热情或有较强的占有欲,反之,不用力握手的谈判者,可能是心怯或傲慢;握手时掌向下或先凝视对方再握手,表示想取得主动、优势地位；握手时手指稍稍用力握住对方的手掌，对方也以同样方式回握，握的时间为1～3秒，它往往表示友好与合作，是标准的握手动作。握手的动作虽然说平常而简单，但是，在谈判的特定环境中，却能从中窥测双方内心的秘密，因而，要对之进行细心的研究。

由于各国之间文化差异的影响，同一手势对不同的谈判者可表达不同的意思。如拇指与食指合成一个圆圈，对美国和黎巴嫩的谈判人员来说表示OK；而日本人看来代表钱；对突尼斯人来说则是极端的挑衅行为。总之，手势表示的含义因地而异。

除此之外，在谈判中常见的手势语还有：伸出并敞开双掌，给人以言行一致、诚恳的感觉；谈话时掌心向上，表示谦虚、诚实、屈从，不带有任何威胁性；掌心向下，表示控制、压抑、压制，带有强制性，会使人产生抵触情绪；食指伸出，其余手指紧握，呈指点状，这种手势表示教训、镇压，带有很大的威胁性，这种行为最令人讨厌，在谈判中应尽量避免；双手相握或不断玩弄手指，会使对方感到缺乏信心或拘谨；把拇指指向另一人，表示蔑视和嘲弄；十指交叉常表示控制沮丧心情的外露，或表示敌对和紧张情绪；塔尖式手势，它是把十指端相触，撑起呈塔尖式，这种手势表示自信，若再伴之以身体后仰，则显得高傲，男性常以尖向上，女性则常塔尖向下；背手常显示一种权威，但在一个人极度紧张、不安时，常常背手，以缓和这种紧张情绪；搓手，常表示人们对某事情结局的急切期待心理；双臂紧紧交叉于胸前，暗示一种防御和敌意的态度。

（五）身态语

身态语是指谈判者身体的静态姿势所传递的信息。常见的身态语有：一般性的交叉跷腿的坐姿（俗称"二郎腿"），常伴以消极的手势，表示紧张、缄默和防御的态度，但有时人们为了坐着舒服些，也常用这种坐姿；高跷腿坐姿，这是在上述姿态基础上，将上压腿上移，使小腿下半节放在另一条腿的上膝部，暗示一种争辩、竞争的态度，如果再用双手扳住上压的这条腿，则表示这个人固执己见、顽固不化，要想同这种人议事，应首先改变其态度；谈话时，对方头部保持中正，有时会微微点点头，则说明他对你的讲话既不厌烦，也不是很感兴趣；如果对方将头侧向一边，尤其是倾向讲话人一边，则说明他对所讲的事很感兴趣；如果对方把头垂下，则是一种消极信号，表示他对所讲的事不感兴趣；十指交叉、搂住后脑，则显示一种权威、优势和信心；一手支撑着脑袋，则说明此人处于思考状态；两腿站开，相距肩宽，双手背后，挺胸、抬头，目光平视对方，面带微笑，则说明对谈判问题有信心、有兴趣；双腿合拢、双手前合，上体微前俯、头微低、目视对方，则表示他谦恭有礼，并愿意听取对方的意见；形态端庄、彬彬有礼、宾主分明，则反映一种修养、稳重、信心和有力量。

二、类语言的魅力

类语言是指在交际过程中沉默或有声音但没有固定含义的语言。在工作和日常交际中经常使用的形式有说话的重音、语调、笑声、掌声和沉默，这些都没有特定含义，但却能传递特定的信息。在信息交流过程中，他们的作用有时会大于有声语言。

（一）重音

在与对方交流过程中，有时为了加深或强调特定的部分，对其提高音量，表示它非常重要,提醒对方注意。如"明天我不来",将重音放在"明天",言下之意,其他时间会来;将重音放在"我",就是告诉对方,我肯定不会来,而别人会来。可见不同重音落点,会传递不同信息,重音的使用完全依据交际的需要。

(二)语调

语调也可以影响有声语言的含义,语调相当于书面文字中的标点符号。如果说话很简单,对方就很难获得重要线索,而且不被对方注意,这会降低信息传递效率。语调、语速及语气可以传递很多细节性东西,运用得好,可以达到良好的沟通效果。

(三)笑声

笑声也是一种类语言,它含义丰富,形式多变,而且不固定,理解时必须结合当时具体的语境。只有在特定语言环境中,笑声的含义才是单一的、确定的。笑声在交际过程中,是必不可少的,它可以改变交际气氛,是其他方式很难达到的。

(四)掌声

掌声的含义在大多数情况下是高兴、赞成、认可、欢迎。在少数情况下,掌声则表达一种不认可、否定的含义,鼓掌的目的是打断信息交流过程,不让信息交流持续较长时间。

(五)沉默

沉默是语句中短暂的间隙,是超越语言力量的一种高超的传播方式。恰到好处的沉默往往能起到"此时无声胜有声"的强调效果。沉默往往有鼓动对方开口讲话的作用,并使对方透露出对己方有利的信息;也可以打破谈判节奏,从而使对方让步;沉默很容易使对方想到最坏的打算。

三、物体语的魅力

(一)着装礼仪

1. 男士着装礼仪

男性谈判者着装要求庄重、质朴、大方、得体,服饰的颜色、样式及其搭配也要根据谈判内容和环境的需要相协调,以便给谈判对方留下良好的印象。谈判者着装所展现的精神、气质有时对谈判的成功起着不可替代的作用。西装是男士参加谈判的标准职业装,要求做工精细、落落大方、面料正宗、色彩恰当、尺寸合适、平整洁净,其中面料、色彩、尺寸、款式搭配很有讲究,最常见的西装多为藏蓝色、黑色,中高层人员通常着深蓝、深灰色西装,而中下级人士适合着中蓝或灰色。衬衫的颜色应为单一色彩,且无任何图案。在西装上衣之内,除衬衫外最好不要穿其他任何衣物,如在冬季寒冷难忍时,可在衬衫外加一件V型羊毛衫,也不要穿扣式的开领羊毛衫。西装的口袋尽量不要装过多的物品,以免影响西装的仪式感。穿西装套装时必须打领带,领带颜色要与西装、衬衫的颜色相适应,蓝色、灰色、棕色、黑色、紫红色等单色领带最为常见,领带打好后的长度以其下端正好盖住皮带扣为宜。与西装相配套的鞋袜也很重要,皮鞋最为般配,颜色以深色、单色为佳,最好是黑色,且保持光亮整洁。公文包以长方形为宜,颜色以黑色或深棕色为佳。

2. 女士着装礼仪

服装是女性的"第二皮肤"。一个女性的服装可以显示她的情感和智能,从她的衣着习惯可以看出她的人生哲学和人生观。美国著名心理学家乔治·纳甫博士就性格和衣着的关系将女性划分六种类型：

（1）智能型。这种女性头脑冷静、思维缜密、考虑周到，她购买新衣，一定会考虑是否合体，衣服是否有特色，剪裁缝纫水平是否满意。

（2）经济型。这种女性购买新衣时，第一件事就是先考虑是否合算。

（3）审美型。这种女性在购衣时受唯美观念支配，不求经济实惠，只求美观悦人。

（4）人道主义型。这种女性买衣服没有目的，常会买下自己并不需要的衣服，买衣服的目的似乎是让服装店多做几笔生意。

（5）政治家型。这种女性特别注重衣服的款式图案，希望能给人留下较好的印象。

（6）宗教家型。这种女性喜欢款式简单的衣服，色彩朴实无华，尽力避免虚饰，保守而趋于拘泥。

当代女性服饰千变万化，多彩多姿，我们不能机械地用这六种类型来简单地断定女性的性格，但是可以从女性所穿或所选购衣饰的款式、质料，特别是颜色上看出她们的心境。

在谈判中，女士的着装应充分体现女性的自信、自尊与自主，特别是在正式庄重场所，以穿着西装套裙为佳，一般场合也可着衬衫裙子或连衣裙。西装套裙的款式、尺寸、长短、颜色、内衬、鞋袜也要十分讲究，鞋子以深色高跟鞋或半高跟鞋为主。女士的着装还要与其年龄、身材、气质、职业相匹配。女士的发型、指甲、眼镜、首饰搭配也很重要，以保持整洁为要。

首饰原指妇女头上的簪子、金钗、发夹、头花，后来又将项链、颈链、耳坠、手镯、戒指、胸针、挂件等装饰品也称为首饰。谈判时女士首饰要恰到好处，不宜过多，起到点缀、装饰作用即可，否则就有装饰过度、庸俗之感。

手提包也能反映女士的某些性格。有的女士喜欢将手提包塞得满满的，这样的女士往往不斤斤计较，易于接近，凡事奉行"无所谓"的随便态度；相反，有的手提包款式朴素大方，色彩温和静雅，包内物品放得井井有条，这种女士往往都有上进心和虚荣心，她们办事认真，生活有条理，善于待人接物，有一定的组织才能。

（二）道具语

道具语是指在摆弄、佩戴、选用某种物体时传递的某种信息，实际上也是通过人的姿势表示信息。在谈判中，可能随身出现的物品有笔、笔记本、眼镜、贴身手提包、帽子、香烟、打火机、烟斗、茶杯，以及服装、衣饰等。这些物品由人拿在手中、戴在身上，呈现不同姿势，反映不同的内容与含义。手中玩笔，表示漫不经心，对所谈的问题无兴趣或显示其不在乎的态度；慢慢打开工作笔记本，表示关注对方讲话，快速打开工作笔记本说明发现了重要问题；猛推一下眼镜，则说明对方因某事而气愤；摘下眼镜，轻轻揉眼或擦擦镜片，说明精神疲劳，或对争论不休的老问题厌倦，或是喘口气准备再战；如果轻轻拿起桌上的帽子，则可能表示要结束这轮谈判，或暗示要告辞；打开手提包可能说明想再谈新的问题，关上手提包则表示到此为止，夹起包则说明无法挽留；但如果是关而不提，夹而不去，则说明谈判还有一线突破的希望，实际上许多谈判都是在这种情况下取得突破性进展的。

四、环境语的魅力

(一)谈判环境

谈判的环境语主要是指具体的谈判环境和谈判者的沟通距离。不同谈判环境氛围对交往双方产生不同的心理暗示作用,影响信息传递效果。如在谈判场所中各种设施的不同安排方式,会对谈判双方产生不同的影响,为了避免谈判双方"地位差异感",这时候安排圆形会议桌会比方形会议桌开会效果好一些;又如,在一个非常整洁的办公室或房间里进行谈判,肯定会比在一个乱七八糟的房间进行同样的交流效果好得多。人们总想选择有利于谈判成交的谈判环境,因此,谈判场所的地理位置、室内外光线、声响、温度、色调、装饰等都是需要认真考虑的因素。

(二)沟通空间

人类在长期的生产生活实践中发现,动物的势力圈感觉十分发达,它们为了保护自己以生殖活动为中心的生活,本能地用身体的某种气味标示出自己地盘的界限,并把这一"地盘"视为自己的势力范围。其实,在谈判中,每一个谈判者也会"划出"自己的势力范围,把它作为自己身体的一种延伸。在谈判中,沟通空间就是指在整个谈判的持续过程中,谈判者个人能够进行控制和调整的空间范围。沟通空间不仅包括个人占有的物品,还包括身体四周的空间,这是真实存在的感觉,一旦私人空间被挤占,就会感到不踏实、不安全、不自在,甚至有可能中断信息交流。

在谈判的沟通过程中,空间距离成为一种沟通亲密程度的标识。研究学者经过大量的实证与分析,确定了4种沟通的距离。以自我为核心,距离核心0.46米范围内成为亲密圈,沟通中保持这种距离的属于自己人,沟通语言与肢体语言可以放松、自由、丰富,话题也可以宽泛;距离核心0.46~1.22米范围内,属于私人圈,比较熟悉的谈判者在圈内就商务谈判话题进行交流;距离核心1.22~3.66米范围内,属于社交圈,一般适用进行初次谈判的谈判者,在距离上保持着一种陌生。距离核心3.66米以上范围的,属于公共圈,这个圈是开放的,基本上没有私人方面的情感交流。总而言之,空间距离与沟通的顺畅程度成反比。

以上4种沟通空间的界定,只是从宏观的角度告诉我们,谈判的沟通空间是一个客观实在,它对谈判者存在着较大的影响。因此,谈判人员在与对方接触之前,必须对对方的情况深入了解,恰当地确定彼此间的交往空间,形成一种适宜的心理氛围。如受东方文化影响的日本和中国谈判人员能接受较小空间,而在西方文化生活下的美国人多喜欢较宽敞的空间。有人曾进行过观察,当一个日本人和一个美国人在进行商务谈判时,两个人会跳舞状地绕着屋子走。这是因为,日本人为了保持舒适距离而不断地向前靠近,美国人也为了保持舒适距离而不断地往后退。来自东方国家的谈判人员一般不习惯拥抱、亲吻等谈判交往礼节,而西方国家的人员则习以为常。以上所述情况告诉我们,在谈判中,谈判者要合理地利用沟通空间的效应,否则,会使对方产生一种压迫感和不安全感,影响彼此间的沟通。

应该指出的是,我们对无声语言的论述,采取了孤立的、不联系的方法,分别介绍了人体语、类语言、物体语、环境语,这或许对学习和训练无声语言艺术很有益处。但在实际中,人们在表达问题和观点时,都是综合地运用上述各种语言的。如果不注意它们之间的内在联系,谈判者就很难取得良好的表达效果,更不能准确判断对方的心理状态,从而赢得谈判的主动权。

第四节 海外商人谈判文化

随着经济全球化的发展和我国多领域对外合作的不断深入,无论是官方还是民间,顺应时代发展潮流,"走出去、请进来"力度不断加大,国际交往、谈判与合作日益频繁。而世界各国之间在人文历史、政治经济、法律法规、社会文化、思维方式、价值取向等方面不尽相同,有的甚至存在明显的差异。为减少或避免这些跨文化差异给国际交流、谈判与合作造成困惑或影响,我们必须注意了解海外商人的谈判文化,不断增强跨文化谈判的意识,认知海外商人的谈判风格,有针对性地"出招",从而赢得跨国谈判和国际合作。

一、欧美商人的谈判文化

(一)美国商人的谈判文化

1. 自信高傲

由于美国是世界上综合国力最雄厚的国家,长期以来,美国商人养成了强烈的民族自豪感与自傲感,并在谈判文化中得到充分体现。他们常以"老大"自居,以自我为中心,说话声音大,谈判节奏快,对美国的产品、技术、经济和文化充满自信,谈判中喜欢率先提出自己的立场、观点和方案,并认为他们的产品、技术是最好的,方案是最公平合理、科学精准的。如果双方出现分歧,他们往往怀疑对方的分析、计算,甚至批评、抱怨或指责对方,而坚持自己的看法。

2. 坦率重利

美国商人性格外向,精力充沛,直接坦率,热情洋溢,人事分开,注重实利。美国商人谈生意就是直接谈生意,而不注意在洽商中培养双方的友谊感;他们还力图把生意和友谊清楚地分开,显得比较生硬。在谈判中,无论是陈述己方的立场观点,还是表达对对方的谈判目标和态度,其喜怒哀乐毫不隐讳地通过言行举止表现出来。如果他们不能接受对方提出的建议,就会直言相告,不喜欢兜圈子、绕弯子、委婉暗示,更不适应东方人因看重"面子"而随意通融。

3. 高效务实

美国经济高度发达,工作生活节奏快,因而美国商人特别珍惜时间,讲究效率。在谈判中,他们分工明确具体,注重谈判前的信息搜集、分析,办事井然有序,时间观念和计划性强,决策效率也高,不喜欢谈判对手拖延时间、缺乏工作效率,不喜欢接待事先没有预约的不速之客,更不适应谈判对方提出的不一致意见,缺乏应有的谈判耐心。美国商人认为,交易最重要的是经济利益。为了保证自己的利益,最公正、最妥善的解决办法就是依靠法律,依靠合同,而其他的都是靠不住的。因此,他们特别看重合同,十分认真讨论合同条款,而且特别重视合同违约的赔偿条款。一旦双方执行合同条款中出现意外情况,就按双方事先同意的责任条款处理。因此,美国人对于合同问题的讨论特别详细、具体,也关心合同适用的法律,以便在执行合同中能顺利地解决各种问题。

4. 因地而异

美国各地商人的谈判文化略有差异,具体表现在:以纽约为中心的东部商业团体中,犹太人的势力较强,这里的商人精明苛刻,头脑灵活,善于讨价还价,精通国际贸易业务;中西部是美国的工业中心,这里的商人以北欧血统为主,不但和蔼可亲,而且喜欢交际,平易近人,重视信用;以加利福尼亚州为中心的太平洋沿岸地区,主要工业有高新技术、电子、原子和航空火箭以及矿产品等,这里的商人性格直爽,做生意经验略显生疏,故而更注重文字契约的作用,且契约的内容详细、明确;南部的商人待人诚恳,心地善良,直爽无欺,但性子急,往往喜怒哀乐形于色,有时还会大发脾气,他们也很注重文字契约和商业信用,合同中应尽量详细地表述各项条款。

(二)英国商人的谈判文化

英国是最早进入工业化的资本主义国家,曾一度号称世界工厂、世界贸易垄断者、海上霸王、世界金融中心和日不落帝国。由于这种政治、经济、文化背景的影响,英国人形成了如下鲜明的谈判风格。

1. 矜持自信

英国商人在谈判初期,一般比较冷静、持重,与谈判对手保持一定距离,决不轻易表露感情。随着时间的推移,他们才与对手慢慢接近,逐渐熟悉起来。英国商人在谈判中充满自信,特别是在讨价还价阶段,如果出现分歧,往往固执己见,不肯轻易让步,充分显示出其"大国风范"。

2. 精明善辩

英国商人精明灵活,善于机变,长于交际,常常考虑到别人的立场、行动,对建设性意见能做出积极的反应。他们都赞同这样一句话:"不要说'这种商品我们公司没有',应该说'只要您需要,我们尽量替您想办法'。"英国人很注意逻辑,凡是自己所想的事,他们总是想方设法合乎逻辑地表达出来,有时即使明知是错误的东西,也要运用逻辑推理加以说明。

3. 高雅舒缓

英国商人重视礼仪,崇尚绅士风度。他们谈吐文明,举止高雅,尊重社会公德,很有礼让精神。他们行动按部就班,舒缓有致。在商务活动中,招待客人时间往往比较长,先喝果汁、苏打水,紧接着喝白葡萄酒、红葡萄酒,然后是雪茄烟,再加上一道白兰地酒,总共大约要花三个小时。英国商人的约会一旦确定,必须排除万难,按时赴约。当受到英国商人款待之后,一定要写信表示谢意,否则会被认为不懂礼貌。

(三)德国商人的谈判文化

德国商人自信、谨慎、保守、刻板、严谨,办事富有计划性,工作注重效率、追求完美,做事雷厉风行,有军旅作风。这种日耳曼民族的性格特征,在谈判桌上得到充分展现。

1. 严谨自信

德国商人在谈判前往往准备得十分充分周到。他们会想方设法搜集、研究对方的经营情况、资信状况、购销产品情况、市场行情、谈判意图、谈判议程以及谈判中可能出现的问题及应对策略等,掌握大量翔实的第一手资料,经过认真研判,确认对方可以成为可靠的商业伙伴后,才会坐到谈判桌前。如果与德国人做生意,一定要在谈判前做好充分准备,以便精准应对对方提出的一系列详细而又具体的问题。德国商人对自己的产品质量、技术标准相当严格、极有信心,在谈判中常会以此为衡量标准,并且不太愿意让步,缺乏谈判的灵活性和妥协性。与他们做生意,首先要赢得他们对你公司信誉和产品技术的认可。鉴于日耳曼民族这种倔强而又理性的个性特点,应尽量避免与之采取针锋相对的谈判方法,而要以柔克刚、以理服人,并以此扭转其僵硬的态度,避免激起对方的"犟脾气"。

2. 守时高效

德国商人时间概念清晰,非常守时,十分厌恶迟到者,一般不接受晚上谈判或拜访。不论工作还是做其他事情,他们都是规规矩矩,有板有眼,思维富于系统性和逻辑性。德国商人非常讲究效率,他们的座右铭是"马上解决",在谈判桌上表现得果断、不拖泥带水。他们喜欢直接表明所希望达成的交易,准确确定交易方式,详细列出谈判议题,提出内容详尽的报价表,清楚、坚决地陈述问题。他们善于明确表达思想,准备的方案清晰易懂。如果双方讨论列出的问题清单,他们一定会要求在问题的排序上应体现各问题的内在逻辑关系,否则就认为逻辑不清,不便讨论。他们认为每场讨论应明确议题,如果讨论了一上午却没有涉及主要议题,他们必会抱怨谈判无效率。那些"研究研究""考虑考虑""过段时间再说"等拖拖拉拉的行为,对他们来说简直是耻辱。

3. 崇尚契约

德国商人素有"契约之民"的雅称,他们崇尚契约,严守信用,权利与义务的意识很强。在谈判中,他们坚持己见,权利与义务分得清清楚楚;涉及合同的任一条款,他们都非常认真。对所有细节都认真推敲,做到合同中每个字、每句话都准确无误,然后才同意签约。德国商人对交货期限要求严格,往往会坚持严厉的违约惩罚性条款。外国客商要保证成功地同德国人打交道,就得同意严格遵守交货日期,而且还要同意严格的索赔条款。

德国人受宗教、法律等因素影响,严格遵守各种社会规范和纪律。在经贸往来中,他们尊重合同。一旦签约,他们就会努力按合同条款一丝不苟地去执行,不论发生什么问题都不会轻易毁约,而且签约后,他们对于交货期、付款期等的更改要求一般都不予理会。他们注重发展长久的关系,求稳心强,不喜欢做"一锤子"买卖。

(四)法国商人的谈判文化

法兰西共和国是一个工业发达的老牌资本主义国家,生产和资本的集中程度很高。在近代史上,其社会科学、文学、科学技术等方面都有卓越的成就,有很强的民族自豪感。在现代社会,法国商人谈判文化有如下特点。

1. 自豪感强

在谈判中,法国商人往往会坚持使用法语。即使法国的谈判人员英语讲得很好,一般也不会用英语谈判,除非他们迫切需要和你成交;如果法国谈判人员同你讲英语,就说明他对你已经做出了最大的让步,因为在他们看来,法语是最高贵的语言。法国商人以爱国热情高昂而著称,尤其是法国政府代表着法国的最高利益,他们的商业机构也是如此。因此,同法国人进行贸易洽谈,不要指望法国的官方会照顾你的利益。

2. 乐于交际

在商务交往上,法国商人很注重信誉和人际关系,在未成为朋友之前,是不会同你进行大宗贸易的,一旦有了深交,才进行大宗贸易。举办家庭宴会是对客人最隆重的款待,并且十分看重客人的"面子",但这不能看作是谈判交易的延伸,在宴请招待时忌讳谈生意。法国商人节奏不紧,迟到了常有理由;反之,如果对方迟到了,就要受到冷遇。在社交中,比如参加正式的宴会,有一个不成文的惯例,即主要客人的身份越重要,他来得就越晚。因此,如果有人请你的公司人员一起参加宴会,可以预料吃饭时间要比规定的晚一些。同时,法国商人有同人握手的习惯,而且握手次数之多是出人意料的。一位亚洲商人参观法国一家公司,该公司职员共28人,他一进公司大门就被安排与这28名职员一一握手,道别时也同样被安排与这28名职员再次一一握手。

3. 不拘细节

法国商人谈生意不习惯开始就进入正题,往往先聊一些社会新闻或文化生活的话题(切忌涉及法国商人家庭私事和生意秘密),以此培养感情。只有当他们认为感情培养起来后,才逐渐转入正式话题。他们一般懂几门专业的知识,每个人涉及的工作范围很广,在谈判中富有顽强的精神,精神高度集中,运用法兰西人特有的智慧对付各种情形。他们个人办事的权力很大,待主要问题谈妥之后,担任要职的人可以果断地做出决策,并催促对方签约,但往往忽视细节问题,因此在协议的签订与具体的执行过程中常有一些变动,以至改约之事时有发生。

(五)意大利商人的谈判文化

意大利商人不习惯提国名,而愿意提故乡的名字。他们文化素质较高,既有德国商人的精明实干,又有法国人的健谈交际。意大利谈判文化的特点及应对方式如下。

1. 时尚节俭

意大利商人热爱生活,追求时尚,衣冠楚楚,潇洒自如,办公设施也比较讲究,现代化气息浓厚,勤俭节约,不愿多花钱追求过高品质的产品,但注重生活的舒适度。

2. 谈判谨慎

意大利商人比德国人少了一些刻板,比英国人多了一些热情。在谈判合同、做出决策时,不会感情冲动,不愿仓促表态,比较重视产品的价格,在价格方面常常寸步不让,并且喜欢采用代理的方式,非常慎重;同时十分注重细节,表情丰富多变,手势较多,常为一些小事争吵不止。所以,与意大利商人做生意要有耐心,要让他们相信你的产品比他们国内生产的产品更为物美价廉。

3. 外向度低

意大利商人与外商做交易的热情不高,他们更愿意与国内企业打交道。由于历史和传统的原因,意大利人不太主动向外国观念和国际惯例看齐。他们信赖国内企业,认为国内企业生产的产品一般质量较高,而且国内企业与他们存在共同性。

(六)北欧商人的谈判文化

北欧国家主要包括丹麦、芬兰、冰岛、挪威和瑞典,和中国商人打交道较多的也是这几个国家。北欧国家政局稳定,人民生活水平较高。由于其宗教信仰、民族地位及历史文化,北欧人形成了心地善良、为人朴素、谦恭稳重、和蔼可亲、按部就班、沉着冷静的性格特点。

1. 北欧人的显著特征

(1) 非常注重产品的质量、认证、环保、节能等方面,重视程度高于对价格的关注;心中对价格有上下限,往往一旦报价在此范围内就会同意。

(2) 低调的性格特点决定了他们不善交际和言谈,不善于讨价还价,喜欢就事论事,务实高效;谈判风格坦诚,不隐藏自己的观点,善于提出各种建设性方案,追求和谐的气氛。

(3) 在付款方式上不喜欢用 LC(信用证),比较倾向于 TT(电汇)和 DP(付款交单),因为他们认为自己信誉度和商业道德高。

2. 和北欧商人谈判注意事项

(1) 保证产品的质量,提供环保、节能的产品及包装,提供相应认证;北欧人有着强大的市场购买力,在谈判中,对于高档次、高质量、款式新奇的消费品,他们会表现出很大的兴趣。

(2) 谈判时注意态度严谨和认真,需要考虑如何与其配合。以坦诚的态度对待来自北欧的谈判人员较好,这可以使谈判双方感情融洽、交流顺畅,形成互相信任的气氛,以推进谈判。

北欧商人性格较为保守,他们更倾向于尽力保护他们现在拥有的东西。因此,他们在谈判中更多地把注意力集中在怎样做出让步才能保住合同,同时不喜欢无休止地讨价还价,他们希望对方的公司在市场上是优秀的,希望对方提出的建议是他们所能得到的最好的建议。

二、亚洲商人的谈判文化

(一) 日本商人的谈判文化

日本商人的谈判文化具有以下特点。

1. 重视信息

日本商人高度重视谈判信息的搜集、研判和运用,他们善于交际,大多数人受过搜集信息的专门训练,搜集信息的方式和渠道呈多元化,每个驻外人员和临时出国人员都负有搜集信息的任务。日本商人每天上班后,首先要阅读总部发来的各项指示和各种资料,了解总部的要求和意图;接着便详细查阅当地的报纸、杂志、书籍,从中寻找有价值的情报和线索;然后与当地公司、企业和有关单位联系。针对日本商人这一特点,己方商务人员应持既积极又慎重的态度。积极,是指应主动地向日本商人介绍己方生产经营以及经济发展前景等情况,以增进日方对己方的了解;慎重,是指介绍情况要适度,否则无法在谈判中争取主动。

2. 精于算计

日本商人在商务活动中非常勤奋,在信息搜集的基础上,能够夜以继日地迅速形成谈判所需的各种文字材料;非常注重细节,反应机敏,一旦谈判活动变化,就会迅速做出反应,形成一套新的策略和方案,以创造成功的机会。日本商社的人员经常说:"对商社人员来说,只有白天没有黑夜,只有工作没有假日。"日本商人善于讨价还价,并且笑容可掬,有地位的日本商人更是十分注重这种谈话方式,以表现其文化修养,这种笑脸式的讨价还价往往会掩盖其精于算计的真相。实际上,日本商人报价很高,一般是在成交价格基础上加30%左右,甚至有时高达50%;他们还价时杀价也狠,有时甚至会令你目瞪口呆。另外,日本商人在讨价还价时对数字较为敏感,奇数表示吉祥,但也忌用"9";不太喜欢偶数,尤其是偶数中的"4"更忌用。针对日本商人的这一特点,己方报价及商谈事宜时要留有较大的余地,以防他们杀价或讨价过狠。"打折扣吃小亏,拉高价占大便宜"是日本商务谈判的典型特征之一。为了迎合买方心理,日本出口商善于用"折扣"吸引对方,己方谈判人员应坚持"看货论价",要善于比价,善于解析成本,绝不可形成"习惯性折扣率";对于双方共同磋商所达成的协议,己方应保持"审视"态度,警惕协议条款中的某些微小变化,以免上当吃亏。

3. 决策谨慎

日本商人讲究礼节,言谈举止端庄谦逊、礼貌委婉,注重谈判双方身份对等,参加商务活动的大多是男士,女士一般不参与正式商务谈判。在商谈中一般避免正面回答问题,并极力回避直接的否定语,同时也很少直截了当地同意对方的观点。他们在大多数情况下则使用诸如"是那样吧""可能是那样""我想是那样""可以认为是那样""大概如你所说""我想你的讲法有道理"等暧昧词句来同意你的看法。他们时间观念强而决策缓慢,办事讲究时效,团体精神强,参加谈判的每个代表都有一定的权力和责任,每一位代表的表情和意见都应值得重视。同时,日本商人对于重要问题往往不能马上做出决策,需要通过国内公司有关人员层层上报批准方能给予答复。日本商人宁愿在承担义务之前征求每个人的意见并得到他们的首肯,而不愿在事后讨论如何履行合同,或者因未能履行合同而追究责任。一旦交易达成,日本商人注重考虑交易的长远影响,善于开拓新的交易市场。

(二)韩国商人的谈判文化

韩国商人的谈判文化的特点主要有如下几个方面。

1. 重视咨询

韩国商人十分重视谈判的准备工作。在谈判前,一般是通过海内外有关咨询机构了解谈判对方的情况,如果对对方没有一定的了解,他们是不会与对方一同坐在谈判桌前的。而一旦同对方坐到谈判桌前,那么可以肯定韩国商人已经对这场谈判进行了周密准备。

2. 注重氛围

韩国商人十分注意选择谈判地点,一般喜欢选择有名气的酒店、饭店会晤。会晤地点如果是韩国方面选择的,他们一定会准时到达。如果是对方选择的,韩国商人则不会提前到达,往往会推迟一点时间到达。在进入谈判地点时,一般是地位最高的人或主谈判人走在最前面,因为他也是谈判的拍板者。

韩国商人十分重视会谈初始阶段的气氛,一见面就会全力创造友好的谈判气氛。见面时总是热情打招呼,向对方介绍自己的姓名、职务等。落座后,当被问及喜欢用哪种饮料时,他们一般选择对方喜欢的饮料,以示对对方的尊重和了解。然后,再寒暄几句与谈判无关的话题如天气、旅游等,以此创造一个和谐的气氛,尔后,才正式开始谈判。

3. 讲究技巧

韩国商人逻辑性强,做事喜欢条理化,谈判也不例外。所以,在谈判开始后,他们往往是与对方商谈谈判的主要议题。而谈判的主要议题虽然每次各有不同,但一般包括下列五个方面的内容,即阐明各自意图、报价、讨价还价、协商、签订合同。尤其是较大型的谈判,往往是直奔主题,开门见山。常用的谈判方法有两种,即横向谈判与纵向谈判。前者是进入实质性谈判后,先列出重要特别条款,然后逐条逐项进行磋商。后者即对共同提出的条款逐条协商,取得一致后再转向下一条的讨论。有时也会两种方法兼而用之。在谈判过程中,他们比较爽快,但善于讨价还价。有些韩国商人直到最后一刻,仍会提出"价格再降一点"的要求。他们也有让步的时候,但目的是在不利形势下,以退为进来战胜对手。这充分反映了韩国商人谈判中的顽强精神。

此外,韩国商人还会针对不同的谈判对象,使用声东击西、先苦后甜、疲劳战术等策略。在完成谈判签约时,喜欢使用合作对象国家的语言、英语、朝鲜语三种文字签订合同,三种文字具有同等效力。

(三)新加坡商人的谈判文化

新加坡是连接太平洋和印度洋的要道,地理位置十分重要。新加坡经济很发达,华人占绝大多数,其次是马来人、印度人、巴基斯坦人、白人和混血种人等。

新加坡商人以华侨为最多,他们乡土观念很强、勤奋、能干、耐劳、充满智慧,一般都很愿意与中国进行商贸洽谈合作。老一代华侨还保持着讲面子的特点,"面子"在商贸洽谈中有时具有决定的意义。年轻一代华侨商人虽已具备了现代商人的素质和特点,但是,依然保持了老一代华侨的一些传统特点,例如,在洽谈中,如果遇到重要的决定,往往不喜欢写成书面的字据,但一旦订立了契约,则绝对不会违约,而是千方百计地去履行契约。这些都充分体现了华侨商人注重信誉、珍惜朋友之间关系的商业道德。

(四)泰国商人的谈判文化

泰国商人的性格特点是,不信赖别人,而依靠家族来掌管生意;不铺张浪费;同业间能互相帮助,但不会结成一个组织来共担风险。假如外国商人要同泰国商人建立推心置腹的友情,那需要很长一段时间。但一旦建立了友谊,泰国商人便会完全信赖你,当你遇到困难时,也会通融。所以,诚实和富于人情味,在泰国商人那里也是被充分肯定的。在泰国控制着产业的也多为华侨,这些华侨已经完全融进了泰国的民族大家庭中。

(五)印度尼西亚商人的谈判文化

印度尼西亚是信奉伊斯兰教的国家,90%的人是伊斯兰教教徒,他们有着十分牢固的宗教信仰。按照教义,印度尼西亚每年有一个月叫作"斋月"。在这个月中,每天从日出到日落不能吃东西,因此,那些消耗体力很多的工作则难以坚持。

印度尼西亚商人很讲礼貌,绝对不讲别人的坏话。除非是深交,否则难以听到他们的真心话。在洽谈时,若是交往不深,表面上虽然十分友好,谈判很投机,但心里想的却可能完全是另一套。但是,如果建立了推心置腹的友情,则往往可以成为十分可靠的合作伙伴,随时都可以上门访问以加深友情,使商谈得以顺利进行。

(六)印度商人的谈判文化

印度是一个古老的国家,印度商人的传统观念和保守思想较重。印度的企业家,一般不愿意把自己掌握的技术、知识教给别人,在商务谈判中不愿意做出责任性的决定。当工作出现失误受到指责时,他们会不厌其烦地重复解释。印度商人疑心重,在没有利害关系时,是很好相处的,可一旦有了利害冲突,就判若两人,层层设防,处处揣测。

印度税率很高,逃税情形较多,所以,对印度公司进行资信调查很困难。有时即使调查到一些数据,是否真实可靠也很难分辨。所以,同印度人进行商务交往,最好委托本国驻印度机构帮助调查,或亲自进行调查。

(七)巴基斯坦商人的谈判文化

巴基斯坦人,大多是伊斯兰教教徒,大多数人不抽烟、不饮酒。由于伊斯兰教影响,妇女很少就业,甚至在家庭中不让女性见客。商业上的聚会,也几乎是清一色的男性。在进行商业接触时,首先要了解这个国家的社会生活和风俗习惯,否则会因为一点小事刺伤对方的自尊心而妨碍商业活动。

在巴基斯坦,商业活动的对象是处于管理职位以上的人,这些人出生在上流社会,而且以留学欧美者居多。他们不喜欢对方用电话进行商谈,而希望对方亲自登门访问他们,双方促膝而谈,交易才能有所进展。更重要的是,任何约定都必须形成书面的字据,以免日后产生纠纷。与巴基斯坦商人进行谈判,必须会讲一口流利的英语,否则会被认为没有受过良好的教育而受到蔑视,所进行的商业活动也会因此而受到很大的影响。

(八)阿拉伯商人的谈判文化

由于受地理、宗教、民族等的影响,中东地区阿拉伯人以宗教划派,以部族为群。他们家庭观念较强,性情固执而保守,脾气也很倔强,重朋友义气,热情好客,但不轻易相信别人。他们喜欢做手势,以形体语言表达思想。尽管不同的阿拉伯国家在观念、习惯和经济力量方面存在较大差异,但作为整个阿拉伯民族来讲却有较强的凝聚力。在阿拉伯国家,伊斯兰教一向被奉为国教,是除阿拉伯语以外阿拉伯民族的又一重要凝聚力量。阿拉伯人非常反感别人用贬损或开玩笑的口气来谈论他们的信仰和习惯,嘲弄或漠视他们的风俗。由于阿拉伯社会宗教意识的影响,妇女地位较低,一般是不能在公开场合抛头露面的。因此,应该尽量避免派女性去阿拉伯国家谈生意,如果谈判小组中有妇女,也应将其安排在从属位置,以示尊重他们的风俗,同时在谈话中尽量不涉及妇女问题。

1. 重视信誉

谈生意的人必须首先赢得阿拉伯商人的好感和信任。与他们建立亲近关系的方法有:由信仰伊斯兰教或讲阿拉伯语的同宗、同族的人引见;以重礼相待,如破格接待等;在礼仪和实际待遇上均予以照顾,使其既有面子又得实惠。阿拉伯人好客知礼,对远道而来并亲自登门拜访的外国客人十分尊重。如果他们问及拜访的原因,最好是说,来拜访他是想得到他的帮助。因为阿拉伯人不一定想变得更加富有,但却不会拒绝"帮助"某个已逐渐被他尊重的人。当合同开始生效时,拜访次数可以减少,但定期重温、巩固和加深已有的良好关系仍非常重要,给他们留下一个重信义、讲交情的印象,这会让客商在以后的谈判中获得意外回报。

2. 重视具体谈判者

阿拉伯人等级观念强,其工商企业的总经理和政府部长们往往自视为战略家和总监,不愿处理日常的文书工作及其他琐事,他们的实际业务主要依靠自己的助手和下级工作人员。所以,外商在谈判中往往要同时与两种人打交道,首先是决策者,他们只对宏观问题感兴趣;其次是专家以及技术员,他们希望对方尽可能提供一些结构严谨、内容翔实的资料以便仔细加以论证,与阿拉伯人做生意时千万别忽视了后者的作用。在谈判中,要优先考虑具体谈判者的关注点和具体利益。

3. 谈判节奏缓慢

阿拉伯商人不喜欢通过电话来谈生意。从某种意义上说,与阿拉伯人的一次谈判只是同他们进行磋商的一部分,因为他们往往要很长时间才能做出谈判的最终决策。谈判中应采用数字、图片、文字等直观的材料,并且从右向左排列清楚,以供双方商谈。一般来说,阿拉伯人看了某项建议后,会去证实是否可行,如果可行,他们会在适当的时候安排由专家主持的会谈。如果这时你显得很急躁,不断催促,往往欲速则不达。

4. 代理商非常重要

几乎所有阿拉伯国家的政府都坚持,外商的商业活动都必须通过阿拉伯代理商来开展。此举为阿拉伯国民开辟了生财之道,提供了一个理想职业。如果没有合适的代理商,很难想象外商能在生意中进展顺利。一个好的代理商,会为外商提供便利,对业务的开展大有裨益。例如,可以帮助雇主同政府有关部门尽早取得联系,促使其尽快做出决定;快速完成日常的文书工作,加速通过烦冗的文件壁垒;帮助安排货款回收、劳务使用、货物运输、仓储乃至膳食等事宜。

5. 热衷讨价还价

无论商店大小均可讨价还价。标价只是卖主的"报价",外商应建立起讨价还价的意识,凡有交易条件,必须准备讨价与还价的方案;凡想成交的谈判,必定把讨价还价做得轰轰烈烈。高明的讨价还价要有智慧,即找准理由,令人信服,做到形式上相随,形式下求实利。

三、俄罗斯商人的谈判文化

俄罗斯横跨欧亚大陆,地域辽阔,与我国有着漫长的边境线。俄罗斯商人的谈判文化具体表现在以下几个方面。

1. 注重引进技术细节

俄罗斯商人对外谈判仍带有明显的计划经济的烙印。在进行正式洽商时,他们喜欢按计划办事,缺乏必要的灵活性,如果对方的让步与他们原定的具体目标相吻合,容易达成协议;如果有差距,他们一般不会让步。他们谈判能力很强,特别重视谈判项目中的技术内容、具体细节和索赔条款,向对方索要的东西也包罗万象。所以,在与俄罗斯人进行洽谈时,要有充分的准备,可能要就产品的技术问题进行反复磋商。另外,为了能及时准确地对技术问题进行阐述,在谈判中要配置技术方面的专家,同时要十分注意合同用语的使用,语言要精确,不能随便承诺某些不能做到的条件。对合同中的索赔条款也要十分慎重。例如,在出口一方国家的气候条件下,产品可能不轻易出问题,但不能轻易保证机器在俄罗斯极寒天气下工作没问题,更不能做出如果产品出现问题,愿意赔偿一切损失的承诺。

2. 善于讨价还价

俄罗斯人十分善于与外国人做生意,善于寻找合作与竞争的伙伴,也非常善于讨价还价。如果他们想要引进某个项目,首先要对外招标,引来数家竞争者,再不慌不忙地进行选择,并采取各种手段让争取合同的对手之间竞相压价,最后从中渔利。对俄罗斯商人的报价有两种策略。第一种是报出你的标准价格,然后力争做出最小的让步。可以事先印好一份标准价格表,表上所有价格都包含适当的溢价,给以后的谈判留下余地。第二种策略是公开在你的标准价格上加上一定的溢价(如15%),并说明这样做的理由是同其做生意承担的额外费用和风险。因为在国际贸易环境不稳定的情况下做生意的风险与费用是难以估量的。一般地讲,第二种策略更好,因为如果在报价之初就定死一个价格,几个星期甚至数月后,情况可能会发生很大变化。考虑到俄罗斯的通货膨胀问题,尽量缩短报价期限,并充分考虑报价在合同期内所受通货膨胀的影响。

俄罗斯人开低价常用的一个办法就是:"我们第一次向你订货,希望你给个最优惠价,以后我们会长期向你订货。""如果你们给我们以最低价格,我们会在其他方面予以补偿。"以此来引诱对方降低价格。要避免这种价格陷阱,谈判专家的忠告是:不要太实在,报个虚价,并咬牙坚持到底。

3. 爱做易货贸易

俄罗斯商人易货贸易的形式比较多,如转手贸易、补偿贸易、清算账户贸易等,所以贸易谈判活动显得十分复杂。俄罗斯商人采用易货贸易的形式也比较巧妙。他们一开始并不一定提出货款要以他们的产品来支付,往往在拼命压低对方的报价后,才开始提出用他们的产品来支付对方的全部或部分货款。由于外国商人已与俄罗斯人进行了广泛的接触,谈判的主要条款都已商议妥当,所以他们使出这一招时,往往使对手感到很为难,也容易妥协让步。这时外国商人一定要认真考虑其中所涉及的时间、风险和费用。易货是一种好的交易形式,但当你交易的商品没有市场时,那么,还不如没有这种交易的好。

四、大洋洲商人的谈判文化

大洋洲包括澳大利亚、新西兰、斐济、巴布亚新几内亚等二十多个国家和地区。其中澳大利亚和新西兰是两个较发达、也较为重要的国家,其居民有70%以上是欧洲各国移民后裔,其以英国和法国的移民后裔最多,多数国家通用英语。经济上以农业、矿业为主,盛产小麦、椰子、甘蔗、菠萝、羊毛和铅、铁、锌、锰等多种矿物。主要贸易对象是美国、日本、欧洲和中国,出口以农、畜、矿产品为主,进口商品主要是机械、汽车、纺织品和化工品等。

澳大利亚居民沉着好静,不喜欢自己的生活环境被扰乱。他们在商务谈判中很重视办事效率。他们派出的谈判人员一般都具有决定权,同时希望对方的谈判代表也具有决定权,以免在决策中浪费时间。他们极不愿意把时间花在不能做决定的空谈中,也不愿意在讨价还价时耗费时间。因此,在谈及价格时,他们往往不愿采用开始高报价,然后慢慢讨价还价的做法。他们采购货物时大多采用招标方式,以最低报价成交,根本不予讨价还价的机会。澳大利亚商人不太注意商品的完美性,加上他们以进口关税来控制外来商品的竞争,所以他们的商品质量提高缓慢,而其国内市场中进口商品的销售也处于不利地位。

澳大利亚商人待人随和,不拘束,乐于接受款待。但他们认为招待与生意无关,是两项活动,公私分明。所以与他们交往,不要以为在一起喝过酒生意就好做了。恰恰相反,澳大利亚商人在签约时非常谨慎,不太容易签约,但一旦签约,也较少发生毁约现象。他们重视信誉,而且成见较重,加上全国行业范围狭小,信息传递快,如果谈判中有不妥的言行,容易产生广泛的不良反应。所以谈判人员必须给他们留下美好的第一印象,才能使谈判顺利进行。

新西兰是一个农业国,农牧产品特别是牛奶大部分需要出口,工业产品大部分需要进口。国民福利待遇相当高,大部分人都过着优裕的生活。尽管如此,其商人在经贸活动中仍很重视信誉,责任心很强,加上经常进口货物,多与外商打交道,他们都精于谈判,很难应对。

五、非洲商人的谈判文化

非洲大陆幅员辽阔,面积仅次于亚洲。资源丰富,市场广阔,商机众多,是一个充满希望的大陆。近年来,随着非洲政治形势日渐稳定,经济建设稳步发展,投资环境不断改善,投资政策相对优惠,正在成为国际上新的投资热点,许多持乐观态度的跨国集团将非洲称为"世界上最后的投资边疆",也是能够让外国投资者获得丰厚经济回报的一个大市场。随着中非合作的日益加深,非洲已经成为中国企业界投资兴业的新热土。

非洲商人基本上以直线式逻辑思维为主要特征,强调信息准确的重要性,注重就事论事,准确、明了传达个人思想和感情。不同地区、不同国家的人民由于在种族、历史、语言、文化、生活习俗等方面存在较大的差异,他们的国情、生活习俗方面也各具特色。非洲人有一些禁忌,例如,同非洲人握手时,不能伸出左手,因为他们认为左手是不洁的。在妇女面前,不能提"针"这个字,因为他们崇尚丰盈,鄙视柳腰。目前,大多数非洲国家正处于从计划经济向市场经济转轨过程之中,经济政策、投资政策、市场法规等有待完善,中国企业投资非洲往往会遇到种种困难,甚至可能遭遇做假生意的现象,但机遇与风险并存。到非洲开拓市场,既要有跨文化沟通理念、灵活的经营头脑,又要有防范风险的意识。

首先应结合自身优势,认真分析相关非洲国家的资源与市场、发展规划及重点领域、政策法规、税收等方面情况,选好合作领域和具体项目,做好可行性研究,拟定积极稳妥的发展战略。要派人甚至组团到相关国家进行市场调研,考察投资环境,熟悉所在国有关法律、法规和经济体制、经济政策、市场情况、交通服务设施甚至风俗礼仪等。遇事要向中国驻当地使领馆汇报,也可以请求当地中资机构帮助,还可以与所在国家政府机构联系。双方签署的合同务必严谨,要有通过法律保护自己合法权益的意识,切不可草率行事。

其次,在非洲从事贸易,应从小规模入手,派一个小型贸易组到非洲组织展销会或者在当地设点分货,推销产品,让非洲人认识和喜欢你的产品,再扩大经营范围,在实践中选择和调整经营目标或投资方向。非洲商人一般订货批量小,与对方交往中,切勿感到利润不多就怕麻烦。要广交朋友,了解当地情况,获得市场和资源信息,进行科学论证,精心组织经营,防范投资失误。

再次,与非洲商人谈判时,要针对非洲商人控制欲强、爱"面子"的特点,提前设计好让对方先让步的理由,助推其先做出让步,并承诺为其保守秘密。然后根据对方让步的方式、幅度,己方再试探性地提出相应的让步方案。如果己方被迫要先做出让步,就要确保己方的让步必须建立在能够得到相应或者更多回报的基础上。

最后,我国企业到非洲创业,还应当充分利用我国政府在资金、税收、外汇管理、财务、人员外派等方面的支持政策。例如从事成套设备出口的企业,可以申请国家出口信贷;从事境外加工贸易的企业,可以申请中央外贸发展专项资金,办理出口信用保险等。目前我国国家政策性银行和国有商业银行已经制定规划,加快海外网点建设,为境外企业提供流动资金、贷款、清算、结算等金融服务。

非洲商人十分精明,非洲国家普遍沿用西方国家的质量体制,产品质量要求严格。因此,我国企业在非洲经营过程中必须坚持"以信誉和质量取胜"的做法,逐步扩大市场份额,树立自身良好形象。

六、拉丁美洲商人的谈判文化

拉丁美洲和北美同处一个大陆,但他们的观念和行为方式却差别极大,生活节奏比较慢,这在谈判中明显地表现出来。

(1) 与拉丁美洲商人做生意,要表现出对他们风俗习惯、信仰的尊重与理解,努力争取他们对你的信任。同时,避免流露出与他们做生意是对他们的恩赐的想法,一定要坚持平等、友好互利的原则。

(2) 拉丁美洲是由众多的国家和地区构成,国际矛盾冲突较多,要避免在谈判中涉及政治问题。拉丁美洲各国政府对进出口和外汇管制都有不同程度的限制,而且差别较大。一些国家对进口证审查很严,一些国家对外汇进出国境有繁杂的规定和手续。所以,一定要进行认真调查研究,有关合同条款也要写清楚,以免发生事后纠纷。

(3) 拉丁美洲商人和处事敏捷、高效率的北美商人相比,显得十分悠闲、乐观,时间概念也较淡漠。他们的悠闲表现在众多的假期上,常常在洽商的关键时刻,他们要去休假,生意就只好等休假完了再商谈。他们也很看重朋友,商业交往常带有感情成分。

(4) 拉丁美洲商人不太重视合同,常常是签约之后又要求修改,合同履约率也不高。特别是如期付款较难。另外,这些国家经济发展速度不平衡,国内时常出现高通货膨胀。所以,在对其出口交易中,力争用国际通用货币支付。

(5) 拉丁美洲国家较多,不同国家谈判人员特点也不相同。如阿根廷人喜欢握手,巴西人以好娱乐、重感情而闻名,智利、巴拉圭和哥伦比亚人做生意比较保守等。

总之,只要你不去干预这些国家的社会问题,耐心适应这些国家商人做生意的节奏,就会同拉丁美洲商人建立良好的个人关系,从而保证谈判的成功。

思考与训练

第六章思考与训练

第七章 国际贸易谈判：融入洪流

第一节 关税与贸易总协定和世界贸易组织

一、关税与贸易总协定

关税与贸易总协定（GATT，简称关贸总协定）是一个关于关税与贸易政策的多边国际协定，同时也是缔约方之间规定国际贸易准则的一项多边条约，是进行多边贸易谈判和解决贸易争端的场所。其产生和发展对协调世界各国的贸易关系，促进世界各国贸易的发展起着非常重要的作用。

（一）关贸总协定的诞生

关贸总协定的诞生与当时的世界政治、经济形势密切相关。第一次世界大战、1929—1933 年世界经济危机以及随之而来的第二次世界大战，给世界各国带来了巨大的灾难，国际贸易领域的正常秩序遭受了毁灭性的破坏。许多国家为了保护本国经济纷纷采取关税和非关税措施，限制他国商品的输入，导致贸易战频繁，严重影响了各国经济的发展。

从 1943 年初开始，美国就同各主要资本主义国家举行了一系列会谈，策划建立一个由美国控制的国际贸易组织。1945 年，美国正式建议成立一个国际贸易组织，把它作为同国际货币基金组织（IMF）和世界银行（WB）并立的、专门协调国际贸易关系的第三个国际性的组织机构。

1946 年 2 月，在美国的建议下，联合国经济及社会理事会第一次会议通过了召开联合国贸易与就业会议的决议，成立了筹备委员会。从 1946 年 10 月至 1947 年 10 月先后在伦敦、日内瓦召开了两次会议，并于日内瓦会议审议并通过了《国际贸易组织宪章》，即《哈瓦那宪章》，将该宪章送交有关参加国批准。之后，由于各国的对外经济政策，尤其是发达国家与不发达国家之间在经济政策上存在较大的分歧，国际贸易组织最终由于该宪章的批准国没有超过半数而宣告流产。

然而，关贸总协定却在国际贸易组织的谈判过程中诞生了。为了尽早实现贸易自由化，解决高关税问题，1947 年初，联合国贸易与就业会议筹备委员会下设的《国际贸易组织宪章》起草委员会就起草的"关贸总协定多边关税问题"进行了讨论。1947 年 4 月至 10 月，筹委会在日内瓦会议讨论审查《国际贸易组织宪章》的同时，进行了关税问题的多边谈判。由 23 个国家参加的首轮关税减让谈判获得成功，达成了 123 项有关关税减让的双边协议。同年 10 月，包括中国在内的 23 国签署了《关税与贸易总协定临时适用议定书》，将关贸总协定作为一项过渡性的临时协议,来处理战后亟待解决的各国在关税与贸易方面的问题,以便尽快地获得关税减让的好处,待《国际贸易组织宪章》生效后就用宪章的有关部分来代替关贸总协定。《关税与贸易总协定临时适用议定书》于1948年1月1日正式生效,由于《国际贸易组织宪章》中途夭折,关贸总协定实际上替代了国际贸易组织而临时生效。

尽管关贸总协定具有临时性的特征,但从1948年到1995年世界贸易组织成立的近半个世纪里,作为国际贸易领域唯一的一项多边协定,它一直是管理和协调国际贸易事务的中心,它的主要原则和规定得到世界上大多数国家的承认,并在世界贸易中得到广泛的运用,成为一个事实上的"国际贸易组织"。关贸总协定在促进国际贸易自由化和多边贸易体制形成方面发挥了积极作用。

(二)关贸总协定的发展及其作用

组织多边贸易谈判是关贸总协定推动贸易自由化的重要途径,旨在缔约方之间通过谈判以合作方式来解决它们在贸易关系中出现的重大问题。从1947年关贸总协定创立时进行的第一轮多边关税谈判到乌拉圭回合谈判,关贸总协定共主持过八轮(即八个回合)谈判。

第一轮:1947年,在瑞士日内瓦举行,谈判主题为关税,参加方23个;

第二轮:1949年,在法国安纳西举行,谈判主题为关税,参加方33个;

第三轮:1950—1951年,在英国托奎举行,谈判主题为关税,参加方39个;

第四轮:1956年,在瑞士日内瓦举行,谈判主题为关税,参加方28个;

第五轮(狄龙回合):1960—1961年,在瑞士日内瓦举行,谈判主题为关税,参加方45个;

第六轮(肯尼迪回合):1964—1967年,在瑞士日内瓦举行,谈判主题为关税与反倾销措施,参加方54个;

第七轮(东京回合):1973—1979年,在日本东京开始,在瑞士日内瓦举行,谈判主题为关税、非关税措施和框架协议,参加方102个;

第八轮(乌拉圭回合):1986—1994年,在乌拉圭埃斯特角开始,在瑞士日内瓦举行,谈判主题为关税、非关税措施、纺织品、农产品、服务贸易、投资措施,参加方123个。

关贸总协定在其自身的发展过程中,其内容与活动涉及的领域不断扩大,缔约方不断增加,在国际贸易舞台上发挥的作用越来越大,主要表现在以下几个方面。

1. 规定了有关国际贸易政策的基本原则

关贸总协定的基本原则及多边谈判所达成的一系列协议,形成一整套国际贸易政策和措施的规章,在一定程度上成为各缔约方制定和修改对外贸易政策和措施及从事对外贸易活动的依据,从而在一定程度上保证了国际贸易的有序进行。

2. 消除了某些国际贸易障碍

关贸总协定在其47年的历史中取得的最主要成果是通过8个回合的多边贸易谈判,一方面使各缔约方的关税水平有较大幅度的降低,发达国家加权平均关税从1947年的平均35%降至4%左右;同期,发展中国家加权平均税率则降至12%左右。另一方面使各缔约方非关税壁垒得以撤销或削减,从第七轮东京回合开始,比较全面地制定了一系列限制非关税壁垒的法规和守则,如《政治采购守则》《补贴和反补贴税守则》《反倾销守则》等。关贸总协定通过一系列谈判,在降低关税和削减非关税等方面起了积极作用,从而改善了缔约方的市场准入条件,促进了贸易自由化的发展进程。

3. 积极调解贸易争端,缓解了某些矛盾

在关贸总协定历次谈判中,由于涉及利益冲突,在各缔约方之间,尤其是发达成员之间,经常有激烈争吵和相互指责,但最终大多采取了磋商、调解的方法达成了某些协议,解决或暂时缓解了各缔约方之间的贸易矛盾。

4. 为发展中国家提供了与发达国家对话的场所,维护了发展中国家的权益

经过广大发展中国家的不懈努力,关贸总协定规则增加了不少维护发展中国家利益的条款,如新增的第四部分"贸易与发展",争取到的"普遍优惠制"待遇和"授权条款"等。

(三)乌拉圭回合谈判

1986年9月15日,关贸总协定第八轮多边贸易谈判在乌拉圭埃斯特角召开。来自90多个国家和地区的100多名部长发表了《乌拉圭回合部长宣言》,明确了本轮谈判的目的:制止和扭转保护主义,消除贸易扭曲现象;维护关贸总协定的基本原则,促进关贸总协定目标的实现;建立一个更加开放、更具生命力和持久的多边贸易体制。《乌拉圭回合部长宣言》围绕上述目的还确定了应实现的具体目标,确定了货物贸易部分的15个议题和服务贸易的议题。

乌拉圭回合谈判是关贸总协定诞生以来议题最多、范围最广、规模最大、历时最长的多边贸易谈判,先后有123个国家和地区参加了本轮谈判。1987年2月9日,乌拉圭回合分货物贸易谈判和服务贸易谈判两个大组,分别进入了各议题的正式谈判阶段。到1988年12月,经过近两年的艰苦谈判,对除农产品、纺织品、知识产权和保障条款以外的11个议题达成了初步框架协议。1989年4月5日至8日,在日内瓦召开了本轮谈判的高级官员会议,终于就农产品、纺织品、保障条款和知识产权4大难题基本上达成了一致协议,但仍有不少悬而未决的重要问题,其中有关农产品补贴议题最为关键。

1991年3月,乌拉圭回合谈判委员会为加快进程,将原先的15个议题合并为7个谈判组:农产品组、市场准入组、纺织品和服装组、规则制定和投资措施组、知识产权组、服务贸易组和组织机构组,谈判主要集中在各组议题的症结问题上。同年12月,折中各方观点的"一揽子"协议——《乌拉圭回合多边贸易谈判结果最后文件》(以下简称《最后文件》),即"邓克尔文本"出台,依然未能使农产品补贴僵局趋于缓和,致使谈判最后期限再次后推。

1992年以后,谈判集中到四个领域,即市场准入的关税减让谈判、服务贸易的初步承诺谈判、条文的法律修订以及对一揽子协议的必要调整。各参加方对于市场准入减让和服务贸易的初步承诺做了大量谈判工作,但对农产品问题一直僵持不下,直到1993年12月初,美、欧双方在求同存异的情况下才达成了全面协议。紧接着,欧共体12国外长会议批准了美、欧全面协议。日本、韩国也在农产品市场开放问题上做出了让步。至此,乌拉圭回合谈判道路上的障碍基本上被扫清了。最后,关贸总协定总干事立即召集所有谈判方举行特别会议,在当年12月15日通过了《最后文件》。1994年4月12日至15日,乌拉圭回合的全体参加方在摩洛哥的马拉喀什举行了部长级会议,通过了《建立世界贸易组织的马拉喀什宣言》,并签署了最后文件。历经磨难的乌拉圭回合胜利结束。

二、世界贸易组织

(一)世界贸易组织的机构

世界贸易组织(WTO)是由 1947 年关贸总协定(GATT)发展而来的。乌拉圭回合多边贸易谈判是促使关贸总协定发展到世界贸易组织的里程碑。根据乌拉圭回合《最后文件》和《建立世界贸易组织协定》,世界贸易组织于 1995 年 1 月 1 日建立。世界贸易组织作为崭新的多边贸易体制,其主要机构如下。

1. 部长级会议

部长级会议是世界贸易组织的最高权力机构,由各成员代表组成,可就任何多边贸易协定的任何问题做出决定,至少每两年举行一次。

2. 总理事会

总理事会负责世界贸易组织的日常工作,它由所有世贸组织成员组成并对部长级会议负责。总理事会在代表部长级会议开展日常工作的同时,还实施两项特别的工作:一是作为争端解决机构(Dispute Settlement Body)执行争端解决规则与程序;二是作为贸易政策评审机构(Trade Policy Review Body)定期审查各成员方的贸易政策。

3. 委员会

部长级会议下设立贸易与发展委员会,国际收支限制委员会,预算、财务和行政委员会。它们负责履行世界贸易组织协定和多边贸易协定赋予的各种职能。

4. 秘书处与总干事

总干事是世界贸易组织秘书处的首脑,其人选由部长级会议任命。总干事的权力、职责、服务条件和任期均由部长级会议以立法形式确定。秘书处的工作由总干事领导,其职能是为世界贸易组织的各种机构提供秘书性工作。

(二)世界贸易组织的宗旨

1. 提高生活水平,创造就业机会,增加实际收入和有效需求

从根本上讲,WTO 所指的"生活水平",是指整个人类的生活水平,而不是某一国或某一地区的生活水平。WTO 的各项规则、规章和制度的确立,就是创造一个宽松、有序、公平竞争的国际贸易环境,通过国际贸易的发展来促进全球的就业机会,增加人民的收入并丰富国际商品和服务市场。可以说,WTO 的所有活动都是为了实现这一根本宗旨而开展的。

2. 扩大生产和商品贸易,扩大服务贸易

WTO 在强调扩大货物生产与货物贸易的基础上,进一步强调扩大服务贸易,并将服务贸易纳入 WTO 的法律调整范围内,这是 WTO 相比于 GATT 的重大发展之处。

3. 最合理利用世界资源,走可持续发展之路

GATT 序言中对世界资源强调的是"充分利用(full use)",而 WTO 序言中对世界资源强调的是"最合理利用(optimal use)"。可以认为,WTO 的这一表述更具有科学性。也就是说,WTO 并不一味主张对资源的"充分利用",而是要求考虑资源利用与发展水平的关系,走可持续发展之路。

4. 保证发展中国家成员贸易、经济的发展

世界贸易组织提出,确保发展中国家成员尤其是最不发达国家成员,能获得与它们国际贸易额增长需要相适应的经济发展,并将其列为宗旨,体现了发展中国家成员在 GATT 中几十年的斗争成果,标志着国际经济新秩序正朝着更加公平合理的方向不断发展。

5. 建立一体化的多边贸易体制

世界贸易组织的建立,标志着一个完整的、更具有活力和永久性的多边贸易体制的诞生,它在监督、协调、管理未来世界经济秩序和贸易格局以及多边贸易法律关系中,起到十分重要的作用。该新体制不仅将长期游离于自由贸易体制之外的农产品和纺织品贸易纳入体系之中,而且将全球贸易体制的管辖范围扩大到服务贸易、知识产权贸易和国际投资这三个重要领域。

(三)世界贸易组织的基本原则

1. 非歧视原则

非歧视原则是世界贸易组织及其法律制度的一项首要的基本原则,也是现代国际贸易关系中最基本的准则。它是指 WTO 各成员之间应在无歧视的基础上进行贸易,相互的贸易关系中不应存在差别待遇。它通过最惠国待遇、国民待遇等条款体现出来。

最惠国待遇在 GATT 中是指各成员方之间在进出口货物及其有关的关税、规费、征收方法、规章手续、销售、运输、国内税等方面,每一成员方给予任何一个成员的优惠、特权和豁免,均应立即无条件地适用于所有其他成员方。国民待遇在 GATT 中系指国外产品与服务进入到另一成员方领土时,不应对它直接或间接征收高于对相同的本国产品与服务所征收的国内税或费用。在关于商品的国内销售、推销、购买、运输、分配或使用的全部法令、条例和规定方面,进口产品所享受的待遇不应低于相同的本国产品所享受的待遇。WTO 成立以后,最惠国待遇原则、国民待遇原则不仅适用于货物贸易领域,而且扩展到知识产权、投资和服务贸易领域。最惠国待遇原则是保证国外产品与服务提供商之间处于平等竞争地位。国民待遇原则主要是保证国外产品与服务商和国内产品与服务商处于平等地位。

2. 互惠原则

互惠原则,是指两成员方在国际贸易中相互给予对方以贸易上的优惠待遇。多年来,GATT 正是通过缔约方以对等减让关税和相互之间提供优惠的方式来保护贸易的平衡,实现贸易自由化的。WTO 成立后,互惠原则已经扩大到国际贸易的其他方面,如航运、非关税贸易壁垒的互惠减让、知识产权、服务贸易等。

3. 关税减让原则

WTO 的主要目的之一是通过关税减让的多边贸易谈判逐步降低关税,以促进国际贸易的发展。WTO 规定,经过多边谈判在互惠基础上达成的关税减让表对各成员方具有拘束力;任何一个成员方都无权单方面予以改变,某成员方在特殊情况下要提高本国关税,必须与有关成员方进行谈判和协商,并给予相应补偿。

4. 市场准入原则

所谓市场准入,是指一成员方允许另一成员方的货物、劳务与资本参与本国市场的程度。市场准入原则旨在通过增强各成员对外贸易体制的透明度,减少和取消关税、数量限制和其他各种强制性限制市场准入的非关税壁垒,以及通过各成员对开放其特定市场所做出的具体承诺,切实改善各成员市场准入条件,保证实现各成员的商品、资本和服务可以在世界市场上公平自由竞争的目的。但是必须注意的是,市场准入是一个渐进的过程。

5. 公平贸易原则

WTO 允许在特定情况下采取较高关税和其他形式的保护措施,因此,它并不是完全意义上的"自由贸易"组织。确切地说,它是一套旨在保护公开、公平、公正竞争的规则体系。非歧视原则、反倾销规则、反补贴规则都旨在保护公平的贸易环境,这些规则为各国政府对倾销和补贴这两种不公平竞争行为征收补偿性关税提供了法律依据。

6. 透明度原则

WTO 的透明度原则指成员方所实施的国际贸易有关的法令、条例、司法判决、行政决定,都必须予以公布,以使各国政府及贸易商熟悉它们。一成员方政府与另一成员方政府所缔结的影响国际贸易的协定,也必须公布,以防止成员方之间进行不公平的贸易,从而造成对其他成员方的歧视。

三、世界贸易组织争端解决机制

WTO 是一个以规则为基础的多边贸易体制,如果没有一个有效、可靠的争端解决机制对违法行为进行及时的遏制和纠正,则其规则的切实实施将很难得到保证。而一旦规则的实施没有保障,则以规则为基础的整个体制也将毫无价值可言。从这个角度讲,WTO 的争端解决机制是 WTO 整个体制得以维系的"安全卫士"。

(一) 世界贸易组织争端解决机制的目标

乌拉圭回合改进并完善了关贸总协定的贸易争端解决机制,达成了《争端解决规则和程序的谅解》(以下简称《谅解》)和《关于争端解决规则和程序谅解实施和审查的决议》。其中《谅解》即争端解决协议,共 27 条。它明确了争端解决的目标、程序及监督机制。

争端解决机制的目标在于维护 WTO 成员的权利与义务。各种有关争端的解决办法,包括仲裁,不能有悖于《乌拉圭回合协议》,也不能取消或损害 WTO 成员的利益,或妨碍世贸组织目标的实现。

(二) 世界贸易组织解决争端的机构和程序

1. 争端解决机构(DSB)

为了更有效地解决贸易争端,《谅解》规定设立争端解决机构,隶属于部长会议之下。1995 年 1 月 31 日,在世贸组织总理事会第一次会议上,争端解决机构正式成立,并选举澳大利亚的唐纳德·凯尼恩大使为该机构的第一任主席。

争端解决机构的职责是:成立专家组并通过其报告;组建上诉机构并通过其报告;监督裁决和建议的履行;根据有关协议授权中止各项减让或其他义务。

争端解决机构的办事规则是:视需要召开会议,以期在《谅解》规定的时间框架内解决争端;向有关理事会和委员会通报有关争端解决的进展情况;按照协商一致的原则做出有关决定。

2. 专家组(Panels)

专家组是在世界贸易组织相关缔约方争端磋商未果时,在申诉方的请求下由争端解决机构征求争端各方意见后成立的。根据不同的争端,可同时设立多个专家组,专家组一般由3名专家组成,若争端双方同意,也可扩大到5名。专家组成员由世贸组织秘书处向争端各方建议组成,也可由总干事指定。专家组成员应为资深政府官员或非政府人士,并应具有多种不同的背景和丰富的经验,不接受任何政府的指示。专家组的职权范围是,就有关争端事项进行调查、审查和审议,为争端各方或解决争端机构提供建议报告。有关争端解决完毕,专家组的使命即告终结。

启动专家组程序,是应申诉方要求而由争端解决机构决定的。专家组的最后报告一般要求在该组启动后的6个月以内提交给争端各方和争端解决机构。如果属于紧急案件,包括涉及易腐货物的案件,时限将缩短到3个月。《谅解》给专家组规定了详细的工作程序。

3. 常设上诉机构(Appellate Body)

争端解决机构组建的常设上诉机构由7人组成,每一任期为4年,可连任一次。7名成员依一定程序定期轮换。7名成员应在世贸组织的成员方中有广泛代表性,这些成员不隶属于任何国家的政府。

常设上诉机构的办事规则主要有:①应在任何时间,临时接到通知即提供服务;②任何案件的上诉应由该机构7名成员中的3名同时受理;③上诉机构成员不参与任何可能产生直接或间接利益冲突的争端;④只受理争端的当事方对专家组的决定提出的上诉,在案件中有重大利益的第三方可以向该机构提出书面意见,该机构将给予听取其意见的机会;⑤上诉应限于专家组报告中所涉及的法律问题以及该专家组所做的法律解释;⑥上诉机构应在与总干事和争端解决机构主席磋商的基础上制定其工作程序;⑦上诉机构的工作程序应当保密;⑧上诉机构报告中,由各成员发表的意见不署名;⑨上诉机构可以维持、修改或推翻专家组的法律认定和结论。

世贸组织新的争端解决机制建立了上诉制度,这是1947年关贸总协定机制中所没有的。只有申诉方与被诉方具备上诉权利,而有利害关系的第三方仅可就有关问题提出书面意见。上诉机构审理案件只做书面审理,审理过程完全保密。其审理的范围只包括专家小组报告中的法律问题和该专家小组所做的法律解释,也就是说,上诉审理不涉及事实的问题。上诉机构可以维持、修改或推翻专家组所做的法律认定和结果。

一般情况下,上诉机构的审案时限为60天,在特殊情况下,可以延长,但无论如何不能超过90天。除非争端解决机构一致决议不通过上诉机构的报告,否则,上诉机构的报告应在该报告向各有关当事方发布的30天内由争端解决机构通过,各有关当事方应该无条件接受该报告。

一般来说,从专家组成立到争端解决机构通过专家组报告或上诉机构报告的这一段时间,如果没有上诉阶段,不应该超过9个月;如果有上诉阶段,不应该超过12个月。

在通过专家组或上诉机构报告的30天内举行的争端解决机构会议上,有关成员(一般指有执行义务的成员)应就其执行有关裁决和建议的意向通知争端解决机构。如果立即执行有关裁决与意向是不可能的,那么应该确定一个合理期限来执行。

《谅解》第26条规定,对于未违反世贸组织规则之诉,起诉方有举证责任以支持其申诉;被诉方无取消该措施的法定义务,但专家组或上诉机构应当建议双方采取满意的解决办法;执行程序中的仲裁人一经请求,可以就利益损害或丧失的程序做出裁决,并提出解决的建议,但这种建议对各方无约束力;被诉方无撤除有关措施的法定义务,申诉方也无权要求得到授权以停止减让和其他义务,补偿手段可能成为主要的救济方式。

(三)世界贸易组织争端解决机制的原则

《谅解》指出,世贸组织的争端解决机制是保障多边贸易体系的可靠性和可预见性的核心因素,争端解决机制的重要性可见一斑。事实上,建立新的争端解决机制是世贸组织强化机制的一个重要举措。从《谅解》中我们可以看出,世贸组织争端解决机制的基本原则有如下几点。

1. 多边原则

世贸组织成员承诺,不针对其认为违反贸易规则的事件采取单边行动,而诉诸多边争端解决制度,并遵守其规则与裁决。世贸组织鼓励各成员在遇到争端时,应该尽量采用多边机制来进行解决。

2. 统一程序原则

世贸组织的争端解决机制规定了统一的争端解决程序。凡是有关《建立世贸组织的协定》《多边货物贸易协议》《服务贸易总协定》《与贸易有关的知识产权协定》《谅解》诸边协议的争端,都适用统一程序,其中关于诸边协议的争端还要适用诸边协议各方通过的决定。

3. 协商解决争端原则

世贸组织争端解决机制对于成员之间的问题,鼓励通过友好协商寻求与世贸组织规定相一致的、各方均可接受的解决办法。一般情况下,如果一方向另一方提出磋商的要求,接到要求的一方应该在10天内给予答复,并在30天之内进入磋商程序,以达成双方满意的结果。

4. 自愿调解与仲裁原则

世贸组织争端解决机制中的调解程序主要规定在《谅解》的第5条中,该条名为"斡旋、调解和调停"。斡旋是第三方以各种方式以促成当事方进行谈判的行为,而调解和调停则是以第三方的中立身份直接参与有关当事方的谈判。

在处理国际争端时,调解是将争端提交一个委员会或调解机构,该调解机构的任务是阐明事实,提出报告,特别是提出解决争端的建议,以设法使争端各方达成一致。因此,调解机构的权威性与参与程序要大于调停方式。

《谅解》还规定了仲裁程序。世贸组织范围内的仲裁作为争端解决的一项选择性手段,能够促进解决某些由当事双方已经明确界定问题的争端。仲裁程序也是建立在自愿的基础之上的,应该以双方达成一致的仲裁协议为基础进行。接受仲裁裁决的各当事方要受到仲裁裁决的约束。

5. 授权救济原则

在世贸组织中,如果一方违反协议,给另一方造成了损失,或者阻碍了协议目标的实现,各方应优先考虑争端当事方一致同意的与各协议相一致的解决办法。如果无法达成满意的结果,申诉方可能通过争端解决机制获得救济。手段主要有三种:被诉方撤除与协议不相吻合的措施;补偿;中止减让或其他义务。

6. 法定时限原则

世贸组织争端解决机制在时限上大大明确并缩短了。如果一方在时限内没有行使权利,另一方可以立即推动程序进入下一阶段,或者程序将自动进入下一阶段。专家组和上诉机构的审案时限与当事方的诉讼时限一样严格而具体。争端解决机构通过专家组报告也有时间限制,如果不进入上诉程序,除非有"完全协商一致"反对,它必须在专家组提出报告之后60天内通过报告。通过专家组报告由原来要求的"完全协商一致"方能通过,改变为除非"完全协商一致"反对,则报告在60天内自动通过。这种规定上的转变确实反映了世贸组织成员希望加强新机制运行的普遍愿望。

7. 发展中国家程序特殊原则

发展中国家对发达国家提出的申诉,发展中国家可以援引关贸总协定1966年通过的《根据第23条的程序》,该程序对发展中国家提供了一些便利。《谅解》第12条(专家小组程序)、第21条(对执行各项建议和裁决的监督)、第27条等条文都规定了一些照顾发展中国家的原则和措施。新机制对于最不发达国家也规定了进一步的特殊程序。

第二节 中国复关与入世谈判历程

一、中国复关与入世谈判的基本原则

(一)中国复关基本原则

早在1982年,中国政府就确立了重返关贸总协定的三项基本原则。

1. 以恢复的方式重返关贸总协定

1948年3月24日,中国政府签署了在哈瓦那召开的联合国世界贸易和就业会议的最后文件,成为国际贸易组织临时委员会执行委员会的成员。1948年4月21日,中国政府签署关贸总协定《临时适用议定书》,并从1948年5月21日正式成为关贸总协定缔约方。自1949年10月1日起,中华人民共和国政府成为中国唯一合法政府。从法律概念上说,中国作为关贸总协定创始缔约国的资格依然存在。中国的席位恢复,实际上是一种新的意义的继承,即继承旧中国在关贸总协定中的席位,更新旧政府在关贸总协定中与各缔约方的关贸总协定关系。所以,中国政府决定通过恢复这一特殊方式,重返关贸总协定。

2. 以关税减让作为恢复的条件

在中国恢复关贸总协定缔约国席位的进程中,最为关键的问题就是中国以承担什么样的义务来换取关贸总协定缔约方所拥有的权利。中国作为社会主义国家在申请恢复关贸总协定缔约国席位时,主张用关税减让作为恢复的条件,并从1979年开始实行大规模

的、全面的经济体制改革,在市场开发方面承担了不少义务,如颁布新的海关税、降低进口关税、取消出口补贴等。

3. 以发展中国家的身份重返关贸总协定

中国政府在向关贸总协定总干事递交的照会中明确指出,中国希望其所享受的待遇与那些处在与中国相似经济发展水平的发展中国家相同。中国作为一个发展中国家是一个已经得到国际社会普遍承认的事实。中国作为发展中国家恢复关贸总协定中的缔约国席位,将使中国在承受与其经济发展水平相适应的义务的同时,也能享受关贸总协定第四部分及其有关条款给予发展中国家的优惠待遇。

中国政府的上述三项基本原则,是合理的、正当的,中国关贸总协定缔约国席位的谈判,也必须在上述原则的基础上进行。

(二) 中国入世基本原则

世贸组织成立以后,关贸总协定成为了历史,中国没能成为世贸组织的创始成员方。中国政府根据实际情况,多次重申了入世的基本立场,概括起来有以下三个基本原则。

1. 承担与本国经济发展水平相适应的义务

权利和义务相平衡是国际法的一项基本原则。中国所承担的义务不能超过中国的承受能力,否则,对中国的经济发展不利,同时也有损世贸组织关于提高各成员方福利水平的宗旨。

2. 以乌拉圭回合协议为基础,公正合理地确定入世条件

早在1986年,中国就全面参加了乌拉圭回合谈判,并签署了乌拉圭回合谈判《最后文件》。世贸组织成立后,中国入世谈判的范围大为增加,增加了热带产品、农产品、服务业、知识产权以及与贸易相关的投资问题等,中国政府愿意以乌拉圭回合协议为基础进行谈判,表明中国态度务实,富有诚意。

3. 中国应享受发展中国家的待遇

尽管当时中国在经济总规模上居世界第七和在贸易方面为世界十强之一,但中国有12亿人口,人均国民生产总值不足1000美元,按世贸组织规定,人均国民生产总值不足1000美元的应视为发展中国家。世界银行在1993—1994年度世界发展报告中把中国划入低收入国家。任何别有用心的国家提出中国应以发达国家资格入世的观点,都是不正确的。

二、中国复关与入世谈判的基本历程

我国复关与入世谈判基本上经历了以下三个阶段。

(一) 酝酿、准备阶段(20世纪80年代初—1986年7月)

党的十一届三中全会确定了改革开放的方针,为我国申请恢复关贸总协定缔约国地位做了思想和理论上的准备。随着我国社会主义市场经济体制改革不断推进,对外经贸活动日益频繁,我国于20世纪80年代初开始与关贸总协定进行联络。1982年,中国第一次派代表团以观察员身份列席了总协定第38届缔约方大会。1983年1月,国务院批复了有关部门关于我国申请恢复关贸总协定缔约国地位的报告。1985年4月,中国成为关贸总协定内发展中国家非正式磋商成员方,参加非正式磋商会议。

1986年1月,关贸总协定总干事邓克尔访问中国,中国领导人正式表示要求恢复中国在总协定的缔约方地位。同年7月10日,中国驻日内瓦常驻代表正式向关贸总协定总干事提交了中国政府关于申请恢复在关贸总协定的缔约方地位的照会。从此,中国与关贸总协定的关系进入了一个新的历史阶段。

（二）经济贸易体制审议阶段(1987年2月—1992年10月)

关贸总协定要求申请加入方全面系统地介绍其经济贸易体制以供审议,中国申请复关,必须首先回答中国到底是搞市场经济还是搞计划经济。20世纪80年代以来,中国的改革始终是朝着市场化的方向前进的。1992年初,邓小平同志指出,在社会主义条件下也可以搞市场经济。特别是1992年10月党的十四大提出,我国经济体制改革的最终目标是建立社会主义市场经济体制,回答了我国复关谈判审议阶段的核心问题,关贸总协定对我国经济贸易体制的审议顺利通过。我国复关谈判迈出了关键性的一步。

（三）多边谈判阶段(1992年10月—2001年9月)

双边谈判是双边市场准入的谈判,是开放市场的谈判。在双边市场准入谈判中,有37个成员方提出与我国谈判,但我国最主要的谈判对手是美国,其次是欧盟。我国和美国的谈判范围广、内容多、难度大。美国凭借其经济实力,要价很高,态度强硬,我国坚持谈判底线,同时也在我国经济可以承受的范围内做出了必要的让步,终于在1999年11月与美国达成双边协议。欧盟在中美谈判结果的基础上对我国提出了新的要价,而且谈判态度也很强硬。我国始终坚持原则,坚守在中美谈判中的底线,同时在某些产品如陶瓷等的关税减让方面和保险许可证发放数量方面,适当照顾了欧盟的要求,并最终于2000年5月达成双边协议。墨西哥是最后一个同我国达成双边协议的国家。经过双方的共同努力,中墨于2001年9月13日在日内瓦签署了双边协议。至此,我国结束了所有成员方双边市场准入谈判。

多边谈判法律性、专业性强,内容复杂,其主要工作是起草中国加入世贸组织的法律文件,规定中国加入世贸组织后所享有的权利和需要履行的义务。2000年7月,我国加入世贸组织的重点转向多边谈判。在多边谈判中,我国始终坚持权利和义务平衡的原则,努力使多边谈判的结果不与我国法律的基本原则相违背,不与我国的社会、政治制度相抵触;努力使我国所做的承诺与世贸组织协议的原则和规定相一致,与我国建立和完善社会主义市场经济体制的需要相一致,与我国经济发展水平和产业的承受能力相一致。经过一年多的谈判,终于在2001年9月17日中国工作组第18次会议上就我国加入世贸组织的所有法律文件达成了一致,完成了多边谈判。

2001年11月11日,在卡塔尔首都多哈,中国签署加入世界贸易组织的议定书。2001年12月11日,中国正式加入世界贸易组织,成为其第143个成员。它标志着经历了15年的奋争与期待,中国终于昂首跨入WTO大门!

三、中国复关与入世谈判的主要内容

（一）双边谈判的主要内容

双边谈判主要解决关税逐步降低,进口限制逐步取消,服务业逐步开放这三个问题。

双边谈判的关键是我国能否以发展中国家身份加入。根据世贸组织的有关规定,发展中国家在一些方面可以享受不同于发达国家的差别和优惠待遇,特别是过渡期,这种差别和优惠待遇,对于减缓市场开放的压力,赢得调整和发展的时间是非常重要的。我国为获得发展中国家的权利进行了艰苦的谈判,促使美国同意我国在实施义务方面可以享受一定的过渡期。经过9年的艰苦谈判,我国最终与所有世贸组织成员,就我国加入世贸组织后若干年市场开放的领域、时间和程序等达成了协议。到2005年,将我国关税总水平降为10%左右,逐步开放电信、金融、分销等服务贸易领域。双边市场准入谈判的最终结果符合世贸组织的规定和我国经济发展的水平。

经过我国的努力和斗争,世贸组织成员,特别是美国在谈判中满足了我们一些最根本的要求。美国承诺给予中国永久正常贸易关系(即WTO的多边无条件最惠国待遇),放弃一般保障条款(即我国加入世贸组织后美国随时可与我方中断世贸组织关系的条款),同意对放宽高技术出口限制做出适当表示,放弃要求继续对中国纺织品实行10年的配额管理,承诺在2005年1月1日前取消,同意对"特殊保障条款"和"非市场经济反倾销条款"提出取消时间表。

我国在双边谈判中坚持:在证券方面,不开放A股交易(即不开放资本市场);在寿险、增值电信和寻呼方面,外资股比不超过50%,不承诺外资拥有管理控制权;在电信服务关口局方面,所有国际电信业务必须经过中国电信管理部门(作为独立监管机构)批准设立的关口局;在音像服务方面,录音和录像的开放不包括出版和制作,电影院不允许外资控股,音像领域只允许根据中国的法律规定设立中外合作企业,同时音像制品的输入和分销必须按我国国内法律法规进行审查。

同时,我国也在经济承受能力范围内做了一些让步,包括:对大豆,同意实行3%的单一关税;对植物油,同意2006年取消关税配额管理;对五大塑料的关税,同意2008年降至6.5%;对汽车及其零部件关税,汽车关税2006年7月1日降至25%,零部件关税2006年7月1日降至10%;对增值电信和寻呼,同意在加入后2年允许外资比例达到50%;对外资银行的国民待遇,同意除地域限制和客户限制外,不做限制;对因特网和卫星服务,同意按增值电信和基础电信分别承诺因特网和卫星服务;对电影,承诺加入后每年允许进口20部分账电影。

总体来看,在双边谈判中我国的基本权利得到了保障,权利义务是平衡的。

(二)多边谈判的主要内容

多边谈判主要解决了四类问题:一是中国承诺遵守世贸组织的基本原则和要求,包括透明度、国民待遇、统一性等;二是明确我国在世贸组织相关协议,如农业协议、技术性贸易壁垒协议等协议中享受发展中国家权利;三是世贸组织成员承诺取消对华歧视性贸易限制和措施;四是我国根据世贸组织要求进一步改革外贸权、与贸易有关的投资措施等管理规定。

多边谈判的主要结果如下。

1. 关于遵守世贸组织的基本规则

在多边谈判中,我们承诺遵守国民待遇、透明度、统一性等世贸组织的基本原则。

2. 关于司法审议

世贸组织成员的企业和个人，在与我国进行经贸合作过程中，对我国有关部门在执行法律法规时所做出的决定或者处理不服，可以到法院上诉。我国《行政诉讼法》对司法审议已经有明确规定。我们承诺在与我国《行政诉讼法》规定不冲突的情况下，履行有关司法审议的义务。

3. 关于外贸经营权

加入世贸组织3年后，我国将取消外贸权审批制，所有在中国的企业经过登记后都可以获得外贸权，但指定经营产品除外。这种外贸权仅指进口和出口的权利，并不包括在国内销售产品的权利，国内销售的权利是通过服务贸易谈判决定的。

4. 与贸易有关的投资措施

根据我国外商投资管理的实际情况，我们承诺遵守世贸组织《与贸易有关的投资措施协议》。

5. 关于过渡性保障条款和反倾销条款

经过谈判，美国最终同意经过一个过渡期，取消针对我国的带有歧视性的特殊保障条款和反倾销条款。

6. 关于国营贸易

经过谈判，我国对一些重要产品保留了进口专营的体制。我国保留了原油、成品油、化肥、粮食、棉花、食糖和烟草7种关系国计民生的大宗产品的指定经营管逾（即由我国政府指定的少数公司专营）。

7. 关于其他成员对我国产品的贸易限制

经过谈判，所有对我国维持贸易限制的世贸组织成员，都承诺按时间表取消贸易限制。

8. 关于农业国内支持

世贸组织规定，成员方对农业提供的补贴，主要指价格补贴（被称为"黄箱"补贴），超过了一定限度就要承担削减义务。这个限度对发达国家来说，是占其农业国内生产总值或某一特定农产品生产总值的5%，对一般发展中国家则是10%。一些发达国家提出，中国的补贴允许量不得超过5%，即要求我国采取发达国家的标准。经过谈判，我国保留了对农业提供8.5%的补贴水平。这一结果，较好地体现了中国的发展中国家地位，维护了我国广大农民的根本利益，使我国政府在扶持农业发展方面具有较大的政策空间。

第三节　中国入世的意义和贡献

一、中国入世的意义

（一）有利于中国进一步深化改革

中国入世之际，虽然经过了20多年的改革开放，经济建设取得了快速发展，改革开放取得了巨大成就，社会主义市场经济体制也初步形成，但与世界贸易组织的要求相比，人们的市场竞争意识、公平贸易观念还有待于进一步强化，市场机制有待于进一步完善，规模经济和品牌产品还有待于进一步提高,参与国际市场竞争的实力还需要进一步增强。世界贸易组织的理念是公平竞争、自由贸易,通过多边贸易规则,实现世界范围内市场经济向有序方向发展。中国加入世界贸易组织,可以加速社会主义市场经济体制的完善过程,可以不断增强人们的市场运作意识,可以加速破除阻碍市场经济发展的条条框框,进一步深化改革,主动参与国际市场竞争。中国入世有利于企业的技术创新、设备更新和外资注入,不断提高经营管理水平,扩大产品出口,加快我国现代企业制度和国有企业的改革;有利于各类企业之间展开公平合理的竞争,进一步增强以质取胜、科技创新、保护知识产权的观念;有利于世贸组织发达成员方通过多边贸易体制向中国传递它们经济的增长,通过贸易部门和投资渠道扩散它们经济增长的外溢效应;有利于中国经济与世贸组织成员方经济上的互补,实现中国优势资源和外国优势资源的优化配置,提高经济效益;有利于中国市场经济的有序建设和发展。

(二)有利于中国进一步扩大对外开放

对外开放是中国的一项长期的基本国策。复关谈判以来,我国对外开放在广度、深度上不断取得实质性突破。中国入世后,对外经贸和利用外资将会得到极大的推动,中国经济将会得到更快的发展。

(1)当时世界贸易组织的成员方占全球贸易和投资额的95%以上,其与中国的贸易占中国对外贸易的80%以上,中国入世后将会享受多边的关税减让、非关税措施的减少和长期稳定的最惠国待遇,中国的优势产品将赢得更多的出口机会。

(2)多边最惠国待遇有利于中国企业多方面开拓市场,实现出口市场的多元化。

(3)有利于中国具有竞争优势的纺织品和服装的出口。

(4)有利于中国货物、服务产业进入世贸组织成员方市场,扩大贸易、投资与融资机会。

(5)从长期看,中国入世后将会大大改善投资环境,法律的透明度和国民待遇的实现将会吸引大量外国资本。

(三)有利于拉动内需,扩大就业,提高人民生活水平

(1)随着贸易机会的扩大和市场经济的建立与完善,必将刺激经济的发展与增长。技术的进步将使社会分工更加细化,生产效率提高,提供更多的就业机会。

(2)贸易的扩大将提高国家和个人的收入。世贸组织估计,乌拉圭回合协议与协定的实施,将给世贸组织成员带来大量的额外收入。

(3)提高消费者的生活水平。消费者可以节省开支,以同样多的货币购买更多更好的消费品,使消费向多层次、多元化发展。

(4)中国入世后,服务业将大大发展,创造更多的就业机会。外国专家曾经做过预算,中国入世后,可以使中国的国内生产总值增加两个百分点。国际经验表明,国内生产总值每增加一个百分点,可以带来500万人的就业机会。

(四)有利于维护和发展中国的经贸权益

(1)入世前,中国在与别国的双边贸易中,受到不公正和歧视待遇时,只能通过双边谈判解决,在贸易基础和谈判力不等的情况下,不能得到满意的解决。入世后如再出现上

述情况,中国可投诉到世贸组织争端解决机构,通过多边的争端解决机制,在世贸组织的规则下求得公正合理的解决。

(2) 加入世贸组织后,中国作为世贸组织的正式成员方将可直接参与21世纪国际贸易规则的决策过程,摆脱别人制定规则、中国被动接受的不利地位,争得自己的发言权;同时更能了解和研究国际贸易的惯例与程序,掌握对外经贸关系的主动权。

(3) 有利于建立国际贸易信息体系与网络,准确地掌握世界经贸的动向,及时调整中国对外经贸战略和政策,提高中国企业开拓国际市场的能力。

(4) 有利于与世贸组织发展中成员方密切合作,抵制发达成员方利用世贸组织为其贸易强权服务的倾向,维护发展中成员方的经贸权益。

(5) 可以利用世贸组织解决争端机制,平等地解决和处理与成员各方之间的经贸纠纷。

(五) 有利于推动两岸关系的发展

中国香港已于1986年4月23日,中国澳门已于1991年1月11日成为关贸总协定缔约方(两地于1995年正式成为WTO成员)。2001年12月11日和12月12日,中国和中国台北也先后正式成为WTO成员。应该看到,两岸加入WTO会给台湾地区在冲破"三不"政策羁绊方面以强制性的压力,两岸交流会因此而更加顺畅。因为既然双方同为WTO成员,根据WTO协定规定,在WTO组织机构如部长级会议、总理事会、贸易争端解决机构以及相关的委员会中,海峡两岸都将派出代表参加会议,直接商谈有关经贸关系问题。两岸加入WTO后,两岸经贸关系自然应符合WTO规定的基本法律原则和规则。这些法律原则就要求台湾地区必须修改当时对大陆实施的歧视性贸易措施,必须对大陆产品和资本开放市场。

当然,入世是一把双刃剑。入世在给中国的发展带来许多机遇的同时,也给中国的方方面面带来了诸多挑战。例如,当时我国的社会主义市场经济体制在成熟程度上与世界贸易组织的要求之间还存在着一定的差距;受世界经济波动的影响,中国宏观调控的难度在逐渐增大;中国企业的国际竞争力还有待于进一步增强;中国服务业的整体水平还有待于进一步提高;熟悉世贸组织规则的中高级专门人才较缺乏等。面对严峻的国际国内形势,要求我们认真学习世贸组织的有关知识和规则,政府进行必要的宏观调控,提升企业国际竞争力,强化市场观念,加强WTO中高级专门人才的培养等,尽最大努力趋利避害,把加入WTO的好处用足,把加入WTO的负面影响降到最低,变挑战为机遇,把其带来的挑战变为我们发展经济的强大动力。

二、中国入世的贡献

2021年是中国加入世贸组织第20年。中国入世无论对中国对外开放进程还是世界经济全球化历程,都具有里程碑意义。20年来,中国对全球经济增长的年均贡献率接近30%。中国入世,实现了与世界的共赢。入世20年,中国给世界带来了什么?面对当下贸易保护主义逆流,未来中国要在世贸组织中发挥哪些作用?以下做简单分析。

(一) 中国履约践诺促进经济快速发展

中国入世20年,首先是WTO规则的学习者和恪守者。WTO的成立与发展反映了世界各国通过规则发展贸易的愿望。WTO的前身是1948年临时生效的《关税与贸易总协定》(GATT)。中国最早对待GATT的态度是"暂缓加入"。这是由于当时认为,关贸总协定是"帝国主义,特别是美帝国主义进行贸易扩张和争夺世界市场的工具";关贸总协定实行最惠国待遇制度,"不便于中国对各种类型国家采取不同的国别政策";参加关贸总协定还要"承担一定的义务,且其条款相当复杂,涉及许多技术问题,需要一定的时间才能对协定及其活动进行深入了解"。直到改革开放后,中国为了"进一步发展同总协定缔约国之间的经济贸易关系;利用资本主义世界贸易体系,加速社会主义现代化建设;增强发展中国家在多边谈判中的地位",才于1986年正式提出恢复缔约方地位的申请,开始了漫长的复关和入世谈判。

中国2001年加入世界贸易组织,2010年入世承诺履行到位,一直是WTO规则的恪守者。中国入世承诺3年放开外贸经营权,2004年7月新外贸法实施,提前半年兑现。中国承诺入世三年内让外资可以占证券公司三分之一的股份,只用一年就兑现了,相比承诺提前了两年。2014年国务院专门发布了《关于进一步加强贸易政策合规工作的通知》,要求任何贸易政策的制定都要进行合规性评估(这里主要指的是WTO合规评估)。这些都表明中国是WTO规则的恪守者。

世界贸易组织有两套保证成员贸易政策合规的机制,一是贸易政策评审机制,二是贸易争端解决机制。贸易政策评审机制方面,中国每隔一段时间,就要接受贸易政策评审,所有历史上的评审文件都能在WTO网站上查询。整体而言,评审文件中对中国贸易政策的评价比较实事求是,既表示了肯定,也提出了不足。对WTO规则的理解因人而异,没有任何一个WTO成员的履约表现是完美无缺的。但在中国入世10周年时,时任WTO总干事帕斯卡尔·拉米作为世界贸易组织的官方代表,曾公开表示,中国入世后履行了相关承诺和WTO规则,其表现是A^+。

贸易争端解决机制方面,由于WTO成员众多,因此合规问题比较复杂。如果一个成员违反了WTO规则,很难不被其他成员告到世界贸易组织的上诉机构,因此,世界贸易组织争端解决的历史记录是判断其成员是否合规的最可靠证据。事实上,以中国的贸易规模,20年来仅被告了44次,表现甚至优于美国和欧盟。基于上述两个方面的分析,可以毫不犹豫地说,中国入世20年来基本上履行了入世承诺,恪守了WTO规则。

加入WTO初期,中国自上而下抓紧时间学习和适应WTO规则,掀起学习WTO规则的高潮。在基本掌握WTO规则之后,开始尝试应用WTO规则,特别是WTO的贸易争端机制,解决与其他成员的贸易纠纷,维护自己的正当贸易权益。

入世20年来,中国通过深度参与国际分工,经济得以高速发展,在全球价值链中的地位稳步提升,对世界经济增长的贡献迅速增大。2001年,中国GDP仅占到世界GDP的4%,而到2020年这一比例则达到了17.4%,中国成为世界上唯一取得正增长的主要经济体,2021年这一比例超过18%。进出口贸易方面,中国实现了10倍的增长,在全球贸易中的地位不断攀升。利用外资和对外投资方面,中国不但实现了数量上的提升,更有效促进了产业升级和结构优化,流入服务业特别是高附加值服务业以及高技术制造业的比重不断增加,出现了从劳动密集型产业加速流向资本技术密集型产业和高附加值产业的趋势。

(二) 国际实力对比呼吁 WTO 进行改革

WTO 在 1995 年正式建立以来,一直是世界多边贸易体制的组织和法律基础,是多边贸易谈判的场所,为世界贸易争端提供解决机制。然而近年来,其宗旨与现实运行的结果相距甚远,谈判职能陷入瘫痪,几乎没有达成令人称道的成果;WTO 的上诉机构也因为法官人数不足而于 2019 年 12 月陷入"停摆"的尴尬境地,部分国家只能通过多方临时上诉仲裁安排暂时维持世界贸易组织争端解决机制的运转,维护多边贸易体制的稳定性和可预期性。

究其原因,主要是与其先天设计不足与现实改革博弈密切相关。WTO 是协调多边贸易关系、解决贸易争端以及规范国际贸易竞争的制度规则。毋庸讳言,最初 WTO 规则就是由西方发达国家主导制定的,关贸总协定的起草者已经在具体文本中充分体现了自身利益。经济全球化大大改变了第二次世界大战后形成的国际经济发展格局,越来越多的发展中国家参与国际分工,在现有既定的 WTO 框架下,以中国为代表的发展中国家在全球经济中的地位不断提高,2008 年的金融危机席卷全球经济,进一步加剧了全球经济失衡,加之国家间实力对比变化和新冠肺炎疫情的蔓延,加强全球经济治理的呼声日益高涨,开始要求多边贸易体制应当更加公平、更加包容、更能反映发展中国家利益。在此情况下,西方发达国家试图通过主导 WTO 规则的修订,继续维持对自己有利的利益分配格局。贸易争端机制问题亦然。面对世界贸易组织有碍于西方霸凌主义的裁决结果,美国通过不断阻碍上诉机构大法官的任命,成功逼停了世界贸易组织的上诉机制。世界贸易组织上诉机构的停摆就是多边贸易体制面临现实危机的突出标志。WTO 改革是各成员权利和义务的再调整,其本质是规则制定的主导权之争,是霸凌和平等之争,是发展与反发展之争,在发展中国家地位及特殊和差别待遇问题上的表现尤为突出,对其进行改革势在必行。

(三) 中国成为 WTO 改革的推动者和贡献者

中国加入 WTO 时,正值 WTO 的多哈回合谈判启动。中国广泛参与了其中的农业、服务等领域的谈判,独立或者联合提交了 100 多份提案,很多提案成为谈判的基础。2008 年的小型部长级会议上,中国首次参与由 7 个成员构成的"核心"谈判圈,并在多个领域提出了重要意见,为推进谈判发挥了关键作用。中国已经成为多边贸易体制"令人印象深刻的参与者",特别是在巴厘岛一揽子协定达成的过程中,中国不仅在粮食安全、贸易便利化和发展领域的磋商中提出了自己的方案,还在会谈僵持不下的关键时刻,发挥了关键的协调作用,为最终达成协议铺平了道路。中国还积极推动巴厘岛谈判成果的实施,第一批完成了《贸易便利化协定》的通报,主动承担了超过发展中成员平均水平的义务,起到了表率作用。

在 WTO 多边贸易谈判中,中国主动担当了发达国家和发展中国家经贸利益冲突的协调者,扮演了多边贸易体制和经济全球化的维护者,以及国际贸易规则的贡献者和谈判的推动者,不断推动建立国际经济政治新秩序。2021 年,中国入世 20 年,全球政治经济形势风起云涌,世界经济面临巨大的不确定性。面对百年未有之大变局,只有坚持平等协商、深化改革开放、引领包容发展,才能化危为机,平稳、顺利和快速实现产业结构和贸易升级,形成良好的新发展格局。

1. 坚持平等协商

现在国际贸易是全球价值链贸易,涉及大量中间产品。不同的生产环节分布在世界各地,形成了很长的跨国生产链条。在此基础上,世界经济逐渐形成以中国、美国和德国为中心的区域价值链,这三者之间的联系非常密切,并不能完全分割。这是因为三个区域经济中心各自具有相对比较优势,经济规律的作用是客观存在的,不会因主观意识而改变或停滞。中国的经济规模和市场容量越来越大,消费已连续多年成为中国经济增长的第一驱动力。与此同时,世界三个经济中心的关系将日益平衡,长期处于纵横交错的状态中。在这种均衡关系下,中国和西方发达国家之间既会发生贸易摩擦,在经济治理层面的立场也会日益接近,如资本自由流动、知识产权保护标准、环境保护标准等,双方具有很大的谈判空间。WTO规则的改革谈判不再是"一方是施予者,另一方是乞求者"的关系,而是平等的协商关系,如此才能共同维护和完善现有的全球经济治理秩序。

2. 深化改革开放

世界贸易组织是以市场经济规则为基础的国际组织,其基本原则是各成员必须遵守的基本行为规范。非歧视、透明度、公平竞争和开放市场等这些世界贸易组织的基本原则,都是市场经济运行的基础准则。入世前后,我国集中修订了国内的法律法规,为国内外企业提供了公开、透明、可预见的营商环境,初步建立了社会主义市场经济体制,促进了中国经济的跨越式发展。但是,在建设基于规则的开放型世界经济的过程中,和发达国家相比,发展中国家普遍存在能力缺失问题,这严重制约着发展中国家参与多边贸易体系和其他国际事务的能力提升。入世20年来,中国从学习规则、适应规则、遵守规则到影响规则,在制定国际规则中发挥了越来越大的作用。在WTO改革过程中,中国应当及时提供制度性的公共产品,积极参加诸边和双边谈判特别是要积极实施自由贸易区升级战略,实现以开放促改革和以改革促开放的良性互动,利用规则的力量加速区域经济整合。

3. 引领包容发展

一般来说,发展中国家受自身经济能力、管理能力等诸多条件限制,在履行贸易规则时面临比发达国家更多的挑战。WTO要"保证发展中国家在贸易中获得发展",因此国际贸易体系引入了一系列的补偿机制,在很多协定中明确规定了发展中国家享受的优惠待遇。这就是WTO规则中对发展中国家的特殊和差别待遇。作为世界上最大的发展中国家,中国坚定维护发展中国家地位及特殊和差别待遇,从而团结了包括印度、非洲集团在内的一大批发展中国家。这不仅是现实经济利益的需要,更是政治身份的认同和广大发展中国家的期望。因此,中国在WTO改革的过程中,应当坚持发展中国家的政治战略定位,这是中国在国际政治中的立足之本。

中国入世20年来,积极践行自由贸易理念,全面履行加入承诺,大幅开放市场,实现互利共赢,展现了大国担当。展望未来,中国经济的发展离不开以世界贸易组织为基础的多边贸易体制,世界贸易组织的发展也离不开中国的参与和贡献。反观目前多边贸易体制面临的困难,并非是发展中国家成员的特殊和差别待遇问题造成的,而是进一步发展的问题,是维护WTO的基本宗旨和核心价值的问题。为此,中国将在广大发展中国家和立足于合作共赢立场贸易伙伴的支持下,充分借助市场的力量,在推动自身经济实现高质量发展的同时,不断完善多边贸易体制,推动世界经济向着更加开放、包容、普惠、平衡、共赢的方向发展。

第四节 国际贸易谈判实践

国际贸易谈判,又称进出口贸易谈判,尤以国际货物买卖谈判较为常见,经过长期的实践,已经形成了一套较为固定的、规范的国际谈判惯例和做法。

一、国际贸易谈判的内容

(一) 商品的品质

商品的品质通常是指商品的内在质量属性或性能特征以及外观形态。例如,电冰箱的品质是指冰箱的外观色彩、表面光洁度、制冷速度、最低温度、耗电量和使用寿命等。商品的品质高低直接决定了该商品使用价值的高低,因而是消费者最为关心的问题,也是谈判者最为关注的谈判条款。

在进出口贸易中,表示商品品质的方法通常有以下几种。

1. 以样品表示商品的品质,并作为双方买卖和交货品质的依据

卖方必须保证所交商品的品质与样品的品质完全一致。这种方法比较适宜于样品能够完全代表商品的质量,而整批商品又能做到在品质与样品上完全一致的情况。样品可以由卖方提供,也可以由买方提供,一般以卖方提供为多。

2. 以规格、等级和标准来表示和确认商品的品质

这种方法比较多地用于工矿产品、农副产品、药品和食品等商品的买卖。

3. 以品牌和商标表示和确认商品的品质

在当今的市场竞争中,无论是生产厂家还是销售商都非常注重产品质量的提高,创造出自己的品牌或商标。某些在市场上享有盛誉的商品的品牌或商标,其本身就包含了某一商品的质量水平。如上海的中华牌香烟、贵州的茅台酒等驰名商品就属于这种情况。

4. 以产地名称表示和确认商品的品质

一般适用于一些具有悠久历史、品质稳定的地方性名特产品,如泰国的大米、马来西亚的香蕉、北京烤鸭等。

5. 以说明书和图样表示和确认商品的品质

一般适用于功能结构比较复杂的机器设备等货物的买卖,如电器产品和汽车等。

就买卖双方来说,可以选择上述某一种方法作为表示和确认商品品质的方法,也可以将上述几种方法综合起来考虑。但不管采取何种方法,都要能够准确、全面地反映商品的品质。

在国际贸易实践中,由于商品的种类和性质是多种多样的,同时商品的品质又受自然的、人为的、可控制的、不可控制的多种因素的影响,特别是农副产品的质量,要保证所交商品与合同规定的完全一致可能存在一定的困难。对卖方来说,在谈判中如果将商品的品质确定得太高,则会增加交货的难度;如果确定得过低,又会影响售价。所以,要想既保持较好的售价,又不增加交货的难度,在谈判商品品质时应采取科学性和灵活性相结合的办法。

科学性是指运用衡量商品品质的指标必须准确，对商品品质的内容应规定得明确、具体、切合实际。灵活性通常体现为规定一定的品质机动幅度和品质公差。规定品质机动幅度和品质公差实际上是给卖方交货的品质以一定的弹性，从而降低卖方交货的困难和风险。

品质机动幅度是指允许卖方提供商品的品质指标在一定幅度内变动。国际上通常采用规定范围、规定极限和规定上下差异三种方式。规定范围是指对某商品品质允许有差异的范围；规定极限是指给予某些商品的品质规格以最高或最低界限，如东北大豆的水分含量最高14%；规定上下差异，如羽绒的含绒量为24%上下浮动1%等。

（二）商品的数量

商品的数量既影响合同的总金额，又与商品单价直接相关。如有些国家的法律规定，卖方所交商品的数量小于合同规定的数量，买方有权予以拒收；卖方所交商品的数量大于规定的数量，买方除了可以拒收超额部分外，也可以全部拒收。在国际贸易谈判中，有关货物的数量除了必须注意其价格的关系外，还必须注意明确商品的计量单位和计算方法。

（三）商品的价格

国际贸易谈判中的价格，一般指单位商品的售价（即单价），它是交易双方谈判的主要内容。在国际贸易中，交易双方对一笔具体的交易必须考虑在什么地方办理商品的交接，谁租船、订舱和承担运费，谁办理商品的运输保险，谁承担商品运输过程中可能出现的各种风险，谁办理商品的进出口手续并承担可能产生的风险和费用，买方应在什么时候付款，根据什么付款和用什么方式付款等。这些问题直接关系到买卖双方的经济利益，必须在商品的价格中得到相应的体现和约定。可见，国际贸易中的价格不仅表明每一计量单位的商品价格金额，还表明买卖双方在商品转移过程中的手续、费用、风险及责任的划分。

为了能够简洁明了而又完整地将各种价格条件的内容表达出来，便于买卖双方的交易，国际上采用一个简短的概念或外文缩写字母来表示价格条件（即价格术语）。对于一个谈判人员来说，必须了解和掌握各种价格术语。在国际贸易中使用的价格术语较多，但最常用、最基本的有离岸价格、到岸价格和离岸加运费价格三种。这三种价格术语是针对海运而言，但同样对陆运和空运适用。

1. 离岸价格

离岸价格又称装运港船上交货价（外文缩写为FOB）。使用这一价格术语时，一般要在FOB后面注明装运港名称。

离岸价格的基本概念是指卖方在合同规定的装运港，将商品装到买方指定的船上，并负担商品装上船为止的一切费用和风险。

根据国际贸易惯例的一般解释，卖方的责任：一是负责在合同规定的时间内，在规定的装运港，将商品装上买方指定的船只，并及时通知买方；二是负担商品在装上船以前的一切费用和风险；三是负责办理出口手续，缴纳出口税，提供出口国政府或有关方面签发的证件；四是负责提供有关货运单据。

买方的责任：一是负责租船订舱，支付运费，并将船期、船名及时通知卖方；二是负责商品在装上船以后的一切费用和风险；三是接受卖方提供的有关货运单据，并按合同规定支付货款；四是负责办理保险及支付运费，办理在目的港的收货和进口手续，缴纳进口税。

上述有关买卖双方的责任划分虽然比较清楚，但仍有一些问题需要进一步的明确，如费用和风险的划分界限为"商品装上船"，对商品装上船，买卖双方往往有不同的理解和解释，从而容易发生争议。与此同时，在办理出口许可证方面是否一定由卖方负责，各国的规定不完全一致，甚至个别国家对FOB这一价格术语的解释还与众不同。这就需要我们在谈判时逐一落实，在规定双方的费用、手续、风险和责任划分时，应进一步地予以确认。

2. 到岸价格

到岸价格又称成本加保险费、运费价（外文缩写为CIF）。在使用这一价格术语时，要在CIF后面注明目的港的名称。

到岸价格的基本概念是指卖方负责租船订舱，按合同规定的时间将合同规定的商品装上运往约定目的港的船只上，办理保险手续，支付运费和保险费用，负责商品在装运港越过船舷为止的一切风险损失。

根据国际贸易惯例的一般解释，卖方的责任：一是负责租船或订舱，在合同规定的装运港和规定的期限内，将商品装上船并支付到目的港的运费，装船后通知买方；二是负担商品装上船以前的一切费用和风险；三是负责办理保险及支付保险费用；四是负责办理出口手续，提供出口国政府签发的有关证件；五是负责提供有关装运单据。

买方的责任：一是负责商品在装运港越过船舷后的一切费用与风险；二是办理在目的港的收货和进口手续；三是接受卖方提供的有关货运单据，并按合同的规定支付货款。

在采用到岸价格时，除了要了解买卖双方的上述责任划分外，还要对保险的险种、商品运抵目的港口所发生的卸货费用应由买卖哪方承担等问题给予进一步的明确。与此同时，还必须了解这种合同的特殊性质，即"凭单据履行交货义务，并凭单据付款"。这是指只要卖主按照合同的规定将商品装船并提交齐全的、正确的货运单据，即使商品已在运输途中灭失，买方也不能拒收其单据和拒付货款。但另一方面，卖方提交的单据必须是齐全的、正确的，否则买方有权拒收单据和拒付其货款，即使卖方所交商品完全符合合同的规定。

3. 离岸加运费价格

离岸加运费价格又称成本加运费价（外文缩写为C&F）。在使用这一价格术语时，要在C&F后面注明目的港的名称。

离岸加运费价格的基本概念是指卖方负责在装运港将合同规定的商品装上运往指定目的港的船只并支付运费，负担商品装船以前的各项费用与风险。买方负责办理保险手续和支付保险费，其余的与到岸价格条件相同。根据国际惯例，卖方在商品装船后必须及时通知买方购买保险。

国际贸易谈判中，选择使用什么样的价格条件很有讲究。一般情况下，我国出口往往选择到岸价格（CIF）及离岸加运费价格（C&F），进口选择离岸价格（FOB）条件，以充分利用和发挥我国的远洋运输能力，并有利于我国安排船货的衔接。

在实际工作中，还应考虑以下几个方面的因素：一是运费的高低。在远洋运输运价看涨时，为避免承担运费上涨的风险，出口商品时选择使用FOB比较有利。如果因特殊情况需要使用 CIF 和 C&F 时,则应将运费上涨因素考虑进来,适当提高售价以减少风险责任;进口商品时情况正好与上述相反。二是国外港口的收费。各国港口装卸条件不同,收费的标准与惯例也不一样。一般来说,在装卸条件差、装卸费用高的国外港口,进口商品应争取采用舱内交货,由卖方把商品装入船舱内,并负担全部装货费用;出口商品则应争取采用 C&F 或 CIF 条件,加舱底交货条件,并在合同中注明一切卸货费用由买方负担。三是海上风险程度。在不同的贸易时期和贸易地区,进出口贸易的海上风险不同。因此,还必须根据交易的具体情况和可能发生的风险选择确定适宜的价格。

（四）商品的包装

在商品的包装方面,买卖双方主要就包装材料、包装方式、包装费用和运输标志等内容进行谈判。

一般情况下,包装的材料和包装方式由双方协商确定,而包装的费用已包括在售价之中。如买方要求特殊包装,其费用应由买方负担,并在合同中给予明确。运输标志一般由卖方确定,但也可以由买方选定。

由于国际贸易涉及不同的国家或地区,对卖方来说在商品的包装上,还应向买方了解对方国家或地区有关包装方面的规定和社会习惯。如美国、加拿大、日本等国对进口商品的运输包装,严禁用稻草、木丝、报纸等作为包装垫衬物,否则,不准进口或是在经济上予以重罚。有许多国家或地区对进口商品的标签内容特别是药品、食品等都有较为严格的规定,如成分说明、适用范围、使用方法、出产时间、有效期等,有时甚至要求用两种文字予以说明。如果标签内容不符合该国规定,往往就会受到限制,而不允许进口,对此,卖方应事先进行充分的了解,如果还有不够清楚的地方,应在谈判时征求对方的意见。

（五）保险

如果中方是卖方,并按 FOB 或 C&F 条件成交,则由买方负责保险,但中方可以代买。如果以 CIF 成交,在双方商定的险别和投保金额的基础上,由中方向中方保险公司投保。如果中方是买方,在一般情况下多由中方自办保险。无论是哪一种情况都必须在合同中有所规定。

（六）交货

将商品按合同规定及时完整地交付给买方,这是卖方的重要责任和义务,也是买卖双方进行谈判的重要内容。买卖双方应就商品运输的方式、装运时间、装运港和目的港等内容进行认真协商。

装运的时间是进出口贸易合同的一项主要条件。如果卖方未能在合同规定的时间内装运商品,即为违约行为,买方有权撤销合同,并要求违约赔偿。在国际贸易中,由于卖方未能按合同规定及时装运商品而导致买方的需要得不到及时满足,或者市场行情剧变,遭受经济损失而引起纠纷的事情屡见不鲜。因此,对装运的时间一定要明确落实。

在装运港和目的港的选择上,对卖方来说,装运港尽可能选择以接近货源地的港口为宜,以节省国内运输费用。同时为防止意外,还可多确定几个港口为装运港备用。对于目的港的规定则要符合适航、装卸条件、运费及其他费用较低的原则,并具体明确目的港。

（七）商品的检验

商品的检验是卖方交货取得货款的必然环节，也是交易双方索赔和理赔的重要依据。

买卖双方在谈判商品的检验时，主要涉及以下内容：一是商品检验的时间和地点；二是商品复验的期限和地点；三是检验的方法；四是检验和复验机构。

1. 商品检验的地点

在这个问题上，国际惯例通常有三种方法。

（1）以离岸品质、重量为准。即以卖方装船口岸的商检机构出具的品质证明和重量证明作为决定该批商品品质、质量和包装的最终依据。这一方法实际上否定了买方对商品的复验权，显然对买方是不利的。

（2）以到岸品质、重量为准。这种方法与第一种恰恰相反，即以买方与目的港的商检机构出具的品质、重量证明为最后依据。如发现与合同不符，除非上述不符原因属运输或保险部门的责任外，卖方不得拒绝赔偿。这一方法实际上对卖方也有不尽合理的地方。

（3）以装运港的检验证明作为付款的依据，当商品到达目的港以后，买方有权复验。复验的结果可作为索赔的依据。与以上两种方法相比，这一方法较为合理，因此在我国被广泛采用。

2. 商品复验的期限

商品复验的期限是指买方提出索赔的期限。买方只有在这一时间内完成复验并取得证书，才能对卖方提出索赔。因此，对买方来说，必须有一个合理的期限。具体时间的长短应根据商品的性质、特点及复验机构的情况由双方协商确定。

在确定了复验的期限以后，还必须确定复验的地点，这个地点必须适宜检验或者说具备检验所需的一切条件。

3. 商品检验的方法

商品检验的方法对商品检验结果有着直接的影响。同一批货物，用不同的检验方法进行检验，其结果不一定相同。因此，买卖双方应具体而又明确地就商品检验方法达成一致意见。

就我国出口商品的一般情况来说，合同中有检验方法检验的，按合同执行；合同中无规定的按国家标准进行。对于进口商品，一般按合同规定的标准和方法进行检验；如合同无规定，按生产国标准或国际通用标准进行检验。

（八）索赔

在进出口贸易过程中，常常会发生因种种原因而违约的情况。为保证自己的合法权益不受损害，可向违约方提出索赔。在索赔的问题上，双方应就索赔的依据、索赔的期限、赔偿损失的计算方法等问题进行商谈，并具体而又明确地予以规定。

（九）支付

1. 支付货币的选择

由于当今世界国际金融形势动荡起伏，汇率变动较大，如果支付货币选择不当，会直接导致交易的一方经济利益上的重大损失。因此，买卖双方应十分关注进出口贸易中支付货币的选择问题。

从公平的角度来说，买卖双方应考虑选择稳定性和可兑换性较好的货币作为支付货币。但任何一种货币的稳定性都是相对的，不是绝对的，因此，交易双方的汇率风险总是不可避免的。

2. 支付方式的选择

进出口贸易中往往采用汇付、托收和信用证三种方式支付。

(1) 汇付方式。它是指买方将货款通过银行支付给卖方，而卖方自行将货运单据寄交给买方的支付方式。

显然，在汇付方式下，买方钱的支付与卖方货的交付是脱节的。对卖方来说，有可能交付了商品而到时拿不到货款；而对买方来说，则存在支付了货款而拿不到商品的可能。因此，对交易的对方，能否做到钱货两清完全取决于相互之间的信用。在交易双方不够了解、熟悉的情况下，或在交易额较大时，这一方式对双方都有较大的风险，因而很少采用。

(2) 托收方式。它是指卖方在装出商品后，开具汇票连同全套货运单据，委托本地银行，通过其在买方当地的分行或代理行向买方收取货款。托收根据交单条件的不同可分为付款交单和承兑交单两种。

托收方式属于商业信用。买卖双方的钱货能否顺利交付，取决于交易双方的信用，银行只是以代理人的身份出现，对付款与交货不承担任何责任。

采取托收方式对买方比较有利。因为可以免去申请开立信用证的手续，不必预付银行押金，减少费用支出，还有可能获得预借商品的便利。托收方式对卖方来说，则存在一定的风险。因为在商品已经发运的情况下，如果采取承兑交单，则有可能交了商品而收不到款。即使采取付款交单，虽然不存在钱货两空的风险，但若对方无理拒付，会增加卖方一系列的手续和费用。因此，对卖方来说，若采用托收方式，必须充分了解和掌握交易对方的资信程度和经营作风情况。

(3) 信用证方式。它是指银行应买方的请求，向卖方开立的一定金额，并在一定期限内凭规定的单据承诺付款的书面文件。

在信用证方式下，银行信用代替了交易双方的商业信用，有银行作为保证人。对卖方来说，只要递交的货运单据符合规定，收汇就有保障；而对买方来说，只要支付货款，就肯定能取得代表商品的货运单据，收取商品也有保障。因此，信用证方式对买卖双方来说都是十分有利的。

值得注意的问题是，银行信用虽比商业信用的可靠程度大一些，但也不是绝对可靠的。因此，对卖方来说还必须对开证银行的资信进行深入的了解，掌握其资信程度。

二、国际贸易谈判的惯例

在长期的实践中，国际贸易谈判形成了一个谈判程序的惯例，即询盘—发盘—还盘—接受—签订合同。

这一谈判程序的惯例既适用于面对面的直接谈判方式，也适用于以信件、函电形式进行的间接谈判方式，并且在后一种谈判方式中体现得最为明显。

询盘的含义是指交易的一方准备购买或出售某项商品时，向交易的另一方询问有关进行交易的兴趣和买卖该宗商品的各项交易条件，这种口头的或书面的表示即为询盘。

询盘大多由买方发生,没有约束力。

发盘是指交易一方(发盘人)要出售或购买某项商品,向交易的另一方(受盘人)发出有关买卖该项商品的各项交易条件,并愿按照这些条件达成交易,这种口头或书面的表示,即为发盘。

还盘是指受盘人在接到一项发盘以后,对其中所列的交易条件不能完全同意而提出不同的意见,这种口头的或书面的表示称为还盘。还盘是对原有发盘的否定,实际上相当于一个新的发盘。

接受是指受盘人对收到的发盘中所列各项交易表示完全同意,这种口头的或书面的表示称之为接受。

当买卖双方经过交易磋商,一方的发盘或还盘为另一方有效接盘后,交易即告成立,双方都受约束,这时往往要签订书面合同。之所以要签订书面合同,主要是因为双方往来的函电或口头联系有时无法详细列明确切交易条件,必须依靠书面的正式说明,以便于双方共同信守。签订合同是交易磋商的最后环节。

下面重点谈一谈发盘、接受、签订合同三个环节。

(一) 发盘

根据发盘人在发盘中所列交易条件是否齐备、明确,以及是否有肯定按上述条件达成交易、订立合同的意思来看,发盘可以分为两种,即有约束力的发盘和无约束力的发盘。前者也称为实盘,后者称为虚盘。

如果一项发盘主要交易条件完备、明确,发盘人没有任何保留条件,那么这项发盘就是有约束力的,或称之为实盘。只要受盘人在有效期内表示接受,那么交易即告达成。在实盘的有效期内,发盘人不得随意撤销和更改,否则将视作违法,要承担法律责任。

一项实盘在下列情况下即告失效,其发盘人可以不再受该项实盘的约束:一是有效期满;二是受盘人拒绝;三是受盘人还盘。

根据《联合国国际货物销售合同公约》的规定,一项发盘(实盘)即使是不可撤销的,也可以撤回,但撤回的通知必须于发盘送达受盘人之前或同时送达受盘人。

如果一项发盘主要交易条件不完备、内容含糊、不明确,或者发盘人有保留条件,那么这项发盘对其发盘人就是无约束力的,称之为虚盘。

发虚盘的目的主要是对市场情况进行策略性的试探,争取有利的成交机会和条件。

我国在国际贸易中,习惯采用在发盘中标明"以我方最后确认为准"这一形式来表明所发盘是虚盘。

(二) 接受

在国际贸易谈判中,一项有效的接受必须符合下述条件。

(1) 接受必须是无条件的,即受盘人必须对发盘人提出的各项交易条件表示完全的同意,而不能有任何保留。

(2) 受盘人如果在对发盘条件做了某些非实质性的变更或添加的情况下表示接受,除非发盘人在不过分延迟的期间内通知反对其中的差异,否则仍构成有效的接受。所谓非实质性的变更是指有关商品的价格、支付条件、商品的品质与数量、交货地点与时间、索赔与仲裁等内容以外的内容的变更或添加。

（3）接受必须在一项实盘的有效期内由合法的受盘人表示方为有效。

（4）接受应由受盘人用声明或做出其他行为的方式表示，并且这种表示传达给发盘人方始生效。

一项接受是针对所收到的发盘是实盘而言的。因此，在做出接受的表示之前，必须仔细分析来盘是虚盘还是实盘。如果对方是虚盘而己方草率表示接受，不仅不可能达成交易，而且暴露了己方的底牌，使己方在谈判中处于极为不利的地位。

（三）签订合同

我国目前在国际贸易中签订的书面合同的形式主要有两种：一种是正式的合同，另一种是确认书。前者不仅将有关商品的名称、品质、数量、包装、价格、装运、支付等条款具体载明，而且还将商检、异议索赔、仲裁、不可抗力等一般性交易条款也具体载明，因而内容具体而完整。这种合同对于明确买卖双方的权利、义务和责任，避免争议是比较有利的，比较适合于成交金额大，并且交易内容比较复杂的情况。后者一般只将商品的名称、品质、数量、包装、价格、装运、支付等主要交易条款载明，而对于有异议的索赔、仲裁、不可抗力等一般交易条款通常不予载明，因而称之为简式合同。这种形式适宜于双方有着长期稳固的关系，已对一般交易条款取得共识、交易金额不大、交易内容相对简单的情况。在签订合同时要注意合同内容的完整、具体、明确以及合同条款之间要保持相互一致。

三、国际贸易谈判的运作

S出口公司向国外客户推销产品报盘后得到回音，一场国际贸易谈判即将开始。S出口公司在派出谈判班子之前，做了周密部署，制定了一个谈判方案。这一谈判方案的内容如下：

（一）谈判目标的制定

关于价格标准：贸易谈判的目标，一般是通过销售额的预期利润来体现的。当然还必须考虑交易过程中的各种支付价位和风险因素。一旦谈判的情势发生变化，谈判方案中预订的价格水准就应迅速地反映这种变化，及时调整谈判方案。

S出口公司事先制定的谈判方案所反映的价格标准，是在科学地分析了己方的价值构成基础上完成的。S出口公司原先报价的预期利润幅度为销售额的35%。这个幅度的大致内容是：商业性开支15%，利润12.5%，风险5%，谈判机动幅度2.5%。由此可见，S出口公司销售额35%的预期利润幅度，实际上是谈判价值构成中的争取线，而谈判的机动幅度2.5%，是己方可让步的一个幅度。事实上，S出口公司基于对己方的价值构成分析，其谈判利润幅度的目标是设定在销售额的32.5%上。因此，S出口公司谈判方案中价格水准的谈判目标可表述如下：在报盘的有效期内，如无意外风险因素，拟以32.5%的预期利润率成交。

在此，为了进一步科学地分析贸易谈判方案的预期目标，有必要进一步分析谈判预期利润率幅度内经常遇到的意外性风险因素。

1. 支付方式

在出口贸易中，卖方常常会遇到一些不利的支付条件。例如，买方提出只付5%的预付款,并要求把货款的 10% 放在 2 年保证期后才付等。而这种由于延期付款造成的利息损失就会占商业支出的 2.5%。

2. 交货延误罚金

按国际贸易惯例,卖方报盘中的交货期如是签约后的 2 个月,而买方则提出签约后 1 个月交货,卖方若迟交 1 周,须交给买方罚金 1%。卖方如果按这一条件在签约后 2 个月交货,就要冒被罚 4% 迟交金的风险。

3. 保证条件

假设卖方提出的保证期是 1 年,但如果买方提出保证期为 2 年的话,卖方就可能要增加 1% 的费用。

基于上述分析,S 出口公司的谈判方案中的谈判目标,就可以这样表述:①买方预付金额由 5% 增加到 10%;②取消买方所提出的在保证期后付清货款余额的要求,可出具银行担保书代替;③力争以报盘中的交货期成交;④尽可能把保证期减至 1 年。

上述谈判目标反映的仅是一方的意愿。在谈判的磋商阶段,对方不会被牵着鼻子走。为了达到谈判的目标,卖方有时理当在自己报盘风险因素允许的幅度之内,向对方做出某些让步。做出这种让步是因为对方提出了这种要求。如果对方无此种要求,卖方也可以此种让步来换取对方在其他方面的让步或优惠。但有一个原则应牢记:任何一个让步,都应是建立在赢得一定利益的基础上的。

(二) 制定各项最低接受的限度

S 出口公司谈判方案的此项内容是:

价格标准——只要在报盘的有效期内成交,在谈判幅度内做出让步,利润最大减让为 5%;

支付方式——如果不增加卖方商业费用的话,买方的任何支付方式均可接受;

保证期——如果能保证在保证期内没有太大风险的话,可以答应买方延长保证期的要求。

S 出口公司的各项最低接受限度的内容,是基于己方利益,对各项可能影响谈判利润的条件限度。它是用来实现谈判目标而进行讨价还价的一个范围。其作用在于保证己方的风险系数降低到最低点。

(三) 规定谈判的期限

谈判的期限事先应当有所计划和安排。谈判的效率问题,应当成为评价现代谈判成败的一个标准。谈判的期限直接体现谈判的效率。因此,谈判方案理应将谈判的期限包括其中。通常,谈判的期限是指从谈判的准备阶段起,到谈判的终局阶段的结束日期为止。而国际买卖谈判中的谈判期限,是指从谈判者着手准备谈判时起,至报盘的有效期结束之日为止。因为商业活动要受时间的限制,如果超过了期限,即使履行了协议,也可能带来一定的损失。

但是,谈判要有充分的准备和运筹的时间,不应该因为时间紧迫而影响或拒绝谈判。因此,谈判者应在谈判之前,对谈判的时间进行精确的计算和适度的安排。S 出口公司在该项谈判方案中,对期限问题做出了安排。

此报盘的有效期是 1 个月。延长有效期的费用,第 1 个月约增加 0.5%,以后每个月增加 1%。如果超过了 3 个月,应重新报盘。因为交货等许多交易条件都将有所变化,此谈判的最长宽限期应在 2 个月内达成交易。

S 出口公司上述的谈判期虽简短,但具体、明确,又有伸缩性,能够适应谈判过程中的情势变化,是一个较为简明、灵活又能保证己方总体目标不受影响的良好时间方案。

（四）谈判班子的组成与分工

谈判是谈判主体间一系列的行为过程。谈判行为人的素质和能力,直接影响谈判的成败得失。因此在谈判方案中,对谈判班子的组成和谈判人员的分工做出恰当的安排,是十分重要的。S 出口公司的该项谈判方案是这样安排的:

谈判班子的组成

谈判负责人:A 先生,出口销售经理。

谈判成员:B 先生,系统工程助理;C 先生,法律顾问。

谈判人员的分工:B 先生负责所有工程和生产方面的谈判,并因此还负责向生产经理索取各种有关的数据与资料。A 先生负责联系出口信贷担保机构,并负责从出口信贷担保经理手中取得必要的文件。

在此需要特别指出的是,该谈判方案中还明确指定了法律顾问参与谈判,足见谈判者对法律保护的重视。

（五）联系方式及汇报制度

在谈判中,谈判者随时都可能遇到某些意外情况,这就需要谈判主体与决策人之间保持密切的联系。以谈判主要决策人 W 先生的需要而论,只有随时了解谈判过程中的情势,清楚谈判的进展,才能做出正确的决策。为此,就需要在谈判方案中事先拟好沟通渠道以及请示、汇报的程序。对此,S 出口公司的谈判方案规定是:A 先生将向 W 先生汇报谈判工作,而 W 先生将负责征询公司其他部门专家的意见。如 W 先生不在时,将由 Y 先生代行职权。在出国 2 周之内,如果在谈判方案的范围内成交的话,不必向 W 先生汇报。2 周以后,向 W 先生汇报谈判进程。

上述谈判方案关于联系方式及汇报制度的特点是简明扼要,短短几句就说明了这一内容。

鉴于 S 出口公司谈判方案的内容、制定根据和过程是建立在科学分析基础之上的、符合谈判实际需要的一个方案。它简明扼要、突出要点,能够适应变化。S 出口公司谈判团队按照既定方案开展了业务谈判。值得一提的是,谈判团队还对相关资料和信息进行了梳理、分析和运用,最终取得了谈判的成功。

第七章思考与训练

第八章 商务谈判合同：定分止争

第一节 民法典合同编

合同是民事主体之间设立、变更、终止民事法律关系的协议，是进行市场交易的主要形式。合同制度是市场经济的基本法律制度。1999年第九届全国人民代表大会第二次会议通过了《中华人民共和国合同法》（简称《合同法》）。2020年5月28日，十三届全国人大三次会议表决通过了《中华人民共和国民法典》（简称《民法典》），并已于2021年1月1日起施行。《民法典》共7编，依次为总则编、物权编、合同编、人格权编、婚姻家庭编、继承编、侵权责任编，以及附则，共1260条。其中，《民法典》第三编"合同"在原有《合同法》的基础上，贯彻全面深化改革的精神，坚持维护契约、平等交换、公平竞争，促进商品和要素自由流动，完善了合同制度。第三编共3个分编、29章、526条，条文数量几乎占据了《民法典》的半壁江山，由此可见，合同编在民法典中具有十分重要的地位。合同编立足我国国情，系统总结改革开放以来我国的合同立法、司法经验和理论研究成果，同时充分借鉴国际经验，以《合同法》为基础，针对合同领域出现的新情况新问题，对我国的合同法律制度进行了全面系统的修改和完善。与《合同法》和国外的合同法律制度相比，合同编有许多发展和创新。

一、合同编通则

《民法典》第三编第一分编为通则，规定了合同的订立、效力、履行、保全、转让、终止、违约责任等一般性规则，并在原有《合同法》的基础上，完善了合同总则制度。

一是通过规定非合同之债的法律适用规则、多数人之债的履行规则等完善债法的一般性规则。

二是完善了电子合同订立规则，增加了预约合同的具体规定，完善了格式条款制度等合同订立制度。

三是完善国家订货合同制度，规定国家根据抢险救灾、疫情防控或者其他需要下达国家订货任务、指令性计划的，有关民事主体之间应当依照有关法律、行政法规规定的权利和义务订立合同。

四是针对实践中一方当事人违反义务不办理报批手续影响合同生效的问题，明确了当事人违反报批义务的法律后果，健全合同效力制度。

五是完善合同履行制度，落实绿色原则，规定当事人在履行合同过程中应当避免浪费资源、污染环境和破坏生态。同时,在总结司法实践经验的基础上增加规定了情势变更制度。

六是完善代位权、撤销权等合同保全制度,进一步强化对债权人的保护,细化了债权转让、债务移转制度,增加了债务清偿抵充规则,完善了合同解除等合同终止制度。

七是通过吸收原有《担保法》有关定金规则的规定,完善违约责任制度。

二、典型合同

典型合同在市场经济活动和社会生活中应用普遍。为适应现实需要,在原有《合同法》规定的买卖合同、赠予合同、借款合同、租赁合同等15种典型合同的基础上,第二分编增加了4种新的典型合同,完善了五个方面的内容。

（一）新增典型合同

1. 保证合同

民法典吸收了《担保法》中关于保证的内容,形成了保证合同。保证合同的条文(《民法典》第六百八十六条第二款)改变了关于保证责任方式的认定规则,规定保证合同中对保证方式没有约定或者约定不明确的,当事人按照一般保证承担保证责任。

2. 保理合同

保理合同是应收账款债权人将现有的或者将有的应收账款转让给保理人,保理人提供资金融通、应收账款管理或者催收、应收账款债务人付款担保等服务的合同。民法典就保理合同的概念、保理人的信赖利益保护、有追索权保理和无追索权保理中保理人的权利以及债权多重让与情形下保理人之间的权利顺位等问题做出了规定。自第七百六十一条至第七百六十九条用9个条文依次规定了保理合同的定义与内容、虚构应收账款、保理人对债务人的通知、有追索权的保理、无追索权的保理以及应收账款的重复转让等问题。

3. 物业服务合同

物业服务领域有很多突出问题,比如高空抛物、物业费、物业公司的责任与义务等,《民法典》在总结行政管理和司法实践经验的基础上,对建设单位、物业服务人和业主之间的法律关系做出了系统规定。《民法典》第九百三十七条至第九百五十条规定了物业服务合同的内容,物业公司定期报告,业主不支付物业费物业公司不得采取停止供水、供电、供热、供燃气等方式催交物业费等。

4. 合伙合同

民法典将《民法通则》中有关个人合伙的规定纳入其中,《民法典》第九百六十七条至第九百七十八条规定,其规定了合伙协议、表决、合伙事务的执行、合伙的终止等内容。

（二）完善的主要内容

1. 完善买卖合同法律制度

买卖合同作为最重要的有偿合同,《民法典》在编纂过程中以较大的篇幅对《合同法》的相关规定进行了充实和完善。对无权处分合同,《民法典》第五百九十七条第一款在区分负担行为与处分行为的基础上规定,因出卖人未取得处分权致使标的物所有权不能转移的,买受人可以解除合同并请求出卖人承担违约责任。对检验期限、检验内容和检验标准等审判工作中经常碰到的问题,《民法典》第六百二十二条、第六百二十三条、第六百二十四条在总结司法经验的基础上,做出了相应的规定。在试用买卖方面,增加了"由出卖人承担风险"的风险负担规则,保护消费者的合法权益。在所有权保留制度方面,增加了所有权保留的登记对抗效力和担保效力物权化、出卖人取回权、买受人回赎权等相关规定,平衡保护出卖人、买受人、买受人的其他债权人的利益,维护交易安全。《民法典》第六百二十五条新增规定了出卖人负有自行或者委托第三人对标的物予以回收的义务。

2. 完善了借贷利率的规定

明确规定禁止高利放贷,借款的利率不得违反国家有关规定(第六百八十条第一款),为人民法院在民商事审判工作中依法打击"高利贷""套路贷"等违法行为提供了法律依据。

3. 完善了租赁合同

完善了承租人的优先购买权、买卖不破租赁,新增了租赁合同不因未办理登记备案手续而无效、承租人的优先承租权等制度。

4. 修改完善了赠予合同、融资租赁合同等典型合同

在总结司法经验的基础上,将一些实践证明行之有效的司法解释规则上升为法律规定。

5. 完善了客运合同

《民法典》细化了客运合同当事人的权利义务。第八百一十五条第二款规定,实名制客运合同的旅客丢失客票的,可以请求承运人挂失补办,承运人不得再次收取票款和其他不合理费用。第八百一十九条第一款规定,承运人应当严格履行安全运输义务,及时告知旅客安全运输应当注意的事项;旅客对承运人为安全运输所做的合理安排应当积极协助和配合。第八百二十条规定,承运人应当按照有效客票记载的时间、班次和座位号运输旅客。承运人迟延运输或者有其他不能正常运输情形的,应当及时告知和提醒旅客,采取必要的安置措施,并根据旅客的要求安排改乘其他班次或者退票;由此造成旅客损失的,承运人应当承担赔偿责任,但是不可归责于承运人的除外。

(三)有关条款的案例解析

1. 规定电子合同成立时间

1)案情

祝某在某二手平台看中了一款二手奢侈品牌包包。在平台上与卖家王某沟通后,祝某预付了1万元定金并提交订单。随后祝某后悔,不想购买此包了,遂与卖家王某联系,欲取消交易并退还定金。而王某告知祝某:买卖合同已经成立,不得随意解除合同。

2)解析

根据《民法典》第四百九十一条规定,当事人采用信件、数据电文等形式订立合同要求签订确认书的,签订确认书时合同成立。

当事人一方通过互联网等信息网络发布的商品或者服务信息符合要约条件的,对方选择该商品或者服务并提交订单成功时合同成立,但是当事人另有约定的除外。

卖家王某在某二手平台发布商品信息及价格的行为构成要约,根据《民法典》第四百九十一条的规定,在祝某支付定金并成功提交订单之时,买卖合同就已成立,双方均应依约履行,否则将承担相应违约责任。

2. 对"霸座"行为说"不"

1)案情

孙某持硬座票却霸座商务软座位。乘务员向孙某释明:请你回硬座车厢对号就座;否则,你要么补 200 票款,要么立即下车。

2)解析

根据《民法典》第八百一十五条规定,旅客应当按照有效客票记载的时间、班次和座位号乘坐。旅客无票乘坐、超程乘坐、越级乘坐或者持不符合减价条件的优惠客票乘坐的,应当补交票款,承运人可以按照规定加收票款;旅客不支付票款的,承运人可以拒绝运输。

《民法典》如此规定,有利于治理客运合同派生的旅客霸座乱象,有利于维护运输安全秩序,规范民众文明乘车行为。乘务员行为能得到法律支持。

3. 限制消费,霸王条款作废

1)案情

韩某邀请一群朋友到酒店用餐,顺便将其自购白酒、饮料等酒水带到酒店饮用。聚餐结束后,韩某到前台结账时,酒店工作人员指着墙上告示"禁止顾客自带酒水,违者视情节罚款 200 元",告知韩某因其自带酒水到酒店饮用需支付罚款 200 元。

2)解析

根据《民法典》第四百九十七条规定,"有下列情形之一的,该格式条款无效:……(二)提供格式条款一方不合理地免除或者减轻其责任、加重对方责任、限制对方主要权利;(三)提供格式条款一方排除对方主要权利"。酒店消费规则类似于格式合同条款,法律不支持"禁止自带酒水""特价、促销商品概不退换"等霸王条款。韩某可拒绝支付罚款。

4. 对高利贷说"不"

1)案情

虞某发布网络信息称"低利息、无担保"借款;刘某急需借钱治病,便向虞某借款 5 万元,放贷时被直接扣除 30% "砍头息" 1.5 万元,实际得到 3.5 万元借款。30 天内如不能清偿 5 万元借款的,需交"逾期费" 50 万元。

2)解析

根据《民法典》第六百八十条规定,禁止高利放贷,借款的利率不得违反国家有关规定。花样百出的高利贷已经严重影响社会经济正常秩序,法律明确禁止高利放贷。刘某只需归还虞某 3.5 万元借款,若虞某对刘某采取暴力讨债的行为,刘某可报公安机关依法打击。

5. 房子拍卖,承租关系可维持

1)案情

夏某租赁章某的门面房从事面馆经营,合同期限 10 年,开业至今 3 年,生意一直不错。房东章某欠他人债务未还,导致该门面房被查封、拍卖。承租人夏某该咋办呢?

2)解析

根据《民法典》第七百二十五条规定,租赁物在承租人按照租赁合同占有期限内发生所有权变动的,不影响租赁合同的效力。第七百二十七条规定,出租人委托拍卖人拍卖租赁房屋的,应当在拍卖五日前通知承租人。承租人未参加拍卖的,视为放弃优先购买权。承租人夏某享有优先购买权;第三人购买该门面房后,夏某有权继续履行原租赁合同。

三、准合同

《民法典》合同编第三分编命名为"准合同",合同编的体系变为通则、典型合同、准合同三部分。准合同是带有先决条件的合同。该先决条件是指决定合同要件成立的条件。无因管理和不当得利既与合同规则同属债法性质的内容,又与合同规则有所区别,第三分编"准合同"分别对无因管理和不当得利的一般性规则做了规定。准合同与合同从形式上无根本区别,内容格式均一样,只是有时定为草本或正式本之别。但从法律上说,有根本的区别。准合同可以在先决条件丧失时自动失败,而无需承担任何损失责任;而合同则必须执行,否则属"违约"。

第二节 合同管理

一、合同的订立

(一)合同一般条款的规定

合同条款是当事人合意的产物、合同内容的表现形式,是确定合同当事人权利义务的根据。《民法典》明确规定了17类合同的一般条款,具体规定如下。

(1)建设用地使用权出让合同的一般条款在第三百四十八条第二款中进行了明确规定。

(2)居住权合同的一般条款在第三百六十七条第二款中进行了明确规定。

(3)地役权合同的一般条款在第三百七十三条第二款中进行了明确规定。

(4)抵押合同的一般条款在第四百条第二款中进行了明确规定。

(5)质押合同的一般条款在第四百二十七条第二款中进行了明确规定。

(6)买卖合同的一般条款在第五百九十六条中进行了明确规定。

(7)供用电合同的一般条款在第六百四十九条中进行了明确规定。

(8)借款合同的一般条款在第六百六十八条第二款中进行了明确规定。

(9)保证合同的一般条款在第六百八十四条中进行了明确规定。

(10)租赁合同的一般条款在第七百零四条中进行了明确规定。

(11)融资租赁合同的一般条款在第七百三十六条第一款中进行了明确规定。

(12)保理合同的一般条款在第七百六十二条第一款中进行了明确规定。

(13)承揽合同的一般条款在第七百七十一条中进行了明确规定。

(14)建设工程勘察、设计合同的一般条款在第七百九十四条中进行了明确规定。

(15)建设工程施工合同的一般条款在第七百九十五条中进行了明确规定。

(16)技术合同的一般条款在第八百四十五条中进行了明确规定。

(17)物业服务合同的一般条款在第九百三十八条第一款、第二款中进行了明确规定。

（二）合同一般条款的内容

《民法典》合同编的第四百七十条规定了各类合同应具备的一般条款。合同的内容由当事人约定，一般包括下列条款：当事人的姓名或者名称和住所；标的；数量；质量；价款或者报酬；履行期限、地点和方式；违约责任；解决争议的方法。这些条款的规定具有较强的建议性或者提示性的作用，按照合同自由原则，不具有强制执行性，除了按照合同性质必须具有的条款外，在不违反法律和社会公共利益的前提下，当事人有权决定合同条款的内容。下面对合同一般条款逐一进行解释。

1. 当事人的姓名或者名称和住所

当事人是合同关系的主体。当事人是自然人的，应当写明其姓名和住所，其住所是指其户籍所在地或长期生活与活动的处所。当事人是法人或其他组织的，应当写明其名称和住所，其住所则是指其注册登记地。合同是民事主体意思一致的产物，民事主体的基本情况必须列明于合同中，以为日后解决可能的纠纷指明对象。

2. 标的

标的是合同双方当事人权利义务所指向的对象，也称为合同法律关系的客体。标的直接决定合同的性质和权利义务的内容，是合同首要的、绝对不可缺少的条款。其他条款都是对标的的质或量等问题所做的说明或限定。没有标的，就失去了订立合同的出发点和归宿，当事人权利义务也就无法实现，合同也无法履行。

3. 数量

数量的要求是与合同的标的紧密联系在一起的。数量就是指合同标的的多少，是衡量标的的尺度，相应的数字和计量单位应当具体、统一、准确，它直接决定民事权利义务的大小。标的是物的，应按度量衡标准予以计算；标的是行为的，可按劳动量或工作量加以计算，并使用统一的计量单位；无国家法定或主管部门规定的计量单位和计量方法的，当事人双方才能自行协商确定。合同中标的的数量，有国家下达的指令性任务的，应严格按指令性任务指标规定。

4. 质量

标的质量，是合同标的具体化的又一反映。质量条款无论在哪一类合同中都十分重要。不同的标的，有不同的质量要求。合同的质量条款应当明确规定标的物采用的质量标准，以及相应的质量责任、验收等。质量是标的的内在质的规定性，包括性能、稳定性、效用、外观形态、耗能指标、工艺要求、等级等。标的的质量一般以品种、型号、规格、等级等体现出来，在合同中对这些项目应当有所规定。在质量条款中应当载明：对质量负责的期限和条件，对质量提出异议的期限和条件，抽验的方法、比例、标准或样品、样图、技术资料等。

5. 价款或者报酬

合同中的价款或者报酬的确定，应当遵守国家的有关规定。合同中的价款或者报酬，是合同标的价值在法律上的表现。所谓价款是指取得标的物一方给他方的价格。所谓报酬，是一方当事人给予完成某项工作或提供某项服务的另一方的补偿。价款或者报酬标志着这类合同关系中的财产流转是有偿的。在我国，价款与报酬是以人民币为单位进行计算和支付的。当事人在计算、支付价款或报酬时，还必须严格遵守国家有关物价的规定。国家对价款或者报酬没有规定的,可由当事人自行约定。价款或者报酬,是针对有偿合同而言的,对于无偿合同来说,价款与报酬的规定将没有任何法律意义。

6. 履行期限、地点和方式

履行期限,指履行合同约定义务的时间界限。不同的合同对履行的期限有不同的要求,因而履行期限有不同的具体含义。如买卖合同中卖方的履行期限是指交货日期;承揽合同中承揽人的履行期限是指工作开始和完成的起止日期;而运输合同中承运方的履行期限是装货日期或交货日期。因此,在合同中应当明确规定所有日期的具体含义。提前履行或迟延履行,如违反《民法典》强制规定或合同当事人特别约定,均构成违约,应当承担违约责任。履行地点,指履行合同约定义务的地点。履行地点关系到严格履行义务、费用负担和合同纠纷案件的法院管辖等,应当做到明确、具体。履行的方式,指履行合同约定义务的方式。按履行的期次,可分为一次履行和分期分批履行;按标的交付方式,可分为交易现场直接交付、送货式、邮寄式、代办托运式、购货方自提方式等。

7. 违约责任

违约责任条款是当事人为了保证合同的履行,依照法律或双方约定,在违反合同的情况发生时,不履行合同一方应向他方承担相应法律后果的约定。按照《民法典》合同编第八章违约责任的规定,违约责任主要有继续履行、采取补救措施和赔偿损失三种方式。

8. 解决争议的方法

合同当事人就合同内容的理解与合同履行等发生争议时,可以通过和解或调解的方式加以解决。就外部有法律效力的解决纠纷的方式而言,有诉讼与仲裁两种,两者是平行的解决途径。仲裁法将仲裁的效力规定为"或裁或诉",当事人采用仲裁方式解决纠纷的,应当双方自愿,达成仲裁协议;没有仲裁协议,一方申请仲裁的,仲裁委员会不予受理。当事人达成仲裁协议,一方向人民法院起诉的,人民法院不予受理,但仲裁协议无效的除外。故为了明确纠纷的解决途径,合同条款多有约定是采用仲裁还是采用诉讼,尤其是合同当事人决定采用仲裁方式来解决纠纷时,则一定要于签订合同时约定仲裁条款或另行签订仲裁协议。合同中解决争议的条款其效力具有独立性。即使合同已被撤销或被宣布为无效,解决争议的条款仍然有效,对合同纠纷的解决仍要采用双方所约定的方式。

(三)合同的订立

1. 表达准确

合同订立时首先要求每个条款的内容表达要字句严谨准确,文字表达意思清晰无误。特别是一些专业术语,应确保双方当事人对其含义清晰理解,以免产生歧义。合同全文用词,对于同一事物用词表达要前后一致,首尾呼应,以免发生争议。行文要做到言简意赅,易懂易行,尽量避免使用模棱两可和令人费解的文字。

2. 条件公正

条件公正是指当事人双方在合同中所享有的权利和承担的义务是对等的。任何一方在享有权利的同时,必须承担相应的义务,既不允许一方只享受权利而不承担义务,也不允许双方的权利和义务不平等。应当指出,真正好的合同是均衡的合同,是双方满意的合同。公正中的均衡可以通过文字和条件来体现。文字和条件相对比,条件是关键,文字不过是手法而已。在合同中常使用"互相"的字眼,采用"对称"的写法。例如,"买方将负责……""卖方将承担……",等等。

3. 关注要点

在合同订立的过程中,由于内容繁多,条文复杂,往往过于注重全文的整体表达,却忽略了一两个最为关键的要点表达,也许这个关键要点就是一两个字,但其意义至关重要,甚至决定交易的成败,所以要高度关注,极力争取,决不能在最后一刻放弃。

4. 边谈边定

在合同条款的谈判中,不仅只满足于口头上的你来我往,看似大家都很满意,但没有共同认可的文字表达,时间一长,双方当事人容易出尔反尔,搁置合作。因此,在谈判中,要边谈边定,对达成共识的要及时定下来,用文字表达清楚;剩余的时间集中对分歧深入磋商,最终通过说服、妥协达成共识。同时,争取谈判主动,主动起草合同条款,先声夺人,把对己方有利的内容、精神和条款融入进去,掌控谈判的话语权。

5. 审核把关

起草合同的人员一定要认真钻研业务和法律法规,不断提高起草和拟定合同的水平;订立合同的人员一定要把好关,在签约之前务必认真审核,防止出现不应该有的错误或漏洞。对于合同条款中经常出现的商品质量要求与标准、价款的规定、交货期、验收方法、验收地点、结算办法、签约地、违约责任等要素不全、不明确、不准确的问题一定要严格审核把关。

二、合同的履行

合同的订立不是谈判结束的标志,在合同生效后的实际履约过程中,仍会有许多因素触发合作双方投入新的一轮谈判,如一方违约;又如对合约条款在履行中产生了不同的解释;再如,出现事先难以预知的情况需要双方重新协调;以及因不可抗力事件的发生,必须对原有合同做重要修改,否则合同无法履行;等等。

由此可见,只要交易或合作项目没有最终完成,谈判就不会结束。在合同覆行阶段,我们应考虑采取如下措施。

(一)建立合同管理小组监督合同的履行

在合同履行的过程中,由于种种原因,不可避免地时有违约情况发生,这时管理小组一定要把每一件违约事件都记下来,并要对方签字确认,到一定的时机,再予以一揽子解决。这种措施对于大型项目的合同管理尤为适用。一笔笔打官司是一个笨办法,不但会劳民伤财,最终还会影响项目进度。

(二)应对无法预测情势

当合同履行过程中不可控制的事件不可避免地发生时,就要依靠双方的让步、妥协、商议才能弥补。

(三)保持工作人员的良好互动

在合同履行过程中,要把对方委派的专家、工程技术人员与老板区别开来,分别对待,我们要与对方工作人员友好合作。对于合同的履行,不仅要看条款,而且要看实际进行得如何。搞好与对方工作人员的关系,会给项目带来合同规定以外的收益。有时,合同履行过程中发生一些困难,只要能取得对方工作人员的谅解与支持,对方工作人员会主动克服困难,问题就会很快得到解决。这样,既提高了效率,又可避免兴师动众,重上谈判台。

（四）严格保证合同履行

对于国家间的重点项目,大多涉及国家形象,有些涉及我国政府与外国政府之间的关系,企业之间的违约行为还会给两国关系蒙上阴影。必要时,我国有关行政主管部门需要及时干预、协调和妥善处置,以维护两国之间长期合作的伙伴关系。

合同任务的最终完成是我们谈判的出发点和归宿,然而在合同实际履行过程中,谈判仍会不时地以各种形式出现。我们不可能小心翼翼地逃避谈判,相反,只有随时做好谈判的充分准备,才能实现谈判的最终目的,合同才得以圆满地履行。

三、合同的变更

合同的变更有广义和狭义之分。广义的合同变更包括合同主体的变更和合同内容的变更。合同主体的变更,是指不改变合同的内容,仅变更债权人或债务人。合同内容的变更是指合同当事人不变,合同的内容予以改变。狭义的合同变更,仅指合同内容的变更。

（一）合同变更的条件

合同的变更,是指改变原合同关系,无原合同关系便不存在合同变更。无效合同,自始无合同关系;合同被撤销,合同自始失去法律约束力,亦无合同关系;追认权人拒绝追认效力未定的合同,仍无合同关系。因此,在这些情况下,均不存在变更合同。合同内容的变化主要包括:标的物数量的增减,标的物品质的改变,价金或酬金的增减,履行期限的变更,履行地点的变更,履行方式的改变,结算方式的改变,所附条件的增减或除去,单纯债权变成选择债权,担保的设定或消除,利息的变化等。一旦一项或几项合同内容发生变化,合同就存在变更问题。

合同的变更须依当事人协议或依法律直接规定及裁决机构裁决,有时依形成权人的意思表示。基于法律直接规定而变更的合同,不以法院或仲裁机构的裁决为必经程序,也不以当事人协议为必经程序,而是具有直接发生变更的法律效力。例如,债务人违约,则变合同债务为损害赔偿债务,这种变更是依法律规定当然发生的。基于裁决机构的裁决而发生变更的,主要有重大误解及显失公平的合同和当事人意思表示不真实的合同。基于形成权人单方意思表示变更合同的,只存在于个别情况,例如,选择权人行使选择权使合同变更。除此以外的合同变更,由双方当事人协商一致;不能达成协议的,不发生合同变更的法律效力。当事人对合同变更的内容约定不明确的,推定为未变更。法律要求对合同变更,须采取办理批准、登记手续等特定方式的,应遵守法律要求的方式。在其他情况下,合同变更则没有特殊的要求。

（二）合同变更的程序

合同变更的程序可分为协议变更程序和裁决变更程序。在协议变更程序中,一方当事人提出变更合同内容的,应与对方充分协商,达成一致意见,才发生变更合同的效力。当事人对变更合同未达成一致意见或对合同变更的内容约定不明确的,不发生变更的效力。在裁决变更合同程序中,只有存在裁决变更合同的理由时,即存在重大误解、显失公平及当事人意思表示不真实的情况下,一方当事人才可向法院或仲裁机构申请裁决变更合同。是否裁决变更,由裁决机构认定。裁决机构做出变更合同的裁决的,即发生变更合同的效力。

(三) 合同变更的赔偿责任

根据法定条件和程序变更合同,属合法行为而不是违约行为,所以就不能免除负有责任一方的经济责任,即负有责任一方应承担赔偿遭受损失一方的责任。

(1) 双方当事人自行提出和同意变更合同的,其责任方一般是指要求变更合同的一方。

(2) 因合同一方违约,使继续履行合同成为不必要时,责任方无权提出变更合同,而应负违约责任,并支付遭受损失一方的违约金和赔偿金。

(3) 当事人由于不可抗力而变更合同,可根据实际情况,部分或全部免除赔偿责任。

(4) 损失事实是责任方赔偿的客观依据。索赔方在要求赔偿的同时应有举证的责任,即提供因变更合同而受损失情况的证明材料。

四、合同的转让

合同转让是指在不改变合同内容的情况下,变更合同的债权人或合同的债务人。变更合同债权人的称为债权转让;变更合同债务人的称为债务移转。债权人将合同权利全部或部分转让他人的,称为合同权利的转让;债务人将合同的债务全部或部分转让给第三人的,称为合同义务转让。在合同之债中,合同一方当事人往往既享有权利又承担义务,如将其全部权利和义务转让给第三人,则称为合同权利义务概括转让。

(一) 合同权利的转让

合同权利转让是指合同债权人将合同权利全部或部分转让给第三人。合同权利的转让以合同债权人与第三人订立转让合同的形式进行。在转让合同中,债权人称为让与人,第三人称为受让人,转让合同一经成立,受让人即取代了原债权人的地位。合同权利的转让不需取得合同债务人的同意,但应通知债务人,否则,债务人可拒绝履行对受让人的义务。合同权利转让还可产生以下效力。

(1) 合同债权人不可撤销转让其权利的通知,除非经受让人同意。否则,给受让人造成损失的,让与人要承担赔偿责任。

(2) 让与人对受让人负有告知义务,如债务人的地址及履行期限等有关情况。如果让与人未履行告知义务而使受让人遭受损失的,应负有赔偿的责任。

(3) 让与人对受让人负有交付证明合同权利的文件的义务。若怠于交付,致使受让人无从证明被债务人拒绝履行的,让与人应承担赔偿的责任。

(4) 债权转移时,受让人取得与债权有关的从权利,如抵押权、债权利息和债权不履行时的违约金、赔偿损失请求权等。但专属于债权人自身的从权利除外。

(5) 债务人接到债务转移通知时,其对让与人的抗辩,可对受让人主张。例如,债务人主张债务无效、同时履行抗辩权或不安抗辩权的,可向受让人主张。

(6) 债务人对让与人享有到期债权的,也可向受让人主张抵消。

（二）合同义务的转让

合同债务人将合同义务的全部或部分转移给第三人的，称为合同义务的转让。合同义务的转让应取得债权人的同意，否则合同义务转让无效。因为债权人不是协议的当事人，而承担债务的第三人是否具有履行能力和信用如何，这些与债权人的权利实现直接相关，所以，只有经债权人同意，债务人与第三人之间的合同义务转让协议才有效。

合同义务的转让须经债权人同意才具有效力。债权人是否同意，有两种方法认定：

（1）债务人或第三人向债权人送达转移合同义务的通知时，债权人明确表示同意的，称为同意；

（2）债务人或第三人向债权人送达转移合同义务的通知时，规定了一个答复期限，在该期限内债权人不予答复的，应视为拒绝。

合同义务的转让经债权人同意即发生法律效力，第三人为新债务人。新债务人取代原债务人的地位，应积极向债权人履行义务，债权人可直接向新债务人要求履行债务，新债务人可以主张原债务人对债权人的抗辩。新债务人也应承担与主债务有关的从债务，如主债务的利息、主债务延期履行的违约金等。

（三）合同权利义务的概括转让

合同权利义务的概括转让是指合同当事人一方经对方同意将合同权利义务一并转让给第三人。合同权利义务的概括转让的特征是：必须经合同另一方同意，如合同对方未同意，转让不发生效力；必须是合同权利义务的一并转让，而不是分别转让权利和义务。

在合同权利义务的概括转让中，受让人取得转让的从权利，也应承担转让的从债务。合同受让人可以主张原合同当事人一方的抗辩权，这种抗辩权既包括债权人的抗辩，也包括债务人的抗辩，也可以主张到期债权的抵销权。在合同实务中，合同权利义务的概括转让是经常的。

（四）合同转让的程序

合同转让一般由合同当事人达成协议或通知对方或取得对方同意即可。合同权利转让由债权让与人与债权受让人达成协议并通知债务人即可；合同义务转让由债务让与人与债务受让人达成协议，并取得债权人同意即可；合同权利义务的概括转让与合同义务转让相同。但是，法律、法规规定合同转让应当办理批准、登记手续的，应当办理批准登记手续。

五、合同的解除

合同的解除有广义和狭义之分。广义的合同解除是指合同有效成立后，没有履行或没有履行完毕之前，当事人双方通过协议或者一方行使解除权的方式，使合同关系提前终止。狭义的合同解除，仅指单方行使解除权的解除，即当事人一方行使法定的或约定的解除权，使合同效力终止。

（一）合同解除的方式

根据《民法典》的规定，合同解除的方式包括双方约定解除和单方行使解除权的解除两种。双方约定解除合同，一般是在合同有效成立后，由于新情况的出现，当事人双方都希望解除合同；或者虽然没有出现什么变故，但当事人双方对履行原合同都失去了兴趣，自愿解除合同。无论因为什么原因，这些都纯属当事人双方之间的事情，根据合同自由原则，法律应予以允许，并且对协议解除合同不多加干预，由当事人自己商定解除的程序、时间、方式以及后果。在当事人没有约定或约定不明时，可参照合同的成立及有效规则进行认定。单方行使解除权包括法定解除权和约定解除权两种情形。其中，约定解除权的发生原因、行使方式及存在的期限都由当事人商定，只有在当事人没有约定时，才适用法律规定。因此，合同法规范的重点在于法定解除权。

（二）合同解除的条件

合同法定解除的条件主要有以下几个方面。

1. 合同一方当事人违约在先

在合同生效、履行过程中，合同一方当事人有迹象表明无能力或不愿意、不可能或根本没有依照约定履行合同义务时，或一方当事人若继续违约履行，会给非违约方造成更大损失或对非违约方十分不利时，合同另一方当事人有权解除合同。

2. 合同一方当事人履约能力不足

合同一方当事人在合理的期限内仍未完成履行主要债务时，或履行期限已经结束仍未完成履行且要求迟延履行时，另一方当事人应给予对方合理的宽限期，并要求对方在宽限期内完成履行。若履行方在宽限期结束时仍未完成履行合同，受损方就可以行使解除合同的权利。

3. 不可抗力或意外事故

根据法律的规定，发生不可抗力时，受不可抗力影响的一方当事人可以根据不能实现合同目的的程度，部分或者全部合理地免去履行及损害赔偿责任。根据诚实信用原则，因一方当事人虽无过失但无法预料或无法防止的外因造成合同无法履行时，其履行义务及损害赔偿责任应予以适当减免。但是，免责或减责并不影响另一方当事人解除合同的权利。值得说明的是，是否解除合同，最终取决于不可抗力，或一方当事人虽无过失但无法预料或无法防止的外因对履行合同的影响程度。只有导致债务人不能履行主债务，或债权人失去订立合同的预期目的时，债权人才能行使单方解除合同的权利。

第三节 合同纠纷

一、合同的违约

合同违约是指合同当事人一方不履行合同义务或者履行合同义务不符合约定，违约责任是指合同违约方应承担的法律后果。在我国，合同违约行为是认定违约责任的法律依据。违约行为又称违反合同，是指合同当事人违反合同的约定义务的行为。违约行为之实质在于非法侵害合同所产生的债权，其违法性表现在行为人违反受法律保护的合同义务。

（一）违约行为的具体表现

违约行为依其具体违反合同义务情形的不同，可分为如下几种违约形态。

1. 预期违约

预期违约,是指在合同履行期限到来之前,当事人一方明确表示或者以自己的行为表明不履行合同的行为,又称为毁约行为或拒绝履行。预期违约有明示和默示之分。所谓明示,即债务人在合同履行期到来之前,明确向对方做出不履行合同义务的意思表示的行为。所谓默示,即债务人在合同履行期到来之前,通过自己有目的的行为,通过逻辑推理的方式,表明其根本无履行合同义务的诚意。因此,在《民法典》第五百七十八条中明确规定:当事人一方明确表示或者以自己的行为表明不履行合同义务的,对方可以在履行期限届满之前请求其承担违约责任。

2. 不能履行

不能履行是指合同债务人事实上已经不可能履行债务。从广义上说,不能履行的原因是多样的,可以是债务人或者债权人的原因,也可以是双方当事人以外的原因。这里主要是指债务人的行为所致。债务人不能履行债务,债权人可以解除合同,并追究债务人的违约责任。

3. 迟延履行

迟延履行,是指在合同履行期限届满而未履行债务,包括债务人迟延履行或债权人迟延履行。债务人迟延履行是指合同履行期限届满,或者在合同未定履行期限时,在债权人指定的合理期限届满,债务人未履行债务。债权人迟延履行,通常表现为债权人对于债务人的履行应当接受而无正当理由拒不接受,即迟延接受履行。由于债权迟延,债务人不承担迟延履行的责任。若债权人迟延造成债务损害的,债权人应负损害赔偿责任。根据《民法典》第五百八十五条第三款的规定,当事人就迟延履行约定违约金的,违约方支付违约金后,还应当履行债务。

4. 瑕疵履行

瑕疵履行是指债务人履行的标的不符合合同约定的质量标准。它可分为违约瑕疵和损害瑕疵。所谓违约瑕疵,是指债务人履行的标的物仅在品种、规格、技术要求等方面不符合合同的约定,尚未由于其质量瑕疵造成他人人身或财产损失。对于违约瑕疵,债权人可依《民法典》第五百一十条和第五百八十二条的规定,可以合理选择请求对方承担修理、重做、更换、退货、减少价款或者报酬等违约责任。所谓损害瑕疵,又称为加害履行或瑕疵结果损害,是指债务人因交付的标的物的缺陷而造成他人的人身、财产损害的行为。根据《民法典》第五百八十四条的规定,债务人应承担损害赔偿责任。

5. 不适当履行

不适当履行,是指除瑕疵履行之外的,债务人未按合同约定的标的、数量、履行方式和地点而履行债务的行为。主要包括:部分履行行为,如交付标的物在数量上不足;履行方式不适当,如依约应一次性履行而分期履行;履行地点不适当,即未在合同规定的履行地点履行;其他违反附随义务的行为,如违反告知义务行为等。

(二)违约责任的承担方式

依据《民法典》的规定,违约责任的承担方式主要有以下几种。

1. 支付违约金

违约金是指由合同当事人在合同中约定的,在合同债务人不履行或不适当履行合同义务时,应向对方支付一定数额的货币。违约金是我国合同违约责任中最常见的一种责任方式,违约金具有补偿性。约定的违约金可视为违约的损害赔偿,损害赔偿额应相当于违约造成的损失,但约定的违约金过分高于或低于造成的损失的,当事人可以请求人民法院或仲裁机构予以适当减少或增加。

2. 支付赔偿金

赔偿金是指合同一方当事人因违约行为给对方造成财产损失而合同中又未约定违约金时,应支付给对方的经济补偿。违约方支付的赔偿金应相应于违约造成的损失,包括合同履行后可以获得的利益,但不得违反合同;一方订立合同时,应当预见到的因违反合同可能造成的损失。

3. 强制履行

强制履行是指经合同一方当事人请求由法院或仲裁机构做出要求实际履行判决或下达特别履行命令,强迫违约方在指定期限内履行合同义务。违约方强制履行后仍对对方造成损失的,对方可以请求赔偿损失。

4. 其他补救措施

其他补救措施是指根据《民法典》的有关规定,受损害方有权要求对方采取相应补偿措施以弥补损失。

(三)违约纠纷的解决途径

违约纠纷指合同当事人违约而又拒不承认所引发的合同当事人之间的权益纠纷。其解决途径有以下几种。

1. 和解

和解是指合同当事人双方共同商量,以求取得一致意见,从而达成和解协议。这种解决纠纷的方法称之为和解。协商的目的不是否定原合同另行谈判,而是以和解来维护合同。通过和解,能使双方当事人消除隔阂,保持与稳定相互之间的合作与信任。协商时,可在协商的地点、时间与方法上体现出灵活性,但须以合同为基础。

2. 调解

调解是指在第三方主持下,在查明事实、分清是非的基础上,以说服的方法,使合同双方当事人达成调解协议,从而解决纠纷。调解这一手段,在平息争议、维护并促进相互关系方面可起到非常积极的作用,是解决经济合同纠纷的有效途径。

和解与调解是双方当事人自己解决争议的方式,它可以在诉讼外进行,也可以在诉讼中的某个阶段进行,它的优点是方便、快捷、省时、省力,又不伤双方当事人的和气,缺点是和解与调解的结果不具有强制执行力,如果任意一方不自愿执行则归于失败,只能诉诸其他手段了。

3. 仲裁

仲裁是指合同当事人双方争执不下,从而自愿将其提交给双方均同意的第三者进行裁决,裁决的结果对双方都有约束力,双方必须依照执行。仲裁往往按照合同的仲裁条款的规定进行。仲裁必须是当事者双方一致同意的,并订立有仲裁的协议(条款)明确表示。若一方不同意,则仲裁结果对之无约束力。

仲裁结果是终局性的,即不得对之不服,不得另外提请仲裁或诉诸司法程序。仲裁机构(特别是涉外仲裁)在一定条件下可以是司法机构或某一部门,但仲裁不是司法。用仲裁方式解决纠纷,公平、正当,手续与程序一般也较简单,费用节省,时间短,效率高,有利于保持、维护双方的交易关系。涉外仲裁中,仲裁地点的选择与确定至关重要,因为它与进行仲裁的规则与程序直接相关。一般而言,择定在哪一国仲裁,往往就适用该国的有关仲裁规则与程序。涉外仲裁地点的择定有三种可能:在己方国家有关机构仲裁;在对方国家进行仲裁;在第三国进行仲裁。争取在己方国家仲裁最为有利,若不能,则应争取在友好的第三国实施仲裁。

4. 诉讼

合同当事者发生纠纷后,通过上述途径无法解决,合同一方当事者向有管辖权的法院起诉,要求通过经济司法程序解决争端。诉讼最终能够强制性地解决问题,使争议是非彻底明确,使责任方无可逃避,是一种有效解决纠纷的刚性手段。但诉讼必须通过严格的司法程序,耗时较长,其结果往往又是双方关系的彻底破裂,所以若非迫不得已,一般合同纠纷均不通过诉讼解决。

《民法典》是以调整国内民事关系为宗旨的法典,特别是在没有设置"涉外民事关系法律适用编"的情况下,基本上没有以确定涉外民事关系的法律适用为目的的规则。但其中有些条文又涉及涉外民事关系,如诉讼时效。《民法典》第一百八十八条规定:"向人民法院请求保护民事权利的诉讼时效期间为三年。法律另有规定的,依照其规定。"值得注意的是,除了对国内民事诉讼时效进行了规定外,《民法典》也关注了国际民事纠纷的诉讼时效问题。民法典第五百九十四条规定:"因国际货物买卖合同和技术进出口合同争议提起诉讼或者申请仲裁的时效期间为四年。"相比国内合同关系,国际货物买卖合同和技术进出口合同涉及更多当事人,各方当事人的国籍和住所可能分属多个国家,当事人行为和法律关系标的物也可能位于多个国家,标的数额也可能更大,纠纷产生后各相关当事人在前期处理纠纷时也会耗费更多时间,因此,做出国际合同争议的诉讼时效长于国内民事诉讼的时效这样的规定,具有合理性和有效性。

涉外经济合同的诉讼,还涉及选择什么法律来解决纠纷的问题,即法律适用问题。适用法律直接影响争端解决的结果,从而影响双方当事者之权益。在调整涉外民事关系、处理涉外民事纠纷的过程中,各国都遵循内国的国际私法法规或内国参加的国际私法公约,通过法律适用规则选择民事实体法作为解决纠纷的依据。因此,从国际社会整体上看,每个国家的国内民事实体法都有可能被选择作为解决国际民事纠纷的实体法依据。其遵从的择定原则一般包括:一是应选择与争议内容相适应、相吻合,与合同内容有实质联系的法律,它可以是己方国家法律,也可以是对方国家法律。合同当事者可以选择适用法律,但必须经双方协商一致并明示。二是在己方境内履行的合同,原则上适用己方国家法律,对方协议选择境外他国法律无效。三是在对方境内履行的合同,原则上适用对方国家法律,但其若与己方国家法律及社会公共利益相抵触、相冲突,则应坚持另择适用法律。四是在没有合适的相应法律的情况下,可以适用国际惯例。

二、合同纠纷的案例解析

下面选择几个案例,依据《民法典》及有关涉外法律规定进行解析。

（一）林某与长沙某投资管理有限公司、徐某股权转让纠纷案

1. 案情

2015年2月5日，原告林某与被告徐某签订《股份转让协议》，大致内容：被告徐某同意受让原告在被告长沙某投资管理有限公司的全部股份（20万元股份）；原告从其股份转让之日起，不再享有被告某公司转让部分的权利和承担义务，其在被告某公司转让部分的权利义务由被告徐某按受让股份承继。之后，因两被告未按约定办理股东的变更工商登记手续，原告于2017年12月11日向法院起诉，确认原告与被告徐某签订的《股份转让协议》有效，协议继续履行。被告抗辩称，涉案转让协议从内容上看对标的、价格等无约定，从效果上看没有对价，不具备合同的必备条款，不是一个完整的合同，应认定合同不成立。对于被告徐某的意见，于法无据，法院不予支持。

2. 解析

合同是当事人合意的产物，合同的内容必然是当事人协商一致的结果。从这个意义上说，合同的条款应当是在不违背禁止性法律规范的情况下，由当事人自由决定，而不是由法律规定。当事人订立合同可以参照民法典该条的规定，也可以不按照规定的内容订立合同，合同成立与否、有效与否，并不完全取决于是否遵照该条款订立。除了标的和数量之外，属于该条规定的某些条款，合同中没有约定，但可以由法律规定或者可以通过行业惯例等予以确定的，仍然可以认为合同成立、有效；相反，即使不属于该条所规定的条款，但根据某种合同的特殊性质须必备的条款，合同没有约定的，仍然可以认定该合同不成立。

（二）郑某、花某与泰州某房地产开发有限公司、泰州某物业管理有限公司房屋买卖合同纠纷案

1. 案情

2011年2月13日，花某与泰州某房地产公司签订《商品房买卖合同》，由郑某、花某购买泰州某国际家居博览中心1幢×××号房屋，购买价为228647元。后郑某、花某领取了《房屋所有权证》《国有土地使用权证》。2011年2月13日，花某（甲方）与泰州某物业公司（乙方）签订《委托经营协议书》，由甲方将泰州某国际家居博览中心1幢×××号商铺位全权委托乙方进行统一经营、租赁、管理。同时，某物业公司还向郑某、花某发出《商铺回购书》，内容为：如郑某、花某以书面方式明确要求本公司将其所购买的泰州某国际家居博览中心铺位号为×××号商铺回购，只要满足特定条件，本公司承诺按该套商铺合同价的120%优先购回。在回购书约定的条件满足后，郑某、花某向法院提出诉讼，请求某物业公司履行其与原告签订的《商铺回购书》。法院判决，原告在《商铺回购书》约定的期限内向某物业公司书面申请回购房屋，某物业公司理应依约回购房屋，并支付房屋回购款。

2. 解析

在实践中，不可能要求所有的要约都能够明确地、直截了当地写明要约人接受要约内容约束的文字，但是，只要当事人发出要约，就意味着自己愿意接受要约意思表示的约束。只要依据要约的条文能够合理分析出要约人在要约中含有一经承诺即受拘束的意旨，或

者通过要约人明确的订立合同的意图可以合理推断该要约包含要约人愿意接受承诺后果的意思表示,即可认为符合该要件。

(三) 新化县某矿业有限公司与江苏柏宏实业发展有限公司合同纠纷案

1. 案情

2017年3月13日12时09分始,江苏柏宏实业发展有限公司(被告)工作人员江某通过微信方式与新化县某矿业有限公司(原告)法定代表人联系南非原矿的买卖,江某向原告法定代表人传送了"某矿业合同PDF(微信电脑版)"。2017年3月13日15时31分,原告法定代表人通过微信向被告方工作人员江某传送了《购销合同》,并于2017年3月13日15时32分即时就被告要约中第七条"结算方式与期限"的要约中"保证金的支付"等内容进行了更改,由原要约中的"合同签订后两个工作日"即2017年3月15日变更为"要到星期五才有钱"。事后,新化县某矿业有限公司向一审法院起诉请求,依法确认原告与被告于2017年3月13日互传的《购销合同》未成立,法院支持了该请求。

2. 解析

承诺是对要约内容的全部接受,凡是对要约的内容进行实质性变更的,都应当认为是新的要约,受要约人实际上就变成了要约人,原要约人成为受要约人。在这种情况下,原要约人发出的要约失效,承诺人无法对原要约做出承诺,也就失去了依据原要约成立合同的基础。一般情况下,对于要约中标的、数量、价款、支付方式、违约责任、争议解决方式的变更都属于实质变更,将导致要约失效。本案原告对被告要约中的支付期限做出了变更,实质性地改变了要约内容,导致原要约失效。

(四) 陈某与岑某房屋买卖合同纠纷案

1. 案情

2014年1月29日,案外人谢某签署委托书,将其所有的某房屋,委托被告岑某办理出租、房产抵押登记注销后出售事宜。2014年2月28日,被告岑某为向案外人出售涉案房屋,在《存量房屋买卖中介合同》上签字。后该交易因故未成。2014年7月31日,某房产公司工作人员对2014年2月28日的《存量房屋买卖中介合同》中购买人、合同价款、合同签订时间等内容进行修改,并交由原告陈某签字。合同修改、原告陈某签字时,案外人童某在场。诉讼中,被告岑某认可童某系其妻子。原告陈某在合同上签字后,即将30万元款项交付某房产中介公司。某房产公司工作人员毛某出具收条,载明:"收条,今收到陈某购买谢某位于江东区江东南路××号××室的房屋定金人民币叁拾万元,于2014年8月5日归还谢某的代理人岑某。收条人:毛某,2014.7.31"。2014年9月26日,原告向法院提起诉讼,要求被告双倍返还定金,并支付相应损失,法院未予支持。

2. 解析

本案争议焦点是原、被告之间是否成立了房屋买卖合同。如要在双方当事人之间成立买卖合同,必须经过要约承诺的过程,即受要约人同意要约。承诺是以接受要约的全部条件为内容的,是无条件的承诺,对要约的内容既不得限制,也不得扩张,更不能变更。任何对要约进行限制、扩张、变更的意思表示,都是新的要约。本案原告对2014年2月28日《存量房屋买卖中介合同》做出了实质性修改,构成新要约,被告没有在事后对新要约做出承诺,所以双方没有成立房屋买卖合同。

(五)许某某与北京神州汽车租赁有限公司侵权责任纠纷案

1. 案情

2014年11月间,原告许某某在北京神州汽车租赁公司网站填写租车信息并提交后,网页显示不能租车。原告曾于2012年起诉被告租赁合同纠纷,称其从神州公司网站上预订小轿车一辆,租赁地点在上海,并可享受首租首日半价优惠,但被告向其提供了非上海牌照的限行车辆,且不允许其享受半价优惠,故诉至法院,要求退还租金109.67元以及优惠租金164.5元,并要求被告公开赔礼道歉,停止误导、欺诈消费者的行为,法院判令被告退还原告租金246.75元。原告认为,神州公司基于上述纠纷将原告加入了租车"黑名单",请求法院判令神州将其从"黑名单"中移除。法院判决,对于原告要求将其从被告公司"黑名单"中撤销的诉讼请求,法院予以支持。鉴于被告不予交易的当事人系统仅在其公司内部使用,被告将原告纳入该系统,尚不足以造成原告严重精神损害,故原告要求被告公开赔礼道歉并赔偿精神损害抚慰金的诉讼请求,法院不予支持。

2. 解析

本案的争议焦点是被告是否负有承诺义务,不得拒绝原告订立合同的请求,即被告是否负有强制缔约义务。在公共服务交易中,债务人的营业关系基本民生,并在特定时空下享有垄断或相对垄断的权利,相对人对合同的缔结存在民生依赖,故而法律对服务提供者施加了强制缔约义务,需要面向社会公众广泛地接受订立合同的要约。本案被告从事公共交通运输业务,负有面向社会公众强制缔约的义务,将原告拉入"黑名单",并拒绝接受原告的订单违反了强制缔约义务,法官要求被告将原告从被告公司"黑名单"中撤销的判决,值得赞同。

(六)中国建设银行股份有限公司北京恩济支行与王某财产损害赔偿纠纷案

1. 案情

2015年6月2日,王某(原告)经建行恩济支行(被告)工作人员推荐,在建行恩济支行购买"前海开源中证军工指数型证券投资基金",认购金额为96.6万元。在王某购买上述基金过程中,建行恩济支行对王某做了风险评估,王某填写了《个人客户风险评估问卷》。该问卷中,"以下哪项最能说明您的投资经验"项下王某的选项为"大部分投资于存款、国债等,较少投资于股票基金等风险产品";"以下哪项最符合您的投资态度"项下王某的选项为"保守投资,不希望本金损失,愿意承担一定幅度的收益波动";"您的投资目的"项下王某的选项为"资产稳健增长";"您的投资出现何种程度的波动时,您会呈现明显的焦虑"项下王某的选项为"本金10%以内的损失"。根据王某填写的上述问卷,建行恩济支行确定王某的风险评估结果为稳健型。在填写前述问卷的同时,王某在《须知》《确认书》上签字。但上述《须知》和《确认书》的内容系通用的一般性条款,未有关于王某本次购买的基金的具体内容和相关说明。

2018年3月28日,王某进行了基金赎回,赎回金额为389518.05元,本金亏损576481.95元。王某向一审法院起诉,请求判令建行恩济支行向王某赔偿亏损576481.95元。法院认为,建行恩济支行在向王某推介涉诉基金过程中,存在明显不当推介行为和重大过错,若无建行恩济支行的不当推介行为,王某不会购买涉诉基金,相应损失亦无从发生,故应认定建行恩济支行的过错行为与王某的损失之间存在因果关系。在此情况下,王某要求建行恩济支行赔偿其前述损失的诉讼请求,于法有据,法院予以支持。

2. 解析

本案争议焦点是被告建行恩济支行是否尽到提示说明义务。在金融消费合同中,金融机构往往会提供格式合同,从而对相关交易的风险、服务内容、违约责任等事项做出约定。金融消费者作为非金融专业的人士,很可能无法完全理解相关金融交易的交易风险,这就需要金融机构对金融消费者尽到合理的提示说明义务。本案中,被告建行恩济支行向王某主动推介了"风险较大"的"经评估不适宜购买"的理财产品,却未向王某对本次购买的基金的具体内容和风险责任进行说明,视为未将相关条款订入合同,被告不能据此而主张免责。

(七)英属维尔京群岛万嘉融资咨询私人有限公司、马来西亚叶某某与中宇建材集团有限公司居间合同纠纷上诉案

1. 案情

英属维尔京群岛注册成立的万嘉融资咨询私人有限公司(简称万嘉公司)、叶某某于2009年2月26日与中宇建材集团有限公司(简称中宇公司)签订《融资服务及保密协议》,约定叶某某和万嘉公司为中宇公司募集资金引荐投资者,中宇公司支付实际投资资金总额9%的融资服务费,分两部分支付,其中4%于注资完成后的14天内以现金或汇款的方式支付,其余5%按照投资者的同等条款作为战略投资资金注入中宇公司或指定上市主体。此后,万嘉公司、叶某某成功为中宇公司引荐了投资者,但中宇公司未支付报酬,引发纠纷。万嘉公司、叶某某向福建省高级人民法院提起本案诉讼,请求判令中宇公司支付拖欠的融资服务费及其利息。

福建省高级人民法院一审判决部分支持了万嘉公司、叶某某的诉讼请求,酌情判令中宇公司向万嘉公司、叶某某支付引入投资金额5%的报酬。万嘉公司、叶某某以及中宇公司均不服,向最高人民法院提起上诉。

最高人民法院认为,本案系居间合同纠纷,一审法院根据当事人意思自治原则确定本案适用中华人民共和国法律审理是正确的。《融资服务及保密协议》是当事人之间的真实意思表示,并不违反中国法律的规定,一审法院认定该合同合法有效是正确的。万嘉公司、叶某某全面履行了合同义务,有权根据合同约定获得相应的报酬,即万嘉公司、叶某某可以从中宇公司获得融资总金额9%的报酬。合同约定第二部分报酬5%的支付方式不是现金方式,事实上会涉及万嘉公司、叶某某作为中宇公司或其指定的上市公司的投资者的问题,面临公司法上的障碍,难以实现,因此酌定与另4%报酬采取同样的方式支付。最高人民法院二审判决撤销一审判决,改判中宇公司向万嘉公司、叶某某支付中宇公司获得融资总金额9%的报酬,即人民币18280753元及其利息。

2. 解析

本案对于合理保护居间人的报酬请求权具有重要意义。在对外合作中,居间人为投资者或者募集者提供居间服务,其报酬请求权应受法律保护。中国法院充分尊重当事人意思自治原则,根据合同约定确定居间报酬的金额,并根据实际情况适当调整居间报酬的

支付方式,平等保护各方当事人的合法权益,维护交易秩序,有利于促进国际投资和国际交流。

(八) A.P. 穆勒-马士基有限公司与上海蝉联携运物流有限公司深圳分公司、上海蝉联携运物流有限公司海上货物运输合同集装箱超期使用费纠纷再审案

1. 案情

2010年1月,上海蝉联携运物流有限公司(简称蝉联)深圳分公司委托A.P.穆勒-马士基有限公司(简称马士基公司)将5个集装箱货物从广东黄埔运到印度新德里。2月23日,货物运抵目的港,其后托运人不断变更收货人,但一直没有人提取货物。2011年2月21日,集装箱货物被印度孟买新港海关拍卖。2月28日,海关签署了提货单,要求马士基公司将货物交付买受人。2012年2月27日,马士基公司提起诉讼,请求判令蝉联深圳分公司和蝉联公司共同承担从2010年3月1日开始计算的集装箱超期使用费8026425卢比(按起诉当日汇率计算折合人民币1029554.51元)。

本案经广州海事法院一审,广东省高级人民法院二审。两级法院均认为,本案是海上货物运输合同纠纷,诉讼时效期间为一年,自权利人知道或者应当知道权利被侵害之日起计算。造成马士基公司权利被侵害的原因是马士基公司提供的集装箱被超期占用,该损害事实持续不间断发生,直至货物被海关拍卖后,集装箱超期使用所造成的损害才停止,费用数额才固定。故马士基公司行使请求权的时效期间应从印度孟买新港海关向其发出交付货物通知之日,即2011年2月28日起算,至2012年2月27日马士基公司向一审法院提起诉讼,未超过一年的时效期间。因无人提货导致涉案集装箱被长期占用而不能及时投入运输生产,托运人蝉联深圳分公司应当承担赔偿责任,集装箱超期使用费以重新购置新的集装箱的价格为限。遂判决蝉联深圳分公司和蝉联公司共同向马士基公司赔偿涉案5个集装箱超期使用费损失人民币150000元。蝉联深圳分公司和蝉联公司向最高人民法院申请再审。最高人民法院裁定予以提审。

最高人民法院再审认为,涉案货物运抵目的港后,因蝉联深圳分公司指定的收货人没有提取货物,导致承运人马士基公司为履行运输合同提供的集装箱被长期占用而无法投入正常周转,构成违约。马士基公司有权根据海上货物运输合同关系就迟延履行归还集装箱的义务所造成的违约损失,向托运人蝉联深圳分公司提出集装箱超期使用费的赔偿请求。依照《最高人民法院关于承运人就海上货物运输向托运人、收货人或提单持有人要求赔偿的请求权时效期间的批复》的规定,该请求的诉讼时效期间为一年,应从马士基公司知道或者应当知道其权利被侵害之日起算。根据各方当事人的确认,托运人蝉联深圳分公司从2010年3月1日开始应当向马士基公司支付集装箱超期使用费,马士基公司请求给付集装箱超期使用费的权利已经产生,即马士基公司从2010年3月1日起就知道或者应当知道其权利被侵害。蝉联深圳分公司于3月30日电子邮件承诺托运人将承担集装箱超期使用费,构成《中华人民共和国海商法》第二百六十七条规定的时效中断情形。故本案时效应当从2010年3月30日起算,马士基公司于2012年2月27日提起诉讼已经超过一年的诉讼时效,丧失了对该项请求的胜诉权。最高人民法院改判撤销一、二审判决,驳回马士基公司的诉讼请求。

2. 解析

随着全球贸易增速的放缓,航运市场也经历了持续的低迷,导致了大量海事纠纷的产生,纠纷类型从传统的货损纠纷、海上保险纠纷等向上下游链条蔓延。其中的集装箱超期使用费纠纷近年来在海事案件中所占比例不断上升,其间出现的问题也不断增加,包括法律关系的界定、滞箱费的计算标准、诉讼时效的起算等,中国国内司法实践的标准一直不统一,国际上对该类纠纷的处理意见也不尽相同,导致相关航运企业在实务操作中无章可循。最高人民法院对本案的提审改判,对海上货物运输合同集装箱超期使用费纠纷的性质和诉讼时效问题做出了明确认定。本案判决系涉外海事判决,引起了中外航运企业的广泛关注和高度重视。判决结果在依法保护航运企业就集装箱超期使用费提出的赔偿请求权利的同时,还明确了航运企业应当如何在法定诉讼时效期间内及时向托运人或收货人主张权利,为中外航运企业积极采取法律手段,有效保障自身合法权益,提供了法律支持,也为中国海事司法实践制定了统一的标准。中国是海洋大国、海运大国和贸易大国,拥有广泛的海洋战略利益。公正的司法是打造健康经济环境必不可少的要素。该案的审理充分发挥了海事审判为对外合作提供司法保障的职能作用;依法平等保护中外当事人的合法权益,提升了中国海事审判的国际公信力,为对外合作营造了良好的法治环境。

思考与训练

第八章思考与训练

第九章 "一带一路"谈判:合作共赢

第一节 "一带一路"谈判的基础

一、"一带一路"倡议的战略布局

"一带一路"(The Belt and Road,B&R)是"丝绸之路经济带"和"21世纪海上丝绸之路"的简称。2013年9月,中国国家主席习近平在哈萨克斯坦纳扎尔巴耶夫大学发表重要演讲,首次提出了加强政策沟通、道路联通、贸易畅通、货币流通、民心相通,共同建设"丝绸之路经济带"的倡议。他指出,为了使欧亚各国经济联系更加紧密、相互合作更加深入、发展空间更加广阔,我们可以用创新的合作模式,共同建设"丝绸之路经济带",以点带面,从线到片,逐步形成区域大合作。同年10月3日,习近平主席在印度尼西亚国会演讲时指出,东南亚地区自古以来就是"海上丝绸之路"的重要枢纽,中国愿同东盟国家加强海上合作,使用好中国政府设立的中国-东盟海上合作基金,发展好海洋合作伙伴关系,共同建设"21世纪海上丝绸之路"。这二者共同构成了"一带一路"倡议。

"一带一路"倡议提出以来,习近平主席从理念到规划、从原则到方案、从历史到未来等方面对"一带一路"倡议做了全面深刻的论述,逐步形成了共建"一带一路"的基本框架和愿景。2015年3月28日,国务院授权发布了《推动共建丝绸之路经济带和21世纪海上丝绸之路的愿景与行动》(简称《愿景》),对共建"一带一路"的时代背景、共建原则、框架思路、合作重点、合作机制、中国行动等都做了详细阐述,提出了关于共建"一带一路"的中国方案。

《愿景》对"一带一路"国际合作线路进行了战略布局:"一带一路"贯穿亚欧非大陆,一头是活跃的东亚经济圈,一头是发达的欧洲经济圈,中间广大腹地国家经济发展潜力巨大。丝绸之路经济带重点畅通中国经中亚、俄罗斯至欧洲(波罗的海);中国经中亚、西亚至波斯湾、地中海;中国至东南亚、南亚、印度洋。"21世纪海上丝绸之路"重点方向是从中国沿海港口过南海到印度洋,延伸至欧洲;从中国沿海港口过南海到南太平洋。根据"一带一路"走向,陆上依托国际大通道,以沿线中心城市为支撑,以重点经贸产业园区为合作平台,共同打造新亚欧大陆桥、中蒙俄、中国-中亚-西亚、中国-中南半岛等国际经济合作走廊;海上以重点港口为节点,共同建设通畅安全高效的运输大通道。中巴、孟中印缅两个经济走廊与推进"一带一路"建设关联紧密,要进一步推动合作,取得更大进展。

《愿景》同时对国内各地区对外开放发展战略进行了定位,将充分发挥国内各地区比较优势,实行更加积极主动的开放战略,加强东中西互动合作,全面提升开放型经济水平。

"一带一路"倡议这一中国方案向世界公开发布后,迅速地得到了许多国家和国际组织的热烈欢迎和大力支持,有些国家的政府部门、智库机构等也提出了一些建议,结合国际政治经济发展形势的变化和实施共建"一带一路"过程中出现的新问题,中国政府在第二届"一带一路"国际合作高峰论坛上提出了关于改进和完善"一带一路"建设的新思想,也就是关于推动共建"一带一路"高质量发展的系统思想,特别强调了在"一带一路"建设过程中,必须秉持共商共建共享原则,坚持开放、绿色、廉洁理念,努力实现高标准、惠民生、可持续目标。这些新思想,更好地契合了国际社会的期待与要求,进一步凝聚了国际共识,受到世界多数国家的欢迎与支持。

国内各地开放战略

二、"一带一路"谈判的人文基础

丝路精神是"一带一路"谈判的人文基础。"一带一路"与古代丝绸之路一脉相承,并在新时代进行了重大创新发展。丝绸之路是起始于古代中国,连接亚洲、非洲和欧洲的古代陆上商业贸易路线,最初的作用是运输古代中国出产的丝绸、瓷器等商品,后来成为东方与西方之间在经济、政治、文化等诸多方面进行交流的主要通道。丝绸之路从运输方式上,主要分为陆上丝绸之路和海上丝绸之路。陆上丝绸之路,是指西汉(公元前202年—公元8年)汉武帝派张骞出使西域开辟的以首都长安(今西安)为起点,经凉州、酒泉、瓜州、敦煌、新疆、中亚国家、阿富汗、伊朗、伊拉克、叙利亚等而达地中海,以罗马为终点,全长6440千米。这条路被认为是连接亚欧大陆的古代东西方文明的交汇之路,而丝绸则是最具代表性的货物。海上丝绸之路,是指古代中国与世界其他地区进行经济文化交流的海上通道,最早开辟也始于秦汉时期。它从广州、泉州、宁波、扬州等沿海城市出发,经南洋到阿拉伯海,甚至远达非洲东海岸。随着时代发展,丝绸之路成为古代中国与西方所有政治经济文化往来通道的统称。除了陆上丝绸之路和海上丝绸之路,还有北向蒙古高原,再西行天山北麓进入中亚的"草原丝绸之路"等。

习近平主席指出,"一带一路"建设根植于历史,但面向未来。古丝绸之路凝聚了先辈们对美好生活的追求,促进了亚欧大陆各国互联互通,推动了东西方文明交流互鉴,为人类文明发展进步做出了重大贡献。我们完全可以从古丝绸之路中汲取智慧和力量,本着"和平合作、开放包容、互学互鉴、互利共赢"的丝路精神推进合作,共同开辟更加光明的前景。"一带一路"源自中国,但属于世界。"一带一路"建设跨越不同地域、不同发展阶段、不同文明,是一个开放包容的合作平台,是各方共同打造的全球公共产品。它以亚欧大陆为重点,向所有志同道合的朋友开放,不排除也不针对任何一方。在"一带一路"建设国际合作框架内,各方秉持共商共建共享原则,携手应对世界经济面临的挑战,开创发展新机遇,谋求发展新动力,拓展发展新空间,实现优势互补、互利共赢,不断朝着人类命运共同体方向迈进。

三、"一带一路"谈判的经济基础

新时代发展主旋律是"一带一路"谈判的经济基础。享受和平、安宁、富足,过上更加美好生活,是世界各国人民的共同梦想。"一带一路"倡议是在中国特色社会主义进入新时代的背景下提出的,充分体现了对我国国情的清醒认识和对国际形势的深刻理解,深刻反映了当今时代的特点和要求。

从国内实践看,"一带一路"倡议是我国在新时代实行全方位对外开放的重大举措。随着中国特色社会主义进入新时代,我国改革开放也进入了深水区,一些制约生产力进一步发展和满足日益广泛的人民美好生活需要的矛盾仍有待改革开放来破解。"一带一路"倡议适应了我国中国特色社会主义新时代社会主要矛盾的变化,时代气息浓郁,目标导向鲜明,是中国改革开放的一次再出发,对开创我国对外开放新格局将产生重要而深远的影响。

从国际格局演变看,当今世界正处在大发展大变革大调整之中。习近平主席指出,新一轮科技和产业革命正在孕育,新的增长动能不断积聚,各国利益深度融合,和平、发展、合作、共赢成为时代潮流。与此同时,全球发展中的深层次矛盾长期累积,未能得到有效解决。全球经济增长基础不够牢固,贸易和投资低迷,经济全球化遇到波折,发展不平衡加剧。战乱和冲突、恐怖主义、难民移民大规模流动等问题对世界经济的影响突出。面对挑战,各国都在探讨应对之策,也提出很多很好的发展战略和合作倡议。但是,在各国彼此依存、全球性挑战此起彼伏的今天,仅凭单个国家的力量难以独善其身,也无法解决世界面临的问题。只有对接各国彼此政策,在全球更大范围内整合经济要素和发展资源,才能形成合力,促进世界和平安宁和共同发展。

从中国与世界关系的演变看,"一带一路"倡议传承中华民族数千年的理想情怀并将之发扬光大,让中国与世界的交往在创新中不断发展。古丝绸之路绵亘万里,延续千年,积淀了举世公认的丝路精神,习近平主席称"这是人类文明的宝贵遗产"。理念引领行动,方向决定命运。不同于近代以来西方殖民主义的经济掠夺和帝国主义的"零和"竞争思维,也不同于战后西方倡导的对外援助等形式的国际合作模式,"一带一路"倡议主动发展与沿线国家的经济合作伙伴关系,不仅造福中国人民,更造福沿线各国人民,是各国合作共赢的康庄大道。

从大国地位看,"一带一路"倡议成为普惠的公共产品,引领全球治理方向,成果惠及世界。"一带一路"倡议之所以能够得到世界上许多国家的广泛响应,一个重要原因在于,中国发展同外部世界的交融性、关联性、互动性不断增强,中国正从大国走向强国,对全球治理体系变革的影响力越来越大。正是在中国与世界关系发生重要演变的关键时期,习近平主席作为世界最大发展中国家的领路人,把握机遇、扛起历史责任,及时提出了"一带一路"倡议,向世界展现了中国的担当和作为。

四、"一带一路"谈判的政治基础

共商共建共享是"一带一路"谈判的政治基础。"一带一路"倡议所秉持的共商原则,就是沿线各国无论大小、强弱、贫富,都是"一带一路"的平等参与者,在不干涉他国内政的前提下,都可以积极建言献策,集思广益,兼顾各方利益和关切。通过双边或多边沟通和磋商,实现发展战略的对接,深入推进务实合作。所谓共建原则,就是"一带一路"要体现沿线国家共同参与,各国地方政府、金融机构、跨国公司、国际组织、非政府组织都可以参与其中,各方优势和潜能能得到充分发挥,从而形成新的合作优势,产生1+1>2 的整合效应。所谓共享原则,就是中国和所有沿线国家都是"一带一路"的利益攸关方,在寻求各方利益契合点和合作最大公约数的基础上,求大同,存小异,努力让合作成果惠及沿线各国,惠及广大民众。因此,"一带一路"倡议是中国对国际治理的重大贡献,具有足够灵活的机制、足够开放的结构与足够大的体量,既将整个国际发展合作提升到一个全新层次,实现整个国际发展合作历程的一次重要飞跃,也将中国对外经济合作向前大大推进。

特别说明的是,共商是共建共享的前提和基础,是贯穿"一带一路"建设的政治灵魂。习近平主席指出,"一国的事情由本国人民做主,国际上的事情由各国商量着办"。"一带一路"共商,强调平等参与、充分协商,沿线各国以平等自愿为基础,通过充分对话、政策沟通,找到认识的相通点、参与合作的交汇点、共同发展的着力点。共商跨越不同国家地域、不同发展阶段、不同历史传统、不同文化宗教、不同风俗习惯,是和平发展、经济合作的谈判与协商,不搞地缘政治联盟或军事同盟;是开放包容、共同发展的合作,不是关起门来搞小圈子或者"中国俱乐部";不以意识形态划界,不搞零和游戏,只要各国有意愿,都欢迎参与;共商既要引导多国参与唱好"大合唱",又要防止参与国各吹各的号、各唱各的调。

五、"一带一路"谈判的思想基础

习近平主席中国特色社会主义思想是"一带一路"谈判的思想基础。"一带一路"倡议提出以来,习近平主席多次在国内外重要场合就"一带一路"的政策沟通、共建原则、战略方向、建设任务等方面发表重要讲话和论述。他指出,"一带一路"倡议唤起了沿线国家的历史记忆。古代丝绸之路是一条贸易之路,更是一条友谊之路。在新的历史条件下,我们提出"一带一路"倡议,就是要继承和发扬丝绸之路精神,把我国发展同沿线国家发展结合起来,把中国梦同沿线各国人民的梦想结合起来,赋予古代丝绸之路以全新的时代内涵。他强调,"一带一路"倡议的核心内容是促进基础设施建设和互联互通,对接各国政策和发展战略,深化务实合作,促进协调联动发展,实现共同繁荣。

习主席论一带一路

习近平主席关于"一带一路"建设思想内涵丰富,博大精深,高屋建瓴,与时俱进,也为"一带一路"谈判指明了努力方向,奠定了思想基础。因此,在"一带一路"谈判中,要秉持共商共建共享原则,坚持开放、绿色、廉洁理念;依靠中国和有关国家的多边合作机制,借助行之有效的区域合作平台,主动发展与沿线国家的经济合作伙伴关系,实现"五通"——政策沟通、设施联通、贸易畅通、资金融通、民心相通;从大写意到工笔画,走实走深,实现高质量发展;将"一带一路"建设成为和平之路、繁荣之路、开放之路、绿色之路、创新之路、文明之路以及廉洁之路、合作之路、健康之路、复苏之路、增长之路、机遇之路、智力之路、数字之路、减贫之路;共同打造政治互信、经济融合、文化包容的利益共同体、命运共同体和责任共同体,为构建人类命运共同体而努力。

第二节 政策沟通领域的谈判

一、政策沟通领域的谈判理念

政策沟通是指"一带一路"沿线各国在深化利益融合、促进政治互信并达成合作新共识的前提下,本着求同存异的原则,积极构建政府间宏观政策沟通的交流机制,就经济发展战略和对策进行充分交流对接,共同制定推进区域合作的规划和措施,协商解决合作中的问题,共同为务实合作及大型项目实施提供政策支持,从而形成趋向基本一致的战略、决策、政策和规则,结成更为巩固的命运共同体。政策沟通领域的谈判,要强化并遵循以下几个方面的理念。

(一)深化政治互信的重要性

共建"一带一路"是一项长期而又复杂的发展战略,关系到沿线国家发展大计、方方面面,面临着诸多困难、风险和挑战,需要以国家间良好的政治信任作为合作的前提和基础。增进政治互信非一日之功,需要以互利共赢为基础,高举发展大旗,排除各种干扰,从沿线各国的根本利益出发,坚持共商共建共享,寻求最大公约数,开创合作共赢新局面。深化政治互信,需要发挥高层引领作用,通过多边或双边合作平台、机制,以灵活务实的方式,增信释疑,凝聚共识,逐步形成以政府高层互访为引领,以政府间战略沟通为支撑,以地方和部门间政策协调为助力,以企业、社会组织等项目合作为载体,建立多层次、多主体的互动沟通和谈判合作渠道。深化政治互信,需要秉持正确义利观,以义为先,义利兼顾,处理好中国利益与沿线国家利益关系,把握好短期利益与长期利益关系,深化利益交融,助力构建人类命运共同体。上海合作组织就是深化政治互信、促进区域全方位合作的典型案例。

上海合作组织

（二）坚持政策沟通的包容性

习近平主席指出，中国愿同世界各国分享发展经验，但不会干涉他国内政，不会输出社会制度和发展模式，更不会强加于人。政策沟通的最终目标是推动区域合作和发展，达成这一目标，需要将政策沟通、谈判共商贯穿在寻求共识、消除分歧、化解问题、谋求发展的全过程中。政策沟通是一个促进制度包容的过程，通过沟通，求同存异，在尊重各国发展道路和模式选择基础上，相互借鉴，促进沿线国家制度体制的共同进步和完善，为区域合作打造稳固而友好的社会基础。政策沟通是一个达成理念共识的过程，通过沟通，建立互信，在合作共赢目标下，共同打造利益共同体、责任共同体和命运共同体。中非合作论坛就是中非政策沟通、兼容并蓄、合作共赢、命运与共的重要平台。

中非合作论坛

（三）加强战略对接的契合性

政策沟通也是一个实现战略对接的过程。通过政策沟通，推动沿线各国重大发展战略与"一带一路"倡议相融合，推动沿线各国之间发展战略的对接与耦合，促成沿线国家形成趋向基本一致的战略、决策、政策和规则，协商解决合作中的突出问题，发掘区域内的市场潜力，提供政策和法律支持，逐步形成优势互补的区域产业布局。

从现实来看，沿线国家在经济发展水平、制度体制、政策法规、文化认同等方面都存在较大的差异性。从人文发展指数（2017年5月数据）来看，65个沿线国家中有20个属于极高发展水平，23个属于高发展水平，19个属于中等发展水平，3个属于低发展水平；从市场化程度来看，有30%左右的国家未加入WTO，对市场规则的理解并不一致；从文化特征来看，涵盖佛教、伊斯兰教、基督教、道教等多个宗教文化。沿线各国国情的不同，不仅决定了各国发展目标的差异，也对发展方式的选择有较大的影响。因此，"一带一路"相关国家需要在充分尊重和理解各自国情差异的基础上，聚焦发展、求同存异、扩大共识，通过对相关国家发展战略和具体规划的深入了解、沟通协商，找出战略对接的契合点，科学制定共建规划，共同确认规划实施的基本框架、路线图和时间表，努力实现利益深度融合，共建规划顺利执行。

（四）重视共建项目的协商性

"一带一路"倡议最终需要通过基础设施、经贸、金融和人文等各领域的共建项目实施来落实。共建项目的开工建设尤其是大型标志性项目落地，往往是政策沟通的直接成果，其进度成效在一定程度上也影响两国的关系。具体项目合作虽是政策沟通的微观层面，亦应下大力气与各利益攸关方进行全面细致的沟通协商，以应对项目推进过程中出现的意见、问题和分歧。除了发挥国家层面的引领作用外，也应与项目落地国的地方政府、企业和组织充分协商、良性互动。

(五)调动参与各方的积极性

在"一带一路"建设过程中,从国家之间战略对接、共建规划制定到具体项目运作,涉及多个政策沟通参与主体、层面和机构,每一方的沟通协商作用都不容忽视,都需要调动参与沟通的积极性。从参与主体来看,政府是宏观政策沟通的主导者,同时社会组织、企业、个人等在政策沟通中也发挥着不可忽视的作用。从沟通层面来看,国际间的政策沟通既包括国家之间的双边沟通和多边沟通,还包括经济体之间的内部协调和外部交流、部门和地区层面的国际交流以及非政府层面的社会交流等多个层次。从国内视角来看,还应同步关注国内地区和部门之间的协调,明确各自的发展定位、合作目标和合作重点,依据客观需要建立跨地域、跨部门的协调机构,统筹建立海外利益保护机制。

二、政策沟通领域的谈判合作成效

习近平主席指出,"一带一路"建设不是另起炉灶、推倒重来,而是实现战略对接、优势互补。中国和"一带一路"沿线国家在政策沟通中,尊重彼此主权尊严和领土完整,尊重彼此发展道路和社会制度,尊重彼此核心利益和重大关切,深入开展对话协商,谈判沟通,最大限度凝聚共识,做好发展战略、发展规划、机制平台、具体项目等对接工作,寻求合作共赢最大公约数。

(一)重视外交磋商

习近平主席等党和国家领导人高度重视"一带一路"政策沟通,先后多次高频度出访,充分运用元首外交、高层会晤、多边峰会、专业论坛及各类国际组织、合作平台,就"一带一路"阐释共建共享的深刻内涵和积极意义,与世界各国及国际组织进行深入磋商,得到了世界各国的广泛共识,达成了世界范围的广泛合作。"一带一路"政策沟通取得重大进展和丰硕成果。

政策沟通
进展情况

(二)打造合作平台

我国成功打造和举办了"一带一路"国际合作高峰论坛、虹桥国际经济论坛及中国国际进口博览会、丝绸之路博览会暨中国东西部合作与投资贸易洽谈会、中国-东盟博览会、中国-亚欧博览会、中国-阿拉伯国家博览会、中国-南亚博览会、中国-东北亚博览会、中国西部国际博览会等大型展会,成为"一带一路"各参与国家和国际组织深化交往、增进互信、共商合作的重要平台。

(三)强化合作机制

我国政府不断强化和充分利用二十国集团、亚太经合组织、上海合作组织、亚欧会议、亚洲合作对话、亚信会议、中国-东盟(10+1)、澜湄合作机制、大湄公河次区域经济合作、大图们倡议、中亚区域经济合作、中非合作论坛、中阿合作论坛、中拉论坛、中国-中东欧16+1合作机制、中国-太平洋岛国经济发展合作论坛、世界经济论坛、博鳌亚洲论坛等现有多边政策沟通和合作机制。

同时,通过政党、议会、智库、地方、民间、工商界、媒体、高校等多元交往渠道,围绕共建"一带一路"开展形式多样的沟通、对话、交流、合作。组织召开了中国共产党与世界政党高层对话会,就共建"一带一路"相关议题深入交换意见。与相关国家先后组建了"一带一路"智库合作联盟、丝路国际智库网络、高校智库联盟等。英国、日本、韩国、新加坡、哈萨克斯坦等国都建立了"一带一路"研究机构,举办了形式多样的论坛和研讨会。中外高校合作设立了"一带一路"研究中心、合作发展学院、联合培训中心等,为共建"一带一路"培养国际化人才。中外媒体加强交流合作,通过举办媒体论坛、合作拍片、联合采访等形式,提高了共建"一带一路"的国际传播能力,让国际社会及时了解共建"一带一路"相关信息。

(四)达成广泛共识

"一带一路"倡议及其核心理念已写入上海合作组织、二十国集团、联合国以及其他区域组织等有关文件中。2015年7月,上海合作组织发表了《上海合作组织成员国元首乌法宣言》,支持关于建设"丝绸之路经济带"的倡议。2016年9月,《二十国集团领导人杭州峰会公报》通过关于建立"全球基础设施互联互通联盟"倡议。2016年11月,联合国193个会员国协商一致通过决议,欢迎共建"一带一路"等经济合作倡议,呼吁国际社会为"一带一路"建设提供安全保障环境。2017年3月,联合国安理会一致通过了第2344号决议,呼吁国际社会通过"一带一路"建设加强区域经济合作,并首次载入"人类命运共同体"理念。2018年,中拉论坛第二届部长级会议、中国-阿拉伯国家合作论坛第八届部长级会议、中非合作论坛峰会先后召开,分别形成了中拉《关于"一带一路"倡议的特别声明》《中国和阿拉伯国家合作共建"一带一路"行动宣言》《关于构建更加紧密的中非命运共同体的北京宣言》等重要成果文件。在共建"一带一路"框架下,各参与国和国际组织本着求同存异原则,就经济发展规划和政策进行充分交流,协商制定经济合作规划和措施。签署共建"一带一路"政府间合作文件的国家和国际组织数量逐年增加。截至2021年12月,中国政府已与145个国家和32个国际组织签署200多份合作文件,这些合作文件主要包括共建"一带一路"合作备忘录,与一些毗邻国家签署的地区合作、边境合作备忘录、经贸合作中长期发展规划、地区合作规划纲要等,共建"一带一路"国家已由亚欧延伸至非洲、拉美、南太等区域。

(五)协商对接战略

在相互尊重、相互信任的基础上,中国与国际组织、区域性组织和多个国家、多个领域开展了共建"一带一路"的实质性对接与合作。在国际层面,与联合国开发计划署、联合国工业发展组织、联合国人类住区规划署、国际民航组织、国际海事组织、世界卫生组织等组织积极寻找共建"一带一路"的契合点。在区域层面,与亚太经合组织、欧亚经济联盟、上海合作组织、东盟、非洲、欧盟等对接互联互通蓝图和投资计划,与中东欧国家开启亚得里亚海、波罗的海、黑海沿岸"三港合作",共同推进中欧陆海联运快线建设。在国别层面,与哈萨克斯坦"光明之路"、俄罗斯的"欧亚经济联盟"、蒙古国"草原之路"、越南"两廊一圈"发展计划、老挝"变陆锁国为陆联国"战略、印尼"全球海洋支点"构想、沙特"2030年愿景"、土耳其"中间走廊"倡议、德国"工业4.0"契合、衔接。在专业领域层面，与沿线国家在数字经济、标准化联通、税收、知识产权、法治、能源、农业、海上、国际商事等专业领域开展了对接谈判与务实合作。

第三节　设施联通领域的谈判

一、设施联通领域的谈判困局

（一）设施联通地位的基础性

设施联通是"一带一路"建设的基础性工作和优先实施领域，其建设重点可以归纳为交通基础设施互联互通、能源基础设施互联互通和信息丝绸之路。

1. 交通基础设施是互联互通的基础

交通基础设施互联互通的任务是"由未通到打通、由打通到畅通"，优先解决"不连、不通"的问题，应抓住交通基础设施的关键通道、关键节点和重点工程，优先打通缺失路段，积极组建以航空和水运为先导、公路为基础、铁路为动脉，集公、铁、水、航多种运输方式和枢纽港站、现代通信网络为一体的国际立体运输大通道，完成"由未通到畅通"的目标。

2. 能源基础设施是互联互通的战略重点

能源安全是关系沿线各国国家安全的重大问题，而"一带一路"的腹地——中亚与西亚地区，包含着许多不稳定的因素，尤其是西亚地区。西亚地区作为亚、欧、非三大洲与印度洋的交汇处，地理位置十分重要，同时又是世界上最大的石油产区之一，政局的动荡往往导致油气运输管道的安全受到巨大的威胁。因此，共同维护输油、输气管道等运输通道安全将成为能源基础设施合作的重中之重。

3. 信息丝绸之路是互联互通的技术支撑

信息丝绸之路是互联互通的技术支撑，也是交通与能源合作信息化、现代化的重要支撑。信息丝绸之路不仅可以为物流信息化、能源设施合作提供坚实的技术支持，而且能够大大拓宽沿线国家政治、经济、文化交流的渠道，为政策沟通、贸易畅通与民心相通插上信息化的翅膀。

（二）设施联通基础的薄弱性

设施联通是沿线国家突破发展瓶颈、改善民生的迫切需要。根据世界经济论坛发布的《全球竞争力报告（2014—2015）》，在有竞争力数据的沿线国家中，有40个国家的综合基础竞争力指数低于5分（相当于百分制的70分），有50个国家的基础设施竞争力指数低于综合基础竞争力指数。这表明，在包括制度、基础设施、宏观经济环境、健康和初等教育等系列基础能力中，基础设施是短板中的短板。"一带一路"沿线国家当时约有5亿人无法用电，接近半数人口无法享受互联网服务，数以亿计的人缺乏安全饮用水。当时，我国与沿线国家互联互通建设滞后，多数骨干通道存在缺失路段，不少通道等级低，通而不畅;部分跨境项目建设条件复杂,资金需求大,协调难度高。

(三) 设施联通需求的紧迫性

设施联通是沿线国家破除"内陆锁定"融入世界发展的客观需要。互联互通、标准兼容的基础设施是货物贸易、资金配置、人员流动以及产业合作的基本前提和重要条件。诸多区域经济组织如欧盟、东盟都出台了相应的规划、设计机制和制定政策来改善设施联通的状况,上海合作组织也致力推进交通运输领域的便利化合作。沿线国家具有较大的互补发展潜力,中东、中亚地区自然资源丰富,东南亚、南亚、非洲劳动力资源密集、成本优势明显,中国拥有完备的产业体系和广阔的消费市场,欧洲经济发达、技术先进。设施联通有利于改善沿线国家经贸合作环境,促进优势互补,实现共赢发展。国际运输大通道和设施联通网络形成后,沿线国家资源、生产、市场、技术将实现很好对接,陆海统筹,内陆国家可破除"内陆锁定",海洋国家可扩大经济腹地,相互借力,互补短板,将激活区域经济合作的大格局。

(四) 设施联通合作的挑战性

1. 设施联通存在建设运营政治经济社会风险问题

部分沿线国际地缘政治形势复杂,各种矛盾、冲突和问题交织频发,政治社会稳定性较差;经济基础相对薄弱,经济全球化和区域一体化意识不强,营商环境不佳,经常出现已投资项目因政治社会事件影响而受挫;资本市场总体上不发达,市场化水平不高,宏观政策协调不够,监管机制不完善,抗外部冲击能力较弱,汇率汇兑波动大,建设成本和预期收益难以控制。

2. 设施联通存在政策标准对接差异问题

部分沿线国家因其经济发展水平较低、财政承受能力有限,难以满足设施联通所需的资金,造成规划兼容对接和项目投资谈判的差异和困惑。同时,沿线国家无论在基础设施规划还是在技术标准体系上均存在着显著的差异,如果不能实现有效对接,将严重影响基础设施互联互通的效果。

3. 设施联通存在全域统筹平衡机制缺失和法律风险问题

沿线国家大多法律法规不太健全,且国家之间差异较大,虽然我国围绕"一带一路"建立了多个双边和区域合作机制,但仍缺乏覆盖面广、对接性强的区域合作机制,尤其是在规划对接、项目共建等方面,缺乏行之有效、约束力强的统筹平衡机制、广泛磋商机制、投资保护机制、争端解决机制等,严重制约了设施联通的谈判、合作和投资安全。

(五) 设施联通融资的艰巨性

基础设施落后是制约大多数沿线国家经济发展、人民福利提升的关键因素,弥补与世界平均水平之间的差距、达到合意水平所需投资额巨大。这些国家自身即使加上经济援助也不能满足需求,正因如此,才陷入"经济落后—无力投资基础设施—基础设施落后—经济效率低下—经济落后"的不良循环。一些国家虽然存在资金剩余,但因缺乏畅通的投资渠道、有效的安全保障机制等原因,无法流向基础设施建设资金短缺国家。"三高一低"(高需求、高风险、高成本、低投资)反映出"一带一路"基础设施建设所面临的投融资困境。

二、设施联通领域的谈判对策

(一)设施联通领域的谈判重点

1. 营造设施联通良好合作环境

坚持以互利共赢为导向,兼顾设施联通的进程、质量和效益,首先摸清沿线国家对"一带一路"共建的意愿、基本条件、对接意向、规划协调、建设标准、优先项目论证,再对所需资金进行测算,共同探讨融资来源、融资机制、融资成本、融资风险等问题。不断加强与沿线国家战略互信,建立安全保障机制、合作建设机制、利益分配机制和争端解决机制,逐步改善投资、建设、运营环境。

2. 提升设施联通合作共赢效益

着力解决沿线国家与生活、生产密切相关的三大基础设施,即交通运输类——铁路、公路、陆海港,能源类——电力、管道,信息通信类——光缆、基站、数据中心、终端等。在建设大范围合作机制难度较大的情况下,可以在加强与沿线各国规划对接的基础上,优先选择以沿线中心城市为支撑,连接主要能源资源区块、重点产业集聚区,构建联通内外、安全畅通、绿色高效的经济走廊和国际大通道,探索合作机制的建立与完善;然后有序推进、分阶段、分步实施,逐步建成基础设施网络和体系。不断提高沿线国家共建效益,政府和企业协同发挥作用,提高基础设施使用率,重点解决项目风险大、盈利性差等问题。

(二)设施联通领域的谈判策略

1. 共商共建

相关各国平等协商,充分表达诉求,发表意见,贡献智慧,制定规划和设计方案时尊重其他相关国家利益,确保项目的共赢属性;汇集利用各方各种资源,赋予各方同等参与机会,优势互补,携手共建。

2. 软硬兼顾

设施联通既要重视硬件基础设施的投资建设,也要重视政策协调与联通机制的完善。通过加强政策和机制层面的合作,提高便利化水平,挖掘现有基础设施互联互通潜力,提升设施运营效率,不断改善经济效益。

3. 政企合作

政府营造改善环境、搭建平台、创造条件、加强保障,重点规划基础设施合作蓝图,协商制定统一或兼容的基础设施建设标准,建立健全投融资机制、利益分配机制、安全保障机制,广开和畅通渠道,让企业可投、愿投、敢投、能投。企业发挥主体作用,基于自身资源、优势,围绕设施建设蓝图和建设需求,制定适宜的发展规划,创新商业模式,不断提升基础设施质量和运营效益。

4. 标准兼容

标准兼容对接是提升设施联通效率的关键一环。充分发挥政府、行业协会、企业等多类主体的作用,加强对欠发达国家和地区的技术援助,提升其标准更新和应用能力,引领设施联通标准化建设。本着既适应国际标准发展大方向,又要符合沿线国家发展现实需要,兼顾先进性和务实性,针对不同的合作领域,分类别推动沿线国家标准更新、兼容和互认。

5. 经济可行

经济可行是"一带一路"建设可持续的基础,也是互利共赢的前提。既要考虑共建项目对经济发展和区域合作的战略意义,又应选择共识广、条件成熟、经济性好的项目;既要严格建设质量,又要控制建设成本,做到战略意义和经济效益的统一,确保"一带一路"项目建设的成功率、共赢性和可持续性。

6. 循序渐进

在统一规划蓝图下,分清主次,建联结合,示范引领,先易后难,先急后缓,分步推进,最终形成联通全域的基础设施网络。特别是在六大经济走廊建设中,围绕各走廊核心合作领域,以互利共赢为出发点,选择典型项目,精心设计,稳妥推进,确保成功,既有利于增强各方信心,也可以避免走弯路,降低试错成本。项目即使失败,也可以把损失控制在可承受范围之内,避免遭受更大的损失,为设施联通反思不足,积累经验。

三、设施联通领域的谈判案例

下面以中巴经济走廊建设为谈判案例,分析设施联通领域的谈判做法和经验启示。

(一)谈判目标:科学提出中巴经济走廊战略构想

中巴经济走廊(CPEC)是中国政府总理李克强于2013年5月访问巴基斯坦时提出的。初衷是加强中巴之间交通、能源、海洋等领域的交流与合作,加强两国互联互通,促进两国共同发展。2015年,中巴双方明确了以中巴经济走廊为引领,以瓜达尔港、能源、交通基础设施和产业合作为重点,形成"1+4"的经济合作布局。该项目于2015年4月20日启动。

中巴经济走廊起点在喀什,终点在巴基斯坦瓜达尔港,全长3000千米,北接"丝绸之路经济带",南连"21世纪海上丝绸之路",是贯通南北丝路关键枢纽,是一条包括公路、铁路、油气和光缆通道在内的贸易走廊,也是"一带一路"的重要组成部分。

中巴经济走廊项目共分东、中、西三线,经过巴基斯坦国内各派协商,确定以西线为优先路线。中巴经济走廊西线起始于瓜达尔,经俾路支省的图尔伯德、本杰古尔、纳格、巴斯玛、索拉巴、卡拉特、奎塔、基拉赛福拉、兹霍布进入开伯尔—普赫图赫瓦省的德拉伊斯梅尔汗,最后到达伊斯兰堡。东线方案出喀喇昆仑公路的曼瑟拉,经伊斯兰堡进旁遮普省,过拉合尔直至木尔坦,然后,沿木尔坦—海德拉巴和海德拉巴—卡拉奇M-9高速公路前进,最后沿信德省卡拉奇至瓜达尔港的沿海高速N-10到达瓜达尔港。

中巴两国政府初步制定了修建新疆喀什市到巴方西南港口瓜达尔港的公路、铁路、油气管道及光缆覆盖"四位一体"通道的远景规划。中巴两国将在沿线建设交通运输和电力设施,预计总工程费将达到450亿美元,计划于2030年完工。中国将优先帮助巴基斯坦升级该国最重要的南北铁路干线——"1号铁路干线",并将其向北延伸,经中巴边境口岸红其拉甫连至喀什。

几年来,中巴经济走廊通过全方位、多领域的合作,一批批铁路、公路、港口、机场、能源、经济园区、农业、通信、卫生教育项目顺利建成,进一步密切和强化了中巴全天候战略合作伙伴关系,它既是中国"一带一路"倡议的样板工程和旗舰项目,也为中巴两国的共同发展提供了重要机遇。

（二）谈判动因：充分认识中巴经济走廊战略价值

1. 促进中国西部经济发展

中巴经济走廊连接中国西南地区，贯通巴基斯坦全境，终点与东亚、南亚、中亚、中东和印度洋毗邻。巴基斯坦既是南盟组织成员，又与阿联酋、沙特等波斯湾国家经贸关系密切，中国将其作为转口、加工贸易的枢纽，有利于避开相关贸易壁垒和制裁，推动与上述国家经济关系的进一步发展。中巴经济走廊的建设，将明显改善中国西部内陆对外的连通性，提高该地区尤其是新疆吸引外资的能力，提升中国西部对外经贸合作的水平。随着中巴经济走廊的建设，必然会带动沿线一大批能源、电力、公路、铁路等基建重大项目和商贸、物流、教育、卫生等领域的合作，为中资企业参与国内外建设和经营提供重大发展机遇。

2. 确保中国进口能源安全

中巴经济走廊的终点瓜达尔港位于被称为"世界油阀"的霍尔木兹海峡的湾口处，是通往波斯湾和印度洋的重要出海口，也是亚太地区与欧洲、非洲海上往来航道的重要中转港。中国石油进口的3条航线（东南亚航线、非洲航线、中东航线），都需要经过马六甲海峡，而其深受美国军事的控制和影响。如果海运航线在该地区被阻断，将会影响中国约80%的能源进口，严重危及中国的能源安全和经济安全。同时，中国的海上航线大多经过南海海域，南海局势的不稳定也会降低航线的安全性。中巴经济走廊将中国与主要石油来源地——中东和拥有丰富油气资源的中亚相连接，其油气通道项目是对中国现有的中俄油气管道、中哈原油管道和中国-中亚天然气管道的重要补充。若能顺利建成，中国来自波斯湾的能源进口就可以将瓜达尔港作为中转站，由海运转陆上管道运输，将油气资源运往新疆喀什。这样既缩短了运输里程，也避开了现有路线中容易发生冲突的地区，确保我国进口能源安全。

3. 强化中国地缘政治影响

面对美国对中国的围堵、遏制和印度的"东向"战略，中国承受着巨大的战略空间压力。中巴经济走廊建设，将有助于中国打通西南国际通道，直接面向印度洋，与南亚、中亚、西亚、北非建立更加便捷的通道、更加密切的联系、更具影响力的合作，进一步提升"一带一路"海陆并举的能力和水平，形成经济共振，深化政治互信。同时，通过中巴经济走廊建设，巩固和强化中巴之间的友谊、互信和合作，强化巴基斯坦连接欧亚非枢纽地位和地缘支点，从而实现我国战略空间的维护和战略纵深的拓展，也更加有利于打击国际"三股势力"对我国西部的破坏和影响。

（三）谈判前提：不断深化中巴传统友谊和政治互信

中巴两国具有特殊的传统友谊和政治互信，这为中巴经济走廊的建设奠定了坚实的政治基础。巴基斯坦是南亚地区拥有2亿多人口的国家，又是与我国有着近600千米共同边界的重要邻国。中巴两国1951年5月正式建交。1963年3月，中巴双方顺利地解决了历史遗留的边界问题。20世纪60—70年代，中国在印巴冲突中为巴方提供了强有力的政治支持和宝贵的军事援助，巴方也一如既往地支持恢复中国在联合国的合法席位。

1982年,中巴双方签署了开放两国边境红旗拉普口岸的议定书,双方友好交往的大门进一步打开。1996年12月,中巴两国决定建立面向21世纪的全面合作伙伴关系。2003年,两国元首签署了关于双边合作发展方向的联合宣言。2005年,两国又签署了睦邻友好条约,宣布建立更加紧密的战略合作伙伴关系。2013年5—7月,双方发表关于深化两国全面战略合作的联合声明和关于新时期深化中巴战略合作伙伴关系的共同展望。2015年4月,习近平主席访巴期间,两国发表了建立全天候战略合作伙伴关系的联合声明。中巴建交以来,两国之间的睦邻友好合作关系历经风雨,愈久弥坚。

(四)谈判核心:无缝对接国家战略实现利益交融

正是由于中巴之间早已形成坚实的政治互信关系,夯实了务实合作基础。2013年5月李克强总理访巴时建议,中巴双方立即着手编制中巴经济走廊远景规划,打造一条起始于中国新疆喀什、终点至巴基斯坦南部港口瓜达尔港的经济大动脉,以推进双方的互联互通,加强两国在交通能源、海事等方面的合作。

2014年2月,巴基斯坦总统访华,确认双方正在积极推进喀喇昆仑公路、瓜达尔港口运营、卡拉奇-拉合尔高速公路等重大项目。当年5月,巴方发表了《展望2025》和《中巴经济走廊远景规划》。当年11月,巴基斯坦总理来华,参加习近平主席主持召开的互联互通伙伴关系对话会,进一步表明巴方对中巴经济走廊建设的积极态度。当年底,中国对巴基斯坦的直接投资超过了32.2亿美元,开始成为拉动巴国经济增长的重要驱动力之一。负责规划和统筹协调相关事宜的"中巴经济走廊联合委员会"在巴基斯坦首都伊斯兰堡正式成立。

2015年3月,中国发表《推动共建丝绸之路经济带和21世纪海上丝绸之路的愿景与行动》,将中巴经济走廊正式列为"一带一路"建设的重大项目。随后,习近平主席在巴基斯坦郑重宣布,中巴两国将以经济走廊为引领,以瓜达尔港、能源、交通基础设施和产业合作为重点,形成"四位一体"的远景规划和合作布局。作为习近平主席访巴重要成果,双方当时签署50多项合作文件,合同金额高达460多亿美元。

(五)风险把控:正确运用应对风险挑战的策略

虽然中巴两国传统友谊积淀深厚,但因巴基斯坦是一个多民族、多种群、多教派、多政党的欠发达国家,国内各种政治势力和教派关系错综复杂,"三股势力"盘踞已久,利益纷争不断,不利于中巴经济走廊建设的社会舆论依然存在。同时,也有部分对中国和平崛起始终不能释怀的第三方势力,借机煽风点火,混淆视听,想方设法阻挠中巴经济走廊建设。另外,中巴经济走廊虽然具有重要的战略和政治价值,但其经济效益仍需在实践中引起高度关注。

对此,中巴双方需要有足够的政治定力、智慧、能力和策略应对各种风险和挑战。

一要坚持不懈地做好政策沟通和思想沟通,建立和完善应对各种风险和挑战的政策法规、机制体制、规则规矩、建设标准及务实举措,始终尊重和遵守普遍公认的国际关系准则和中巴双方有关法律法规,特别要注意尊重他们独有的一些风俗习惯。

二要在恪守共商共建共享三项基本原则的基础上,在安全领域不断加强与巴国政府、地方政权、情报机关和军方的沟通、协调与合作,建立长效化情势联动预警机制、务实高效的应急预案和快速反应的能力。

三是坚持精准和适度的原则,加强对项目方向和项目投入成本的把控,重视对规划对接和项目建设风险的评估和预警,增强风险防范意识和应对能力。规范中资企业行为,加强与巴方沟通和协调,树立中国良好形象,减少和避免与当地相关方的误解和冲突。

四是加强政党沟通、人文交流和教育合作,积极协调中巴两国国内在具体项目操作上的分歧,增进两国民众之间的相互理解和认同,建立信任和默契。

五要在坚持中巴经济走廊具有"旗舰"意义这一基本判断的前提下,适当淡化有关中巴经济走廊具有特殊政治意义和地缘战略价值的宣传,努力化解疑虑和干扰。

六是对中巴经济走廊建设持开放、包容的心态,鼓励多方参与,支持和接纳周边国家共同建设,为增信释疑做出更多的努力,为推进走廊建设争取更多的认可和支持。

总之,只有对中巴经济走廊建设面临的各种风险与挑战进行全面了解和充分评估,才能促进中巴经济走廊取得更多实质性成果,让走廊建设成果真正惠及本地区国家和人民,进而推动和促进其战略价值的实现。

四、设施联通领域的谈判合作成效

(一)"六廊六路多国多港"的互联互通架构基本形成

"六廊六路多国多港",是中国按照共建"一带一路"的合作重点和空间布局提出的合作框架。"六廊"指六大国际经济合作走廊,包括新亚欧大陆桥、中蒙俄、中国—中亚—西亚、中国—中南半岛、中巴和孟中印缅经济走廊;"六路"指铁路、公路、航运、航空、管道和空间综合信息网络,是基础设施互联互通的主要内容;"多国"是指一批先期合作国家;"多港"是指若干保障海上运输大通道安全畅通的合作港口。

1. 新亚欧大陆桥经济走廊

该经济走廊途经江苏、安徽、河南、陕西、甘肃、青海、新疆7个省、区,65个地、市、州的430多个县、市,到中哈边界的阿拉山口出国境,后经3条线路抵达荷兰的鹿特丹港,全长10900千米,辐射亚欧30多个国家和地区。我国在该经济走廊开展了很多项目,如发布《中国-中东欧国家合作布达佩斯纲要》《中国-中东欧国家合作索非亚纲要》,中欧互联互通平台和欧洲投资计划框架下的务实合作有序推进,匈塞铁路塞尔维亚境内贝旧段已完工等。

2. 中蒙俄经济走廊

该经济走廊有两个通道,一是华北通道,从京津冀到呼和浩特,再到蒙古和俄罗斯;二是东北通道,沿着老中东铁路从大连、沈阳、长春、哈尔滨到满洲里和俄罗斯赤塔。中蒙俄三国积极推动形成以铁路、公路和边境口岸为主体的跨境基础设施联通网络。2018年,中蒙俄三国签署《关于建立中蒙俄经济走廊联合推进机制的谅解备忘录》,进一步完善了三方合作工作机制;中俄同江-下列宁斯阔耶铁路界河桥中方侧工程已于2018年10月完工;中俄黑河-布拉戈维申斯克界河公路桥已经建成;中俄企业联合体基本完成莫喀高铁项目初步设计;三国签署并核准的《关于沿亚洲公路网国际道路运输政府间协定》正式生效;中蒙俄(二连浩特)跨境陆缆系统已建成。2018年,中俄贸易首次突破1000亿美元大关,俄罗斯跻身于中国前十大贸易伙伴的行列。接下来,中俄将在北极圈内仿照亚马尔液化天然气模式再开发另一个气田。

3. 中国—中亚—西亚经济走廊

该条经济走廊从新疆出发,抵达波斯湾、地中海沿岸和阿拉伯半岛,主要涉及哈萨克斯坦、吉尔吉斯斯坦、塔吉克斯坦、乌兹别克斯坦、土库曼斯坦、伊朗、土耳其等国。我们与沿线诸国的合作协议或协定非常多,如中哈俄、中吉乌、中巴等的多边、双边协议或协定;"一带一路"倡议与沙特"2030愿景"进行产业对接;中国与伊朗发挥在各领域的独特优势,加强涵盖道路、基础设施、能源等领域的对接合作。

4. 中国—中南半岛经济走廊

该经济走廊以中国广西南宁和云南昆明为起点,以新加坡为终点,纵贯越南、老挝、柬埔寨、泰国、缅甸、马来西亚等国家。以沿线中心城市为依托,以铁路、公路为载体和纽带,以人流、物流、资金流、信息流为基础展开。该走廊在基础设施互联互通、跨境经济合作等领域都取得了积极进展,如昆(明)曼(谷)公路全线贯通,中老铁路、中泰铁路等项目成效显著,中老经济走廊合作建设开始启动,泰国"东部经济走廊"与"一带一路"倡议加快对接,中国-东盟合作机制、澜湄合作机制等的积极作用越来越明显。

5. 中巴经济走廊

该经济走廊为中国打通进入印度洋的通道,是连通欧洲、非洲和中东的最短途径。中巴正以该经济走廊为引领,以瓜达尔港、能源、交通基础设施和产业合作为重点,形成"1+4"经济合作布局。中国与巴基斯坦的一批项目顺利推进,如瓜达尔港疏港公路、白沙瓦至卡拉奇高速公路、喀喇昆仑公路升级改造、拉合尔的轨道交通、卡西姆港的电站建设等,涵盖公路、港口、铁路、航空、管道、农业等的建设。同时,沙特也加入了中巴经济走廊,协同中国把瓜达尔港建设成为一座新型的石油城市。

6. 孟中印缅经济走廊

2013年5月,李克强总理访问印度期间,中印共同倡议建设该经济走廊。孟中印缅四方已有很多合作协议,如中缅两国共同成立中缅经济走廊联合委员会,签署《中华人民共和国政府与缅甸联邦共和国政府关于共建中缅经济走廊的谅解备忘录》,等等。

(二)基础设施互联互通水平大幅提升

我国聚焦"六廊六路多国多港"主骨架,通过艰辛的谈判、沟通、对接和建设,一批标志性项目取得实质性进展,基础设施"硬联通"与政策规则标准"软联通"互促互进,一大批互利共赢项目成功落地。以中老铁路、中泰铁路、匈塞铁路、雅万高铁等合作项目为重点的区际、洲际铁路网络建设等扎实推进。中欧班列已经探索形成了多国协作的国际班列运行机制,中国与多个沿线国家铁路公司签署了《关于深化中欧班列合作协议》。公路合作方面,中国正式加入《国际公路运输公约》(TIR公约)、《上海合作组织成员国政府间国际道路运输便利化协定》、《大湄公河次区域便利货物及人员跨境运输协定》等多个国际运输便利化协定已全面实施。与沿线国家签署了双边和区域海运协定,瓜达尔港、汉班托塔港经济特区、比雷埃夫斯港、阿联酋哈利法港二期集装箱码头等项目进展顺利。空中丝绸之路建设加快,中国已与100多个国家和地区签署了双边政府间航空运输协定;能源资源通信设施合作力度加大,中国与沿线国家在电力、油气、核电、新能源、煤炭等领域开展了广泛合作,中俄原油管道、中国—中亚天然气管道保持稳定运营,中缅油气管道全线贯通。

以铁路、公路、航运、航空、管道、通信、电信、光缆、空间综合信息网络等为核心的全方位、多层次、复合型基础设施网络正在加快形成，区域间商品、资金、信息、技术等交易成本大大降低，有效促进了跨区域资源要素的有序流动和优化配置。这些合作项目的稳步推进，使得亚洲经济圈与欧洲经济圈的联系越来越紧密，为建立和加强各国互联互通伙伴关系，构建高效畅通的亚欧大市场发挥了重要作用。

（三）一大批合作项目落地生根

设施联通是沿线各国承接中国深化改革开放"外溢"效应的重大机遇。在设施联通方面，我国国际工程承包实力强，经验丰富，建设能力有保障，并且"中国建造"在质量、造价、效率等方面有较高的性价比。2016年入选美国工程新闻纪录（ENR）的企业数量为65家，在国别排名中中国位居榜首。"中国建造"基础设施通常项目大，影响深远，具有标志性意义，有利于增强沿线各方对"一带一路"的信心。

2013年至2020年，中国企业在沿线国家承包工程完成营业额累计近6400亿美元。到2018年，仅中国的中央企业在沿线国家开展与基础设施建设、能源资源开发、国际产能合作等领域的建设项目和工程就已经超过了3000个，包括亚吉铁路、蒙内铁路、中老铁路等铁路项目，比雷埃夫斯港、吉布提新港等港口项目，中俄、中哈、中缅原油管道，中俄、中亚、中缅天然气管道等重大项目。截止到2020年，中国企业在沿线国家建设的境外经贸合作区累计投资近400亿美元，上缴东道国税费超过44亿美元，为当地创造了33万个就业岗位。与此同时，我国与沿线国家在合作推进绿色发展方面做出了有益尝试，为绿色发展实践提供了重要借鉴。

绿色发展案例

经过多年的努力，设施联通已将沿线国家联动起来，在合作共赢理念的指引下，促进了经济增长，极大地改善了民生，带动了沿线国家参与全球价值链、产业链、供应链，更加坚定了沿线国家共同推动"一带一路"建设的信心。

第四节　资金融通领域的谈判

一、资金融通领域的谈判难点

（一）互联互通存在严重的资金瓶颈

"一带一路"倡议初始阶段把设施联通作为优先领域，以运输通道的互联互通为纽带，以经济走廊为依托，率先建立亚洲基础设施互联互通的基本框架。以交通、电力、通信等基础设施和有利于沿线国家民生改善的项目为重点，开展了一些关键的标志性工程。根据沿线各国的自然资源禀赋和劳动力成本比较优势，推进国际运输大通道建设，加快发展高铁、轨道交通弥补内陆国家经济地理不足,共同编组陆运、海运、空运和信息等立体交通大网络,带动沿线基建投资强劲增长,必将产生大量的资金缺口,需要资金融通满足投资需求。随着交通基础设施的建设完善,必将拉动沿线区域全方位的贸易服务往来,促进区域内的投资和贸易合作,促使投资贸易便利化、消除投资和贸易壁垒,进一步催生大批自由贸易区,而贸易畅通也必将会对资金融通提出更高的要求。大部分沿线国家是新兴和发展中国家,经济、金融发展阶段有所不同,面临着经济转型的不同挑战,资本市场发展较为缓慢,优质企业缺少安全和高效的直接融资渠道,其金融脆弱性和对外依赖性问题突出。

（二）经济复苏存在严重的后遗症

2020年暴发的新冠肺炎疫情全球大流行,使崇尚自由、集体免疫的英美等西方发达国家深陷疫情泥潭,公共卫生资源短缺的欠发达国家疲于应对,疫情防控压力巨大,拖累全球经济复苏。2022年春天因北约持续东扩而骤然引爆的欧洲战火,导致欧洲能源恐慌、股市下滑、严重的人道主义危机、巨大的通货膨胀压力,欧洲乃至全球负重复苏的经济雪上加霜。疫情长期蔓延且病毒株系不断变异,强权霸凌主义、贸易保护主义、极端主义日益泛滥,对全球经济复苏和"一带一路"建设将会造成持续的恶劣影响,跨境谈判、沟通和建设成本必将攀升,建设期风险进一步加大,再融资谈判难度增加,可持续发展受到挑战。

（三）跨境金融合作缺少统一对接的合作机制

沿线国家大多是政治角力的焦点区域,经济发展的状况又参差不齐,在跨境金融合作方面,尚缺乏统一对接、务实高效的多边金融合作框架和完善兼容的区域货币稳定体系、投融资体系、信用体系。探索建立和完善沿线国家金融合作的体制机制、法律规范、支持政策、合作流程、制度保证和安全承诺,成为维护沿线国家金融稳定、推进"一带一路"建设的迫切任务。

（四）对外投融资缺少多元的盈利模式

沿线国家基础设施投资的盈利主要来源于三个方面:政府付费、消费者付费、设施开发带来的地产升值。但是,有的国家属于低收入国家,政府和消费者付费能力有限;有的国家长期由政府包办基础设施建设,造成了债务压力过大的恶性循环,导致无力建设新的基础设施,而消费者因为没有深度参与建设,也没有为基础设施买单的概念;有的是土地私有制的国家,无法给投资者提供更多的土地开发以消化建设成本。面对这些现实问题,中国投资者很难找出基础设施建设可行的盈利模式。

二、资金融通领域的谈判策略

（一）增强资金融通谈判信心

"一带一路"倡议是我国新时代全面开放发展的总纲,既是国内经济"新常态"和全球经济复苏的破题之笔,也是推动全球秩序更加公平合理的治理实践。推动"一带一路"建设,不仅可以促进国际产能合作,实现经济结构再平衡,为中国经济结构调整和可持续发展提供更大的动力,还能帮助中国更好地借由经济金融渠道加深同周边国家的合作,实现利益共赢,获得周边国家更大的理解、认同和尊重,提升中国在周边事务中的话语权和主导地位。面对全球政治的博弈、经济的失衡、危机的频发,中国作为世界上负责任的大国,趋利避害,勇于担当,善于作为,敢于斗争,团结正义的力量维护世界和平,高举发展大旗,援助全球抗疫,成为世界政治的稳定器、经济复苏的发动机、全球防疫的生力军。中国在推进"一带一路"建设、努力构建人类命运共同体的决心和信心没有变,在逆境负重中奋勇前行,得到沿线国家的高度认可和衷心期盼。资金融通是"一带一路"建设的重要支撑,金融是"一带一路"建设趋利避害、切实破题的牛鼻子。要通过用好、用活金融手段,防范和化解系统性、区域性、外部性金融风险,保障沿线国家金融稳定,实现更大范围、更深层次的互利共赢。

(二)拓展资金融通稳定渠道

一是不断加强亚投行、丝路基金、新开发银行和上海合作组织开发银行等中资主导的平台及政策性出口信用保险机构的建设、治理、运用和效益评估,支持各类金融机构参与项目投融资,为沿线国家项目开发、经济建设提供长期、稳定、成本较低的信贷资金支持。二是坚持以企业为主体,以市场为导向,遵循国际惯例和债务可持续原则,鼓励多边开发机构与各国金融机构开展联合融资,推广股权投资、PPP项目融资等方式,动员长期资本及私人部门资本参与。三是稳慎推动人民币国际化,稳步推进与共建"一带一路"国家双边本币合作,鼓励金融机构在对外投融资中更多使用人民币。建立健全金融合作网络,加强跨境监管合作,促进金融基础设施互联互通。

(三)建设资金融通资本市场

资金融通不仅需要稳定的融资渠道,还需要成熟的资本市场内生融合。因此,加快打造开放性、区域性、多层次资本市场成为资金融通的迫切任务。结合现有资本市场发展情况,我国可探索依托沪深交易所,在上海、天津、广东、福建自贸区、深圳前海或"一带一路"沿线重要城市设立国际板,允许境外公司,特别是沿线国家的公司,发行股票并上市交易,提振"一带一路"建设的金融支持。如果国际板推出时机尚不成熟,建议依托新三板,设立"一带一路"离岸交易中心,先行先试。建议突出重点,政策上要把亚投行、丝路基金支持的相关项目,以及对所在国经济具有系统重要性的沿线国家企业、和中国业务往来密切的相关企业,优先安排上市。

(四)提升政银企社联动效益

加强沿线国家政府间政策沟通,优先选择基础设施类、公共服务类融资项目,推进投融资合作条约谈判。通过建设友好城市、战略合作伙伴等方式,加强沿线国家地方政府间或城市间互动合作。充分利用智库、商会、行业协会、非政府组织等"二轨外交"途径,共同推动项目合作。

鼓励中资金融机构在沿线国家继续增设分支机构,拓展多种渠道,开展国际并购贷款、工程项目贷款和国际保理等创新型金融业务,开发境内外联动的人民币金融产品,提高离岸人民币的交易活跃度,推动在岸和离岸人民币双向联通。采用不良率补偿等方式,鼓励商业银行对"一带一路"基础设施的相关项目和企业放贷。配合企业积极适应外部环境变化,尝试合作模式由传统的工程总承包向投、建、营一体化转变,积极探索通过搭建可行的融资模式创新推动PPP合作,加大对关键节点基础设施项目支持力度,以项目的经济可行作为出发点,通过合理的融资结构设计,与工程企业共担风险,支持企业和项目所在国发展。

中资银行应加大与沿线国家地方政府的沟通洽谈,寻找多边合作契合点,构建银行、政府和企业结合的多层次服务保障体系,推动优质企业高质量走出去。在基础设施项目投资与运营谈判中,除充分运用传统的市政债券、政府信贷计划以外,还应不断拓展国外地方政府授予中国企业特许经营权模式,国外地方政府利用消费税、财产税等税收建立偿债基金模式,国外地方政府与中国企业合作连片开发项目周边用地等模式,形成基础设施项目可持续的商业运行模式,减轻国外政府的债务责任和风险。

中资金融监管机构可通过"一带一路金融领袖圆桌会"等方式,推进落实宏观审慎政策与金融监管合作框架,加强应对跨境风险和危机处置的交流合作,完善风险应对和危机处置制度安排。加强沿线国家征信管理部门、征信机构和评级机构之间的跨境交流与合作,以独立性、公平性、公正性为原则,扶持和培育独立自主的"一带一路"信用评级体系,加强评级机构跟踪评级和利益冲突规避机制建设,提高评级机构的透明度和诚信意识,加强评级机构的数据积累,提高评级机构的技术水平。

三、资金融通领域的谈判合作成效

(一)中国主导的金融合作

习近平主席指出,金融是现代经济的血液,融资瓶颈是实现互联互通的突出挑战。为满足"一带一路"的融资需求,中国主导成立了亚洲基础设施开发银行(亚投行)、丝路基金、金砖国家新开发银行和上海合作组织开发银行等主要的资金平台,以多边开发机构形式为丝路建设注入大量流动性。由中国发起的亚洲基础设施投资银行法定资本1000亿美元,自2016年开业以来,在国际多边开发体系中发挥越来越重要的作用,得到国际社会广泛信任和认可。截至2020年,亚洲基础设施投资银行已从最初57个创始成员,发展到遍布各大洲的103个成员;累计批准贷款项目108个,累计批准融资额220.2亿美元。亚洲基础设施投资银行在履行自身宗旨使命的同时,也与其他多边开发银行一起,成为助力共建"一带一路"的重要多边平台之一。2014年11月,中国政府宣布出资400亿美元成立丝路基金,2017年5月,中国政府宣布向丝路基金增资1000亿人民币。2015年7月21日,金砖国家新开发银行开业,启动资金500亿美元,储备基金为1000亿美元,用于金砖国家应对金融突发事件,其中中国提供510亿美元,另捐赠400万美元。上海合作组织开发银行致力于扩大域内各国本币结算合作,应对国际金融危机;扩大能源、交通运输、基础设施建设等领域合作,促进经济发展和民生改善。

中国引导多种类型的区域性金融机构陆续加入"一带一路"资金平台,进一步提升了"一带一路"资金平台的代表性。2017年11月,中国-中东欧银联体成立,14个国家的金融机构加入。2018年7月、9月,中国-阿拉伯国家银行联合体、中非金融合作银行联合体分别成立,建立了中国与阿拉伯国家之间、非洲国家之间的首个多边金融合作机制。中国财政部与阿根廷、俄罗斯、印度尼西亚、英国、新加坡等27国财政部核准了《"一带一路"融资指导原则》。各国主权基金和投资基金发挥越来越重要的作用,中国投资有限责任公司等主权财富基金、中欧共同投资基金对沿线国家投资规模显著增加。

2021年4月19日,博鳌亚洲论坛2021年年会期间举办了可持续融资助力高质量共建"一带一路"圆桌会。会议分享了推动多元化可持续融资高质量共建"一带一路"的典型案例,呈现出中国开发性、政策性和商业性金融机构与多国及国际金融机构合作,提供债权、股权投资以及信用担保推进沿线国家重大项目建设、增进当地民生福祉的生动图景。

融资案例(1)

(二)中资机构的融资作为

中资机构成为"一带一路"投融资主导力量,投融资水平显著提高。截至2016年,中国国内金融机构为"一带一路"项目提供的金融支持超过7500亿美元。截至2018年,中国出口信用保险公司支持沿线国家出口和投资累计超过6000亿美元。中国银行、中国工商银行、中国农业银行、中国建设银行等中资银行与沿线国家建立了广泛的代理行关系。截至2019年4月,已有11家中资银行在28个沿线国家设立76家一级机构,2家中资证券公司在新加坡、老挝设立合资公司。中国先后与20多个沿线国家建立了双边本币互换安排,与7个沿线国家建立了人民币清算安排,与35个沿线国家的金融监管当局签署了合作文件。人民币国际支付、投资、交易、储备功能稳步提高,人民币跨境支付系统(CIPS)业务范围已覆盖大多数沿线国家和地区。2013—2020年,中资机构和企业对沿线国家直接投资累计达到1360亿美元,占同期对外直接投资总额的比重大致稳定在12%的水平。

融资案例(2)

中国加快推动区域债务工具市场发展,支持沿线国家政府和信用等级较高的企业以及金融机构在境内外发行债券,鼓励在沿线国家使用所筹资金。中国不断提高银行间债券市场对外开放程度,截至2020年,"熊猫债"发行主体已涵盖政府类机构、国际开发机构、金融机构和非金融企业等,累计注册/核准(备案)额度10000亿元人民币,较2019年增加了2024亿元人民币,同比增长25.4%。

(三)中国企业的建设担当

中国企业在互联互通中发挥了重要作用。例如,印尼首条高铁-雅加达至万隆项目,投资51.3亿美元,由中国中铁的子公司中铁国际集团公司、印尼国有企业共同负责运营。蒙巴萨至内罗毕标准轨铁路项目,投资规模约38亿美元,由中国路桥工程公司营建。埃塞俄比亚至吉布提铁路项目,由中国铁建和中国中铁共同运营。巴基斯坦旁遮普省光伏电站项目,投资规模近15亿美元,由中兴能源有限公司运营。巴基斯坦卡洛特水电站是丝路基金首笔投资项目,由三峡集团子公司南亚投资有限公司运营。老挝南欧江水电项目是中国企业获得的首个境外全流域整体规划开发项目,投资规模约28亿美元,由中国电力建设集团运营。人福非洲药业项目位于西非国家马里,完全按照中国新版药品生产质量管理规范建设,是西非地区建设标准最高的现代化药厂,填补了当地制药业空白,

人福非洲
药业项目

跨境并购
的案例

为西非制药行业树立了标杆。

中国企业跨境并购呈现上升趋势。2014—2016年,中国对沿线国家并购金额从22.6亿美元增至97.5亿美元,并在2016年超过美国及日本,成为最主要的并购方。根据普华永道发布的有关对"一带一路"倡议下资本项目和交易活动的报告,2016年,七项核心基础设施领域(公用事业、交通、电信、社会、建设、能源和环境)的项目与交易约4940亿美元,其中,中国占总量的1/3。并购市场资讯趋势报告显示,2017年,中资企业在沿线地区的境外并购交易总量达99单,对应总值474亿美元,与上年相比分别增长50%和84.3%。中国化工收购先正达(Syngeta)、万科领衔中国财团收购亚洲最大物流地产巨头普洛斯(GLP)、安踏收购芬兰体育用品巨头Amer Sports、五矿集团收购全球最大在建铜矿项目Las Bambas、青岛海尔收购通用电气家电业务资产、吉利收购沃尔沃轿车公司都是中国企业跨境并购谈判成功的经典案例。

第五节 贸易畅通领域的谈判

一、贸易畅通领域的谈判认知

贸易畅通的指标体系

贸易畅通是"一带一路"谈判合作的核心内容,旨在顺应经济全球化、区域一体化趋势,全方位深化与沿线各国经贸往来、产业投资、能源资源和产能合作,着力推进投资贸易便利化,消除投资和贸易壁垒,构建良好的营商环境,促进区域内经济要素有序自由流动、资源高效配置和市场深度融合,共同打造开放、包容、均衡、普惠的区域经济合作架构,为沿线国家互利共赢、共同发展奠定坚实基础。

(一)贸易畅通的指标分析

2016年,据有关机构运用贸易畅通指标体系对"一带一路""五通"和沿线国家贸易畅通情况测算分析,总体来看,贸易畅通指数在"五通"指数分类指标评分中处于领先水平,贸易畅通发育程度更高、进展更快、成效更明显。这既是近年来中国与沿线各国积极推进经贸合作成果的充分体现,也凸显了互利共赢、共同发展的合作理念,为下一步深入推进各领域务实合作、不断拓展利益契合点奠定了坚实基础。

根据测算结果,与我国签署了双边投资协定的沿线52个国家中,贸易畅通指数评分最高的顺畅型国家依次为新加坡、印度尼西亚、马来西亚、泰国、俄罗斯、哈萨克斯坦和土耳其等7个国家,评分较高的良好型国家包括越南、蒙古、卡塔尔、巴基斯坦、印度等39个国家,评分中等的潜力型国家包括摩尔多瓦、孟加拉国、塔吉克斯坦、波黑等4个国家,评分最低的薄弱型国家只有马尔代夫和不丹2个国家。

从各分类指标看,也呈现非均衡发展特点。总体而言,关税水平、双边贸易协定及营商环境等指标均值明显高于贸易畅通平均水平,而反映投资水平的相互直接投资流量指标则明显较低。这说明,在WTO及相关多双边贸易机制的推动下,中国与沿线各国在畅通程度和签署双边投资协定等方面已有较大进展,但在投资水平特别是直接投资流量上还存在明显短板。

从国家分指标情况看,顺畅型国家的各类指标均值都较高,特别是有关投资水平和营商环境的各项指标,体现了贸易畅通的均衡全面发展。良好型国家的差距主要在双边贸易额和直接投资流量,这也是下一步深化经贸合作的重点。潜力型国家和薄弱型国家具有共性,需要大力改善自身贸易条件,降低贸易壁垒,不断扩大双边贸易规模;需要着力提升投资水平,包括积极谈判签署双边投资协定、扩大双边直接投资规模等,从而更好地参与、融入"一带一路"合作。

从区域整体格局看,贸易畅通指数评分在沿线不同区域间的差异较大。周边国家特别是东南亚、中亚及蒙古国、俄罗斯等贸易畅通水平明显高于其他区域;南亚地区则受种种因素制约,贸易畅通水平整体偏低。这说明,东盟、中亚和蒙俄地区作为我国对外经贸合作的重点区域,在贸易规模、合作水平、开放程度和自由化便利化方面都取得了积极进展。这些区域作为"一带一路"建设的重点方向,基础扎实、潜力巨大,而南亚等区域则需要更加积极推进。

(二)贸易畅通的瓶颈问题

从2015年贸易畅通指数看,我国与沿线国家的贸易畅通还存在一些短板和瓶颈。一是贸易畅通整体水平仍然较低,"通而不畅"现象依然普遍存在。从结构上看,真正达到"畅通"的国家只有7个,仅约1/9,我国与沿线绝大多数国家仍处于"通而不畅"的状态。二是区域发展不平衡,从地理分布来看,顺畅型国家主要集中在东南亚等周边国家,国家之间、次区域之间表现出较大的差异,制约了大区域一体化水平的提升。三是在多双边贸易机制推动下,该区域的关税水平已大幅下降,但非关税壁垒仍比较严重,影响贸易规模扩大。四是区域合作机制水平较低,制约经贸合作深入。至2016年10月,虽然我国与沿线52个国家都签署了双边投资协定,但这些协定层次比较低,偏重于对利用外资的保护,而对对外投资的保护程度不够,制约了双向直接投资的发展。五是沿线多数国家的贸易条件不佳,产业竞争力不强,在国际分工中处于劣势地位,这也制约了我国与沿线国家经贸合作水平的提升。

二、贸易畅通领域的谈判重点

针对以上问题,贸易畅通领域的谈判应该聚焦于以下几个方面。

一是加强政策沟通,营造良好经贸合作环境。依托多双边合作机制和平台,加强与相关国家沟通,努力了解相互关切和利益诉求,积极进行发展战略和发展规划对接,确定重点合作项目。围绕这些重点合作项目探讨消除贸易和投资壁垒,提升贸易自由化和便利化水平,推进人、财、物的跨境有序流动。可先从要求较低的双边或某个区域做起,逐步拓展和推广。

二是多策并举,推进该区域贸易投资合作机制建设。一方面在"一带一路"倡议框架下,基于互利共赢、自主自愿原则,共同探索新的合作机制。比如,整合升级现有的贸易投资协定,建设区域针对性较强又被广泛认可的贸易和投资争端解决机制,以有效解决发生的争端和矛盾,消除合作的后顾之忧。另一方面,对现有机制进行升级和扩容,比如积极推进中国-东盟自由贸易区升级版的打造,加大《区域全面经济伙伴关系协定》(Regional Comprehensive Economic Partnership,RCEP)谈判磋商力度,积极参与中国-海合会自由贸易协定谈判,做好上海合作组织扩员工作,务实推进"一带一路"倡议与欧亚经济联盟的对接等。

三是加强地区大国合作,发挥对全区域合作的主导和带动作用。中国、印度、俄罗斯、哈萨克斯坦、土耳其、沙特都是区域内乃至全球范围内具有重要影响力的国家。"一带一路"建设能否顺利推进,取决于这些国家的立场、态度和参与力度,当然,"一带一路"建设成功、地区繁荣稳定,这些国家也将是最主要的受益者。

四是硬件软件建设两手抓,提升贸易便利化水平。一手抓加快推进该区域的基础设施硬件建设,一手抓积极推动现有交通运输便利化运输协定的落实工作,并与主要国家一起推动更大范围的交通运输便利化机制安排,消除该地区运输贸易的制度障碍。加强海关合作,推动程序简化、单据互认、技术标准兼容等。

五是推进境外工业园区建设,变贸易通道为经济走廊。我国在经济园区建设方面积累了丰富的经验,可顺应产业对外转移的趋势,主动在沿线国家实施产业布局,既拓展了市场,提升了我国的产业分工地位,又可帮助沿线国家发展经济,实现互利共赢,并不断深化经贸合作。

六是运用开放思维,借助第三方力量。"一带一路"倡议提出后,不但得到域内大多数国家的积极响应,也引起了域外国家的强烈兴趣。我国应注重开放合作平台的搭建、包容合作模式的设计,发挥我国在全球供应链、产业链中的承上启下优势,整合多方资源,协力推进该区域的制度建设、设施建设和能力建设,使发展潜力转化为发展实绩,推动该地区经济的一体化,携手走向共同繁荣。

三、贸易畅通领域的谈判案例

现将我国参与 RCEP 谈判过程及其对贸易畅通的意义介绍如下。

RCEP 是 2012 年由东盟发起,历时 8 年,由包括中国、日本、韩国、澳大利亚、新西兰和东盟 10 国共 15 方成员制定的协定。RCEP 缔约方的目标是共同建立一个现代、全面、高质量以及互惠共赢的经济伙伴关系合作框架,以促进区域贸易和投资增长,并为全球经济发展做出贡献。党中央、国务院高度重视,习近平主席多次与多国领导人沟通协调,亲自推动。经过各成员国的共同努力,2020 年 11 月 15 日,15 个亚太成员国正式签署协定。2022 年 1 月 1 日,RCEP 生效。此次签署协定的 15 个成员国总人口 22.7 亿,国内生产总值合计 26.2 万亿美元、总出口额 5.2 万亿美元,均约占全球的 30%,标志着当前世界上人口最多、经贸规模最大、最具发展潜力的自由贸易区正式启航。

东盟于 2012 年发起 RCEP 谈判以来,得到区域国家积极响应。各成员国举行了 4 次领导人会议、23 次部长级会议、31 轮正式谈判,积极寻求各方利益最大公约数,共同推动全球最大自由贸易区从构想变为现实。RCEP 以全面、现代、高质量和普惠的自贸协定为目标,对标国际高水平自贸规则,形成了区域内更加开放、自由、透明的经贸规则,涵盖货物贸易、服务贸易和投资领域等,协定文本长达1.4万多页。货物贸易零关税产品数量整体上超过90%,大幅降低区域内贸易成本和商品价格。服务贸易开放承诺涵盖了大多数服务部门,显著高于目前各方与东盟现有自贸协定水平。投资方面,15方均采用投资负面清单对制造业、农林渔业、采矿业等领域投资做出较高水平开放承诺,政策透明度明显提升。各方还就中小企业、经济技术合作等做出规定,纳入了知识产权、电子商务、竞争政策、政府采购等现代化议题,适应知识经济、数字经济发展的需要。

中方始终支持东盟中心地位,全程参与谈判并发挥了积极的建设性作用。在谈判面临艰难曲折和关键时刻,中方积极协调各方立场,提出中国主张、中国方案,促进各方形成共识、达成一致,贡献中国智慧和力量。中方秉持互利共赢、共同发展的理念,充分展示诚意,做出了高水平的开放承诺。在货物贸易方面,RCEP的优惠关税涵盖了我国与其他成员每年超过1.4万亿美元的进出口贸易。在服务贸易方面,我国对120多个服务部门做出了开放承诺,比我国加入WTO承诺增加了22个部门,包括研发、专业设计、养老服务等。我国首次在经贸谈判中达成投资负面清单,首次在国际协定中纳入数据流动相关规定,首次在自贸协定全面纳入知识产权保护。中国通过自身深化改革、扩大开放,带动提升区域贸易投资自由化便利化水平。

RCEP签署具有重大深远意义。RCEP的签署,既是区域经济一体化的标志性事件,也是我国继加入世贸组织后又一重大开放成果。RCEP签署后,我国已与26个国家和地区签署19个自贸协定,与自贸伙伴的贸易额占比由此前的27%扩大到35%左右,与现有自贸伙伴的双向开放水平也得到提升,必将有助于推动共建"一带一路"高质量发展。RCEP全体成员国共同承诺降低关税、开放市场、减少壁垒,坚定支持经济全球化。据国际智库测算,到2030年,RCEP有望每年带动成员国出口净增加5190亿美元,国民收入净增加1860亿美元。

RCEP各成员国经济结构互补性强,贸易投资往来密切,人文交流广泛深入,合作前景广阔。我国将以RCEP签署为契机,进一步拓展自由贸易区网络,加快推进中欧投资协定谈判,推进中日韩、中国-海合会、中国-挪威、中国-以色列等自贸协定谈判进程,进一步升级与东盟、新加坡、韩国、新西兰等现有自贸协定,积极做好与其他经济体自贸安排可行性研究等前期准备工作,持续扩大自贸伙伴"朋友圈"。RCEP大量吸收了国际上其他自贸协定的经验,在海关程序和贸易便利化、知识产权保护、贸易救济、电子商务、竞争、政府采购、中小企业和经济技术合作等广泛领域,达到了较高标准。在此基础上,我国将不断提升自贸区建设水平,继续面向国际上更多的主要经济体、主要区域贸易安排,积极开展对话与沟通,不断提高我国自贸协定的"含金量"。

四、贸易畅通领域的谈判合作成效

习近平主席指出,贸易是经济增长的重要引擎。作为"一带一路"倡议的"五通"之一,贸易畅通是推进"一带一路"建设的重点内容。"一带一路"谈判、合作和建设促进了沿线国家和地区贸易投资自由化便利化,降低了交易成本和营商成本,释放了发展潜力,进一步提升了各国参与经济全球化的广度和深度。"一带一路"倡议提出以来,经贸合作充分发挥基础和先导作用,为实现"五通"注入强大动力。中国制造、中国建设、中国服务受到越来越多沿线国家的欢迎,沿线国家更多的产品、服务、技术、资本也源源不断地进入中国。

(一) 贸易畅通水平不断提升

中国发起《推进"一带一路"贸易畅通合作倡议》,不断深化海关检验检疫合作,进一步放宽外资准入领域,探索推行准入前国民待遇+负面清单的外资管理模式,营造高标准的国际营商环境。截至2019年,设立了面向全球开放的18个自由贸易试验区,并探索建设自由贸易港,吸引沿线国家来华投资。中国平均关税水平从加入世贸组织时的15.3%降至目前的7.5%。中国与东盟、新加坡、巴基斯坦、格鲁吉亚等多个国家和地区签署或升级了自由贸易协定,与欧亚经济联盟签署了经贸合作协定,与沿线国家的自由贸易区网络体系逐步形成。

(二) 贸易往来不断扩大

"一带一路"沿线国家产业结构不同,经济互补性强,贸易潜力巨大。我国通过削减壁垒、搭建平台、完善促进进口政策,积极扩大自沿线国家进口,进一步优化了贸易结构。充分利用出口信贷、出口信用保险等政策,推动大型成套设备、机电产品和高科技产品出口,满足沿线国家产业转型升级需要。支持企业在沿线交通枢纽建立仓储物流基地和分拨中心,完善区域营销网络,进一步优化市场布局。发展与相关国家边境贸易,深化与沿线国家在旅游、中医药、文化等领域交流合作,实现中外服务业企业合作。发挥中国—中东欧国家投资贸易博览会、中国—东盟博览会、中国—南亚博览会、中国—亚欧博览会、中国—阿拉伯博览会、广交会等展会的平台作用,促进企业互动交流,共享"一带一路"商机。

(三) 投资合作持续深化

"一带一路"倡议提出以来,我国不断深化管理体制改革,完善促进政策,积极商签政府间投资合作协议,为对外投资合作创造良好政策环境。以对外工程承包为先导,以金融服务为支持,带动装备产品、技术、标准、服务联合走出去。我国已经成为许多沿线国家的主要投资来源地,合作内容不断丰富,涵盖农林开发、能源资源、加工制造、物流运输、基础设施等多个领域;合作方式不断拓展,从传统的商品和劳务输出为主发展到商品、服务、资本输出多头并进。

(四) 境外经贸合作区加快建设

习近平主席指出,产业是经济之本。境外经贸合作区是国际产能和装备制造合作的重要平台和载体。中国企业按照市场化运作模式,根据自身发展需要,结合所在国家的发展战略、资源禀赋、市场需求等因素,截至2020年,在沿线46个国家建设113个境外经贸合作区。这113个境外经贸合作区,既有加工制造型、资源利用型、农业产业型,也有商贸物流型、科技研发型及综合开发型等,对引导中国企业集群式走出去实现产业集聚发展,对带动沿线国家产业升级、加快工业化进程、促进经济社会发展发挥了积极作用。

(五) 重大项目建设有序推进

重大项目是"一带一路"经贸合作的重要抓手,是"一带一路"建设取得实效的关键,对发挥投资对贸易的带动作用、促进贸易投资融合发展具有重要意义。我国综合利用外经贸发展专项资金、大型成套设备出口融资保险专项安排等政策,支持"一带一路"建设重大项目落地。积极协调各种政策性和商业性金融机构,用好多双边投资合作基金,加大对项目的支持力度。密切跟踪项目进展情况,加强对企业的服务和保障,帮助企业解决遇到的困难,为重大项目建设保驾护航。

（六）中欧班列成为促进亚欧贸易运输生力军

中欧班列是指按照固定车次、线路等条件开行,往来于中国与欧洲及"一带一路"沿线各国的集装箱国际铁路联运班列。铺划了西中东3条通道中欧班列运行线:西部通道由我国中西部经阿拉山口(霍尔果斯)出境,中部通道由我国华北地区经二连浩特出境,东部通道由我国东南部沿海地区经满洲里(绥芬河)出境。2011年3月,首趟中欧班列从重庆发出开往德国杜伊斯堡,开启了中欧班列创新发展的序章。中欧班列开行10年来累计突破4万列,合计货值超过2000亿美元,打通了73条运行线路,通达欧洲22个国家的160多个城市,开创了亚欧陆路运输新篇章,铸就了沿线国家互利共赢的桥梁纽带。中欧班列以安全稳定的独特优势,在疫情期间对保障我国与沿线国家的物流畅通发挥了重要作用。据中国海关总署发布数据,2021年,中欧班列累计开行1.5万列、发送146万标箱,同比分别增长22%和29%;我国以铁路运输方式对沿线国家进出口2097.8亿元人民币,增长43.1%,增速比水运、公路、空运进出口分别快15.3%、13%和21.3%。2021年9月10日,全国首列"铁路快通"中欧班列在乌鲁木齐国际陆港区正式发运,同时,一列国际班列也通过"铁路快通"模式由霍尔果斯口岸进境驶往重庆,这标志着全国海关对中欧班列的监管进入全新阶段,中欧班列开行地与口岸地间的海关作业环节彻底打通。

（七）经贸合作逆势前行

在疫情背景下,"一带一路"经贸合作逆势前行,贸易规模持续扩大,对外投资逆势上扬,合作平台建设稳步推进,丝路电商亮点突出,展现出强劲韧性和生机活力。2013—2020年,中国与沿线国家年货物贸易额由1.04万亿美元增至1.35万亿美元,占中国货物贸易总额的比重由25%升至29.1%,累计货物贸易额达9.2万亿美元。2020年,中国与沿线国家完成服务进出口额844.7亿美元,其中,服务出口377.3亿美元,服务进口467.4亿美元;在全球对外直接投资同比缩水35%的背景下,中国境内投资者在沿线的58个国家实现直接投资186.1亿美元,占同期总额的14%,较2019年占比提升0.3个百分点。2013—2020年,中国在沿线国家承包工程年新签合同额由715.7亿美元增至1414.6亿美元,年均增长10.2%;完成年营业额由654亿美元增至911.2亿美元,年均增长4.9%。2021年,我国与沿线国家贸易达到了1.8万亿美元,同比增长32.4%;对沿线国家直接投资214.6亿美元,同比增长15.3%;自沿线国家吸收外资112.5亿美元,同比增长36%;在沿线国家承包工程完成营业额897亿美元,占我方总体比重达57.9%。在各方共同努力下,"一带一路"经贸合作克服疫情等困难,不断走深走实,为全球开放合作、世界经济复苏注入了新动能。

第六节 民心相通领域的谈判

一、民心相通领域的谈判要领

民心相通作为"一带一路"倡议的重要内容，不仅是"一带一路"国家民众心灵相通的纽带和理解包容力量的源泉，更是顺利推进"一带一路"建设的坚实民意基础和社会根基。

（一）民心相通是推动"一带一路"建设的强劲动力

国之交在于民相亲，民相亲在于心相通。推动"一带一路"建设，促成参与国家的互利共赢合作，根在人民、源在民意。尽管人与人之间的心意相通看不见摸不着，但又真真切切地存在于人与人之间的交流之中，贯穿于人类社会的一切活动之中。沿线国家实行的政治制度、构成的民族成分、信奉的宗教信仰和所处的经济发展阶段各不相同，要推动这些国家民众之间实现民心相通并不是容易的事。实现民心相通要从历史和现实的维度出发，尊重文明的多样性，树立平等互鉴、包容对话的文明观，通过文化交流推动文化的认同、实现文化包容。因此，要积极探索建立沿线国家之间的人文交流长效机制，构建国家间教育交流合作的平台，推动国家间语言便利化沟通的设施建设；要打造各国传媒共建媒体平台与合作机制，推动丝路特色的旅游合作；要构建"一带一路"国家间的民间组织合作平台和智库合作联盟，推动"一带一路"国家民众之间的交流互鉴。总之，要通过增信释疑，夯实"一带一路"建设，实现高质量发展所需的广泛社会共识，最终通过民心相通克服和处理好"一带一路"建设中遇到的老问题和新挑战。

（二）民心相通是构建人类命运共同体的重要抓手

民心相通的达成不是自然而然的，需要采取各种措施积极营造。要汇聚构建人类命运共同体的力量，就要从沿线国家民心相通出发，以人文交流合作为切入点，制定切实可行的人文交流合作计划，加大对民心相通相关工作人才的培养，对"一带一路"国家基层民众教育、医疗等民生项目实施倾斜政策，加大对沿线国家相关民众实用技术等专业能力的培训。通过落实这样着眼长远的接地气、见效益、暖人心举措，增强沿线国家民众对"一带一路"的参与感和"一带一路"带来的获得感和幸福感，推动人类命运共同体意识在这些国家民众心中落地生根、开花结果。

（三）民心相通是推动全球治理体制变革的切实保障

"一带一路"建设秉持共商、共建、共享原则，不仅着眼于推动经济发展，更是瞄准推动新型全球化，促使各方达成共识，形成一致行动，完善全球治理体制。民众作为全球治理的主体是推动全球治理体制变革的最关键、最核心因素。民心相通以人为本，通过转变人的观念来创新全球治理机制变革的方式手段，是推动全球治理机制变革的思想之源。各国民众通过建立高水平的相互了解和信任达成深层次的心意相通，有助于在推进全球治理体制变革进程中把握各方的合理诉求，平衡各方的有益建议，维护共同的利益，最终汇聚推动全球治理体系变革的强大力量。

二、民心相通领域的谈判案例

近年来,中资企业纷纷走出国门,参与海外经济贸易合作。然而,如何融入当地社会,得到当地员工和社会的认可和支持,仍是一个严峻的挑战。中远海运希腊比雷埃夫斯港项目经过多年的探索,走出了一条宽广通畅的大道,值得学习借鉴。现将中远海运集团在比雷埃夫斯港架起民心相通桥梁的谈判案例介绍如下。

2009 年,中远海运集团(COSCO)在希腊成立比雷埃夫斯集装箱码头公司(PCT),经营比雷埃夫斯港二、三号集装箱码头。此后,其经营业绩突飞猛进,从接手之初的年 68 万箱集装箱处理量增长到了 2016 年 347 万箱的处理量,特别是在希腊经济持续衰退、劳工制度颇为僵化、工会时而组织员工罢工或游行的背景下,这一成绩的取得实属不易,离不开希腊当地员工的大力支持与勤劳付出。那么,中远海运是如何处理好与当地工会和员工的关系呢?其融入当地社会的秘诀是什么?

PCT 认为,真正决定一个公司经营发展道路的,还是其员工团队。对待当地员工,PCT 一贯坚持尊重、平等、友善的态度,经常倾听他们的合理建议和要求,充分地信任、支持并发挥出他们的积极性。例如,希腊的公司和员工之间是比较理性的雇佣关系,希腊的码头公司是不负责员工的午餐问题的,员工也只能随便对付一顿。而中远海运则带来了中国式的温情,针对这一问题,管理层决定由公司为员工提供免费午餐,使当地员工第一次感受到了尊重和温暖。

中远海运正式接手管理比雷埃夫斯港务局(PPA)后,其面临的挑战更为繁多,数量较大的冗员、集体劳资谈判、工会组织罢工等更是新管理层面临的大难题。面对这些,中远海运集团秉持"和谐共赢"的企业文化,了解他们的诉求,给予积极正面的反馈,在不辞退一名员工的情况下,进行了合理的人员重组。

2017 年 5 月 4 日下午,PCT 外包劳务公司迪亚基尼斯劳工工会组织近 70 人的游行队伍来到 PPA 办公大楼堵门抗议。为缓解紧张对抗气氛,避免局势恶化及后续不良影响,PPA 总裁傅承求带领公司部分管理人员打开大门,欢迎工会领导前来面谈。

迪亚基尼斯工会主席强调工人在 PCT 工作多年,为 PCT 发展做出了重要贡献,但由于这些工人是 PCT 的外包劳务公司员工,感觉像是"二等公民",提出了包括集体劳动合同、安全健康的工作环境、调整工种、提高福利待遇等诉求。

在充分了解工会诉求后,PPA 管理层首先对他们的到来表示热烈欢迎,感谢他们为 PCT 发展做出的努力。傅总表示,虽然工人们的诉求对象找错了,自己完全可以闭门不见,但与他们共事多年的情感使得自己有责任、有义务不让工人们在烈日下暴晒,请大伙儿到自己办公室喝喝水、聊聊天。他与工人们共同回忆了友好合作的日日夜夜,在 PCT 业务蒸蒸日上的同时,员工的福利待遇也在宏观经济糟糕的情况下保持了稳定向好。但外包劳务公司员工与 PCT 没有直接的隶属关系,希望工人们选择正确的诉求对象。傅总向工会领导进一步说明,希腊的失业率高达 27%,当地工人找份稳定的工作是不容易的事。现在的社会由于工作内容和性质不同,会有正式工、外包工和合同工之分,这是实际情况,不可能做到完全一样,工人们要正确面对,珍惜现在的工作岗位。所有的劳动者都应该得到相同的尊重,所谓的"二等公民",那是自己对自己的贬低,劳动人民最光荣,自己用汗水辛勤的工作获取报酬来养家,是骄傲的事。

傅总感叹道,比港现阶段面临发展的关键时期,中远海运将继续加大对比港的投资,整个比港未来的设计吞吐量将达到1000万标箱,成为地中海第一大港,将会创造更多的就业岗位。中希两国之间的联系越来越紧密,很多中国企业对于来希腊投资很感兴趣,工会领导和工人朋友们应着眼于这个大局,如果一味地采取游行和罢工等对抗行为,很可能会给中国等外来投资者传递出消极的信息,有损希腊的国际形象。他希望,工人朋友们可以通过与所聘公司对话的方式解决矛盾,对于工会领导提出希望PPA给予支持、协调的想法,傅总明确表示尽快向有关责任方转达大家的诉求。

工会代表们纷纷感谢傅总所谈,表示工会提出的要求只是为了维护工人们的基本权利,并不过分。在历经一个半小时的对话后,最初的紧张气氛舒缓下来,PPA管理层与工会领导达成了相互谅解,最后傅总与工会领导一一握手道别,堵门之困妥善解决,PPA顺利地解决了本次突发事件。

这一案例的启示是,管理层与当地员工之间追求的目标是基本一致的,并不是一对不可调和的矛盾,只要相互尊重,相互理解,平等对待,实事求是,工作做在平时,工作做到细处,一定会找到妥善解决问题、化解矛盾诉求、实现民心相通、和谐共赢的方法和路径。中远海运集团在比雷埃夫斯港取得的成功,不仅推动了"一带一路"上的贸易畅通,也是"一带一路"设施联通的合作典范,更是在中希两国人民之间架起了一座民心相通的桥梁。

三、民心相通领域的谈判合作成效

民心相通是共建"一带一路"、实现合作共赢、构建人类命运共同体的前提基础和重要保证。享受和平、安宁、富足,过上更加美好生活,是各国人民的共同梦想。自习近平主席2013年提出共建"一带一路"以来,中国会同沿线各国各方持续推进民心相通工作,开展了形式多样、领域广泛的公共外交和文化交流,民间沟通和交流频繁,增进了相互理解和认同,为共建"一带一路"奠定了坚实的民意基础。主要体现在以下几个方面。

蒙内铁路广受赞誉

(一)顶层设计引领谈判合作方向

中国政府确立了民心相通工作的总体框架,逐步制定、完善民心相通工作的相关方案、行动计划等,为促进沿线各国的人文交流和民间交往确立了目标,制定了路线图和时间表,为确保民心相通工作的方向性、有效性和可持续性提供了制度支撑。从重点领域看,紧密贴近民众精神和物质文化需求,尤其是政党、教育、卫生、文化、农业、旅游、公益慈善等多个领域精彩纷呈。从重点区域看,与五大方向、六廊六路多国多港的建设相伴推进,物理上的互联互通到哪里,民心相通就到哪里。中远海运集团在比雷埃夫斯港取得的成功做法,就是众多开拓海外市场的中国企业沟通民心的典范缩影。由中国路桥公司(CRBC)承建的蒙内铁路(蒙巴萨—内罗毕标准轨距铁路线)赢得了当地人民的高度赞誉,为经济社会发展产生了深远的影响。

(二)搭建平台促进民间交流

我国依托政党、社会组织、媒体、智库、专家学者、民众等多类主体开展人文交流,建立起沿线多国共同参与的一大批交流网络和平台。例如,中非民间论坛已制度化并连续举办6届,成为中非民间交流合作的重要平台;"一带一路"智库合作联盟实现沿线重要国家、地区、智库全覆盖;"鲁班工坊""丝路之友"等成为亮点品牌。这些交流网络和平台吸引了各国民众参与,有力增进了彼此了解和理念认同。

(三)开展文旅教育洽谈与合作

我国与沿线国家互办艺术节、电影节、音乐节、文物展、图书展等活动,合作开展图书广播影视精品创作和互译互播,丝绸之路国际剧院、博物馆、艺术节、图书馆、美术馆联盟相继成立;与有关国家和地区共同举办文化年活动,形成了"丝路之旅""中非文化聚焦"等10余个文化交流品牌,在沿线国家设立了多个中国文化中心;与印度尼西亚等国签订了文化遗产合作文件;中国、哈萨克斯坦、吉尔吉斯斯坦"丝绸之路:长安-天山廊道的路网"联合申遗成功;"一带一路"新闻合作联盟建设积极推进。截至2019年4月,沿线国家民间组织合作网络成员已达310家,成为推动民间友好合作的重要平台;中国与多个国家共同举办旅游年,创办丝绸之路旅游市场推广联盟、海上丝绸之路旅游推广联盟、"万里茶道"国际旅游联盟等旅游合作机制;与57个沿线国家缔结了涵盖不同护照种类的互免签证协定,与15个国家达成19份简化签证手续的协定或安排;设立"丝绸之路"中国政府奖学金项目,与沿线国家签署高等教育学历学位互认协议;持续实施"丝绸之路奖学金计划""青年汉学家研修计划"等教育培训合作;在54个沿线国家设有孔子学院153个、孔子课堂149个。香港、澳门特别行政区也分别设立共建"一带一路"相关奖学金。

(四)持续推进救灾、援助、扶贫、惠民、卫生健康和抗疫合作

截至2019年,中国向沿线发展中国家提供了20亿人民币紧急粮食援助,向南南合作援助基金增资10亿美元,在沿线国家实施了100个"幸福家园"、100个"爱心助困"、100个"康复助医"等项目;在多国实施解决当地民众实际困难的"光明行""爱心行""甘泉行"等公益项目;由69个国家310个中外社会组织组成的丝绸之路沿线民间组织合作网络开展项目和活动近200项;开展援外文物合作保护和涉外联合考古,与6国开展了8个援外文物合作项目,与12国开展了15个联合考古项目;中国向老挝等国提供地震监测仪器设备,提高防震减灾能力;在柬埔寨、尼泊尔开展社会组织合作项目24个,助力改善当地民众生活。这些民心项目使民众直接受益,夯实"一带一路"建设民意基础。与沿线国家、国际组织相继签署了56个推动卫生健康合作的协议,在35个沿线国家建立了中医药海外

中心,建设了43个中医药国际合作基地。2020年以来,新冠肺炎疫情席卷全球,凸显了共建健康丝绸之路的重要性。截至2021年,我国已向全球150多个国家和国际组织提供超过20亿剂疫苗,已向200多个国家和地区提供口罩、防护服、检测试剂等物资援助和商采便利;尽己所能向全球特别是周边国家派遣抗疫医疗专家组,提供抗疫物资原材料,协助打造多所病毒检测实验室,为地区和全球抗疫提供保障,增强底气。中方愿同各方携手努力,提高疫苗在发展中国家的可及性和可负担性,为构筑全球疫苗防线做出积极贡献。

中国古语讲,"不积跬步,无以至千里"。阿拉伯谚语说,"金字塔是一块块石头垒成的"。正如习近平主席所说,"一带一路"建设是伟大的事业,需要伟大的实践。让我们共同祝愿,"一带一路"沿线各国政府和人民携起手来,为了构建人类命运共同体,重行务实,一步一个脚印推进实施,一点一滴抓出成果,造福世界,造福人民!

思考与训练

第九章思考与训练

谈判能力自我测试

附录 谈判能力自我测试

结语　争当新时代谈判家

习近平总书记在党的十九大报告中指出："经过长期努力，中国特色社会主义进入了新时代，这是我国发展新的历史方位。"这个新时代，既同改革开放以来的发展历程一脉相承，又体现了很多与时俱进的新特征，内涵丰富、意蕴深远。这个新时代，是决胜全面建成小康社会、进而全面建设社会主义现代化强国的时代。这意味着，近代以来久经磨难的中华民族迎来了从站起来、富起来到强起来的伟大飞跃，迎来了实现中华民族伟大复兴的光明前景。

新时代是我国经济社会高质量发展的时代。我国经济已由高速增长阶段转向高质量发展阶段。总体来看，推动高质量发展，应在继续保持经济发展总体规模优势的同时，不断推动经济发展质量变革、效率变革、动力变革，坚持走绿色均衡发展的新型工业化道路，不断促进社会公平正义，让高质量发展成果更公平地惠及全体人民。高质量发展的最终目标是推动我国经济发展方式的转变，建立现代化经济体系，为实现"两个一百年"奋斗目标、实现中华民族伟大复兴的中国梦构筑雄厚的经济基础。

新时代是人民对美好生活向往奋斗的时代。进入新时代，人民美好生活需要日益广泛，不仅对物质文化生活提出更高要求，而且在民主、法治、公平、正义、安全、环境等方面的要求日益增长。习近平总书记指出，我们的人民不但期盼有更好的教育、更稳定的工作、更满意的收入、更可靠的社会保障、更高水平的医疗卫生服务、更舒适的居住条件、更优美的环境，还期盼更丰富的精神文化生活。幸福都是奋斗出来的。要创造美好生活、得到幸福，必须不懈奋斗。只有奋斗，才能创造更多更好的物质财富和精神财富，不断丰富幸福的内涵、提升幸福的层次；只有奋斗，才能不断增强成就感、尊严感、自豪感，在创造美好生活的过程中感受幸福。

做新时代的奋斗者。新时代是奋斗者的时代。新时代属于每一个人，每一个人都是新时代的见证者、开创者、建设者。做新时代的奋斗者，需要在辛勤劳动、务实苦干中不断提升自身素质，不断增强创造和享受幸福的能力。奋斗要实干、苦干，但不能蛮干，人的素质和能力是进行奋斗的前提条件。做新时代的奋斗者，需要热情，更需要用心。用心，就要爱岗敬业、脚踏实地，持之以恒、久久为功，沉下心来干事创业，坚持干一行精一行，把工作做新、做优、做精，把奋斗过程变成创新创优的过程，变成不断为社会提供优质劳动成果的过程，努力创造一流业绩。

争做新时代的谈判家。习近平总书记指出："生活在我们伟大祖国和伟大时代的中国人民，共同享有人生出彩的机会，共同享有梦想成真的机会，共同享有同祖国和时代一起成长与进步的机会。"当前和今后一个时期，我国经济社会发展面临的形势将发生深刻复杂变化，机遇和挑战之大前所未有，总体上机遇大于挑战。商务活动联通内外、贯通城乡、对接产销,是国内大循环的重要组成部分,是联结国内国际双循环的重要枢纽,在构建新发展格局中发挥着重要作用。作为谈判,特别是商务谈判工作者和爱好者,要在系统学习和熟练掌握谈判艺术和商务活动相关知识的基础上,胸怀国内国际两个大局,对"国之大者"心中有数,善于在危机中育先机、于变局中开新局。

随着我国改革开放的深入推进,商场无所不在,商战无时不有,谈判活动越来越复杂,并且谈判无人能免。商场如战场,虽不见刀光剑影,但却充满了智慧与胆略的较量。诚然,并不是人人都能当上谈判家,但是人人都必须争做新时代的谈判家,这是新时代发展的要求,这是中国走向世界的需要。而只有拥有丰富谈判知识、勇气、智慧和艺术的人,才能赶上新时代、引领新时代。知识源于平时对政策、法规、经济、商务、专业技术等相关领域内容的不断学习和积累;勇气源于不断探索、勇于实践和创新的精神;智慧源于谈判实践中"吃一堑、长一智"的经验积累和潜力挖掘;艺术源于对谈判的精髓理解和熟练运作。学习、实践、再学习、再实践,永远是人们不断前进、走向成功的真谛。

为适应新时代发展潮流需要,我们结合个人对谈判艺术的感悟,对谈判的基本规律和艺术进行了全面而又系统的学习和研究,同时对"一带一路"倡议和建设进行了有益探索,并附有丰富的谈判案例,努力体现理论性、实践性、时代性和借鉴性,希望为广大读者系统学习谈判基本理论和艺术、广泛参与谈判活动助一臂之力。

在本书的编著过程中,我们认真学习、吸收和借鉴了国内外众多谈判学及相关领域的领导、专家、学者、同仁的研究成果,对他们的思想、智慧表示深深的敬意,在此表示衷心的感谢!由于新时代国际国内新形势发展迅猛,以及我们写作水平和时间有限,书中如有不妥或引用遗漏之处,敬请广大领导、专家、学者及读者们海涵。

衷心祝愿广大读者朋友在新时代有新思想、新高度、新气象、新作为、新业绩!

易吉林　孙卓
2022 年 2 月于江城桂子山

参考文献

一、书籍类

[1] 李翔.经济谈判[M].北京:中国经济出版社,1991.
[2] 成志明.涉外商务谈判[M].南京:南京大学出版社,1991.
[3] 姚凤云,曲杰.现代谈判指导[M].哈尔滨:黑龙江科学技术出版社,1991.
[4] 丁建忠.国际商业谈判[M].北京:中信出版社,1992.
[5] 曹厚昌.商务谈判指导[M].北京:人民日报出版社,1993.
[6] 李祥林,洛桑.对外交往与经贸谈判[M].北京:中国青年出版社,1993.
[7] 韩凤荣,刘克敬,陈宝启.对外经济贸易谈判[M].青岛:青岛海洋大学出版社,1993.
[8] 任正臣,庞绍堂,童星.商务谈判[M].南京:译林出版社,1994.
[9] 蒋春堂.谈判学[M].武汉:武汉测绘科技大学出版社,1994.
[10] 丁建忠,彭荷英.国际商业谈判的组织与谋略[M].北京:中国商业出版社,1994.
[11] 张恒杰,张西萍,梅生贵.国际商务谈判要略[M].北京:东方出版社,1994.
[12] 赵景华.国际工商谈判技巧[M].济南:山东人民出版社,1994.
[13] 仇志荣.对外商务谈判中的问题与对策[M].北京:中国经济出版社,1994.
[14] 李品媛.现代商务谈判[M].大连:东北财经大学出版社,1995.
[15] 万成林,舒平.营销商务谈判技巧[M].天津:天津大学出版社,1995.
[16] 郭秀闵,于忠荣,孙玉太.商务谈判制胜艺术[M].济南:山东人民出版社,1995.
[17] 牟传衍,牟传琳,牟传珮.不战而胜——谈判案例评析[M].青岛:青岛海洋大学出版社,1995.
[18] 李元授,张强.现代谈判学[M].武汉:华中理工大学出版社,1996.
[19] 段建海.实用谈判谋略[M].太原:山西经济出版社,1996.
[20] 陈小君.合同法学[M].北京:中国政法大学出版社,1999.
[21] 张汉林,刘光溪.中国与世界贸易组织疑难问题解答[M].北京:对外经济贸易大学出版社,1999.
[22] 蒋德恩.世界贸易组织中的争端解决[M].北京:对外经济贸易大学出版社,1999.
[23] 张锡嘏.世界贸易组织简介[M].北京:对外经济贸易大学出版社,2000.
[24] 曹建明,贺小勇.世贸组织基本法律制度讲话[M].北京:中国青年出版社,2000.

[25] 陈继勇,肖德.世界贸易组织的建立发展趋势与我国的对策[M].北京:人民出版社,2000.

[26] 余永守,郑秉文.中国"入世"研究报告:进入WTO的中国产业[M].北京:社会科学文献出版社,2000.

[27] 潘肖珏,谢承志.商务谈判与沟通技巧[M].上海:复旦大学出版社,2000.

[28] 刘德胜.WTO经贸谈判全书[M].西安:陕西旅游出版社,2002.

[29] 张建清.世界贸易组织与中国经济发展[M].武汉:武汉大学出版社,2002.

[30] 石广生.中国加入世界贸易组织法律文件导读[M].北京:人民出版社,2002.

[31] 中共中央宣传部宣传教育局.九部委领导谈中国加入世界贸易组织[M].北京:学习出版社,2002.

[32] 李军湘.谈判语言艺术[M].北京:中国财政经济出版社,2003.

[33] 孙兆臣,易吉林.谈判训练[M].武汉:武汉大学出版社,2003.

[34] 蒋春堂.现代谈判学[M].沈阳:辽宁大学出版社,2004.

[35] 杨晶.商务谈判学[M].北京:清华大学出版社,2005.

[36] 郭芳芳.商务谈判教程[M].上海:上海财经大学出版社,2006.

[37] 孙立秋,徐美荣.商务谈判[M].北京:对外经济贸易大学出版社,2007.

[38] 刘祐.卡耐基推销口才[M].北京:中国城市出版社,2008.

[39] 武向阳.首席谈判官[M].广州:广东人民出版社,2018.

[40] 李志军.商务谈判与礼仪[M].北京:中国纺织出版社,2018.

[41] 陈文汉.商务谈判实务[M].北京:机械工业出版社,2018.

[42] 廖碧森,董晓霞,余江.社交礼仪[M].重庆:重庆大学出版社,2018.

[43] 曹磊,张周平.跨境电商全产业链时代:政策红利下迎机遇期[M].北京:中国海关出版社,2019.

[44] 于反.谈判的艺术[M].北京:中国法制出版社,2019.

[45] 高德.破冰[M].北京:清华大学出版社,2019.

[46] 中华人民共和国民法典[M].北京:人民出版社,2020.

[47] Harry Mills. The Street Smart Negotiation: How to Outwit, Outmaneuver and Outlast Your Opponents[M]. AMACOM. 2005.

[48] 杰勒德.I.尼尔伦伯格.谈判的艺术[M].曹景行,陆延,译.上海:上海翻译出版公司,1986.

[49] 费雪,尤瑞.哈佛谈判技巧[M].黄宏义,译.兰州:甘肃人民出版社,1987.

[50] P.D.V.马什.合同谈判手册[M].章汝奭,主译.上海:上海翻译出版公司,1988.

[51] C.威恩·巴罗,格莱恩·P.艾森.谈判技巧——如何做一个精明的买主[M].柳晓华,等译.北京:煤炭工业出版社,1988.

[52] 荷伯·科恩.人生与谈判[M].王佩玺,译.北京:旅游教育出版公司,1989.

[53] 盖文·肯尼迪.涉外经济谈判谋略90法与经商素质自测30题[M].崔军龙,编译.北京:中国经济出版社,1990.

[54] 芭芭拉·明托.金字塔原理[M].王德忠,张珣,译.北京:民主与建设出版

社,2002.
[55] 杰斯沃德·W.萨拉科斯.咨询的艺术[M].方海萍,魏清江,等译.北京:电子工业出版社,2003.
[56] A.C.庇古.福利经济学(上、下卷)[M].朱泱,张胜纪,吴良健,译.北京:商务印书馆,2006.
[57] 路易斯·亨利·摩尔根.古代社会(新译本)[M].杨东莼,马雍,马巨,译.北京:中央编译出版社,2007.
[58] 哈佛公开课研究会.哈佛谈判课[M].北京:中国铁道出版社,2016.
[59] 马努埃利安·威尔博.跨文化谈判攻略——跨国谈判入门指导手册[M].裴辉儒,宋伟,译.北京:中国友谊出版公司,2017.
[60] 贾森·杰伊,加布里埃尔·格兰特.高难度沟通[M].美同,译.北京:中国友谊出版公司,2017.
[61] 尤塔·波特纳.哈佛双赢谈判准则与技巧[M].马博磊,牛一萌,梁在田,译.北京:北京时代华文书局,2017.
[62] 罗杰·费希尔,丹尼尔·夏皮罗.高情商谈判[M].熊浩,许占功,译.北京:中信出版集团股份有限公司,2018.
[63] 斯图尔特·戴蒙德.沃顿商学院最受欢迎的谈判课[M].杨晓红,李升炜,王蕾,译.北京:中信出版集团股份有限公司,2018.
[64] 弗朗西斯·培根.培根论人生(1561—1626)[M].王旭,译.福州.海峡文艺出版社,2019.
[65] 杨杜泽,沈莉娟,王赛.从对抗到共赢[M].北京:中信出版集团股份有限公司,2019.
[66] 高杉尚孝.麦肯锡教我的谈判武器[M].程亮,译.郑州:大象出版社,2019.
[67] 藤井一郎.掌控谈判[M].胡佳,译.北京:中国友谊出版公司,2020.

二、期刊类

[68] 李亚林.从博弈论看商务谈判僵局的本质和处理[J].商业研究,2006(3).
[69] 于兰婷.浅谈与商务谈判有关的几种理论[J].商业经济,2009(5).
[70] 曾晓红.浅析博弈论在商务谈判中的应用[J].职业时空,2012(3).
[71] 沈春灵.浅析商务谈判中的价格形成——从博弈论的视角[J].商情,2012(28).
[72] 付国强.跨文化交际中的常见障碍剖析[J].科技视界,2014(5).
[73] 沈琪浅.谈博弈论视角下的商务谈判[J].科教文汇,2014(10).
[74] 沈娟.民法典涉外规则[J].环球,2020(12).
[75] 崔鑫生."入世"20年:中国与世界互动的回顾与展望[J].人民论坛,2021(20).
[76] 康承佳,杨瑾,尹宇龙.苏伊士运河"梗塞"启示录——行业专家深度解析"世纪大堵船"[J].中国水运报,2021(04).

三、报纸类

[77] 国务院发展研究中心"一带一路"设施联通课题组.推进"一带一路"设施联通

的思路和对策[N]. 中国经济时报, 2017-05-05.

[78] 钟山. 开创全球开放合作新局面[N]. 人民日报, 2020-11-24.

[79] 王毅. 砥砺前行二十载, 继往开来谱新篇[N]. 人民日报, 2021-09-16.

[80] 曲颂, 黄培昭, 张光政等. 携手推进共建"一带一路"高质量发展(命运与共)[N]. 人民日报, 2022-01-05.

四、网页类

[81] 司鹏飞. 大学生求职谈判技巧[EB/OL].[2010-12-26]. https://wenku.baidu.com/view/dbdfcbe37175a417866fb84ae45c3b3566ecdde6.html.

[82] Sixdimens. 商务谈判经典案例集全案(56个案例)[EB/OL].[2015-01-16]. http://www.doc88.com/p-9985175526987.html.

[83] 国家发展改革委外交部商务部联合发布. 推动共建丝绸之路经济带和21世纪海上丝绸之路的愿景与行动[EB/OL].[2015-03-28]. http://www.xinhuanet.com/world/2015-03/28/c_1114793986.htm

[84] 王辉, 罗雨泽. 贸易畅通: 在互利共赢中共谋发展[EB/OL].[2016-07-13]. https://lib.cet.com.cn/paper/szb_con/476214.html.

[85] 正略金融研究所. 一文看懂和投资人进行融资谈判应把握哪些要点?[EB/OL].[2016-10-20]. https://www.sohu.com/a/116689826_481840.

[86] 雷鸣, Alex. 有效商务谈判的开局, 有哪三种好方法?[EB/OL][2017-04-07]. https://www.sohu.com/a/132517549_290776.

[87] 商务部. 贸易畅通是共建一带一路重点内容?[EB/OL].[2017-05-10]. https://economy.china.com/domestic/11173294/20170510/30509497.html.

[88] 大公资讯. "一带一路"资金融通框架及相关因素[EB/OL].[2017-5-15]. http://news.takungpao.com/paper/q/2017/0515/3450533.html.

[89] 罗书臻. 最高人民法院发布第二批涉"一带一路"建设典型案例[EB/OL].[2017-05-15]. https://www.chinacourt.org/article/detail/2017/05/id/2863082.shtml.

[90] 张本波. "一带一路"政策沟通, 实现优势互补必将造福世界[EB/OL].[2017-05-15]. https://theory.gmw.cn/2017-05/15/content_24481065.htm.

[91] JwwooLIB. 谈判中的回答技巧[EB/OL].[2017-06-15]. http://www.360doc.com/content/17/0615/00/13800560_663388045.shtml.

[92] Jianada998. 商务谈判方案的制定[EB/OL],[2017-06-21]. https://www.doc88.com/p-4092876306644.html.

[93] 张红力. 加快落实"一带一路"金融稳定合作机制[EB/OL],[2017-06-21]. http://www.hinews.cn/news/system/2016/03/04/030183364.shtml.

[94] 双拾壹电商. 北欧、西欧、南欧、东欧各国的谈判风格[EB/OL].[2017-06-30]. https://www.sohu.com/a/153245260_99919266.

[95] 迪拜人. 在中东做生意不得不看阿拉伯商人的谈判风格[EB/OL].[2017-07-23]. https://m.sohu.com/a/159350198_182649?_f=m-article_29_feeds_2.

[96] 于洪君.中巴经济走廊建设将为推动建立新型国际关系提供经验和范例[EB/OL].[2018-06-21].https://news.youth.cn/jsxw/201806/t20180621_11649252.htm.

[97] 李青燕.政策沟通:携手推进"一带一路"建设行稳致远[EB/OL].[2018-08-21].https://china.huanqiu.com/article/9CaKrnKbDke.

[98] 郑雪峰,刘立峰."一带一路"的投融资问题及对策对策[EB/OL],[2018-08-11].https://www.fx361.com/page/2018/0811/4017365.shtml.

[99] 柴尚金."一带一路"的思想基础与时代意义[EB/OL].[2018-12-24].https://baijiahao.baidu.com/s?id=16206956261157918188&wfr=spider&for=pc.

[100] 飞奔的笨小猪.当顾客讨价还价时,可以使用这八个经典之法,轻松拿下顾客[EB/OL].[2019-01-22].https://baijiahao.baidu.com/s?id=1623366479397883868.

[101] 走出去智库(CGGT).毕马威案例:"一带一路"项目成功融资的关键环节[EB/OL].[2019-04-02].https://www.sohu.com/a/305501408_610982.

[102] 推进"一带一路"建设工作领导小组办公室.共建"一带一路"倡议:进展、贡献与展望[EB/OL].[2019-04-22].http://world.people.com.cn/n1/2019/0422/c1002-31043521.html.

[103] 顾宇.蒙内高铁运营项目:一带一路对外投资合作的经典案例[EB/OL].[2019-04-25].http://epaper.comnews.cn/xpaper/news/67/844/4175-1.shtml.

[104] 金佳绪,梁甜甜,蔡梦晓.这就是"一带一路"简史[EB/OL].[2019-04-26].http://news.cnhubei.com/content/2019-04-26/content_10640259.html.

[105] 高扬.民心相通:"一带一路"建设的根基[EB/OL].[2019-04-28].http://www.71.cn/2019/0428/1042171.shtml.

[106] 杜起文.新中国外交70年的光辉历程和基本经验[EB/OL].[2019-07-07].https://www.chinanews.com.cn/gn/2019/07-07/8886546.shtml.

[107] 史丹,赵剑波,邓洲,等.从三个层面理解高质量发展的内涵[EB/OL].[2019-09-11].http://sike.news.cn/statics/sike/posts/2019/09/219549773.html.

[108] "一带一路"绿色发展国际联盟和博鳌亚洲论坛."一带一路"绿色发展案例研究报告[EB/OL].[2019-09-24].https://www.docin.com/p-2279404067.html.

[109] Cris.激荡40年,中资海外并购10大经典案例[EB/OL].[2019-10-11].https://www.thepaper.cn/newsDetail_forward_4643253.

[110] 中国一带一路网.2019,"一带一路"大事盘点[EB/OL].[2020-01-20].https://www.sohu.com/a/368014271_731021.

[111] 颜秀红说法.买卖合同商事纠纷八大典型案例[EB/OL].[2020-02-14].https://xw.qq.com/amphtml/20200214A0IS4A00.

[112] 唐格拉尔说说说.能力＝武器盘点《麦肯锡教我的谈判武器》中最好用的三种武器[EB/OL].[2020-03-24].https://baijiahao.baidu.com/s?id=1662007161464796867.

[113] 准哥看世界.我国10大海外港口基地,布局实现五大洲全覆盖,海洋经济走向深蓝[EB/OL].[2020-07-20].https://new.qq.com/omn/20200720/20200720A0AAOD00.html.

[114] 田士达.中非"一带一路"合作开启新篇章[EB/OL].[2020-12-24].http://www.gov.cn/xinwen/2020-12/24/content_5572897.htm

[115] 刘洁,刘亮.亚投行成立五周年累计批准项止融资金超220亿美元[EB/OL].[2021-01-16].http://news.cctv.com/2021/01/16/ARTI0Oka6Y4yTf1Yf58PMWhI210116.shtml.

[116] 博鳌亚洲论坛.八个典型案例看可持续融资助力高质量共建"一带一路"[EB/OL].[2021-05-12].https://www.thepaper.cn/newsDetail_forward_12653820.

[117] 陈甬军.共建"一带一路"的基本理论与实现路径[EB/OL].[2021-06-04].http://www.china.com.cn/opinion/think/2021-06/04/content_77548489.htm.

[118] 民法典案例解析—合同编—合同的订立[EB/OL].[2021-06-17].https://www.doc88.com/p-67447166140313.html?r=1.

[119] 徐嘉,王小宁.共产党人的斗争/洗刷民族百年耻辱:中英关于香港问题的谈判[EB/OL].[2021-07-05].https://www.ccdi.gov.cn/toutiao/202107/t20210702_245419.html.

[120] 商务部国际贸易经济合作研究院.中国"一带一路"贸易投资发展报告2021[EB/OL].[2021-08-30].http://www.china-cer.com.cn/guwen/2021083014383.html.

[121] 王毅.中国在全球抗疫中做到五个率先[EB/OL].[2021-09-15].http://www.news.cn/world/2021-09/15/c_1127861844.htm.

[122] 郑青亭.20年增20倍!中国与上合组织成员国贸易增长迈开"步子"[EB/OL].[2021-09-17].https://finance.sina.com.cn/tech/2021-09-17/doc-iktzscyx4837337.shtml.

[123] 城市观察员.公开招标,竞争性谈判,竞争性磋商到底有什么不同[EB/OL].[2021-09-27].https://baijiahao.baidu.com/s?id=1712019851433865236&wfr=spider&for=pc.

[124] 周大启,邓晓迪.强融资合作 降低投资风险[EB/OL].[2021-12-20].https://baijiahao.baidu.com/s?id=1719641235797714654&wfr=spider&for=pc.

[125] 郑美辰.丝路基金从"输血"到"造血"[EB/OL].[2021-12-30].http://www.rmhb.com.cn/zt/ydyl/202112/t20211230_800271572.html.